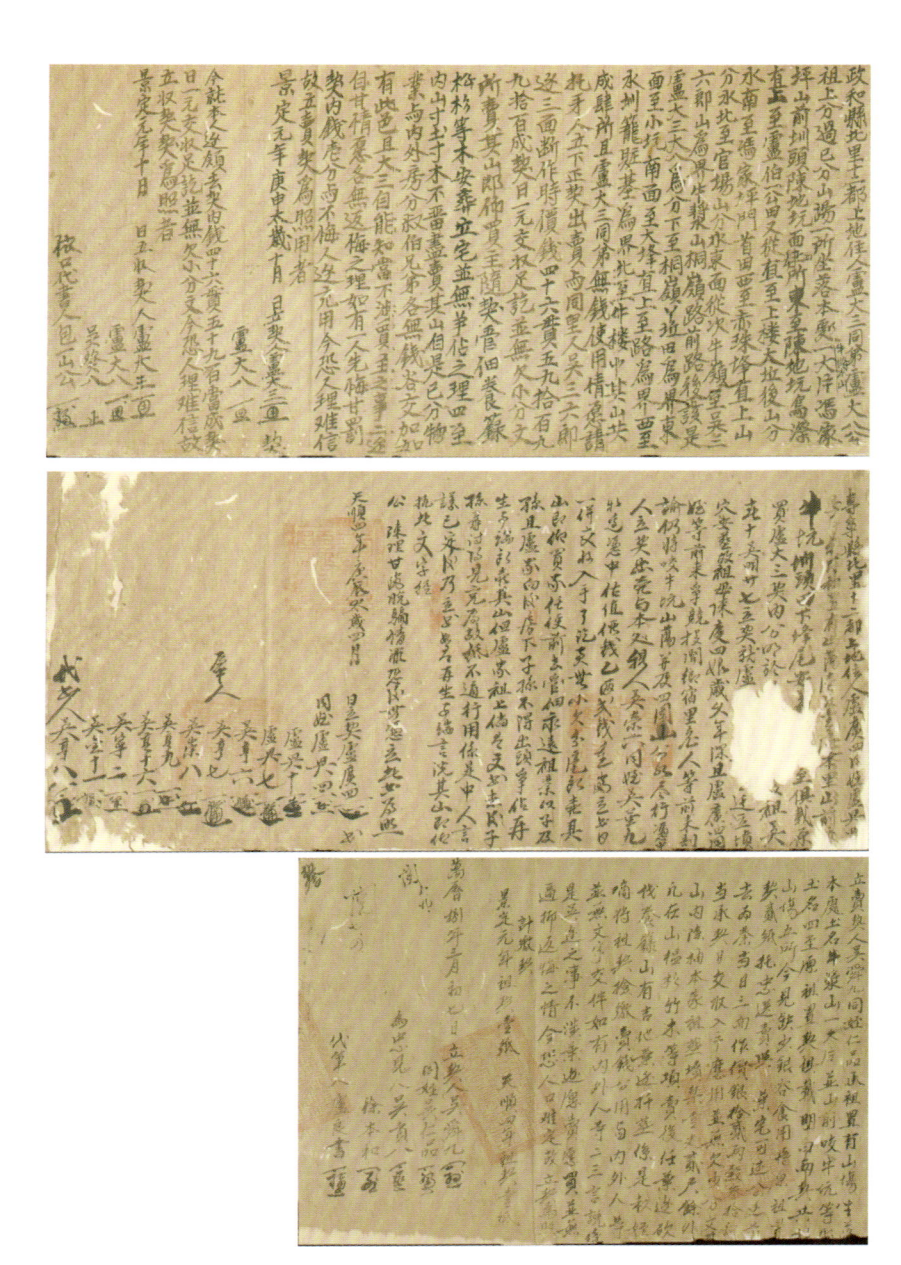

宋至明三张关联地契：宋景定元年（1260年），明天顺四年（1460年），明万历八年（1580年）
明万历八年"立卖契人吴舜九同侄仁品"载明，"计缴契：景定元年祖契一纸，天顺四年祖契一纸"

［福建省档案局藏，收入《福建省珍贵档案文献名录》（第一批）］

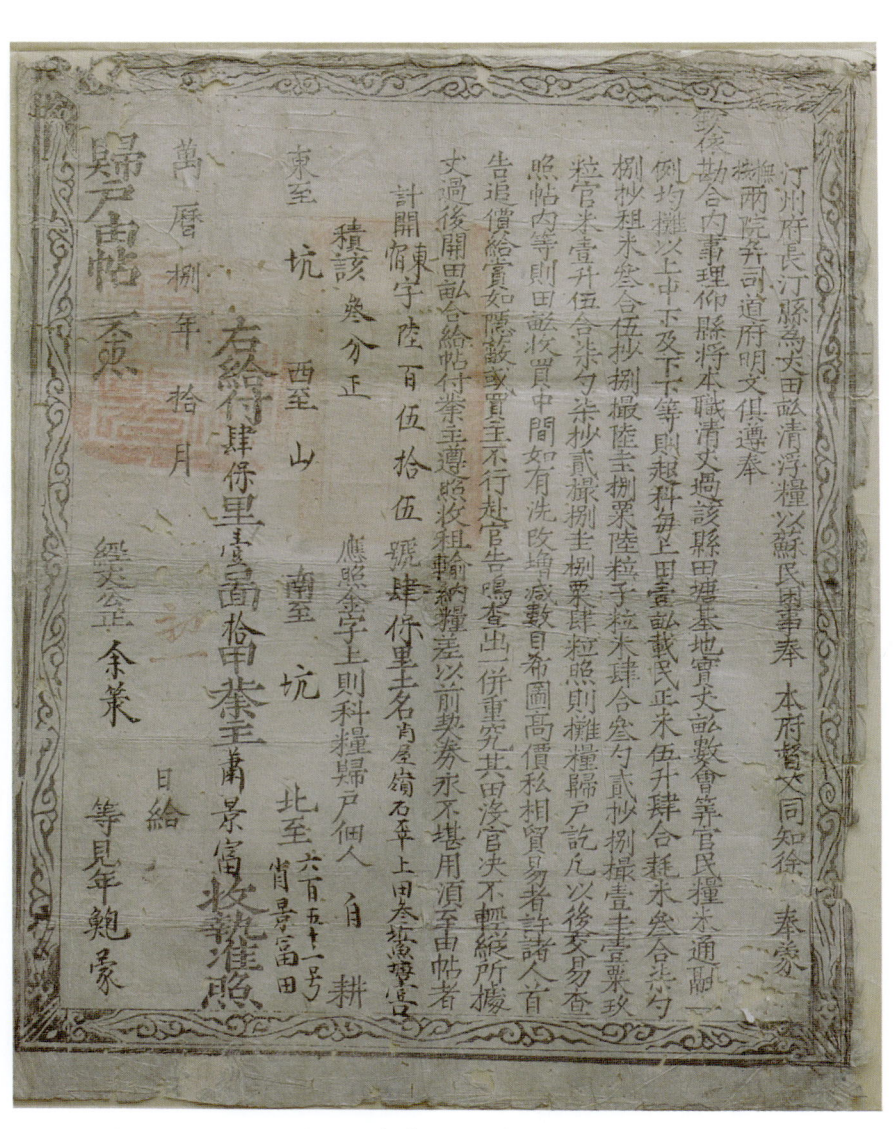

明万历八年（1580年）归户由帖

（清华大学中国经济史研究中心李光明特藏）

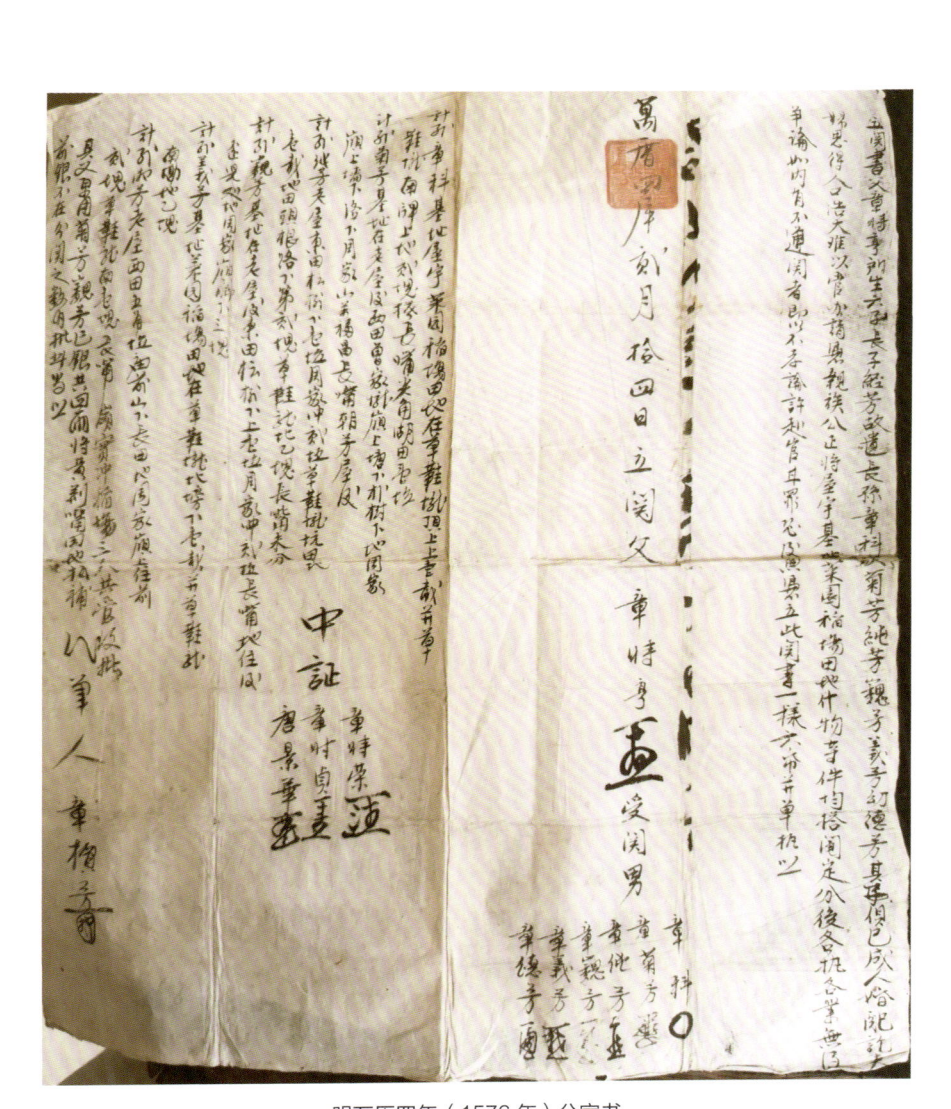

明万历四年（1576年）分家书
（清华大学中国经济史研究中心李光明特藏）

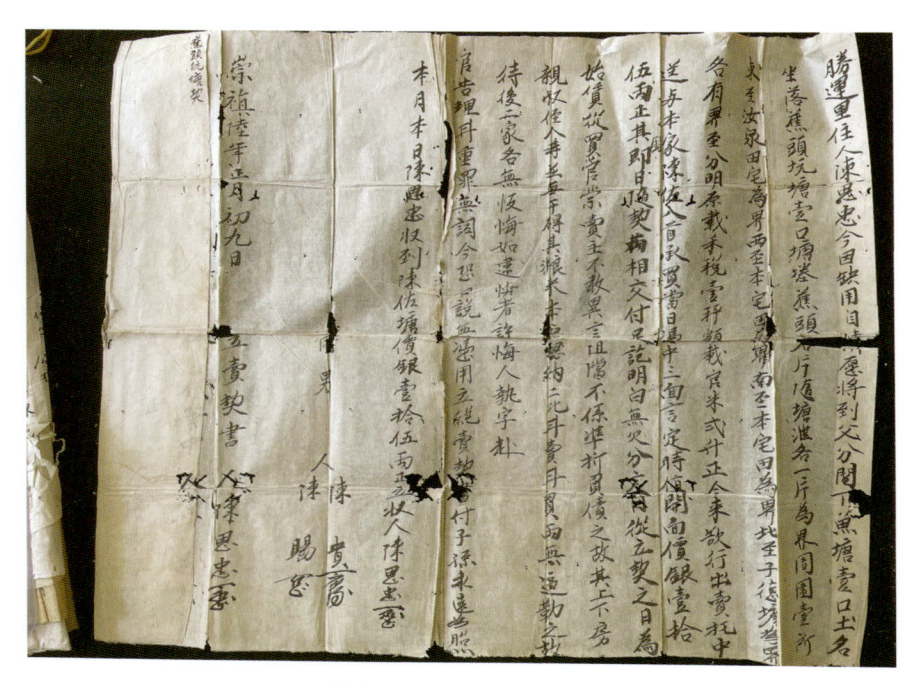

明崇祯六年（1633年）立卖契
（清华大学中国经济史研究中心李光明特藏）

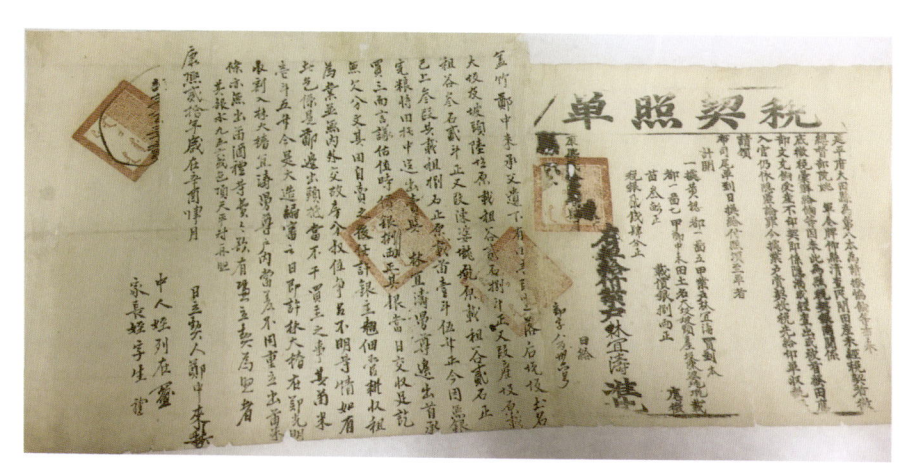

清康熙二十年（1681年）税契照单
（清华大学中国经济史研究中心李光明特藏）

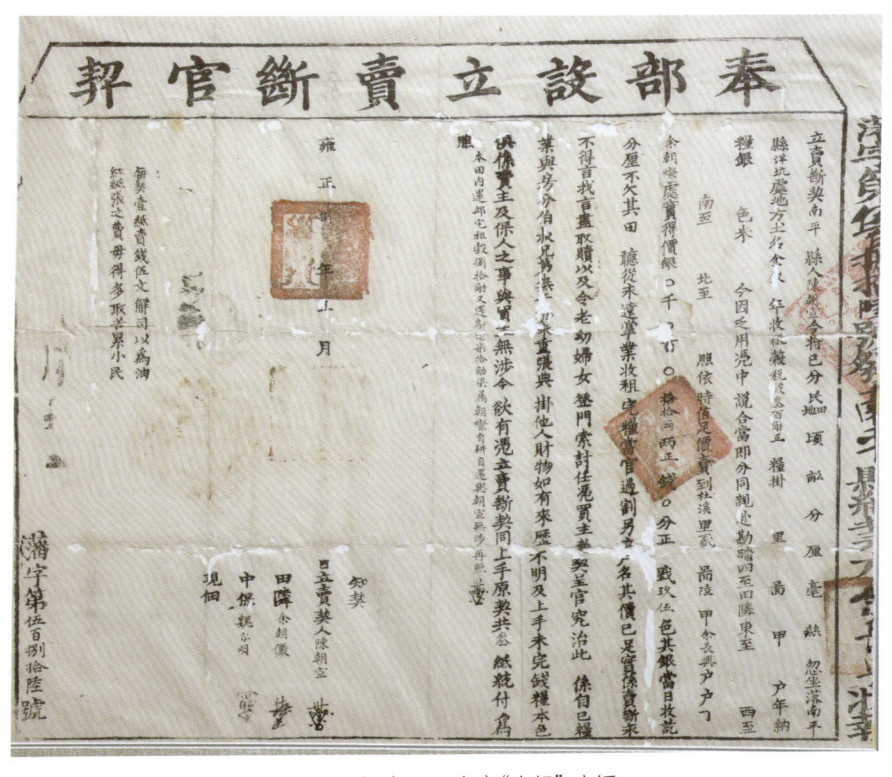

清雍正八年（1730年）"卖契"官纸

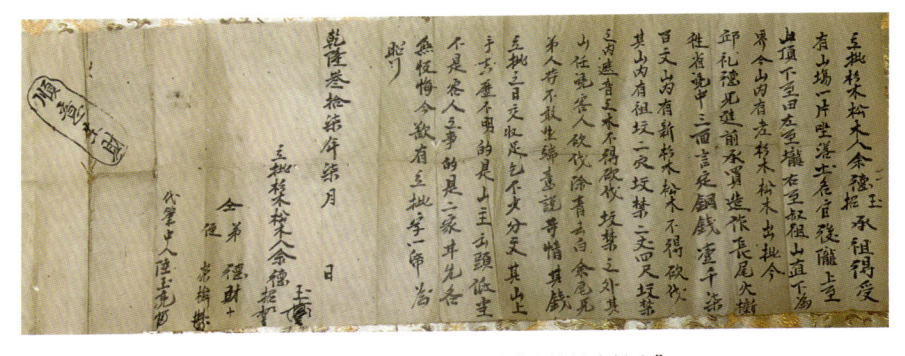

清乾隆三十七年（1772年）"立批杉木松木"
（清华大学中国经济史研究中心李光明特藏）

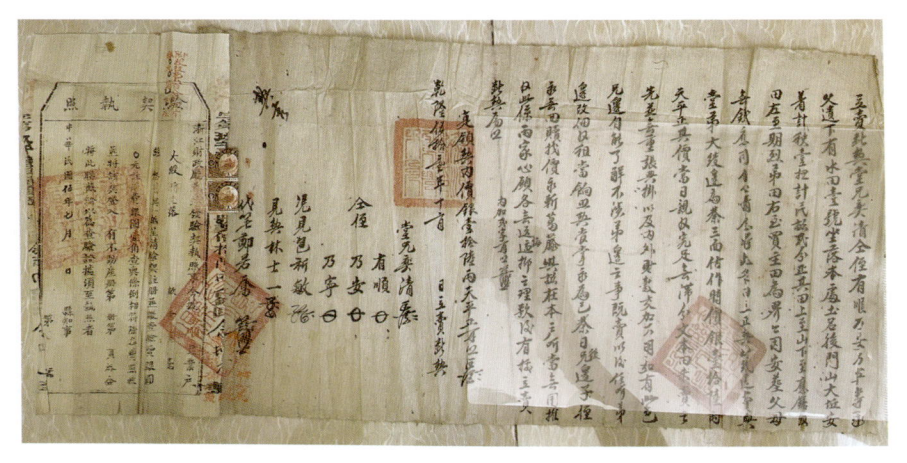

清乾隆五十一年（1786年）"立卖断契"，民国五年（1916年）验契
（清华大学中国经济史研究中心李光明特藏）

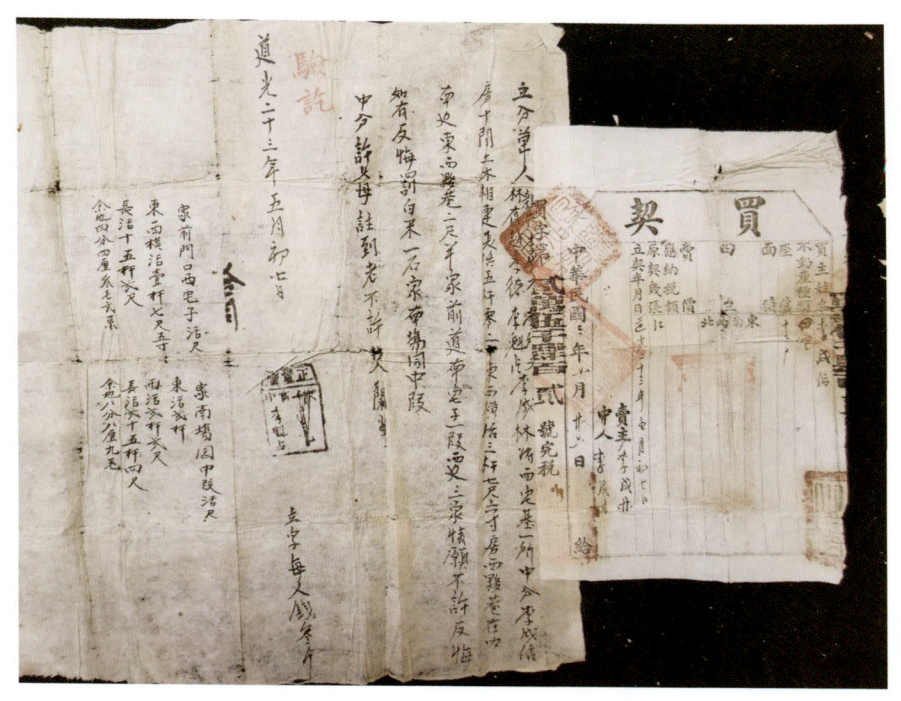

清道光二十三年（1843年）分家书，民国三年（1914年）"买契"验证产权
（清华大学中国经济史研究中心李光明特藏）

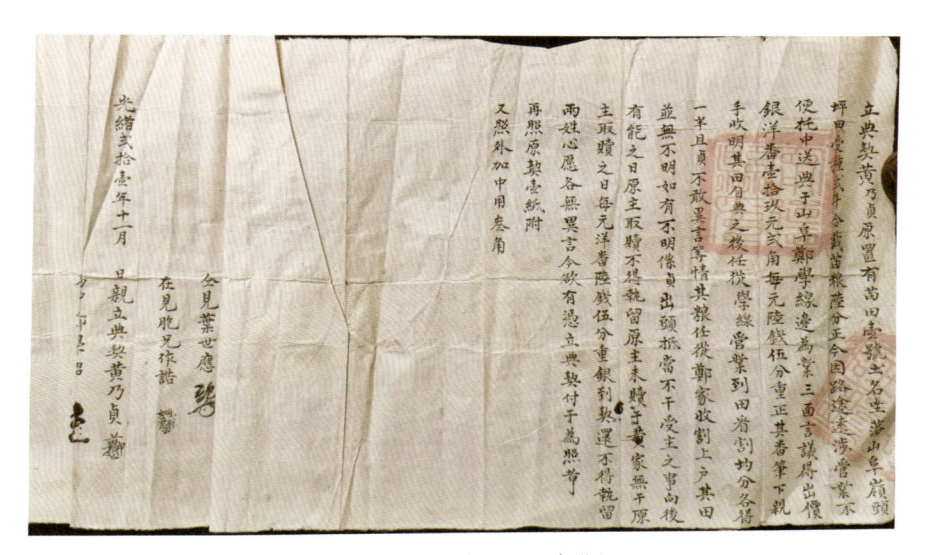

清光绪二十一年（1895年）典契
（清华大学中国经济史研究中心李光明特藏）

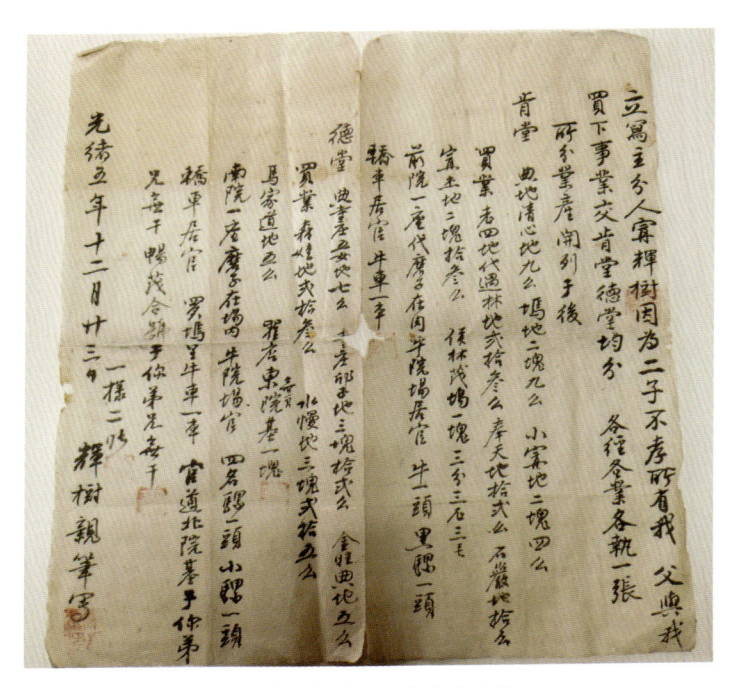

清光绪五年（1879年）分家书
（清华大学中国经济史研究中心张文达特藏）

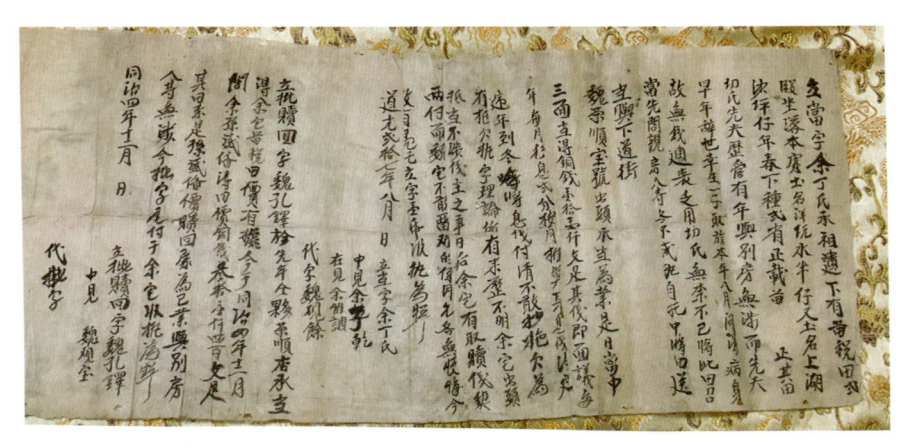

清道光二十七年（1847年）"当契"，同治四年（1865年）赎回
（清华大学中国经济史研究中心李光明特藏）

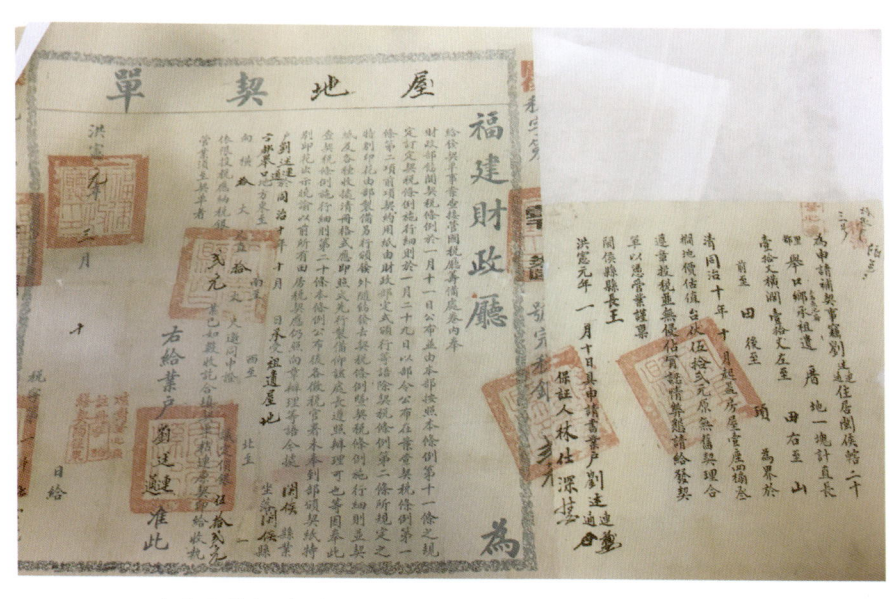

闽侯县洪宪元年补契，为清同治十年（1871年）房屋给发契单

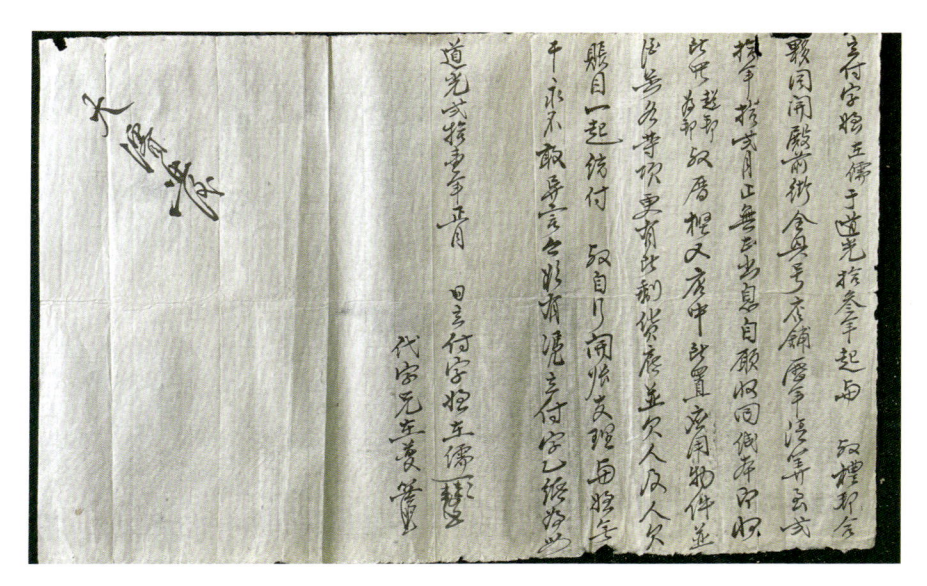

清道光二十一年（1841年）"付字"，道光十三年（1833年）合伙，道光二十年（1840年）结付收回

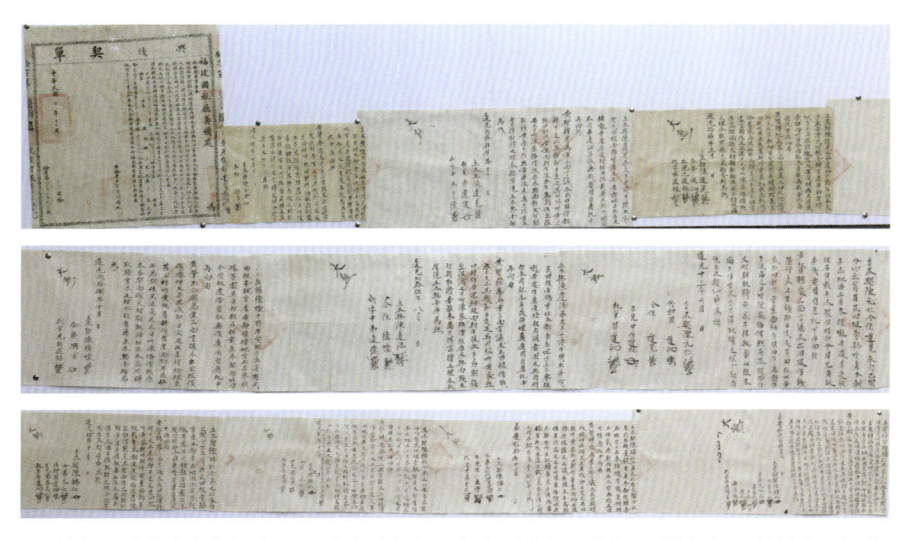

11连契，清嘉庆十七年（1812年）寄佃契，嘉庆、道光、咸丰、同治年间9份续典、添典契和1份民国二年（1913年）的典按契单

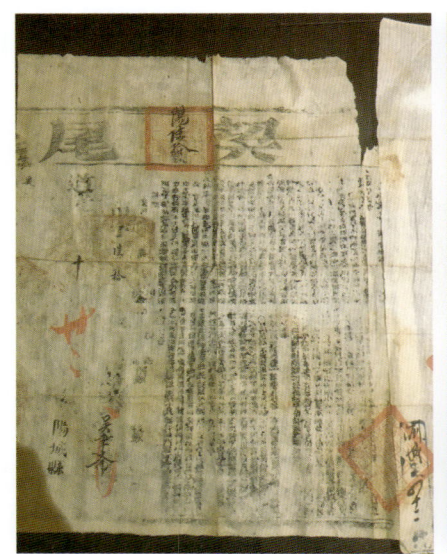

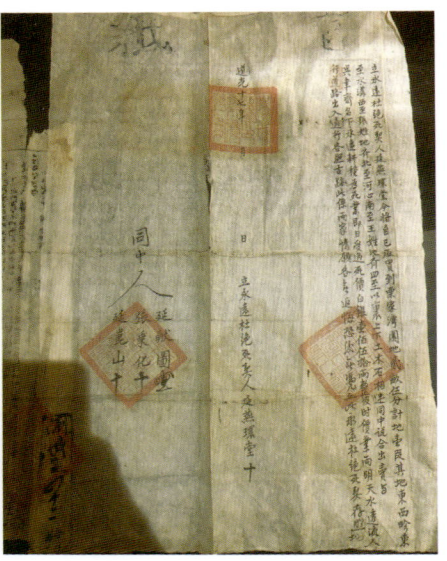

道光年间阳城县官纸与契尾:"天水透流,人行道路出入通行,各照古迹"

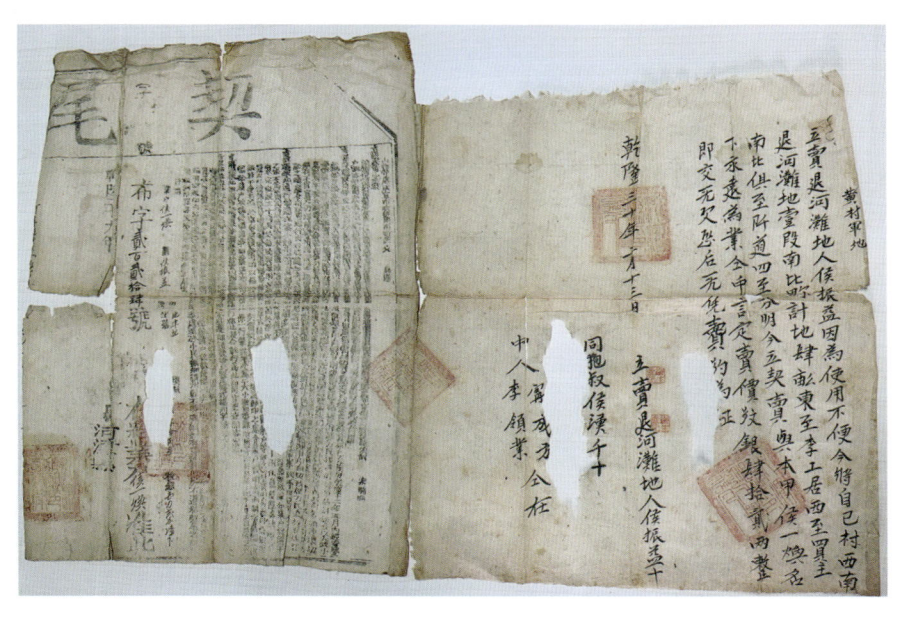

河津县乾隆年间"立卖退河滩地"。乾隆契尾"布字二百二十四号"
(清华大学中国经济史研究中心张文达特藏)

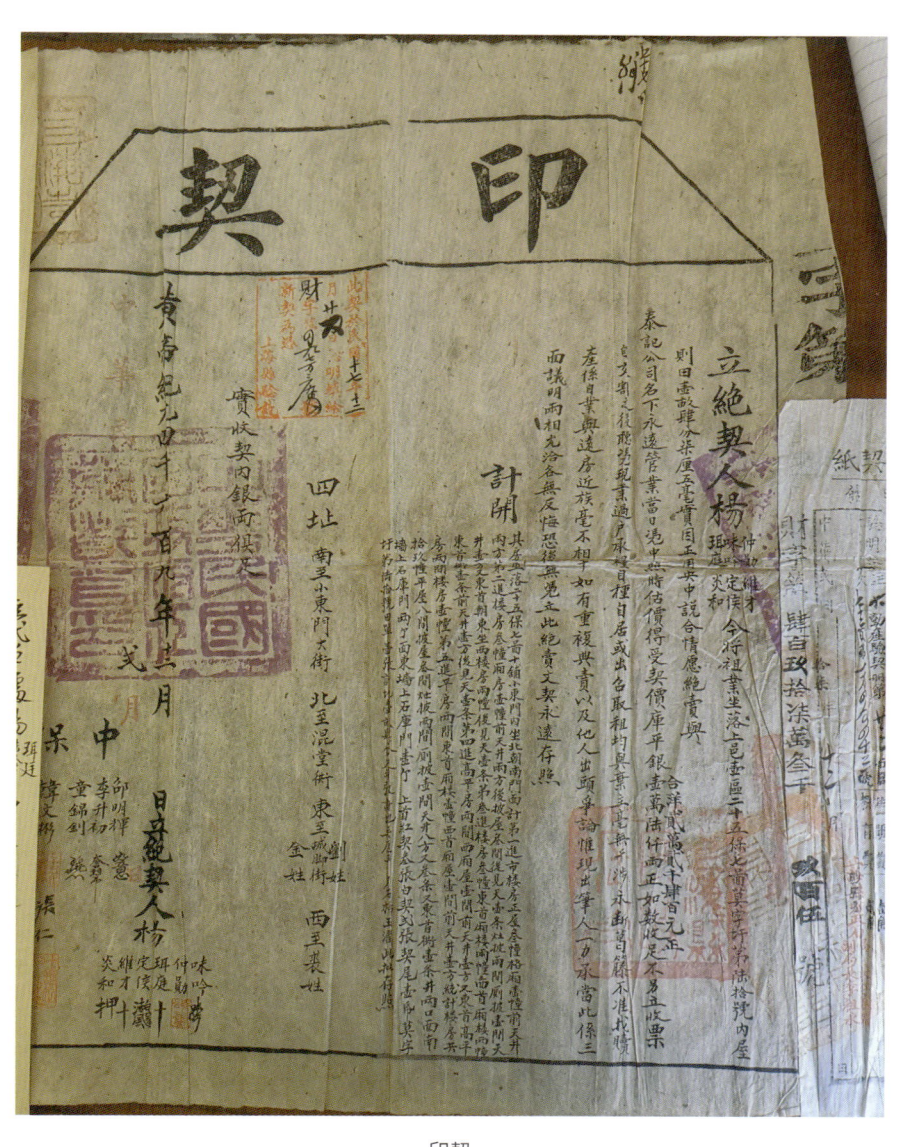

印契

（印黄帝纪年四千六百零九年，即中华民国元年，1912年）

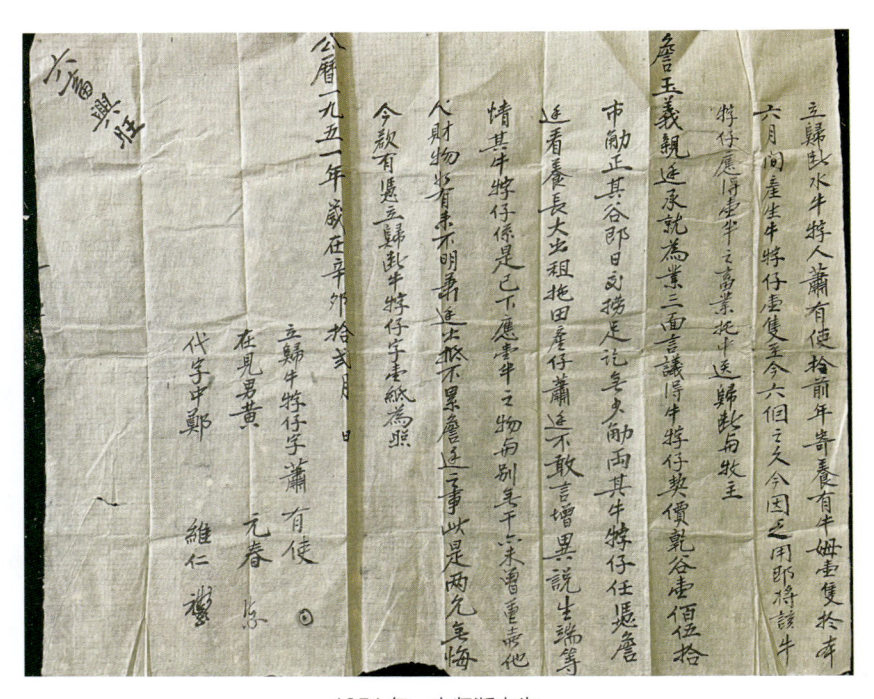

1951年，立归断水牛

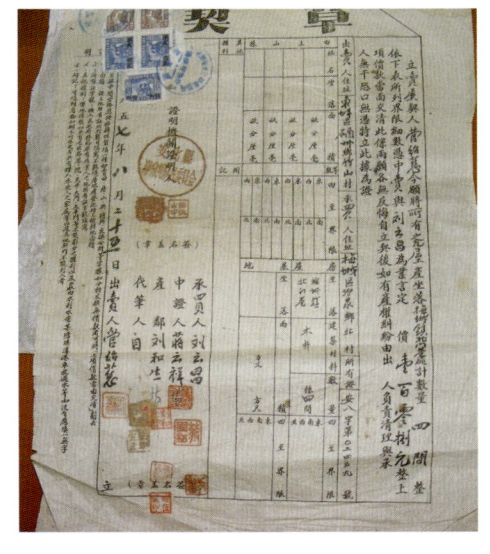

1957年安化县卖屋契

（湖南省安化县向新庄提供）

龙登高·著

市场中国两千年

人民东方出版传媒
东方出版社
The Oriental Press

序

一

市场,既表现为交易行为,又表示交换场所;既反映人们之间交换的种种关系,更是一种经济机制,生产要素与资源流动和资源配置机制。微观而言市场与人们日常生活息息相关;宏观而言市场事关经济运行方式和体制,是国家乃至全球的。从实践的角度市场是家庭、企业、国家等不同经济主体需要了解、把握和驾驭的对象与机制;从理论的角度市场则是基于资源配置视角理解和创新经济学的核心基石。

市场无处不在,却又似乎无影无踪,变幻莫测,亚当·斯密把它看作"一只看不见的手",在不可捉摸的混沌中引导人们的经济行为;哈耶克进一步认为市场能够在人们的自由选择中形成自生自发的秩序(Spontaneous)。市场又如烟波浩渺的大海,以其博大承载着诺亚方舟,惠泽人类;时而却波涛汹涌,山呼海啸,令人震骇。因此,马克思认为市场将导致经济无序,应该由政府来控制和配置资源,其理论实践使苏联和中国的市场一度消失,凯恩斯理论则使一些国家强化了政府对市场的干预……

人类认识市场经历了漫长的岁月,人类在与市场的博弈中不断进步,但至今不能得心应手地驾驭它。如何深入地认识和把握市场,从源头上，从其历史演进过程中，从其变化发展和不同时代的阶段性特征中，本书希望提供一个视角，或者一把钥匙，或者一些思维。

改革开放的过程实质上就是市场经济建设的成长之路，40余年的成就也同时是市场经济的伟大成果。然而，有人仍然怀疑中国的市场经济道路。究其原因，一是从计划经济转型而来的中国市场经济体制仍处于转型成长过程中，存在着各种制度不配套，出现了许多问题。二是错误地认为中国不存在市场经济的历史基因与传统；或者认为中华传统文化排斥市场经济。从本书中我们可以发现，无论是商品市场，还是土地、劳动力等要素市场，在传统中国都有独特的发展，与同时期的西欧相比具有明显的特点。传统商业与市场具有活力，民间经济时有创新，世界最早的纸币就是民间创新的商业成果，晋商、徽商的经营创新呈现现代性。

二

中华传统文化与制度排斥市场经济，持这个观点的代表人物之一为韦伯，其儒家文化与资本主义或市场经济不相容的论调已为实践所证伪；但今天仍有不少人认为传统中国不存在市场发展的制度与秩序，或者说传统制度下商业与市场秩序得不到保障。固然，强权掠夺商人的现象是存在的，但并非制度化，并非常态化，更不是主流存在。

朝廷获取土地产出和社会剩余，最稳定和可持续的途径是什么？是直接占有土地还是向农民征税？是政府直接经营商业还是向商人征税？当然都是后者。商人最重要的土地财产，与其他编户齐民一样得到社会和国家的认可，因为土地是要向政府交税的。但流动性商业征税不那么容易。直到宋朝，才系统性开征商税，使政府稳定获得商业剩余，成为与土地税并列的主要税收来源，王朝在逻辑上不会或不必抑商。

汉武帝大规模打击和掠夺商人的政策在后期的力度与频度相对减

弱。汉武帝南征北战，打空了文景之治留下的丰盈国库，也改变了文景时期的无为而治政策。汉武帝嫉恨商人有钱，遂行"算缗""告缗"；并选拔"兴利之臣"，如"言利事，析秋毫"的桑弘羊等，让官员列肆贩卖，希望通过国营商业来增加政府收入。此后历史上，政府对商人的额外征敛有其时间与范围的限定性。一是捐输报效，在时间上一般是在战争或者发生灾害时才会要求商人捐钱捐物，相当于共赴国难。在对象上主要来自盐商、十三行等专卖或垄断行业。盐商、行商所获超额利润，常常通过"报效""捐输"的形式转入官府。但他们又通过政策得到了物资补偿，如加耗报效，盐商于例定弓1斤外，加耗盐若干斤，作为"报效"的回报。二是抄家。据云妍、陈志武（2021）统计，被抄家的商人占清朝总数的4%，几乎都是与内务府有关的商人，即通常所谓"皇商"。这些商人由内务府领出巨额"帑银"，行盐或办铜、采买木植，一旦资本不能归还，即被查抄家产。

朝廷的严厉控制主要集中于政治领域与官僚体系，对于民间经济与市场则以朴素的自由主义政策为主导。主流意识形态以"藏富于民"为正统，以"与民争利"为羞耻。专卖限于少数特殊商品，历代的盐、香料，有的朝代还有酒、茶等，政府直接经营的商品或领域是非常有限的。司马迁推崇的治国之道是："善者因之，其次利导之，其次教诲之，其次整齐之，最下者与之争。"朝廷间接管理基层社会与民间经济，实行经济自由主义。以高利贷政策为例，传统中国不会加以抨击，但不像正统的基督教、伊斯兰教那样对高利放贷加以禁止，或像犹太教那样只能在外族放贷。

三

与中国不存在市场经济基因的错误观点密切相关的，就是20世纪的中国主流思潮趋向于排斥或缺乏市场思维。无论是对土地私有产权的非议，对地权交易的担忧，还是自耕农最优论、租佃制不公平与低效率论、平均地权等观点为人们所信奉，其片面性都是缺乏市场思维所致，都是建立在土地等生产要素不流动前提下的静态思维，对市场配置资源的疑虑和否定。

中国经历了朴素的市场经济演进，显然具有一定的历史传统与文化基因。即使近代经济转型艰难，但到1937年前的十余年，中国逐渐走上市场经济发展的探索轨迹，但这一趋势被此后长期战争逆转了。全面抗战期间的战时经济体制下，政府控制经济空前强化；抗战胜利后没收敌伪资产，国有经济力量占据主导地位。当解放战争胜利，再次没收敌产与外资后，国有经济已经居于优势地位。长期战乱后百废待兴，20世纪中期强化政府控制的经济学主流思潮与计划经济的苏联模式，遂在中国全面展开。从中可以看到，计划经济并不是中国的传统，市场经济才是中国的正道，只不过在20世纪中期不幸被中断和扭转了。

尊重历史而不盲从先贤。20世纪国人在救亡图存的历史背景下，很难以当今的市场经济逻辑去思考传统经济的特点，去探寻近代经济落后的原因。相反，毋庸讳言，20世纪中国与其他许多国家的主流思潮都是非市场经济的，乃至反市场经济，这可以理解为特定历史时期的选择，但不能以前人特定历史时期下的思潮与选择来限制今天的现实，甚至以市场经济转型过程中出现的一些混乱现象来否定市场经济。如果那样，我们既无法准确把握中国传统经济特征及其近代落后的根本原因，可能又无法全面理解今天市场经济建设的道路。21世纪的今天，以市场经济的历史视野去反思，可望更好地把握历史渊源流变与长期趋势。尽管时有反复甚至倒退，但我们仍然要对中国市场经济道路充满自信。

目　录

第一篇　中国市场的滥觞与初兴

第一章　市场的历史起点：农村公社市场　　003
第一节　市场的起源：原始市场　　003
第二节　井田制农村公社市场　　009
第三节　城市官立市场的理想模式　　013

第二章　中国市场的初兴：战国秦汉时期　　017
第一节　农村公社解体过程中农村市场的兴起　　017
第二节　城市市场及其管理　　027
第三节　市场商品结构分析　　032
第四节　金属货币的流通　　040
第五节　职业商人群体及其经营　　044
第六节　各地市场联系　　051

第三章　西汉盛期以后市场的变化　　059
第一节　商人的重创与市场制度的转变　　059
第二节　东汉市场的新变化　　066

第二篇　中国市场的曲折发展：3—9世纪（魏晋南北朝隋唐时期）

第四章　魏晋南北朝时期大土地私有制下的市场　　075
- 第一节　土地市场的新特点　　075
- 第二节　庄园经济及其市场活动　　080
- 第三节　贵族官僚经商及其对市场的影响　　085

第五章　隋唐市场的复苏　　092
- 第一节　均田制下官府的市场角色　　092
- 第二节　个体小农家庭经营与农村市场　　097
- 第三节　商品市场　　104
- 第四节　职业商人的成长　　111

第六章　魏晋南北朝隋唐时期的城市市场　　120
- 第一节　北方城市市场的曲折演进　　120
- 第二节　南方城市的发展　　127
- 第三节　隋唐坊市制管理　　133
- 第四节　唐中后期坊市制开始突破　　139

第七章　魏晋南北朝隋唐时期货币流通的曲折演进　　145
- 第一节　魏晋南北朝时期流通手段的倒退　　145
- 第二节　唐代的"钱帛兼行"　　152
- 第三节　中晚唐的钱荒与信用货币　　156

第三篇　中国市场的再度兴盛：10—14世纪（五代两宋金元时期）

第八章　宋代城乡市场网络　　167
- 第一节　农户的市场取向　　168

第二节　农村市场交易形态　　175
　　第三节　各类市镇的普遍兴起　　180

第九章　城镇市场体系　　188
　　第一节　城市市场格局的变化和发展　　188
　　第二节　汴京市场的繁华与衰落　　192
　　第三节　城镇体系与区域市场网络：以江南为中心的考察　　195
　　第四节　移民与江南市场　　212

第十章　宋代文化娱乐市场与服务业　　230
　　第一节　宋代都城的娱乐市场形态与商业化经营　　232
　　第二节　市民文化的成长与娱乐市场的发育　　239

第十一章　宋代大宗商品的远距离贸易　　251
　　第一节　交通运输条件的进步与商道城镇的兴起　　252
　　第二节　商品粮市场：从丰歉调剂到流向稳定的大宗商品　　258
　　第三节　各类纺织品　　263
　　第四节　其他大宗商品　　266

第十二章　货币流通与商人资本　　274
　　第一节　钱楮并用的时代　　274
　　第二节　商人资本的运动　　289
　　第三节　政府与商人　　306

第四篇　全国统一市场的形成（明清时期）

第十三章　明清市场主体与消费需求的变化　　313
　　第一节　民间主体与基层秩序　　313

第二节 消费需求的提升与观念变化 322

第十四章 地权交易与要素市场 328

第一节 土地产权与要素流转 328

第二节 资本、劳动力、土地的动态组合 342

第十五章 商人资本与商帮网络 348

第一节 商人从客贩到侨寓再到定居 348

第二节 地域商人群体与商人组织 359

第三节 各地域商人群体与会馆一览 363

第四节 商业信用与制度创新：以晋商为重点 374

第十六章 劳动力市场、企业与市场网络 382

第一节 商人资本向生产领域渗透与包买商经营模式 384

第二节 劳动力市场：管理成本、生产费用与企业规模 387

第三节 分工与专业化的实现：通过市场网络还是企业组织 391

第十七章 明清全国市场的形成 396

第一节 市场资源配置与全国性经济地理布局的重组 397

第二节 区域市场网络与经济中心地变迁 402

第三节 传统市场整合与全国市场形成 407

第四节 全国市场的中心——江南 420

第一篇 中国市场的滥觞与初兴

第一章

市场的历史起点：农村公社市场

农村公社时期是原始公有制向私有制、社会原生形态向次生形态的过渡时期，并且，"一切文明民族都是带着这种公社或带着它的非常显著的残余进入历史的"。[①] 也就是说，农村公社是摆脱愚昧走向文明历史的开端，它在世界各个民族的发展状貌与不同特征，深刻地影响着此后的社会经济，世界上不同地区与民族的文明进程也因此各具特色。唯其如此，我们对中国传统市场的论述也从对农村公社市场的追溯开始。

第一节 市场的起源：原始市场

交换的出现意味着市场的产生，这一历史现象开始于农村公社之前，滥觞于原始社会末期。交换是物品在时间与空间上的转移——物品占有者之间的转移。物品占有者最先是原始人集团，交换行为也最先发生在这些集团之间，经过相当长的历史演进后，才开始出现个体私人占有者之间的交换行为。

---

① 《马克思恩格斯选集》第3卷，人民出版社1972年版，第187页。业师李埏先生据英译本将译文作了改动，于意较胜，从之。见李埏：《中国封建经济史论集》，云南教育出版社1987年版，第88页。

物品在占有者之间的转移可以通过多种渠道，例如，相互馈赠礼品、部落战争中的掳掠等。礼品馈赠式的交换不属于商品交换的范畴，因而不是形成市场的最初要素，但它是物物交换的萌芽。事实上，最初的物品交换与礼品馈赠之间是难以截然区分的。大体而言，礼品馈赠基于一定的友好关系，并且往往是以某种名义进行的。物品交换则基于使用价值，没有附托于友好关系或其他名义之下，显然，物品交换扩展了物品转移的空间。物物交换在现代人的眼中实在是平淡无奇，不足为道，但在人类文明发展的历史长河中，却是一个了不起的进步。它以商品形式永恒地开创了不同利益主体之间的交往，宣告了市场的萌生。

人类最先的交换行为发生于原始社会的部落与部落之间，或氏族与氏族之间，或公社与公社之间。因为在各种集团内部，生产力的极端低下、生产物的匮乏，只能实行原始的公平分配。既然不存在私有财产，个体之间交换也就不存在前提条件。交换的前提必须是对产品的占有，当对产品的占有是以原始集团为单位时，集团内部的个体不占有产品，个体之间也就不存在产品交换的可能了。而在集团与集团之间，自然条件的不同造成了人们所获取物品的差异，由此，以集团为单位，原始交换产生。正如马克思所说："产品交换是在不同的家庭、氏族、公社互相接触的地方产生的，因为在文化的初期，以独立资格互相接触的不是个人，而是家庭、氏族等。不同的公社在各自的自然环境中，找到不同的生产资料和不同的生活资料。因此，他们的生产方式、生活方式和产品，也就各不相同。这种自然的差别，在公社互相接触时引起了产品的互相交换，从而使这些产品逐渐变成商品。"[①] 而这种交换仍然属于原始共同体公共经济的一部分。正如李根蟠等所指出的：交换的发生最初是以各原始共同体自然环境的差异以及由此形成的不同生产领域为基础

---

① 《马克思恩格斯全集》第23卷，人民出版社1963年版，第390页。

的，同时它又是与氏族的形成分不开的。因为最初的交换产生的必要条件之一是彼此独立又相互联系的原始共同体的存在。只要交换仍然以共同体为单位进行，它就仍然是共同体公共经济的一部分，而不是它的对立物。后来，生产的发展引起了个体劳动的可能性和个体家庭经济的出现，原始共同体之间的商品交换逐渐渗透到了原始共同体内部。在对外商品交换的刺激下发生的原始共同体内部的社会分工与交换，自始就与个体家庭私有经济的形成和原始共同体的分裂相联系，它的发展才是原始共同体的瓦解和私有制国家形成的强有力杠杆。[①]

在河南、陕西、甘肃等地出土的仰韶文化时期的文物中，都曾发现有海贝。这些为数不少的海贝，不管是起先用于装饰，还是后来充当早期货币，无疑都是从沿海辗转而至的，其中有的是屡经交换而来的。也就是说，沿海部落与内地部落，以及内地部落与内地部落之间，交换行为时有发生。内地的海贝可以通过多种渠道而来，例如，部落间相互馈赠礼品、部族战争中的掳掠，但也不能排除交换的途径，尤其越到后来，交换的可能性越大，交换行为越多。在原始社会晚期的遗址中，往往可以发现外地的产品，如陶器、玉器等。

即使到了传说中的尧时期，已是原始社会末期，集团之间的交换仍然存在。《淮南子·齐俗训》追述道，尧帝治理天下，让住在水边的百姓捕鱼，让住在山林的百姓伐木，让住在川谷的百姓放牧，让住在平原的百姓耕种。各个地方都有适宜的产业，各种产业都有适合的器械，各种器械都有适当的用途，各种用途都要符合当地人民的需求。湖泽地区的百姓织网捕鱼，丘陵地区的百姓耕田务农，这样就可以用自己拥有的物资交换自己缺乏的物资，用自己能够生产的物资交换自己无法生产的物资。这种地区差异当然不一定是从部落间差异出发的，但我们显然可

[①] 李根蟠等：《中国原始社会经济研究》，中国社会科学出版社1987年版，第253—254页。

以从中窥视远古部落间交换的史影。

个体之间的交换，最古老的方式可能是公社成员之间直接的劳动交换——属于生产范畴的各种活动与各种能力的交换，也可能是朋友馈赠式交换。当个体劳动与个体家庭在原始共同体内部萌生成长时，劳动交换转化为产品交换，同时财物或产品的私有性日渐凸显。在原始集团之间商品交换的影响与刺激下，朋友馈赠式交换便逐渐向物物交换转变，这样，商品交换开始向原始共同体内部渗透。

新石器时代早期处于母系氏族社会，这一时期代表性的裴李岗文化距今约7000年，在其遗址发掘的墓葬中，随葬品数量差距悬殊，表明个体私人占有的财产已逐渐发展，占有数量出现多寡不均的情况。当然，在母系氏族时期，初始发展的私有财产还很有限，个人财产受到氏族集体的约束，不能流入外族与其他部落。此时私有物品主要是陶器、石器和少量装饰品。

考古学上的龙山文化时期，我国原始社会进入了父系氏族公社。细石器的使用提高了生产效率，农业的发展使粮食出现剩余，驯养牲畜也已开始，后世的"六畜"此时都已产生。原始工业方面，新出现了陶器、铜器制作，原有的手工业品（如石器、骨器、玉器、纺织品等产品）增多。根据有随葬品的墓数和储藏粮食的窖穴数量、容积等情况分析，社会发展到锄耕农业经济阶段，相当一部分家庭已经常年都有剩余产品。① 自龙山文化开始，若干手工业部门已从农业中分离出来，并出现了专业或半专业的个体手工工匠。这些个体工匠从事商品性生产，其产品不但在共同体内部进行交换，而且也在外部进行交换。在距今6000年的大汶口一带，约有一半的家庭已常年有剩余品。此时，一方面，原始共同体内部的家庭生产或个体生产，随着技术的提高而在生产过程中

---

① 吴才麟：《史前经济与财政起源》，中国财政经济出版社1990年版。

逐渐专业化，劳动产品的私人占有量不断增多；另一方面，产品的丰富既增多了剩余品，同时，交换产品的可能性在供给与需求的共同增加中也在不断扩大。这样，私有劳动产品的交换便随之增加。

"道不拾遗，市不豫贾。"《淮南子·览冥训》中对黄帝时代市场秩序倍加赞美，其实这只是原始市场的自然状态，与交易道德无关。所谓"市不豫贾"，也就是没有讨价还价。原始市场不计价格高低，恰恰表明它还处于蒙昧状态。这使《淮南子》的作者产生误解，而心向往之，更是令现代人匪夷所思。但在现代云南偏僻山区的苦聪人那里仍然可以看到远古的痕迹。民族学家观察到，苦聪人将准备出售的物品，摆在道路之旁，自己隐身于路边丛林。行人如欲交换，只需将自己的物品放在原地，就可以带走所需物品。当然，谁都知道放在路旁的物品并非人们所遗弃，谁也不会偷偷拿走。在这里，遑论商品价格，就连买卖双方都是不直接会面的。这种简单而淳朴的市场交换行为，不正是"道不拾遗，市不豫贾"的真实写照吗？

交换的发展使交易的地点与时间趋于集中，从而固定地点的市场开始萌生。《易·系辞下传》说："列廛于国，日中为市，致天下之民，聚天下之货，交易而退，各得其所。"也就是说，在正午开设市场，召集各地的民众，聚集四方的货物。人们交易之后，各自得到了想要的物资，各归其所。《易》成于西周，书中所说的固定交换市场的情形，可能是作者所处时代中市场的一种历史折射。与其说它是炎帝族号神农氏时代的市场，不如说是作者所处的西周时市场交易的情形，但它毕竟反映了神农氏时交易市场已开始萌芽。颛顼时的"祝融为市"即可为佐证。《初学记》引《风俗通》亦有"因井为市"之语。《史记·平准书》"正义"有云："古人未有市，若朝聚井汲水，便将货物于井边货卖，故言市井也。"其意是，古时候本来没有市场，有人早上聚集在井边打水，顺便就带着货物在那里售卖，于是就有了"市井"这种说法。

媒介交易的商人也开始出现。传说舜根据市场行情的变化，乘时逐利，贩运贸易。①《管子·揆度》记载，尧舜时，为了消除虎豹出没的危害，收购虎豹兽皮，激发人们像进行血亲复仇一样捕猎猛兽。商业尤其是长途贸易的出现，与交通运输条件的进步相伴随。史籍对文字产生前的史实偶有追述，《易·系辞下传》说，上古时掏空树木做成船，砍下木头做成桨。有了船和桨，就能渡过以前无法通过的江河，到达远方，造福天下人。

原始货币在物物交换中产生。对于原始人而言，海贝不用分割即可成为方便的计量单位，似乎是币材优良的天然货币。当商品交换的发展呼唤一般等价物来做媒介承载日益增加的交换行为时，海贝成为首选对象，且成为我国最早的货币。值得注意的是，在原始文化遗址的考古发掘中，不仅发现了天然海贝，齐家文化遗址还出土了一枚仿海贝的石贝。石贝的出现则是作为一般等价物的海贝长期流通的结果，已带有等价符号的性质。总的说来，龙山文化与齐家文化时期，处于物物交换与以一般等价物为媒介的交换并存的阶段。

物物交换仅仅是不同使用价值的转换，商品的价值还没有取得独立的形式。一般等价物随着商品交换价值与使用价值的分离而独立出来，货币成为价值的独立形式，可以直接转化为任何商品，从而形成商品流通。商品流通既是商品由生产领域进入消费领域的运动过程，又是不同经济主体实现各自利益的经济过程，随着这一过程的不断演进，市场逐渐扩张。

---

① 《史记·五帝本纪》。

第二节　井田制农村公社市场

农村公社既是原始公社的最后一个社会阶段，也是文明社会的最初形态，它是从家长制家庭公社发展而来的。家庭公社，一旦将共同耕作的土地交给个人使用，就演进成了农村公社。恩格斯在《家庭、私有制和国家的起源》中论述德意志人进入农村公社时说，几乎一切民族在实行过土地先由氏族后来由共产制家庭公社共同耕作之后，差不多一切民族都实行过把土地分配给单个家庭并定期重新分配的农村公社。

我国夏商周时期的井田制，就处于农村公社历史时期。李埏的研究成果①中表明，《诗经》《周礼》都有反映由孟子首次描绘的井田制，是真实可信的，它与历史发展的普遍规律若合符节。后世的土地制度、阶级关系等经济现象及其演变，都可以从中追寻到它的滥觞，中国传统市场也同样如此。俞伟超在对先秦两汉的"单—僤—弹"的追踪考古中发现，文献与文物中频繁出现的周代的"单"，就是以地缘纽带维系的农村公社。②

在井田制农村公社下，土地所有权属于最高统治者，定期分配，不能买卖。耕田分为"公田"和"私田"，公田由庶人助耕，私田由庶人个体耕作。村社内劳动单位是一夫一妻的个体家庭，他们私有牲畜等动产，但不能私有地产。他们不仅在财产所有权上还不完整，在农耕生产上也不完全独立，他们对村社共同体具有强烈的依附关系。井田制农村公社，虽然学术界多肯定其真实存在，可对其具体的社会形态则争论不一。但无论如何，作为社会的基本细胞，农村公社是属于全体成员所

---

① 李埏：《试论中国古代农村公社的延续和解体》，载《思想战线》1979年第3期；《孟子的井田说与分工论——读〈孟子〉札记》，载《社会科学战线》1991年第1期。
② 俞伟超：《中国古代公社组织的考察——论先秦两汉的单—僤—弹》，文物出版社1988年版。

有，还是公社首领占有；或者，是属于最高统治者"王有"，还是已经成为采邑主个人占有，这都是其次问题。不应该从这一层次来论证公社是否存在，或是否瓦解。也就是说，农村公社可以是原始社会下的公有，是部落、氏族共同体中的组织，也可以作为采邑而存在。这个采邑既可以由最高统治者所有，也可以由各个采邑主所占有，甚至可以作为国家的基层组织存在，以行政组织的形式出现。只要它仍然作为一个经济体存在，仍然在组织生产、分配、消费等职能上发挥作用，它就仍是社会基本的经济细胞。农村公社存在的前提，就是它的生产组织职能。在农业生产上有公田、私田之分，这个公田的所有者也许多种多样，但它是由公社成员集体耕作的。而所谓私田，则都是由村社成员占有和使用的。

在我国古代，基本劳动组合的人数愈古愈多，因为个体的力量实在太微弱，只有众人组合在一起才能产生足够的劳动效益。夏代时大抵如《大戴礼记》所谓的"耕者五耦而式"，即十名耕者两两并耕，后来发展为三人并耕。进而流行二人相助的耦耕，《逸周书·大聚》所记："饮食相约，兴弹相庸，耦耕俱耘"，即饮食彼此约制，彼此勉励，两两一同耕种。这就是指在村社组织"弹"内进行耦耕集体劳作。在这种低下的生产力状况下，氏族公社、农村公社成为生产共同体，井田制即建之于血缘与地缘双重纽带维系的农村公社之上。

井田制农村公社下的普通成员，他们的生产生活都在村社共同体内进行。农忙季节家庭劳力不足，通过村社或领邑内的集体劳动或换工互助等可以得到调剂，纺织品的制作也是村社成员同室共作（详见本篇第二章）的。他们对外界很少有需求，与市场基本上是绝缘的。市场上流通的商品，多见奴隶、珠玉珍宝，而少日用必需品，直到春秋时期，商业经营仍然与一般村社成员关系不大。

但市场仍在农村公社的土壤中缓慢成长，远距离的贩运贸易增多，如《左传·襄公二十六年》有"楚材晋用"的典故，杞梓皮革从楚国贩运至晋国，表明远距离贸易已具有一定水平。夏商周时期交通运输条件的进步，促使商业及远距离贸易展开。夏代，交通工具车已经出现。《世本》《山海经》《左传》《荀子》《吕氏春秋》等著作中都有"奚仲造车"的传说。《管子·形势》记载尤详，原文是："奚仲之为车器也，方、圆、曲、直皆中规矩钩绳，故机旋相得，用之牢利，成器坚固。"其意为，奚仲造出的车子，不论方圆曲直，各个地方的尺寸都合乎规矩钩绳，因此驾驭起来十分灵活，车体也很是坚固。甲骨文中已有"车""舟"等文字，车的牵引动力有牛、马、人力。在这种交通运输条件下，商品流通增多，贩运贸易的地域扩大。

现存商代饕餮纹鼎中，有一人荷贝立在船里，旁边还有人以手划船。挑着货币坐船到别处去，显然是去做买卖。该鼎铸造精美，其所有者一定是个驱使奴隶跑买卖的奴隶主。《左传·成公三年》记载了一个试图在楚国营救晋国荀姓贵族的郑国商人，其足迹遍及楚、晋、齐、郑等诸侯国。另一个郑国商人——弦高——的故事更常为后人乐道，他贩运的牲畜数量可观。向往周代礼制的孔子，面对人们在市场上日益增多的趋利行为，也不能不蠢蠢欲动。他谈及"君子喻于义，小人喻于利"的理想时，随即慨然叹曰："富而可求也，虽执鞭之士，吾亦为之。"其弟子亦将此语载于孔子语录集《论语·述而》之中。

农村公社下，市场消费需求多出自贵族，具体表现为对奢侈品的需求。与市场关系较为密切者，是贵族阶层，商业多由他们承担，而且大多由他们世袭为之。《国语·齐语》所谓"奇怪时来，珍异物聚"，表明贵族贩运的商品多为奢侈品及国家政权所需要的财物。

贩运贸易由贵族来担当，主要是因为当时还没有专业商人，而普通公社成员都被束缚在土地上，只有贵族才能胜任贩运贸易，商人一般都与诸侯国政府有紧密的联系，上述两则关于郑国商人的事例都表明了这一点。弦高面对行进中的入侵强敌,还果断地以自己的商品假装奉郑穆公之命犒赏敌军以迷惑之,如果他不是与郑穆公关系密切,是难以做出这种义举的。另一则关于郑国商人的故事更典型地反映了商人与政权之间的共同利益和相互关联。《左传·昭公十六年》载,韩宣子向郑国商人买一只玉环,商人称必须先禀告君大夫,而子产也委婉地拒绝了聘使的要求,对韩起解释说,商人与郑国公室都来自周地,而且世世代代都有盟誓。这说明他们既非平民,更不是贱人奴隶,而是有贵族血统的人。《尚书·周书·酒诰》中周公告诫康叔之词也说明,那些从事商业活动的殷遗民,就是贵族康叔的世代股肱。

即使这些有贵族血统的商人,也多不是职业性的。周初商业贸易活动中,商人只有等到农闲之时才能远行经商,并不是一年四季经营,并且是次于农业的活动,主要经营仍是专心致志地种田。完成农业生产,然后才驾牛车外出经商。另外,"远服贾"的目的是换取物品孝敬父母,追求利润的目的还处于混沌状态。

职业商人的形成是春秋时代的事了。《国语·齐语》说:"昔圣王之处士也,使就闲燕,处工就官府,处商就市井,处农就田野……令夫商群萃而州处,察其四时,而监其乡之货,以知其市之贾(价);负任担荷,服牛轺马,以周游四方,以其所有,易其所无,市贱鬻贵,旦夕从事于此,以饬其子弟,相语以利,相示以赖,相陈以知贾。"私商形成,世代相袭,并在春秋后期迅速壮大。《墨子·贵义》云:"商人之四方,市贾倍蓰。虽有关梁之难,盗贼之危,必为之。"

夏商时期的各种文化遗址中几乎都发现有海贝。如偃师二里头文化、郑州二里岗文化及安阳殷墟的墓葬中,都有为数不一的海贝出土,有的多达数百枚。而山东益都苏埠屯一号墓随葬了3790枚,殷墟五号墓更高达6000多枚。如此众多的贝,说明它的主要功用已由装饰品转化为货币。《说文》释"贝"为,古时候把贝壳作为货币,把大龟作为宝物。周代有了泉币。

甲骨文中不少与财富有关的字都从贝。作为货币的贝，通常以"朋"为单位计量，一朋为十贝。固定计量单位的形成也表明贝已稳定地担负起货币计量职能，充当价值尺度。大概东周以前贝一直是通用的货币，开始是海贝，继而是仿贝，后有铸造的铜贝。天然海贝广泛流通，继而出现了仿贝以弥补海贝数量的不足并代替海贝充当交换媒介。河南偃师二里头文化遗址等处均发现有骨贝、石贝及玉贝。仿贝是作为一般等价物的海贝长期流通的结果，它已带有等价符号的性质。海贝流通与仿贝制作的发展，催生出了金属贝，如铜贝。在商代晚期的墓葬中曾发现有铜贝百多枚。从天然海贝发展到银贝，表明贝已稳定地充当等价尺度。

海贝及仿贝之外，其他物品也充当过等价物，如铲，本是生产工具，到了殷商末西周初，它便逐渐代替了贝币，成为交换的媒介，铸币也开始出现。《国语·齐语》载，周景王，改铸大钱。时为公元前524年，则铸币在此之前早已出现。楚庄王亦曾铸大钱，在市令的建议下复原如旧。

第三节　城市官立市场的理想模式

商朝盘庚迁殷以后，农业渐进地稳步发展，商业贸易有所扩大。到西周与春秋时期，城市经济开始呈现新的景象。西周的都城镐京（今西安市西）、东周之洛邑（今洛阳）都是当时政治、经济和文化中心。各诸侯国的都邑，虽然侯伯之城不过方五里，卿大夫之都不过百雉，但也涌现出了一批著名的城市，如齐之营丘、宋之商丘、晋之曲沃、燕之蓟等，都在此时奠定了后世繁荣的基础。城市中的小本业者，经营着各种商品。传说姜太公就是小本经营，这是人口增多、需求多样化的结果。

许多城市都设立了市场。开始时，这种市场是很不成形的，在夏的都城，末代国王桀竟"放虎于市，以观其惊"。商代的城市市场有了相当的改观，在殷都，《六韬》说："殷君善治宫室，大者百里，中有九市"，意为商代的国君善于兴建宫室，大的有百里，其中设立了九个集市，这当然不无夸张。西周春秋时的城市市场，则成为名副其实的交易专门场所。齐国都城的市场喧嚣热闹，《左传·昭公三年》载，晏子之宅靠近市场，不适居住，但对市民却非常便利，平民百姓住在市场附近，获取物资都很方便。《国语·齐语》载，管仲把齐的国都划为21个乡，工商之乡占其六，其中"市立三乡"，商人聚居，约达6000户。春秋战国时期秦国的都城雍（今陕西宝鸡凤翔区境内），发掘了位于雍城后部的市场。这一市场建制与周朝"面朝后市"制是一致的。市场南北宽160米，东西长180米，面积近3万平方米。四周以土围墙，围墙内是封闭式露天市场，四面墙中部各开一市门，门上有四坡式大建筑。

城市市场都由官府设立和管理。工商业者是为官府服务的，所谓"工商食官"是也，他们都居于"国"（即城）中，并且统一集中居住，即"处商就市井"。城市市场和工商业者既然多从属于官府，官府对自身的切身利益倍加重视，对市场秩序的管理也就不遗余力。《周礼·地官》的作者还专门设计了一套完整而繁冗的市场管理的理想模式。

其一，市场开设。根据"面朝后市"的原则在城市中开设市场，考古发掘证实了这一点，而且后世城市建设也都遵循不渝。市场内设"思次"，这是市场最高长官"司市"的行政署，每天悬挂旌旗，指挥开市。市场内每二十肆设"介次"，"胥师""贾师"在此处理市场日常事务。交易不能在市场外进行。日设三市，朝市在早晨开放，以商贾为主。大市在正午之后开放，以百姓为主。夕市在傍晚开放，以男女商贩为主。《礼记·月令》中还记载了关市制度：中秋之月，减轻赋税，吸引商客，购入货物,以此方便民生。四面的商人云集至此,远方的行客纷至沓来,这样物资就不会匮缺,国库就不会空虚,可以顺利开展各种事务。

其二,商品陈列。商品以类相属,分肆陈列,同类或相近的商品摆在同一范围内,以方便挑选与购买;名称相近而质地不同的商品尽量远远分开,不摆在一个范围内,以免混淆。贾师负责验收检查,分门别类,比较审定,然后将各类合格商品按不同等级陈列于肆,并明码标价。只有符合这些要求才允许开业。《礼记·王制》对禁止上市的商品有详细明确的规定:圭、璧、金、璋不准在市场上出售;天子所赐予的命服命车,不准在市场上出售;宗庙中的礼器,不准在市场上出售;祭祀用的牲畜,不准在市场上出售;军事器械不准在市场上出售;器皿不合规格的,不准在市场上出售;兵车不合规格的,不准在市场上出售;布匹丝帛的疏密不合规格的,宽度不合尺寸的,不准在市场上出售;布帛染了杂色而与正色相乱的,不准在市场上出售;用华丽的布匹、珠宝美玉制作的成品,不准在市场上出售;衣服饮食,不准在市场上出售;没有长成熟的谷物瓜果,不准在市场上出售;没有长成材的树木,不准在市场上出售;没有长大的禽兽鱼鳖,不准在市场上出售。这些禁止上市的商品,除了触犯等级制度——礼制的禁令——之外,主要都是从商品质量的角度出发的。凡此违禁物品,不仅在市场上有不同官吏屡加检查,而且在国门出入时还会严加防范。

其三,物价管制。市场价格由官府统一规定,不得自行更变。饥荒年景,严禁哄抬物价,贾师必须确保物价稳定。四时食物珍品,也禁止利用季节差抬高物价。"凡天患,禁贵买者,使有恒贾,四时之珍异亦如之。"市场上的滞销商品,官府根据市价收购并集中起来,公开标明价格随时抛售,以待不时而买者;赊购者,在不同的期限内定期归还。

其四,交易规则。买卖双方在商品成交时先向主管官吏"质人"申领凭证"质"或"剂",按《周礼·天官》注,长者称质,短者称剂,奴隶、牛马等大宗贵重商品用质，一般商品则用剂。质或剂上标明双方使用的度量衡标准及商品规格，由质人负责巡查监管。若查获犯禁行为，则罚没商品。交易纠纷在一定的期限内由质人受理。允许赊购商品，但必须在不同的规定期限内定期归还；借贷者，由有关官吏确定其偿还能力并出面担保。

此外，市场内行政、治安、税收都有专人各司其职，并且制定详细的条文。

第二章

中国市场的初兴：战国秦汉时期

农村公社的解体与市场的发展紧密相关，换言之，井田制农村公社是在市场发展的过程中逐渐解体的，同时，村社的解体又对市场的发展产生了推动作用。本书所谓的中国传统市场，正是在村社解体的急剧变革中产生的。村社废墟上产生的中国传统市场，在其初期便呈现出勃勃生机，自春秋战国之交即进入了传统市场的第一个发展高峰，直至汉武帝之后走向衰落，汉末以后更形逆转。

第一节 农村公社解体过程中农村市场的兴起

社会基本经济细胞——农村公社——的裂变，自春秋晚期开始，历经战国、秦至汉初，是中国社会最根本的一场深刻革命。这场革命对当时社会经济各领域的影响至深且巨，并初步奠定了此后中国传统社会两千多年的基本格局，对市场发展的影响也非常深远。因此有必要对这一变革作一专门的分析，以期从村社瓦解及其作用中探寻它对市场发展轨迹产生的影响，从而从中国传统市场的产生过程中更好地把握其特征。

一、井田制农村公社的解体

农村公社的解体源于其内部的矛盾运动。农村公社是公有制和私有制并存的"二重性"社会结构,也是集体劳动与个体劳动皆备的劳动组织,这是其本质特征与基本矛盾之所在。公社是一个整体,它必须使每个成员成为这个整体中有机的一员,而不是与整体毫不相干的独立的个体。也就是说,每个成员必须依赖村社共同体,从土地的授受,到再生产的完成,虽然是以家庭为单位的,但都与村社共同体息息相关。

这样看来,个体力量的壮大,是导致村社解体的最初诱因。私有成分的壮大——瓦解农村公社的致命因素,根本原因在于"小土地劳动"的发展,即生产力的进步;最直接的表现则是私有动产的积累和交换。

春秋战国时期,青铜生产扩大,由制造干戈、钟鼎等武器与礼器,进而到制造犁、刀等农器。更重要的是,熟铁锻造和生铁铸造技术出现并推广,农具进入了木金复合体阶段,即木制农具尖端安装金属刃套,并且形制多样。迄今出土了上千件战国铁器,形制有犁、锄、镰、锸、耙、斧、锛、凿、刀、削、锥和钻等。

其中叫作耨的小手锄,既可用于掘地发土,也可用于中耕锄草,是战国秦汉时的代表性铁农具。形制短小轻巧,用途多样,适合个体劳作,标志着个体性综合型生产力的形成。[1]

交换的发展,是公社解体的必要条件。从私有动产的交换开始,货币进入公社内部,随之是土地成为商品,不动产的商品化已经触及了农村公社的根基。村社赖以维系的最深厚的基础一旦动摇,它所面临的也就唯有土崩瓦解了。从春秋开始到战国时期,农村公社中的个体家庭逐渐被卷入市场,此时交换与市场的发展是如此引人注目,以至战国之初,农村公社仍处于瓦解的过程中,中国便进入了市场史上的第一个高

---

[1] 龙登高:《个体小农家庭经营方式的历史演变》,载《云南民族学院学报》1992年第2期。

峰期。

个体生产力的发展,商品经济的渗入,终于使长期存在于商周社会的井田制逐渐走向崩溃。公田上的集体劳作,原来在农村公社中是居于首位的,而现在愈来愈受到怠慢,生产效率降低,产量减少。于是公田被平均分配给了各家各户进行个体耕作,以提高生产效率,统治者按"彻法"收取实物租。《吕氏春秋·分地》云:"今以众地者,公作则迟,有所匿其力也;分地则速,无所匿其力也。"《管子·乘马》亦云:"均地、分地……审其分,则民尽力矣。"在有的村社,由于人口增加,以及百姓不肯尽力耕种公田,于是改为一井九夫,也改行十分抽一的彻法。这样,公田便名存实亡了,甚至连公田其名也变为实际上的私田份地的组成部分。

私田,已停止定期重分,农民稳定地占有自己耕种的小块私田,获得了实际的占有权。生产力的进步,农业产量的提高,一方面提高了农业生产效率,另一方面刺激了人口的再生产。农民交换得到的铁制犁铧,使他们有能力开垦更多的土地,以养活更多的人口。而此时土地私有权便显得尤为重要。从鲁宣公"初税亩"到商鞅变法,土地私有制的法定地位正式确立。①

土地公有制之下作为劳动组织的农村公社不复存在,但村社或类村社作为社会关系的外壳,在土地私有制社会中仍没有消失,并且在民间基层社会继续发挥其某些作用。文献与文物中都反映,有县社、乡社、里社、私社、田社、弹社等多种类型的组织。看来要弄清它们之间的关系已颇为困难。不过,大致清楚的是,它们都与农村公社有某种渊源,或者是村社的残存。它们都是民间自愿自发结合的团体,或者是具有某些官方色彩的民间组织,有的还具有共同体性质。官府也在此基础上稍

---

① 李埏:《中国封建经济史论集》,云南教育出版社1987年版,第82—86页。

加编制成什伍制、闾里制来统治基层社会。

里社的共同体色彩、规模与存在之普遍程度，自然远不及农村公社，它们已经不是一种劳动组织，但依然具有凝聚力，细小幼弱的个体小农家庭仍不能不对它们有所依托，它们是个体家庭完成再生产不可或缺的外部条件。里社共推富有经验的父老管理，其聚居地有公共的闾门、墓地，有的还有公共田产，定期组织祭祀活动。组织个体家庭无力完成的经济活动也是里社的重要职能。耕作时尤其是农忙季节，需要邻里合作，彼此换工，聚力挽犁，有的地区还需要合力耦耕。西汉的赵过教导百姓互相雇用，一起挽犁，便是基于乡社的互助功能。至于农田水利建设、纺织等手工业生产环节不可缺少的分工协作，也大多在里社内部完成。因此，或将里社直称为田社。下文我们还将看到，里社及其某些活动的展开，也与市场发生了联系。

二、个体小农卷入市场

在农村公社解体后，个体小农家庭成为独立的经济单位。原来在公社共同体内部完成的生产、分配、消费等经济活动与生产环节，现在都转移到了家庭经济体之中。不过在公社共同体内滋生成长的个体小农家庭，作为新的经济实体，仍然是十分幼弱且很不完整的。一方面，这使它对残存的农村公社或里社等仍不得不有所依赖；另一方面，为了完成从公社承继而来的部分再生产与生产、分配、消费功能，它只能向市场寻求实现的渠道。

早在春秋后期，追求自耕自食、自给自足理想的许行，聚数十人于滕国，打算将理想付诸实践，他们组成了一个经济单位。据《汉书·食货志》载，其成员衣褐、素冠，简陋之至，但并非自织而衣，因为自织会影响农耕生产——"害于耕"。他们使用的饮食器皿之釜甑，生活用之陶器，生产用之铁器农具等，都是不厌其烦地、频繁地和各种工匠交换的物资。这些交换都是通过出售粮食来换取的,即"以粟易之"。许子师徒相当于一个经济体,相对于普通家庭而言,这是一个拥有数十名劳动力的大型经济单位。这样一个大型经济体,尚不能自己完成织布、织冠和制作釜甑、铁犁等,更何况初始脱离农村公社的小农家庭呢?!

铁器是在春秋后期开始大量推广使用的,以前为数有限,即使有使用的,往往也是通过村社来获取。现在,独立的家庭除了走向市场外,即所谓"以粟易器械",别无他途。《盐铁论·水旱篇》称,铁器是百姓耕种所用的重要工具。耕种的器具便利,百姓付出的精力就会少,而收获的作物多,农夫就会乐于从事农事,而努力获得收获。分散的小农家庭对铁农具的需求,促使小规模铁匠活跃起来。他们全家人一起参与,父与子共同努力,一起打造优良的农具。品质不好的农具则无法出售。农事紧急的时候,运粮的车子遍布于阡陌之间。百姓跑来购买农具,可以用财物、粮食和新币交易,有时也可以赊欠。

纺织品,经济体内不进行织作的原因是"害于耕"。生产力的低下,使刚刚脱离公社共同体的个体家庭,必须投入几乎全部的劳动于农耕生产,很少能够腾出剩余劳动力。即使是妇女辅助劳动力而独立进行纺织与副业生产,也会影响农耕。另外,纺织生产原来是在公社共同体内进行,或者是由专业的"百工"来完成的。

部分小农家庭从市场购买纺织品,必须出售粮食来购买;部分家庭则自己纺织,但纺织过程并不完全在家庭内部完成。如果试图自身来完成(事实上这也是小农家庭力求逐渐实现的目标),以弥补公社共同体瓦解后所造成的种种困难,则需要购买生产资料。具体情形如何呢?《战国策·秦策》有详细的记述:

夫江上之处女,有家贫而无烛者,处女相与语,欲去之。家贫无烛者欲去矣,谓处女曰:妾以无烛,故常先至扫室布席,何爱于余明之照四壁者？幸以赐妾，何妨处女？妾自以为有益于处女，何为去我？处女相与语然而留。

"处女"，注云"女在室者"，当时各地都将群处而织者谓之处女。同室共作的方式，往往是"妇人同巷，相从夜绩"，因为妇女白天无暇脱身于农耕生产及其辅助劳动与家务，只能夜间进行纺织，故常有"女工一月得四十五日"的说法。这段的意思是，在江边有很多少女，其中有一位家中贫困没有蜡烛。少女们聚在一起商议，想把贫困的这位赶走。家中贫困没有蜡烛的少女就打算离开，对其他少女说："我因为没有蜡烛，所以通常最早到这里打扫屋子，铺好席子。你们何必吝惜照在四壁上面的余光呢？如果把这些余光赐予我，对你们又有什么不好的呢？我自认为自己对你们还是有些好处的，为什么一定要我走呢？"其他少女商量一番之后，就把她留下来了。

从这里不难看出，农村公社共同体的解体，给小农家庭的纺织生产带来了新的矛盾。以小农家庭的生产规模与生产能力而言，在当时的技术条件下难以独立完成纺织生产，必须有赖于共同体，同室而作。为什么必须同室而作呢？《汉书·食货志》对此作了很好的说明："必相从者，所从省燎火，同巧作，而合习俗也。"师古注曰："燎所以为明，火所以为温。"也就是说，集体劳作，既可以节省生产费用，如照明之蜡烛，加温之柴薪等，也有利于技术交流、分工协作，"同巧作""合习俗"。而初始独立的家庭经济体，经济条件有限，规模小，力量弱，或缺乏蜡烛，或无力添置柴薪，或买不起机杼，更不可能分工合作。

但是，已经或正在解体的农村公社共同体，使同室而作的经营方式产生诸多困难。《战国策·秦策》的叙述表明，因为原有的组织与协调日益松散，同室而作的生产方式已产生裂痕，出现矛盾。这种趋势，随着农村公社共同体职能的进一步丧失，必将日益凸显，最终被新的经营方式所取代。

面对"同室而作"的种种困难,有的家庭逐渐考虑在自己家庭内进行纺织生产,事实上,实现耕与织结合于一体,完成自给自足,正是小农家庭梦寐以求的目标。可以断言,纺织品的生产正开始由"同室而作"向家庭织作转移。在这一转移的过程中,不难设想,小农家庭势必不能顺利地毫无间断地实现自织而衣。于是,它只能将这一需求断层转向市场。另外,在家庭纺织生产的建立过程中,人们也将向市场提出生产资料方面的消费需求。自然,为了实现消费需求,同时必须向市场出售更多的商品。

对于战国初期小农家庭的生活开支及其与市场的联系,李悝做了详细的统计。《汉书·食货志》记载,五口之家,治田百亩。亩产粟1.5石,每年可获150石。除十一之税15石,余135石。口粮,人月1.5石,全家5口一年共需90石,剩余45石。每石值30钱,共为钱1350,这是全家的货币收入。货币支出主要有"社闾尝新,春秋之祀三百钱";衣着,人率用钱300,五人终岁用钱1500。不幸患病、死亡丧葬的费用,以及做工所要缴纳的费用,并没有算在这里面。在李悝的计算中,农户专事粮食生产,不事纺织,也没有副业收成,他们与市场的关系密切,这是战国时一种类型的农户。《管子·禁藏》用不同的计量标准和方法计算了另一种类型的农户的收支情况:30亩土地就足以农户饱食一年。收成好的年份和收成不好的年份,每亩平均能收获1石粮食,这样一共就有30石。水果蔬菜能相当于10石粮食,粗粮牲畜又能相当于10石粮食,这样农户就有50石粮食了。而布、帛、麻和丝绸还有其他各种收成,还没有算在里面。这种类型的农户有家庭纺织业及副业生产,当是日益增多的小农家庭经营方式。农户剩余产品的增加,推动着市场的扩大,形成了《孟子·滕文公上》中所描述的"男有余粟,女有余布,纷纷然与百工交易"的景观。

农户的一些市场行为通过里社来完成。各家庭无力自备耕牛，便由邻里集体购置，共同使用，甚至连共用水井的汲水索所需经费也由各家分担。里社举行祭祀所需物品，亦由全里社居民共同出钱购买，如前述"社间尝新，春秋之祀三百钱"。里社或有公共田产，有的也共同购买。1977年在河南偃师发现的东汉建初二年《侍廷里惮约束石券》：侍廷里里民集体敛钱购置田地82亩，作为这个共同体公有的田产。共买是汉代流行的一种商品交易形式，《九章算术》中有几道相关的算题：9人共买鸡，鸡价70；21人共买羊，羊价150；11人共买豕，豕价900；126家共买牛，牛价3750；还有7人共买价53钱的物品，36人共买价9800钱的金，等等。① 这些共买的行为都非常细碎，而共买的主体是多样的，除里社外，家族也有这种经济行为，家族有共同财产，如墓地等，都可能是通过共同购买而得。

个体小家庭属于社会学所谓的核心家庭，多为五口之家，家庭拥有的田亩数，史籍多称一家百亩，但这似乎是多数小农的理想，或出自思想家的设计。凤凰山十号汉墓竹简的记载，代表性地反映了人均占地数量。有学者据此统计，每户占有田地，最多者54亩，最少者仅为8亩，户均24.6亩。每人占有土地，最多者10.8亩，最少者1.9亩，人均约5亩。据《史记·陈丞相世家》记载，陈平少时家贫，与兄嫂共居，有田30亩。这样细小的家庭，不能不对市场发生仰求关系。甚至有如晁错《论贵粟疏》所谓的有粮食的人半价出售；没有粮食的人，只好以两倍的利息来借债，于是就有了卖田卖房、卖子卖孙来偿还债务的事情。不过，总的来说，小农家庭对市场供求相当有限。《史记·律书》所载西汉时就算是六七十岁的老翁也没有去过集市的现象，看来并不罕见。

---

① 《九章算术》卷9，卷8。

三、农村集市的出现

春秋以前不存在农村集市,战国秦汉时期,农民与市场联系的出现促使了农村集市诞生。汉代与基层的行政组织"里"并称的"聚",就是有固定市集的村落。《管子·乘马》所谓:"聚者有市,无市则民乏。"后世的"市""镇"直溯其源,明人有谓远离城市而百姓聚居的地方,古时候叫作"聚",从唐代开始才叫作"镇",现在又有一个名字,叫作"市"。村落所需要的各种货物都在这里,到这里获取,就叫作市镇。①

农村市场交易分散、零碎,时间与地点变化无常,对农民偶发的交换甚为不便,人们一直寻求便利。于是,有的地方出现了"因井为市",战国时期发展成为固定日期和地点的聚市。

有的聚位于河岸湖畔等来往便利之处,以利周围农民集散分合。如涿郡良乡县(今北京房山县所属)的圣聚,有圣水流经其地;南阳郡山阳县(今河南山阳)的阳亭聚,位于平阳水东岸;丹阳郡宛陵县(今安徽宣城)有彭泽聚,沛国柘秋县(今安徽砀山)有澶渊聚,大概也是聚因水名。

有的聚位于交通要道,乃至战略要地。如长安曲邮聚(今陕西临潼境内),地处长安至关东行程的起点,邮驿之头站。南阳郡棘阳县(今河南南阳)亦有黄邮聚。邮驿无疑处于交通便利之处,常率先成为交易之所,居延汉简就有到邮驿籴买粮食大斛二石的事实。② 长安千人聚(位于今西安),则是宣帝葬卫后之地,位于杜门大道东。宣帝既然将卫后改葬于此,又追谥赐园,以倡优杂伎千人乐其园,这里无疑应该是一块风水宝地。此外,这么多的宫中倡优杂伎,向附近地区提出了消费

---

① 天启《海盐县图经》卷1。原文为,"远于城而民聚居焉者,古曰'聚',名'镇'。自唐始,今兼名'市':邨墟百货于焉,往求之,曰市镇。"

② 《居延新简》,文物出版社1990年版。

需求，对周围自然形成了吸引力。右扶风美阳县（今陕西岐山）的平阳聚，则是秦宁公一度建都的旧址。垓下聚则是汉军围困项羽的战场。

有的聚是有数百年历史的古老村落。为什么古老村落容易成为周围的中心地呢？因为中国古代人往往聚族而居，并以村落为中心形成一个生产半径，族人在这个圈内繁衍生息。随着人口的增加，圈内的土地与资源不足以养活日益增多的人口时，便有成员分溢而出，在原村落附近择地而居，久而久之又成为新的村落。这样的几个新村落，多是以原有老村落为中心的。族人的祭祀、庆典等活动，都汇集在老村举行。当交换发展起来后——许多宗教活动都伴随着交易活动，老村便自然成为集市所在的聚。朱桂昌所举之泰山郡的菟裘聚（在今山东泰安），其历史可上溯到春秋初年，京兆尹的苍野聚，则可上溯到春秋末期。

有的聚则因物产闻名而形成，如任城的桃聚、南阳的杏聚、陈留的葵丘聚、弘农的桃丘等。聚因物得名，也很可能就是各自的特产交易而发展成聚。长安西的细柳聚，曾是周亚夫屯军之地，聚内有市，且称之为柳市，大约以贩运柳枝为大宗。柳枝是北方农民编织筐箩等手工业品的主要原材料。

即使在边远地区，农村市场也开始成长。高维刚据汉简材料揭示出，河西四郡（武威、张掖、酒泉、敦煌）地处边塞地区的一些屯戍卒民聚居的坞壁、交通要道上的某些邮驿，以及地方上的一些乡里，有最基层的乡村集市，称"乡市""市里"。①

---

① 高维刚：《从汉简管窥河西四郡市场》，载《四川大学学报》1994年第2期。

第二节　城市市场及其管理

一、战国秦汉的城市：封闭的"市"

一般而言，古典城市中的市场都是封闭的，以围墙与同样封闭的各居民区、行政区相隔离。城市通常设有成片的手工业作坊和专门的市场，大城市还有若干个市场。西汉长安形成东、西两市制度，西市由六个市合组而成，东市由三个市合成，每市"方二百六十六步"，各包括四个里，九市共三十六个里。[①] 临淄则有"中市""右市"之分。1971年内蒙古和林格尔发现的东汉墓葬有壁画，上绘上谷郡宁县县城图，有城墙、城门、街道、市场、衙署等，其中有一个四合大院，中间榜题"宁市中"，就是县市。市场的繁荣，成为衡量社会经济状况的标准。《后汉书·孔奋传》有语论述及此："时天下扰乱，唯河西独安，而姑臧称为富邑，通货羌胡，市日四合。"手工业有官营与私营之分。私营手工业，战国时代的基本形式主要有：个体小手工业者的家庭小生产，一匠数徒式的小手工业作坊生产，大手工业主的工场手工业。[②] 两汉时期大体也如此，并且多在城市之中。

一般而言，设几道市门（多为4道门），供车马人流出入。黎明开启市门时，常出现《史记·孟尝君列传》所谓"侧肩争门而入"的拥挤情景。交易时间市场内甚为热闹，桓谭《新论》描述郢都"市路相交处"，人来车往，以致"朝衣鲜而暮衣弊"。工商业者居住其中及附近，故《管子·大匡》谓："凡仕者近宫，不仕与耕者近门，工贾近市。"也有城市，市不在城墙之内，商贾富人居于城外，市场活动也在城外进行。春秋战国之际的墨子在《杂守》一文中分析难以守卫的城市，说：

---

① 杨宽：《中国古代都城制度史研究》，上海古籍出版社1993年版，第225页。
② 邵鸿：《商品经济与战国社会变迁》，江西人民出版社1995年版，第70—71页。

"市去城远,四不守也;蓄积在外,富人在虚,五不守也。"郑县的市可能就是这样,卜子之妻去市场,必须过颍水,说明市场距离不近。古代城市由内城外郭组成,城的面积一般是有限的,而郭则可以很广阔。菜地一般在城外郭内,粮田则多在郭外。

隧是市内通道,能容纳车马通行,《史记·信陵君列传》有载"公子引车入市"的事实。如果市场繁忙,则很容易发生堵塞的现象。《西都赋》形容长安市场"人不得顾,车不得旋"。店肆排列于隧的两旁,为商贾居住与营业之所,称"市列""列肆"。《秦律·金布律》有"贾市居列者"之语,《三辅黄图》有"周环列肆,商贾居之"等语。颜师古注《汉志》"开市肆以通之"。一语曰:"肆,列也。列者,若今市中卖物行也。"各店肆经营不同品种的货物,同类货物多集中在相近的列肆中,就像唐宋以后的"行"一样。故班固《西都赋》有"九市开场,货别隧分"之语。与市配套的还有"廛"。郑玄注《礼记·王制》"市,廛而不税",解释"廛"即"市场邸舍,税其舍不税其物"。据此,廛即贮藏货物的仓库。班固《西都赋》形容长安货仓之多,"阗城溢郭,旁流百廛"。

市的开业时间都在白天,因此,《风俗通》说,"市买者,当清旦而行,日中交易所有,夕时便罢。"寓言故事中的郑人买履(买鞋)忘了带尺,等到他回去带尺返回,市已关闭了。夜间交易,需要增加照明费用,并且官府管理不便,因此一般没有夜市。直到唐宋之时,交换频繁,并且突破了政府的管制,夜市才得以兴起。

市内商贾不列入一般户籍,而别列"市籍",与通常的编户齐民相区分。没有市籍者不准在市内营业,《汉书·尹赏传》有搜捕"无市籍商贩作务"的记载。市籍身份之人,不得入宦,不得名田,甚至不得操刀、乘车、骑马，并且"贾人不得衣丝乘车，重租税以困辱之"。①秦代谪戍制，贾人、有市籍者及其子孙，都在首先征发之列。身有市籍，地位低下，不仅影响本人，而且影响后世几代。

有市籍者，不管其营业好坏，都必须定期交纳市租，拖欠者将受处罚，例如，何显"家有市籍，租常不入，县数负责课。市啬夫求商捕辱显家"。市籍的征收额不轻，汉代，"齐临淄十万户，市租千金"。②官府收取市租，常用于赏赐，如齐桓公曾赐管仲齐国市租一年，晋平公以市租养食客。

市场管理体制自成体系。令署，即市场行政管理机构，设于市楼，悬挂旌旗。③在长安的市中，《三辅黄图·长安九市》载"旗亭楼，在杜门大道南。又有当市楼。有令署，以察商贾货财买卖贸易之事，三辅都尉掌之"。"市楼皆重屋"，居高临下，便于监视市场的一举一动。

市吏管理市场秩序，负责督巡市场，《韩非子·内储说上》载，宋太宰召市吏问责：市门之外何多牛屎？

长安东、西两市设市令，其他大城市如洛阳、邯郸、临淄、宛、成都等设市长。州县之市则有市啬夫。据《汉书·百官公卿表》载，京兆尹属官有长安市、厨两令丞，左冯翊属官有长安四市长丞。《汉书·食货志》载，王莽时"更名长安东西市令及洛阳、邯郸、临淄、宛、成都市长皆为五均司市师。东市称京，西市称畿，洛阳称中，余四都各用东西南北为称，皆置交易丞五人，钱府丞一人"。

市场实行价格管制。上市商品，明码标价，《秦律·金布律》规定："各婴（系）其贾（价），小物不能名一钱者，勿婴"。标准市价称"市乎"。扬雄《法言·学行篇》有语："一哄之市，必立之平。"《汉书·食

---

① 《汉书》景帝纪、哀帝纪、平帝纪、高帝纪。
② 《汉书·何武传》；《史记·齐悼惠王世家》。
③ 《史记·三代世表》集解引薛琮语："市楼也，立旗于上，故取名焉。"

货志》载,王莽时,"诸司市常以四时中月实定所掌,为物上中下之贾,各自用为其市平,毋拘它所"。而所谓"市不豫贾",即不需要临时评定价格,表明市场秩序好。

上述规范的市场,多出自长安、洛阳两个大城市。对于其他城市而言,这可能更多的是政府有关城市建制的一种制度,而不一定是实际情形。位于城外的市场,就很难做到规范。即使当时全国五大城市之一的成都(当时称益州),直到公元前311年才修成粗具规模的城墙,市场及其市门、店肆,经修整才与咸阳的制度相同。《华阳国志·蜀志》载,秦惠王二十七年,张仪与张若修成都城,周回十二里,高七丈,"置盐铁市,并长丞,修整里阓,市张列肆,与咸阳同制"。大城市尚且如此,中小城市更不待言。《管子·乘马》也说,凡筑城,"因天材,就地利。故城郭不必中规矩,道路不必中准绳"。城既如此,市的设置都能合规矩、中准绳吗?

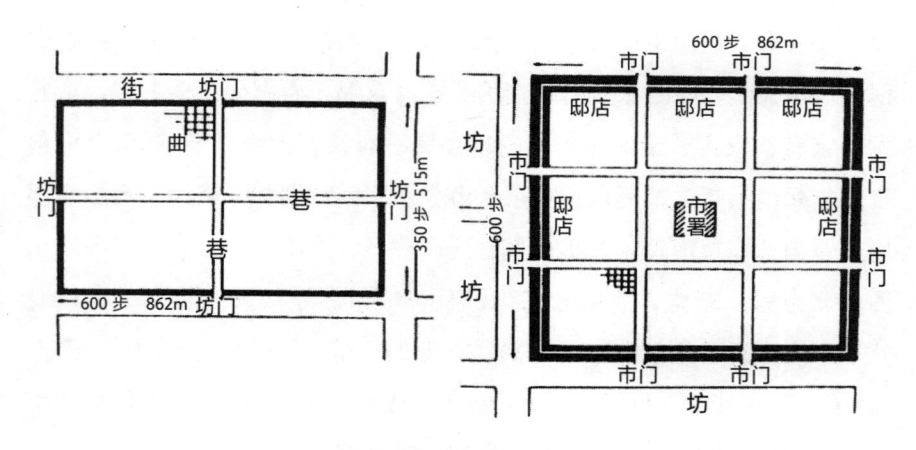

图 2-1 汉唐长安的坊与市

注:引自斯波义信:《中国都市史》,东洋文库2002。

战国秦汉时期城市较以往有了相当大的发展,正如《战国策·赵策三》所说，古时候四海之内分为万国。城市即使再大，也没有超过三百丈的；人口即使再多，也没有超过三千家的。战国时代则是千丈的都市里，万家宫室相望。据统计，春秋战国之交35个诸侯国共有城邑约600个。① 汉初所建长安城，有"八街九陌、三宫九府、三庙十二门、九市十六桥"之谓。测绘研究结果表明，长安城东墙长5916.95米，西墙长4766.46米，南墙长7453.03米，北墙长6878.39米，城墙总长约为25.1千米，地域面积为34.39平方千米。② 考古发掘，燕下都遗址呈不规则的长方形，东西8000米，南北4000米；齐国故城临淄，大城南北近4500米，东西约3500米。大城为郭。大城西南隅有"王城"小城，南北2000多米，东西1500米。大城内道路宽阔径直，纵横交错，散布着居民点和冶铁、炼铜、制骨作坊等遗址。③《战国策·齐策》中，苏秦赞临淄之繁华道：临淄的道路上，车子轮碰轮，人们肩挨肩，大家衣襟连起来能成为帷幔，衣裾举起来可以成为幕布，挥洒汗水就像下起了雨一样。家境富裕，志气高扬。国都以下的城市，如韩国大县"城方八里"，齐国即墨有"五里之城，七里之郭"。④ 城市的经济中心功能加强，《盐铁论·力耕》概括了全国的情形："自京师东西南北，历山川，经郡国，诸殷富大都，无非街衢五通，商贾之所臻，万物之所殖者。"即自京师向东西南北，遍历山川郡国，各个殷实富裕的大城市，没有一个不是道路通达、富商聚集、物产丰富的。

城市人口增多，有的大城市已具相当规模。战国时临淄号称居民7万户，到西汉达10万户，约当50万人，市场的租子每天多达千金，

---

① 张鸿雁：《春秋战国城市经济发展史论》，辽宁大学出版社1988年版，第121页。
② 《汉长安城位置长度精确确定》，引自《光明日报》，1997年1月29日第1版。
③ 《文物考古工作三十年》，文物出版社1979年版，第42页；《临淄齐国故城勘探纪要》，载《文物》1972年第5期。
④ 《战国策》东周策；齐策六。

人口众多又殷实富足，规模比长安还要宏大。秦代曲逆城，号称 3 万多户，汉高祖为其雄壮而惊叹，认为唯有曲逆可与洛阳相匹。秦咸阳，《史记·陈平列传》称仅徙天下豪富就达 12 万户，相当一部分就地安置；西汉长安，《汉书·地理志》载有户 8 万余，人口 24.6 万。同书亦载，宛有户 4.7 万余户，成都 7.6 万余户。这几个十数万、数十万人口的城市，代表了战国秦汉时的最高水平。

城市居民中有大量工商业者及小本经营者，《庄子·杂篇·列御寇》载，列子在齐都临淄，见到 10 处卖浆之家，争相竞卖，不过是制作了羹汤一类的来售卖，并没有多余的盈利，他们得到的利益其实很少。一般居民日常生活仰赖市场，每日要与市场发生联系，因此家庭妇女经常性地往返于市场。家庭主妇频繁出入市场，也表明市场在城市生活中的重要地位。

第三节　市场商品结构分析

农产品剩余的增多，城乡市场的变化发展，使市场商品构成发生了改变。春秋以前，奢侈品在市场上独领风骚，战国秦汉时期，奢侈品在商品流通领域仍占有相当大的比重。"奇怪时来，珍异物聚"之类的记述仍频繁出现于《管子·小匡》等文献中，《考工记》亦谓商人的职能就是流转不同地方的奇珍异宝。但此时更为引人注目的是，越来越多的民生用品广泛进入市场，名类繁多，不计其数。

一、农产品市场

战国秦汉时期，农业生产虽有较大提高，但粮食生产仍很不稳定，因而小农口粮的自给自足，需要以市场调节为补充，视收成的丰歉而出

第二章　中国市场的初兴：战国秦汉时期

入粮食市场。当时，不同季节间粮价差明显，丰歉年景间粮价变动更大，而粮价变动越大，意味着小农出入粮食市场可能越频繁。这给粮商的营利带来了优厚的报酬，《史记·货殖列传》中，白圭、任氏、桥姚、师史等就是突出的粮商。也因为粮食市场的波动，官府对此进行控制较多。如《管子·国蓄》中记载，五谷等食粮，是民生的主宰；货币，是交易的媒介。所以，明君执掌交易的媒介，来控制民生的主宰。官府以货币流通为手段控制粮食供应。不过粮食在地区间流转则很有限，主要靠政府调拨。民间粮食市场发育程度还很低，故有"千里不贩籴"之谚。

纺织品市场较为广阔，商品生产渐成规模。战国秦汉时的齐鲁、陈留、襄邑、成都等地是著名的丝织品商品生产基地。齐早已号称"冠带衣履天下"，鲁缟至为轻细，故战国后"强弩之末，势不能穿鲁缟"之谚流传于世。到东汉时王充《论衡·程材篇》仍说，齐郡的人世代刺绣，恒女没有不会刺绣的。襄城的习俗则是织锦，即使是笨拙的农妇也擅长此事。陈留境内纺织染料的专业商品生产颇具规模，农户都以种植蓝草染成绀色为业，蓝草田一望无尽，不种植黍稷这样的粮食。[①] 这种专业户，其产品全部是面向市场的。蜀是中国另一有名的纺织品产地，蜀布曾远通西域的大夏，武帝时张骞曾见之，《盐铁论·本议篇》也将"蜀汉之布与齐陶之缣"并提。到东汉时，蜀锦的商品生产，由众多的城市纺织专业户——"伎巧之家"——从事，产品精致，"一端数金"，左思于《蜀都赋》中赞其盛云：工艺匠人之家，有上百间房屋，机杼的声音连绵不绝，华丽的锦缎斐然而成。《华阳国志·蜀志》有"蜀地女工之业覆衣天下"的说法。丝织品在本阶段成为中国最重要的出口商品，远销西域乃至欧洲，由此带动形成了举世闻名的丝绸之路。

---

① 《艺文类聚》卷81，引赵岐《蓝赋》。原文为，"皆以种蓝染绀为业，蓝田弥望，黍稷不植。"

畜禽产品有鸡、羊、猪、牛等。传说战国时的猗顿就因大蓄牛羊而成巨富。《汉书·项籍传》师古注云，猗顿"赀拟王公，驰名天下"。尤值一提的是，牛耕的推广，使耕牛的买卖日益盛行。牛价，每头值数千钱，《九章算术》有钱1200、1818、3750不等的价格。居延出土的《建武三年侯粟君所责寇恩事》中有牛价当粟60石的记载，为钱亦可数千。

战国秦汉时的民生用品市场，总的说来还处于低迷状态，数量有限，品种不多。李根蟠指出，小农占有的土地比后世农民为多，他们首先需要集中力量把地种好；小农的商业性副业生产所占的比重不甚稳定，视粮食生产的丰歉为盈缩。可以说，商品生产是自给生产的补充，副业生产是粮食生产的补充。其农副产品投放市场的多寡，主要不是取决于市场的需要，而是取决于自身的需要，即以足够换取自己不能生产的那部分物质资料和交纳贡赋为度，其副业生产的规模及其产品投放市场的数量，则依据粮食生产满足上述要求的程度来调节。①

二、盐铁市场

民生用品市场中，最为活跃的商品是盐铁。此类商品民户一般不能自己制造，天然仰赖于市场。盐铁成为当时最引人注目的大宗商品。盐为人们食用不可缺少，《管子·海王》所谓："十口之家，十人食盐，百口之家，百人食盐。"其需求弹性极小，无论价格高低，人们都必须买食，正如《汉书·食货志》所说："非编户齐民所能家作，必仰于市，虽贵数倍，不得不买。"经营盐业起家的名商有刀闲、猗顿等。盐业中心最有名的是齐、晋，《货殖列传》说："山东食海盐，山西食盐卤，岭南沙北固往往出盐。"

---

① 李根蟠：《自然经济商品经济与中国封建地主制》，载《中国经济史研究》1988年第3期；《从〈管子〉看小农经济与市场》，载《中国经济史研究》1995年第1期。

第二章　中国市场的初兴：战国秦汉时期

随着冶炼技术的提高，铁器产品种类增多，需求扩大。《盐铁论》所谓"一女必有一针一刀""耕者必有一耒一耜一铫""行服连轺者必有一斤一锯一锥一凿"。尤其是铁农具的普遍推广，使铁器市场迅速扩大。《盐铁论·水旱篇》说："家人相一，父子勠力，各务为善器。器不善者不集。农事急，挽运衍之阡陌之间，民相与市买，得以财货五谷新弊易货，或时贳。""善器"就是指铁器，个体劳动者使用铁器增加，商人从事铁器买卖也盛况空前。经营冶炼和铁器而致富者很多，如郭纵、寡妇清、卓氏、曹邴氏、孔氏等，《史记·货殖列传》载之甚详。其产地不少，《周礼·冬官·考工记》所举如："郑之刀，宋之斤，鲁之削，吴粤之宝剑，迁乎其地，而弗能为良，地气然也。"巴蜀和南阳则是最为著名的铁冶中心。

南阳，即战国时的宛，是传统的铁冶中心，出产锋利的铁器，《荀子·议兵篇》就有记载，《方言》谓"宛地出钢铁为矛"。远在关中的秦昭王也知道"楚之铁剑利"。[①]《战国策·秦策》载，韩卒剑戟的八个出处，除不确定的冥山和不可考之合伯外，其余都是位于以南阳为中心的地区。可见，战国时期的宛及其附近地区都有铁冶业，宛因此成为一个著名的铁器铸造中心。其产品很有市场，至少韩国军队的兵器大部分来自这一产区。这一产区位于楚、韩、魏、秦四国交界之地，其产品既然在韩国使用很广，在楚、魏等地当更多。秦统一后，孔氏被秦人从大梁（今开封西北）迁至南阳，《货殖列传》载，孔氏大规模地进行铸造，规划鱼塘，车马成群，交游诸侯，借此获得经商的利润……家中的资产达到了数千金，因此南阳的商人都效仿孔氏做生意时的雍容气度。

巴蜀是铁冶业的后起之秀。据《货殖列传》载，秦破赵国时，卓氏等一批商人被虏逼迁，有人想方设法就近安迁，卓氏听说临邛附近的汶

---

① 《史记·范雎蔡泽列传》。

山一带，那里的百姓擅长贸易，做买卖很容易，就主动远迁，夫妻推挽，到了临邛。利用产铁的矿山冶炼金属，运筹帷幄，把产品全卖给了滇蜀的人民，于是发迹，有了上千名僮仆。享受着田池射猎的乐趣，就像君王那样。与卓氏有着类似经历的程郑，是山东来的迁虏，也从事冶炼锻造，把产品卖给椎髻之民，和卓氏一样富裕，都居住在临邛。

蜀地的铁冶已有一定的基础，据《华阳国志·蜀志》载，早在秦惠王二十七年（公元前311年），张若治成都，"置盐铁市"。卓氏、程郑将先进的冶炼技术引进到四川，开发滇蜀，与西南少数民族贸易往来，他们得到了丰厚的回报。到东汉时蜀汉的铝器、佩刀仍是上调品。[①]

三、劳动力买卖

战国秦汉时期，奴隶作为可带来剩余价值的活的商品，成为财富的象征并为人们所追逐。春秋战国时，战俘、罪犯是奴隶的主要来源，多隶属于官府。私家奴隶，有时通过官府出卖或赏赐官奴的途径获取，其主要来源则是债务奴隶，即《韩非子·六反》所谓"天饥岁荒，嫁妻卖子"，晁错《论贵粟疏》所云"卖田宅、鬻子孙以偿债者"。但债务奴隶的来源受到法律的限制，《汉书·严助传》如淳注云："卖子与人作奴婢，名为赘子，三年不能赎，遂为奴婢。"《汉书·食货志》记载，汉初时大饥馑，"高祖乃令民得卖子"，饥馑过后，立即下诏："民以饥饿卖为奴婢者，皆免为庶人。"可见，卖子为奴只是非常情况下的特殊现象，在平常，买主只能以赘子、养子、养女等名目私下获取。因为，源出于农村公社成员的齐民，其身份与社会地位，在法律上是"无有贵贱"的，具有独立的人身自由。因此世袭的私家奴隶较少，即使沦为奴隶，也有恢复自由的机会。《史记·季布栾布列传》载，曾为酒保的栾

[①] 至东汉和帝时废，《后汉书·和帝邓皇后纪》："蜀汉釦器、九带、佩刀，并不复调。"

布，在齐地被别人卖掉，在燕国做了奴隶，后来又成为一代名将。尽管如此，秦汉时奴隶仍大量存在，因为奴隶可以带来丰厚的剩余价值。据于琨奇考证，奴隶从事农业每年的剩余价值率，秦时高达320%，汉时为68%～240%，奴价，秦时值粟365石，值布199匹，汉时值粟261石，值布130匹。① 因此，奴隶市场颇盛。秦时，奴隶与牛马一样，同置于栏圈中公开买卖，即《汉书·王莽传》所谓"秦置牛马市，与奴婢同兰（栏）"。汉初贾谊《治安策》中说："今民卖僮者，为之绣衣丝履而偏诸缘，内（纳）之闲中。"闲，也就是栏。市场上的奴隶买卖，还要精心装饰，穿上古代君后祭祀时的礼服以吸引买主。《汉书·董仲舒传》载，使奴婢众多，使牛羊成群，使田宅广袤，使资产深厚，使积蓄增多，从事于此，别无他事。东汉时仍是如此。《论衡·骨相篇》记载，所以富贵的人家，役使僮仆，蓄养牛马，一定有与众不同的地方了。僮仆有长命的骨相……

雇佣劳动开始出现。作为劳动组织的农村公社在解体过程中，贫富分化加剧，穷苦无告的村社成员被抛出原有经济体系，他们有自由的身份，却无以为生，唯有出卖自己的劳力谋生。《史记·刺客列传》载，战国名士高渐离，曾在宋子的酒店给别人做杂役；秦末的陈涉是一群佣耕者中心怀鸿鹄大志的不凡之辈；栾布穷困潦倒时在齐国卖身为用人，做了酒保；东汉杜根逃窜宜城山中，《后汉书》本传说他做了十五年的酒保，时间很长。这种现象史不绝书。在居延边塞地区，还出现了以受雇运货为生的专业运输者——"僦人"，为官私市场服务。应该注意的是，这些卖佣者，出卖的只是其劳力，而保持其齐民的身份，一般情况下不得役使为奴。《韩非子·外储说左上》有一段记载，清楚地说明了这种关系："夫卖庸而播耕者，主人费家而美食，调布而求易钱者，非

---

① 于琨奇：《秦汉奴价考辨》，载《中国经济史研究》1987年第1期。

爱庸客也。曰：如是，耕者且深，耨者熟耘也。庸客致力而疾耕耘，尽巧于畦亩者，非爱主人也。曰：如是，羹且美，钱币且易云。"即，出卖劳力做奴工，给别人播种耕地。主人花费家里的钱财准备美食，挑选布帛去交换钱币以便给予雇工报酬，并不是喜欢雇工。而是说这样做的话，耕地的人才会耕得更深，锄草的人才会锄得干净。雇工尽力而快速耕耘，在田地里充分发挥自己的能力，并不是喜欢主人，而是说这样做，饭菜才会美味，钱币才容易得到。这完全是以劳动换取报酬，劳动的强度、好坏与报酬的高低成正比。

雇佣价格所代表的，是劳动力的价值，就是保证佣工及其家属生存、代续所需要的生活资料的价值。《汉志》中李悝所计，最低生活水准每人每天约需粟0.83斗。以3口之家计，则佣价均当为2.5斗。《九章算术》中的佣价在每日5~12钱，这不是虚拟的算题，而是真实的数字。西汉粮价一般在每石30~80钱，即《史记·货殖列传》所谓"上不过八十，下不减三十，则农末俱利"，则佣价当在7.5~20钱。东汉的佣价有月2000钱者，但其时粟价达每石数百钱左右，以每石200~300钱计，则佣价也只合2~3斗粟。①

四、土地交易

春秋战国时，土地商品化，"田里不鬻"的古老信条荡然无存，从根本上动摇了农村公社的根基。秦代，从法律上进一步确认"除井田，民得卖买"。土地市场的存在与活跃，成为中国传统市场不同于西欧传统市场的一个重要特征。

贵族官僚地主始终是土地市场的重要力量。战国名将王翦、赵奢等纷纷大量置地，如赵奢因战功获赐大量金帛，于是每天去看有哪些合适

---

① 宋杰：《〈九章算术〉与汉代社会经济》，首都师范大学出版社1994年版。

的土地和住宅，可以买的就买下来；汉初名相萧何，大规模购置土地，有人上书控告相国强行用低价购买了百姓们上千顷的土地。同为西汉丞相的张禹，初时在内经营财货牟利，家里以田产为业。等到发迹之后，大肆购买田产，达到了四百顷，都用泾水和渭水灌溉，极其肥沃，十分值钱。①

此类事例史籍中比比皆是，而贵族官僚买卖田地，虽然往往是大手笔的，但其中超经济强制的色彩浓厚，对土地市场的发育又不免其副作用。初兴的商人阶级，也将其资本投入土地之上。《越绝书·越绝计倪内经第五》所载经商之策，其"十倍之利"的内容：阳气将尽的时候，急忙打开粮仓，出售粮食，来收购土地、屋宅、牛马，累积聚敛货物和财物，征集棺木，来应对阴气最重的时候。这就是十倍利润。

土地市场的发育，在小土地买卖行为中更清晰地得到反映，因为它们多发生在小农之间，没有附加非市场手段的因素。汉代小块土地的买卖在民间很流行，今发现的汉代地券记载多是如此。

《王未卿买地券》："买罼门亭部什陌西袁田三亩，亩价钱三千一百，并直九千三百。"

《曹仲成买地券》："买长谷亭部马领佰北冢田六亩，亩千五百，并直九个，钱即日毕。"

《王当买地券》："买谷郊亭部三佰西袁田十亩以为宅，贾直钱万，钱即日毕。"

《樊利家买地券》："买石梁亭部桓千东比是陌北田五亩，亩三千，并直万五千，钱即日毕。"

《房桃枝买地券》："买广亭部罗西北口步兵道冢下余地一亩，直钱

---

① 分见《史记·廉颇蔺相如列传》《史记·萧相国世家》《汉书·张禹传》。

三千，钱即毕。"

《侍廷里僤约束石券》："敛钱共有六万一千五百，买田八十二亩。"

这里只有最后一条买卖土地数额达到了数十亩，而这是里社集体购买的，其余个人买卖土地，少则一亩，多亦不过几亩。有些小块土地的形状也不规整，《九章算术》算题所记，买卖的田地形状各异。土地买卖行为的细碎，表明买卖行为司空见惯，交易频繁，并多发生在个体小农之间，不只限于地主贵族。同时，交易时货币当面付清，并要立契约为据，凡此都表明，土地市场在形成之初即已发育到相当水平。

第四节 金属货币的流通

战国时期的货币流通，深受割据纷争的影响。各种货币各自形成流通范围，并相互渗透，相互影响，相互竞争，最后趋同，并由统一后的秦中央政权确立了全国统一的货币体制。

大体而言，战国时有三种独立的币制体系，主导着全国范围内的货币发展。其一是布币，以中州为中心，流通范围西及秦国，北及赵燕；其二是刀币，一直是齐国的独立货币体系，后扩及燕赵，与布币兼行；其三是蚁鼻钱，在楚国及后来属楚的陈、蔡、宋、鲁等地流通。

蚁鼻钱，从其外形来看，应该是沿着古老货币海贝演进的脉络发展而来的。本书第一章所述，随着海贝的流通，后来出现了仿贝，其中金属铸币铜贝便是其最高形态，在铜贝上再铸以文字符号，就成了蚁鼻钱。蚁鼻钱之名，是象形而命名的，以其形状似蚁也。1963年湖北孝感发现5000枚左右的蚁鼻钱，共重21.5千克，平均重约4.37克，单位重量在3.5~5.4克，①这种比较划一的情形，说明它们可能是在蚁鼻钱流通正趋鼎盛、开始大量铸行时的窖藏，时间约在战国中期。大致到战国中期以后，一般蚁鼻钱的重量已减至3.5克以下，多为2.5~3.5克。②到战国末期，蚁鼻钱的重量多低于这一水平，减至1克或更低，1962年秦都咸阳故城遗址发现的100多枚蚁鼻钱就是如此，这应该是秦始皇统一后从楚国搜刮待销熔的蚁鼻钱。蚁鼻钱在今湖北、湖南、河南、江苏等地都有发现，可见当时流通于江淮广阔地区。

布币如铲形，后人亦有称铲币者。布原是一种广泛使用的青铜农具，唯其普遍而成为交换媒介进入货币流通。它们最初作为交换媒介时，形制很粗大，和实际使用的同名农具几乎没有区别，后来才逐渐变小。据萧清估算，布币的标准单位从春秋时期重约35克，降至战国早期的12~17克，至战国晚期，进一步降至10克左右。而最流行的布币形制，也就是铸造与使用数量最多的布币，一枚的重量在6克上下。不仅重量减小，而且在形制上也更方便使用，尖足布发展成为方足小布，布币的锐角也趋于平钝，一些地方的布币更进一步，从平钝而趋于圆形化。1963年，山西阳高出土战国布币达13 000枚，钱文显示的铸币地点达63个之多，广布于赵、韩、魏、燕各地。③足见布币铸造之广泛和普遍。阳高地处战国时赵之边邑，因特殊原因汇集了如此众多的各国货币，足以表明当时各地之间经济交流之广泛、市场联系之密切。分散于如此广阔地区的铸币，是不会不胫而走的，唯一的可能就是各地之间频繁而错杂地交往（参阅本章第六节）。

货币及其形制的演进，是交换矛盾运动的结果，尤其是与村社解体及个体小农经营方式演进下交换的发展紧密相关。刀布等犀利青铜工具

---

① 《孝感县发现的楚贝整理完毕》，载《文物》1965年第12期。
② 萧清：《中国古代货币史》，人民出版社1984年版，第71页。
③ 《山西阳高天桥出土的战国货币》，载《考古》1965年第4期。

对农田耕作来说，是很能提高个体劳动生产率的，因而广受欢迎。人们用粮食来交换器械，利用剩余产品进行交换。随着青铜生产技术的进步，青铜器的使用越来越广。人们掌握了它，不仅可以利用其使用价值，还可以利用其交换价值，即再用它去交换别的商品。久而久之，它们便从普通商品中脱颖而出，取得一般等价物的特殊地位，充当交换媒介，发挥价值尺度、流通手段等各项职能，成为商品的商品——货币。

货币形制的变化是以便利交换为前提的。在农村公社解体过程中及其后，个体小农成为市场中新兴的力量。个体生产者交换的最大特征就是细碎性。个体交换越来越频繁，自然要求货币单位相应缩小，刀、布、蚁鼻钱的重量因此不断减轻。随着货币职能的演进，刀、布逐渐失去其本来的形态与意义，渐趋符号化，直至最终由实际使用价值完全转化为纯粹的交换价值的符号。

交换的便利，不仅希望货币重量轻，而且要求便于携带，方便清点计算。于是刀、布的形制，由外形尖锐变为平钝，进而趋于圆形化。战国时期，魏、秦等国率先出现了一种新型货币，这就是圜钱。圜钱呈圆形，中空一孔，1973年山西闻喜县出土一战国灰陶罐，内有圜钱700余枚，麻绳相串，层层盘放，整齐垒叠于罐内。圜钱体圆有孔，便于携带、收藏，易于清点计量。后来，圜钱内的圆孔变成方孔，这与"天圆地方"的古代思想恰相吻合。这种便于交换的货币新形制，使用范围迅速扩大，刀、布流通区各地都先后铸造。赵、齐、燕国的圜钱，都有出土发现。同时，其他种类的货币在外形上也向圜钱看齐、趋同。如赵国晚期铸行一种圆形圆足有孔布币，显示出布币与圜钱之间的一种递嬗形态。[①] 种种迹象表明，战国各地形制不一、名目纷呈的货币流通，开始呈现出渐趋同化、统一的走势，圜钱则是这一趋势中的导路者。

---

① 裘锡圭：《战国货币考·圆肩圆足三孔布汇考》，载《北京大学学报》1965年第1期。

第二章　中国市场的初兴：战国秦汉时期

秦的统一以政治手段加速实现了货币演进所追逐的目标，以秦"半两"圜钱统一各国市场币制。秦国的圜钱，圆形方孔，纪重"半两"，平均重量约为 10 克。秦统一后规定，币为三等，黄金以镒为计量单位，作为上等货币；铜钱上面则刻着"半两"，重量也是如此，作为下等货币；而珠玉龟贝银锡之类属于饰品和珍宝，不能作为货币。[①] 货币一旦摆脱了诸侯割据、经济封闭的影响，其发展也就跃上了一个新台阶。

秦汉时期铸币的重量继续减轻。因为个体小农经营方式进一步成长，个体交换继续深入，市场商品细碎繁多，交易行为频繁，小至尺帛斗粟，一针一锥，都经常卷入买卖，这就要求交换媒介与之相适应，形制要便于携带，面额要小，重量要轻。秦半两钱不久便显示出它的不足与缺陷，滞后于交换的发展。《汉书·食货志》载，汉朝之初，认为秦朝的钱币过重而不好用，于是命令百姓改铸小钱。文帝五年铸四铢钱，其文为半两，武帝建元元年铸三铢钱。元狩五年，因三铢钱面额太小，这种小钱就容易导致虚伪诡诈的事情，于是要求郡国改铸五铢钱。钱的背面也有轮廓的凸起，让人无法磨掉铜屑。顺应个体生产者交换、轻重适宜的五铢钱，从此在中国广大国土上周流达 600 多年之久。

战国秦汉时期贵金属的使用至今是一个难解之谜，史籍中西汉"金"出现的频率非常高，数额巨大，令人瞠目，东汉以后却骤然消失。笔者曾撰文论述[②]，西汉的真金其实并不如史籍中记载的那样多，并且不具备流通手段和价值尺度职能。金银天然具备货币效用，却并非与生俱来具有货币职能，正如希克斯的论断："贵金属在成为货币之前很早就具备货币效用，最初执行的是价值贮藏的职能。"[③] 战国秦汉时的黄金就

[①]《史记·平准书》。原文为，"黄金以镒名，为上币；铜钱识曰'半两'，重如其文，为下币；而珠玉龟贝银锡之属为器饰宝藏，不为币。"

[②] 龙登高：《西汉黄金非币论》，载《中国钱币》1990 年第 3 期。

[③] John Hicks：*A Theory of Economic History*, oxford, 1969, P.36.

是如此,价值贮藏的职能突出,并以商品形态出现于市场。

第五节 职业商人群体及其经营

一、职业商人群体的崛起

商品流通经商人的媒介演进为商业,即以商品—货币—商品为特征的以使用价值为目的的交换,发展至以货币—商品—货币为特征的以价值增值为目的的交换,为卖而买的交换是更高级的市场活动,这是市场进步的重要标志。如第一章所述,原始公社的末期就已出现最初的商业活动,农村公社时期贵族商人充当商业的主体,春秋战国之交,职业商人开始活跃于市场。

当消费需求与商品供给不断扩大时,在供与求矛盾的两极之间,职业商人长袖善舞,不仅为市场的发展作出了非凡的贡献,而且自身的力量不断壮大。势力雄厚的职业商人群体,蔚然形成前所未有的气象。

春秋以前的商人,多为具有某种特权的人,战国秦汉贵族商人仍不失为一支活跃的力量。例如,楚王室封君鄂君启,拥有一支庞大的商队,活跃于江淮各地。其船队多时达150艘船只,运量达1800吨,车队有50乘车辆,运量500吨。[①] 不过,作为职业商人的主体,则是在农村公社解体的过程中,从齐民中分化出来的工商业者。贫富分化的加剧,使不少村社成员濒临破产。除了沦为佃农、雇农乃至债务奴隶外,他们还有别的出路吗?他们很快就发现通往富裕之路的捷径,正如《货殖列传》所记载,白手起家来致富,务农不如务工,务工不如经商,缝

---

① 刘和惠:《鄂君启节新探》,载《考古与文物》1982年第5期;《鄂君启节新见》,载《中国文物报》,1992年12月6日。

制彩色绣花的衣服不如守着店面。与其说这是最不入流的行业，不如说是贫穷的人发迹的资本。事实上，与其说这是捷径，不如说是大变动、大发展时代给予他们的机遇。社会需要新型的工商业来创造新的财富，活跃新的市场。于是，百姓们追求利益，就如同水往低处走，哪里都是如此。《管子·形势解》精练地概括出了在利润驱动下商人躁动的心态。司马迁在《货殖列传》（本节以下不另注明）中列举了一批成功的商人及其业绩之后，感慨不已。他说，在这些显著而突出的事例中，商人都没有爵位、封地、俸禄，他们通过玩弄法律条文、为非作歹而致富，都杀人夺财，投机倒把，牟取暴利……对此他感触至深，不禁一再重复：如今存在没有俸禄、爵位和封地的人，而乐于这样的人，叫作"素封"。可见，战国秦汉的商人群体，既不是享有特权、受爵封邑的世袭贵族，或者大权在握的当朝品官吏僚，又不是作奸犯科的罪犯，而是跟随时势的发展变化，在市场中辗转奔波的平民百姓，也就是原来村社中普普通通的民。商人群体中，既有齐民中的富人，也有起于贫困而致富者。

请再看司马迁笔下在市场上叱咤风云的商贾骄子们的形象：陶朱公，起初在齐国苦心勠力，耕于海畔。后迁至居天下之中的陶。于是经营产业，聚集财货，把握时机，而不欠别人的财物。很快便三致千金。后来，"子孙修业而息之，遂至巨万。故言富者皆称陶朱公。"吕不韦，阳翟大贾，在邯郸、长安、濮阳等地间"往来贩贱卖贵，家累千金"[①]。

当时的商人尤其是盐铁大商人，其资本之巨、财产之丰都令人惊叹。司马迁极尽华丽辞藻，铺张扬厉地加以形容，仿佛不如此不足以表现商人群体的崛起及其力量。强大的经济势力，虽然仍难以给他们带来贵族、官僚所拥有的种种特权，但他们在社会上、政治上的影响不小。如果说当朝的大小品官凭借其政治权力统治着臣民，世袭的贵族依仗其

---

① 《史记·吕不韦列传》。

特权食封受邑、奴役部属，那么可以说，新兴的商人依靠自身的财力与智巧，在市场上呼风唤雨，并获得社会地位：千金之家堪比一座城市的统领者，家财万贯的人竟与王侯一同游乐。

新兴的富商大贾及其经济势力使统治者刮目相看。统治者不得不利用富商大贾的经济力量与社会影响为巩固其统治服务。春秋战国时期，大富商在诸侯面前"分庭抗礼"。即使"千古一帝"的秦始皇也未怠慢。他让乌氏巨商倮享有贵族与品官的双重地位，又为巴蜀大贾寡妇清"筑女怀台"。司马迁感慨万千：倮不过是个边境的牧场主，清不过是个穷乡僻壤的寡妇，却能和皇帝分庭抗礼，名扬天下，难道不是因为他们的财富吗？汉高祖迫于统一之初的经济凋敝而困辱商人，令贾人不得衣丝乘车，但到孝惠、高后时，因为天下刚刚安定下来，所以又放开了对商人的约束。因为不仅市场需要商人，汉王朝也离不开商人资本的经济辅助。汉景帝平吴楚七国之乱时，就从商人和高利贷者那里获得了巨额借款，无盐氏便是其中之一。

二、初期商人资本的经营

上述商人绝大多数靠正当经营起家。每一个成功商人的背后，都有一段艰辛的创业史。卓氏被秦人从赵国掠至咸阳，又夫妻推辇，远迁成都西南的临邛，在那里即山鼓铸，奔走于滇蜀不毛之间。程郑的经历与卓氏几乎一模一样。师史，在各郡国间贩运粮食，无所不至。他的家在天下之中洛阳，史氏经常要往返其中，却"数过邑门而不入"，无怪乎司马迁称赞说，正是凭借这等精神，史氏才能积累起千万的财富啊！桥姚，则是在开辟边塞的艰难条件下获得了一千匹马，两千头牛，一万只羊，几万钟的粮食。岂止这几位呢，哪个成功的商人没有"尽椎埋去就，与时俯仰"的艰难经历？！《管子·禁藏》描绘了商人奋勇趋利、无所畏惧的画面："其商人通贾，倍道兼行，夜以继日，千里不远者，利在前也……利之所在，虽千仞之山，无所不上；深渊之下，无所不入焉。"商人跑商，一天走两天的路程，晚上连着白天，即使是千里也不嫌远，因为利益就在前方……利益所在的地方，即使是千仞的高山，也没有不敢上去的；即使是深渊之下，也没有不敢进去的。

初期商人资本的积累还离不开节俭。如白圭粗茶淡饭，清心寡欲，衣着简朴，和劳作的僮仆同甘共苦。曹邴氏，虽然家至巨万，然而，家里从父亲哥哥到儿子孙子都很节俭，低头抬头都要有所收获。宣曲任氏，降低自己的身份，十分节俭，亲自耕田，喂养牲畜。田地和牲畜一般人都争着购买低价的，而任氏却只买贵的。任家数代都很富裕，但任氏的家规却要求，不是自家土地和牲畜所出产，都不要穿戴和食用，公事没有做完，就不允许喝酒吃肉。以此作为乡里的表率。所以他很富有，皇上也器重他。

上述商人的成功更离不开市场与经济环境。盐铁巨商的成就，得益于盐铁的广阔市场与日益扩大的需求。时势造英雄，社会的变革、市场的发展为他们提供了各显神通的天地。战国时，各诸侯国都非常重视商人的作用。商人到来必然会创造消费需求，从而带来收益。《管子·侈靡》说，商人对于国家，并不是庸碌无为的人。他们不挑剔居住的地方，不挑剔所侍奉的国君。卖出货物是为了牟利，买进货物也不是为了收藏。国家的山林，他们拿来就能以此赢利。市场所到之处，就会倍增国家的税收。管子认识到，商人可以创造财富，带来繁荣。他们不分地区，不分国君，唯利是图。因此统治者应该为商人提供较好的市场环境，吸引商人前往。另外，"无市则民乏"，没有商人的运输贩运，市场商品就会匮乏，人民生活无着。因此，齐国注重市场培育，吸引商人。《管子·轻重乙》载："请以令为诸侯之商贾立客舍……天下之商贾归齐若流水。"创造物流条件，为商人及其车马货物提供便利的食宿等各方面的服务。《吕氏春秋·仲秋纪》也主张开放关市，招揽商旅，收购货物，来方便民生，使"四方来杂，远乡皆至"，与《管子》的主张如出一辙。即使力主重农抑末的韩非，也主张加强市场联系，他在《韩非子·难二》中写道，使商市、关口、桥梁便于通行，使人们可以用自己有的东西来换取没有的东西。于是客商纷纷来到这里，外来的货物就留了下来。财政收入就会增加，他主张严格税制管理，杜绝重税与刁难商人。《管子·问》主张对各地来的商人一视同仁，避免关税与工农业税的重复征收，空车不征税，步行商贩不税。甚至关口不收过路费，市场和仓库也不收赋税。秦汉的统一，更为商人创造了更有利的市场、交通条件和经济环境。

时势造英雄，而英雄则要适应时势，施展过人的才智，方能脱颖而出。陶朱公从计然的治国七策中借鉴、总结出经商之道[①]：其一，大地时旱时涝，谷物时丰时歉。旱时造舟船，涝时修车马，以备后乏，此万物之理。要把握市场行情的变化，就必须熟悉各类商品为人需求的时令，提前做好市场营运的准备。其二，商品价格，瞬息万变。物价贵到极点，势必下跌，贱到极点，必定回升。商人要判断价格的涨跌趋势，准确把握买卖时机。当商品昂贵之时，就应毫不犹豫迅速抛出，把昂贵的东西视如粪土而不惜；商品低廉之际，又要毅然决然乘时买入，把低贱的东西视同珠玉而倍加珍惜。其三，积贮货物，务求完好，以防日后滞销。易腐易蚀的货物，即使价格再高，也不能长期存留，不能轻易囤积居奇。其四，货币流通好比江河，海纳百川，方能汇成大江大河。货币也是一样，如果对资金积滞不用，资金只会变成一堆死钱。只有使它周流不息，它才能不断生成利润，日益增多。这些思想，即使今日看来，仍然闪烁着不朽的光华。例如，其中的货币流通理论，以往人们以为在

[①] 关于陶朱公的事迹与经商之道，可参阅龙登高的《商圣陶朱公传奇》，载《中州今古》1996年第3期。

中国直到宋代的沈括才对此加以阐述,西方思想界又比沈括晚了几个世纪,这样看来,对此必须重新审视,至少要将它的出现上溯1500年。

白圭则总结出"人弃我取,人取我予"的商场真谛,这成为千年古训而为历代商人恪守不渝。其实白圭的办法在今日看来是再简单不过的。丰收季节买进谷物,卖出丝漆;蚕茧吐丝时则买进帛絮,卖出谷物。这不是最简单的经商常识吗?如果是在市场发育已经成熟的条件下,这确实是不足为贵的,但当时的市场并不是我们现在所想象的那样简单。当时正值农村公社刚刚瓦解之时,农户把自己的生产物与需求从原来依托村社共同体来解决,转而向市场寻求实现的途径,这样,在农村公社废墟上产生了新兴的市场,这成为商人群体产生的前提。但人们对新兴市场的认识还需要一段时间,同时还没有产生人数与财力足够的商人从事农产品的买卖,大多数已有的商人则还热衷于以往的奢侈品与盐铁等商品的买卖。另外,新兴的市场风险大,发育不成熟,作为这一市场的商品供给者与消费者,个体小农家庭本身的经营方式还处于幼弱且不稳定的状态之中,他们与市场的联系也处于极大的偶发性状态。也就是说,谷物市场与纺织品市场都变幻莫测,捉摸不定,而如何把谷物与纺织品两种商品结合起来做买卖,并有机地把握它们与农民的商品供给与消费需求的季节性差异,凭借以往的商业知识,显然是远远不够的。如果不能准确把握市场行情,那么稍有不慎商人便会破产。用今天的话来说,在市场发展的新形势下,商人必须更新观念,市场需要新型的职业商人。白圭就是一位勇敢的先行者。他总结出了在这一新兴市场中经商致富的门道,并投身于新兴市场的经营之中,于是成为治生之祖。

"人弃我取,人取我予"的法则,关键在于实际发挥与决断。白圭的可贵之处,不仅在于他勇敢投身于仍然处在不稳定状态的新兴市场中经商作贾,而且在于他自有一套经营哲学。一方面,他能"乐观时变",

准确预测新兴市场的行情变化，在变幻莫测的市场中把握住刚刚露出苗头的价格规律与市场动态。另一方面，白圭具有一个开拓性的、成功的商人所必备的机谋与决断，能够"趋时若猛兽鸷鸟之发"，而这正是常人所缺少的。他自己也不无得意地夸耀，他能够在起伏不定的市场中得心应手，就如同伊尹、吕尚的谋略，孙武、吴起的兵法，商鞅的改革一般。白圭曾说：智谋不足以因时因事灵活变通，勇武不足以拿定主意，仁义不能拿取和给予，刚强不能有所守成，即使有人想学"我"的经商的方法，"我"也绝对不会告诉他们。经商治生犹如治国用兵，白圭自比于伊尹、吕尚、孙武、吴起及商鞅，在那个社会变动不居、传统市场初兴的时代，大概并不为过吧。唯其如此，白圭才能成为治生之祖，"人弃我取，人取我予"的商场名言，也被后世的商人奉为圭臬，并引申运用，推广弘扬。例如，宣曲任氏就是"人弃我取"思想的成功实践者。在秦王朝覆亡之际，豪杰都争着夺取黄金玉石，只有任氏暗自贮藏粮食。楚国和汉国在荥阳对峙，百姓无法耕种，一石粮食的价格高达上万，因此豪杰们的金玉全归任氏所有，任氏凭此而富裕。

不少商人则抓住不断出现的新的机遇，出奇制胜，从常人不耻于从事的低贱行业，或不屑于从事的利薄行业中崛起成为巨富。《汉书·禹贡传》所谓"商贾求利，东西南北各用智巧"。除了盐铁、粮食及纺织品、畜产品等大宗商品外，有的货殖家致力于一些毫不起眼的行业，比如，被人忽视的买卖、遭人遗弃的行当，等等；但市场上新的需求则使他们能够出奇制胜，同样走向成功。

缺乏资金，则合伙为之，《史记·管晏列传》索引载齐国管仲、鲍叔牙就曾"同贾南阳"。汉代称集资经商曰"合钱共贾"[①]。湖北江陵凤凰山10号汉墓出土的简牍《中舨共侍约》，黄盛璋释译为："某年三月

---

① 语见郑玄注《周礼·秋官·朝士》。

辛卯，合伙做商贩，贩长张伯、石兄、秦仲、陈伯等十人在一起合伙共贩。约定一，每人出贩钱二百；约定二，加入贩会的钱要交齐备，不交齐备，就不能同他合伙同贩……"

由于初兴的市场波动不定，经商致富变动不居，所谓的致富没有固定的行业，财货也不会一直被某个人所占有。有能力的人，财富就像车辐集中于车毂一样聚集；没有能力的人，财富就像瓦片一样破碎消散。商人处境艰难，时代的局限性在其身上也有强烈体现，占卜等手段也为商人运用于经营之中。云梦秦简《日书》载，开市的吉日在戊寅、戊辰、戊申，戊戌适合开业，大吉；赚钱的吉日在甲申、乙巳，申日不可出货，午日不可进货，出货进货之后一定会断绝财源；"己亥、己巳、癸丑、癸未、庚寅、辛酉、辛卯、戊戌、戊辰、壬午，市日"。

第六节 各地市场联系

一、交通运输的发展

战国时期，虽然诸侯各据一方，不利沟通，但是，一方面，各国内部的交通运输随着商品经济的进步而发展；另一方面，长期的大规模争霸战争造就了一条条军事交通线路，成为各国军备物资运输的命脉，并在战争间隙与战争之后演变为经济的（尤其是商业的）通道。秦汉统一后，相继在此基础上进行连接、修复，构成了全国交通网络的一部分。

秦始皇六合诸侯以后，削平各国壁垒，连接各国干道，修筑了以咸阳为中心沟通全国的驰道网络。驰道，以天子驰走车马而名，《汉书·贾山传》描述驰道之壮云：建造了贯通天下的驰道，东方直达燕地齐地，南方直达吴地楚地。凌驾于江湖之上，可以尽览海边的风光，道路宽五十步，每三丈种一棵树。在外面修筑厚墙，用铁夯捶打路基，种上了青松。建造驰道，居然华丽到了这种地步。其中比较主要的有两条：一条向东，直通燕齐；一条向南，径达吴楚。

在北方，新修了从云阳（今陕西淳化）直达九原的"直道"，史称此道"堑山堙谷，千八百里"。在南方，拓展了穿越五岭的山路，汉人称之为"新道"，地跨湘、赣、粤、桂、闽，以水为主，水陆相兼。从咸阳到成都，在巴蜀群山峻岭间修筑了"栈道"，道经嘉陵江，有吊桥横跨两岸悬崖，形势险峻，工程艰巨。自四川继续向南修筑了"五尺道"，从宜宾经今云南昭通抵曲靖，因山路险峻、道宽五尺而得名。

这些交通要道的修复、拓展，最初几乎无一不是从军事、政治目的出发的，但它对沟通各地商业往来、加强全国市场联系的贡献甚为巨大。驰道虽然以秦始皇浩浩荡荡东巡天下最为壮观也最为著名，但它服务最多的毕竟还是那些默默无闻的不计其数的商旅车马。在直道这条军事要道沿途，时有秦汉时代的货币、车马、铜镜等出土。这些出土文物，正是当年商旅往来的历史折射。栈道使关中平原、成都平原两大发达区交通往来更便利。东汉又开通褒斜道，使成都东至洛阳，一路"去就安稳"。① 岭南新道、五尺道，则将落后的南方及西南地区与中原联系起来。此外，西北的丝绸之路更是中国连接西域以至欧洲的著名商道。

春秋战国时期开凿了众多运河。《史记·河渠书》载："荥阳下引河，东南为鸿沟，以通宋、郑、陈、蔡、曹、卫，与济、汝、淮、泗会。于楚，西方则通渠汉水、云梦之野，东方则通（鸿）沟、江淮之间。于吴，则通渠三江、五湖。于齐，则通淄、济之间。于蜀，蜀守冰凿离碓，辟沫水之害，穿二江成都之中。此渠皆可行舟，有余则用灌溉，百姓享其利。"

秦汉王朝建立了快速便捷、广布全国的驿传系统。其机构主要有

---

① 严可均：《全汉文》录汉明帝永平九年碑拓本。

"传舍""亭""邮"等。传舍仅供官府人员、车马、物资使用,不留宿平民,所止者必须有符信。但十里一置的"亭"则限制较宽,应邵的《风俗通》曰:"亭,留也。今语有亭留、亭待,盖行旅宿食之所馆也。"亭是遍布城乡的驿传基层组织,为商旅提供方便的设施,以供其替换车马、饮食歇息。西汉时全国共有2.69万个亭,东汉时共有1.24万个亭。①

私驿,也见诸史籍,但多为官僚豪强自设客馆、自备驿马。这些私驿客馆是否用于为官僚豪强自己的商业运输服务,是否也为其他商旅提供服务,进一步而言,是否有专门的或非专门的私驿为民间提供服务,这些问题的肯定回答,虽然史籍无证,但可能性是不小的。私人旅馆叫逆旅,官吏也常停歇于私人旅馆,可见其数当不在少,尤其是在地形崎岖,没有官府传驿的地方。不过,当时旅行仍以寄宿普通人家者居多,无法投宿时就只有风餐露宿了。

战国秦汉时代,人们出门往往要自带食粮,粮谷还能当作货币使用,作为旅行的费用,被称"资粮"。《庄子·逍遥游》中说:"适百里者,宿舂粮;适千里者,三月聚粮。"西汉郑庄结交天下名士,处处有食宿招待,《史记·汲郑列传》中说他因此能"千里不赍粮"。一般人尤其是闯荡各地市场的商旅,就不会有如此方便了。《九章算术·均输章》第二十七题,有人持米十斗九升余(合今40斤,1斤等于500克),数量甚少,而且连过三关,行程较远,当是个人旅途所用的食粮或资粮。这说明市场条件仍很差,物流设施滞后。

民间运输车辆,多为牛车、马车。先秦礼制规定,权贵用马车,庶民商人用牛车,这在秦汉可能余风犹存。不过,一匹马牵拉的"轺车"已被商旅较多使用。东汉顺帝阳嘉四年(135年)十月,乌桓寇云中,

---

① 孙毓棠:《汉代的交通》,载《孙毓棠学术论文集》,中华书局1995年版。

一次就掠夺商人牛车千余辆，可见牛车使用的普遍。民间还多使用叫"鹿车"的独轮车，人力手推，轻巧方便，适用于小规模运输。秦汉时期，驴、骡等西域牲畜传入内地，毛驴价贱，又适宜于羊肠小径和山地运输，所以民间所用，以毛驴为最广。不仅用于驮运货物，还可用于驾车。① 对于中小商人而言，马车庞大而昂贵，毛驴的引进为他们打开了便利之门。价钱不高，而且适合于小型驮载。两三袋、一两筐的货物，可由毛驴驮运，稍多一些，则可用简易的驴车。在出土的汉代画像石中，有农户将车辆用于田间运输的形象。《九章算术》有例题为"一车载二十五斛"，这可能是当时常见的车了。还有例题说"空车日行七十里，重车日行五十里"。

汉代普通货车每辆一般载运25斛粟，合11.25石，今337.5公斤（1公斤等于1千克）。北魏时官府征发民间车辆运粮，规定租一辆车，按照官府要求的规格满载40斛粮食，约合18石，今540公斤。唐代普通货车的标准载重是1000斤，合今约666公斤。明代，据《大明会典》所记，普通货车大者载10石，约合今750公斤。两汉的陆上运输业，特别是以车辆运载为主的长途运输，水平是比较低的。② 水路运输工具船的记载也可见于文献之中，有的记载还使人惊叹，如前述战国鄂君启的船队多达150艘，运量1800吨；《三辅黄图》有谓"作豫章大船可载万人"，但总体而言，其重要性自然还远不如车马陆上运输。

虽然战国秦汉时期的交通运输条件仍然是有限的，例如，商旅多须自带资粮，路途投宿不便，土路遇雨泥泞，久雨则只能苦候天晴，等等，但其进步也是明显的。道路网络的改善，车船制作技术的提高，降低了运输成本，扩大了商品流通，从而推动了市场的开拓。

---

① 《中国古代道路交通史》，人民交通出版社1994年版，第139—140页。
② 宋杰：《〈九章算术〉与汉代社会经济》，首都师范大学出版社1994年版，第52页。

二、各地市场的联系

交通运输的发展状况，既是市场发展的重要表征，同时作为物流条件，极大地促进了市场联系的加强。《货殖列传》说，汉兴之时，海内统一，开放了山林湖泽的限制，因此富商大贾周游四方，遍及各地，交易的货物，他们想要的，没有得不到的。《汉书·伍被传》也说，重载货物的富商，周游四方，遍及各地，道路无所不通，经商之道盛行。这尤其集中体现于城市之间商品流通的活跃，以城市为中心的地区经济之间的往来。各地经济交往扩大，以大中城市为中心，市场联系加强，《货殖列传》勾勒了一个大致的轮廓。

关中，沃野千里，四方辐辏，并至而会。秦代曾徙天下豪富于咸阳12万户，除向蜀、南阳等地疏散外，不少仍留在都城，成为市场中一股新兴力量。以长安为中心的关中地区，依赖自身发达的经济，吸引西部的羌陇、南部的巴蜀流通货物。北面则与游牧民族相连，向东通过三晋与中原进行经济往来，而通过丝绸之路，则有丝织品和西域的马匹、骆驼、水果、苜蓿、胡萝卜等商品对流往返。关中的大都会咸阳、长安，其繁华自不待言，即使其附近的长陵、安陵、霸陵、阳陵、茂陵、杜陵、平陵这七个陵城，也得益不浅。今陕西临潼县北的栎邑、凤翔县南的雍城，则分别是长安东、西两翼的经济都会。

关中的繁荣，尤得益于陇、蜀。巴蜀四塞，仰赖栈道与关中相通，用自己富余的来交易自己所缺少的。这样，关中不仅享有巴蜀自身的商品，而且能得到巴蜀四周的资源，如奴隶、牛马等，因为巴蜀本身与西南少数民族有颇多交往。成都是这里的政治经济中心，左思《蜀都赋》颂其发达的商业："市廛所会，万商之渊。列隧百重，罗肆巨千，贿货山积，纤丽星繁。……异物崛诡，奇于八方。"从秦汉开始，成都及其所在的川西平原，赢得了"天府之国"的美誉。陇西四郡"唯京师其道"，更是离不开关中。

三河地区居天下之中，杨城在今山西洪洞县东南，平阳在今临汾市西南，都是汾水之畔南北道路上的经济中心城市，西与关中、北翟贸易，北与城种、代通商，种、代因为是抗击匈奴的战略要地，从军旅屯驻、战备物资运输中得益不少，杨城、平阳的商人在这里经营谋利，得心应手。太行山以东，则有今河南温县西的温、河南济源南的轵，也向西卖到上党，向北卖到赵、中山等地。

洛阳原是周天子所在的都城，秦朝、西汉时仍是东都，"东贾齐、鲁，南贾梁、楚"。作为东汉都城的洛阳，《后汉书·仲长统传》描述其繁盛，乘船坐车的商贩周游四方，贱买贵卖，货物填满都城，奇珍异宝，多得大屋子都装不下；马牛羊豕多得山谷都容不得……人们纷纷舍弃本来从事的农务，跑去从事商业，牛马车辆填满道路，不从事劳作的人投机倒把，充满了城市。洛阳城外著名的阳渠石桥，《水经注·谷水》载，城墙下面的漕渠，东面通入黄河济水，南面通入长江淮水，四方土贡品的运送，都是通过这条漕渠，……桥梁精致，道路通达，流转通行万里。自洛阳南行，宛（今南阳）西面通向武关、郧关，东南流向汉水、长江、淮河，作为铁器产地与交易中心，这里风俗庞杂，人多好事，大多从事商业。

燕赵一带，邯郸是漳水和淮河之间的一大都市，北面直通燕、涿，南面则有郑、卫。赵和中山两地，是著名的纺织品产地，人们"仰机利而食"。燕国的蓟是勃海、碣石之间的经济都会，南通齐赵，东北边胡。

齐鲁梁宋。临淄是海岱间的一大都会，在春秋战国时，已是相当繁华，《战国策·齐策》述云，临淄的道路上，车子轮碰轮，人们肩挨肩，大家衣襟连起来能成为帷幔，衣裾举起来可以成为幕布，挥洒汗水就像下起了雨一样。家境富裕，志气高扬。秦汉时仍是全国鱼盐、纺织业的最大中心之一。大梁，战国时交通运输极为便利，秦灭魏时，曾引河水淹灌，此城遂成废墟。睢阳则更趋繁荣，取代了大梁的经济中心地位。邹、鲁，虽无林泽之饶，但颇有桑麻之利，喜好经商，追求利益，超过了周人。

陶，据史念海的考察，位于今山东定陶县，春秋时是曹国都城，战国时被灭于宋，后为魏所据，最后入于秦，为天下之中，交通四通八达。陶不仅陆路纵横交错，无所不至，而且位于当时著名的"午道"之上，尤得水路之利，人工运河菏水的开凿，使陶处于济水与菏水汇合之处，而菏水使当时天下四渎长江、淮河、黄河、济水得以联系起来，陶因而大享其利，成为战国时期最为繁荣的经济都会之一。① 战国初年的朱公，正是基于陶地在天下的中心，通达四方的诸侯，是货物交易的地方，于是经营产业，囤积财货，终成巨富。被司马迁称为"天下之中"的陶，严格说来是经济地理意义上的"天下之中"。陶不是一个重要的政治都会，而是一个有名的商业中心，它是由各地市场联系催生的一个新型经济中心地。就此而言，陶的崛起具有无可比拟的历史意义。

楚越之地。西楚的江陵，即原来的郢都，桓谭《新论》形容其拥挤热闹，说楚国的郢都，车子轮碰轮，人们肩挨肩，道路相交，号称早上穿出去的是新衣服，晚上回来就是破衣服了。陈，也曾是楚之都城，在楚地和夏地交界的地方，流通鱼盐等货物，当地的百姓大多从事商业。东楚的吴，东面有丰饶的海盐，章山出产铜矿，借助三江五湖的便利，也成为江东的一大都市。南楚，都会是寿春。还有合肥、豫章、长沙等，各有名特产。此外，岭南的番禺，都会雏形初现，是珠玑、犀角、玳瑁、水果、布帛之类的盛产地。

虽然战国秦汉时期交通运输条件还很有限，城乡市场还没有形成有

---

① 史念海：《战国时期的交通》，载《中国历史地理论丛》1991年第1期。

机的网络。但全国各地形成了具有一定规模的城市经济中心，以洛阳、临淄、成都、陶、长安等大城市为枢纽，依托日渐进步的交通运输网络，沟通各地市场联系与商品往来，初兴的中国传统市场不断发展。

第三章

西汉盛期以后市场的变化

第一节　商人的重创与市场制度的转变

从春秋晚期以来,传统市场一经产生便进入繁荣期,形成我国市场史上引人注目的第一次高峰。市场发展突出的表象之一,就是职业商人群体力量的壮大,他们成为令人侧目的社会力量,并引起其他社会阶层的艳羡,乃至统治集团的嫉恨。晁错在《论贵粟疏》中向汉文帝大声疾呼:富商巨贾囤积物资,牟取双倍利息。小商贩就坐在市场上叫卖,带着他们投机取巧获得的盈利,天天在都市中游荡,乘着时人的所急,就以双倍的价格出售。所以,男子不再耕作土地,女子不再养蚕织布,一定要穿着华丽的衣服,吃着美味的食物;没有农夫的辛苦,却有千百的收入。凭着他们的富裕,交游王侯,势力超过官吏,为了利益而相互倾轧;远游千里,冠盖不绝,乘坐着好车,驱驰着骏马,穿着丝鞋和缯衣。这就是商人之所以兼并农民,农民之所以流亡的原因。如今法律轻视商人,商人却很富贵;法律尊崇农夫,农夫却很贫贱了。

商人的活动有助于市场的繁荣,却引起了统治集团的恐惧。商人大肆兼并,造成大量自耕农丧失土地,流离失所,这就危及中央王朝的统治根基。因为自耕农是中央直接控制的人口，财税、兵员所由出也。但汉初朝廷似乎还无力顾及商人阶层对统治造成的隐患，直到严重的财政危机来临，中央王朝与商人集团的矛盾日趋表面化、直接化、激烈化。

雄才大略的汉武帝，凭借汉世鼎盛的国势，开疆拓土，干戈日滋。在西南遣数万人修筑通往西南夷的道路，在北方先后派出几十万大军，远征匈奴，大获全胜，扬威天下。然而，大规模的征伐战争，耗费巨大，犒赏三军几万人次，掏空了国库。数万俘虏的生活费用，竟要汉武帝节省个人的开支来补给。此时，山东洪灾，70余万灾民"嗷嗷待哺"，官府赈灾费以亿计。兵甲之财，转输之费，军功之赏，加以凿渠开道，赈灾济难，耗费无穷。

朝廷与商人之间于是形成了鲜明的反差，《史记·平准书》记载，国库空虚，而有的富商大贾大肆敛财，奴役贫民，车乘百余，囤积奇货，封君都对他们伏首低眉，仰仗他们供给物资。有的冶炼金属，焚煮海盐，家财积累万金，却不帮助国家渡过危难，使得黎民苍生穷困不堪。这种局面无疑是朝廷不能容忍的，而为了解决财政危机，政府唯有与财富所有者进行争夺，直到宋代政府才有能力征收商税。于是，不可避免地，一场打击商人、争夺财富的经济运动全面展开。

青年汉武帝不愧为一代枭雄，他从商人阶层选拔了一批"兴利之臣"来为他聚财敛物、出谋划策。咸阳，齐国的大盐商孔仅，南阳铁冶巨头桑弘羊，洛阳商贾世家，他们都年轻有为，不仅经商有道，致财千金，而且"言利事，析秋毫"。杰出的商人依仗人君之势，岂不如虎添翼？果然，他们聚财兴利，出手不凡，为汉武帝制定了一套措施，并以商人的手腕，凭借政治强力，大刀阔斧地在全国范围内全面推行。《盐铁论·轻重第十四》提到，大夫君用心筹划国用，还打诸侯的主意，又开展酒类专卖。咸阳的孔仅又开展盐铁专卖。江充、杨可等人也充分发挥自己所擅长的，谈起赚钱的事情十分细致，可以说是毫无疏漏。当时的主要措施如下：

算缗。扩大"算"的范围，算，即税也。汉朝原来向商人征收的税是营业税，现在除继续征收营业税外，加征资产税，并扩大征税面，加强征收力度。让商人自行清算财产总数，申报官府，如实纳税。以前轺车、商人的缗钱，所征收的赋税多少不等，现请求像往时一样计算赋税。那些商人、末作、赊贷、买卖，囤居奇货，以及那些经商获利的人，即使没有市籍，也要分别按他们的货物来计算赋税，通常是两千缗为一算。各种手工行业有租税的以及从事铸造业的人，大抵四千缗为一算。

告缗。纳税时隐瞒不报或自报不实者，政府鼓励检举告发违反算缗令者。告发属实者，以没收被告发者财产的一半作为奖赏；被告者，戍边一年，没入缗钱。由酷吏杨可主持告缗，杜周负责治罪。这一法令实施后，杨可主持的告缗遍及天下，中家以上的大抵都遇到过。杜周治理这件事情，人们进了监狱就很少有出来的。后来还实行"株送徒"，追究犯人，使之招供，牵连同党，结果牵引出数千人。

盐铁官营。孔仅于咸阳主持盐铁事务，开始时推行的是官民合办的形式。由官府提供器具，安排粮食，招募商民生产。后来在天下各郡县设立盐铁官署，任用盐铁富商为吏。严禁私人生产，胆敢私下铸造铁器或煮海盐的人，要被砍掉左脚脚趾，没收器物。

均输平准。各郡县置均输官，调运地方贡赋和商贾所转贩的其他商品，又在京师开设委府来聚拢货物，便宜的买进，昂贵的卖出，此为平准。命令远方各自用他们价格高昂、被当时的商人所贩卖的货物来缴纳赋税，并互相运输。在京城设置平准令，总收全国各地运到京师的货物。均输平准其实是对各地市场的一场掠夺，各郡县农官转输粮食、纺织品，一年之中，均输布帛达500万匹，山东各地官府漕粮增加到一年600万石。均输平准不仅出于平抑市价，同时朝廷也是为了解决财政危机。也就是说，更重要的是为了增加政府收入。但官员经营必然成本高，效率低下，而且不可避免地会扰民，破坏市场。

统一铸币权。原来由各地方郡国铸钱，现在中央王朝收回铸币权，盗铸金钱者犯死罪。派酷吏张汤等负责审理案件，并开始派出中央特派员到各地巡视（"江充禁服"）。结果仅大赦释放者就达数十上百万人之巨，可见原来从事铸钱人数之众。不久，又全部销毁地方铸币，只限中央铸币流通。

此外，禁止有市籍的商贾及其家属凭户籍占有田地。敢有违犯者，没收其田产与僮仆。武帝还接受主父偃的建议，迁徙豪富强族。

汉武帝这次运动的出发点，正如桑弘羊在盐铁会议上所说，是用度不足，因此兴办盐铁，开展酒类专卖，设立均输制度，增长财货，来佐助边境的支出。从这一方面来说，确实是大获成功。主政者夸耀道，上大夫和治粟都尉负责大司农的大职务的时候，像用针灸治疗瘀血一样大力整顿，畅通经脉，因此百货流通顺畅，府库富足殷实。就在这时，军队四处征伐平定暴乱，车马盔甲的用度，克敌斩获的赏赐，费用以亿万计，全靠大司农供应。这就是像扁鹊一样的本领，也是盐铁对于国家的福祉。官府财政危机得到缓解，而春秋战国之交崛起的商人集团，却遭遇到一场全国范围内的重创。贤良文学一针见血地指出，垄断天下盐铁等利润，来排挤打压富商大户。[①]

算缗、告缗，使朝廷获得了巨额财富，却使商人遭受了沉重的打击。各地收获百姓的财物数以亿计，奴婢数以千计，至于田地，大县数百顷，小县一百多顷，房屋也是如此。于是商人当中中等以上的全部破产。从此老百姓满足于美味的食物和优质的衣服，不再经营买卖。商人不仅相继破产，更可怕的是，再也没有经商殖货原来那种条件了。

市场秩序也因此受到严重扰乱。贩运商人减少，商品流通减少，物

---

① 《盐铁论·轻重第十四》，原文为"笼天下盐铁诸利，以排富商大贾"。

价上涨。官营物资质劣价高。铁器，本来各地使用者因地而异，不同质量的土地质地不一样，各种大小的农具用途不一样，曲直不同，用处也不一样，不同地区的风俗也不一样，都有自己所便利的商店。县官统一管理后，农具就会失去适宜的用途，农民也会失去他们的便利，……县城有的按照户口征收铁器，却压低收购的价格。官员们又按照路途远近，出钱雇人力代为转运盐铁，麻烦又费钱，百姓也十分痛苦。其他官营工商业无不在官僚机构的层层运转中变形，官吏徇私舞弊，垄断市场，强行收购，无所不求，导致物价飞涨。正当的商人因被政府政策排斥、打击而消失，奸商出现，并与污吏勾结，沆瀣一气，操纵物价。

均输、平准的实行，使盐铁之外的其他商品的流通也由官府经营。大农等各个官吏垄断全天下的货物，贵的就卖掉，便宜的就买来，这样，富商大贾就没有办法牟取厚利了。

对于商人而言，这是一次全方位的掠夺、打击和摧残，算缗、告缗是夺其财，均输平准是分其利。如果说这些是断其流，那么管榷则是竭其源。盐、铁、酒、铸钱，是当时商业利润最丰厚之所在，把这些大宗商品从生产到流通的各环节全部实行国家经营，则截断了商人赖以生存的基础。无怪乎汉武帝宠信的另一官员卜式说，官府应以百姓缴纳的赋税为衣食，如今桑弘羊却让官吏坐在商铺里面买卖货物，求取利润。只有将桑弘羊活煮了，天才会下雨。

汉武帝、桑弘羊的这一次大规模打击商人的运动，绝非中国历史上一般的抑商政策所能比拟，它使初兴的职业商人遭受了史无前例的灾难。其打击面之广，程度之深，通中国历史，大概无出其右者。它对商人与市场的影响，也绝不只是一时的挫折而已。这次打击，使商人的力量骤然衰落，长时期内一蹶不振，并且在以后数百年内一直未能恢复此前之盛况。它是一个时代的结束，标志着中国市场史上第一个高峰期至此画上了句号。

更为重要的是，它是中国历史上一次重要的制度变革，自由经商转向政府管制，政府将最重要的商品笼为专卖。① 此后，政府专卖和干预市场这一精神与中国传统社会相始终。

汉武帝之后，虽然并不是所有的政策都延续下来，但它的宗旨在长时期内没有改弦更张。汉昭帝始元六年（公元前 81 年），著名的盐铁会议在长安举行，以桑弘羊为首的丞相、御史与地方郡国所举文学、贤良，就管榷、均输、平准、统一币制等重大问题展开辩论。其实，面对财政困境，在掠夺大商人这一点上，双方是一致的。桑弘羊所主张的政策有两个明显的弱点：一是与民争利，二是政策在实施过程中因官吏腐败造成扭曲、变形与破坏。因此在辩论时，桑弘羊等力主有必要发展工商业，在这个前提下，同时又要抑制富商大贾，那么唯一的途径就只有官营工商业了，也就是官营盐铁、均输平准等。文学、贤良不主张发展工商业，既要抑止富商大贾，同时也反对官营工商与民争利，在财政困难面前，这显得苍白无力。双方辩论的出发点大体如此，以现代人的中立角度通观《盐铁论》全文，桑弘羊一派似乎要占上风。

盐铁会议后管榷制度做了些改动，但盐铁官营专卖的基本精神保持下来，中央的铸币权则从此再没有下放过。汉宣帝时，贡禹说，如今汉家铸造钱币，以及各个盐铁官都安排下属官吏，开采山中的铜和铁，每年需要十万人以上……自五铢钱兴起以来七十多年，百姓因为私自铸造钱币而被判刑的人有很多。②

可见中央铸钱、官营盐铁一直延续下来。宣帝时，还在边郡设置常

---

① 有学者认为，春秋战国时期在齐与秦就已出现了古代国家垄断经营盐铁生产和贸易之事。邵鸿博士对此做了驳议，令人信服。战国秦时期，齐国等地盐铁生产除民营外，也有官营生产与销售，但远谈不上国家垄断专营。见邵鸿：《商品经济与战国社会变迁》，江西人民出版社 1995 年版，第 91—93 页。

② 《汉书·贡禹传》。

平仓。命令边地各郡都建造仓库，趁着价格便宜的时候提高价格来购入粮食，以兴利农事，谷物贵的时候降低价格卖出去，因此仓库的名字叫作常平仓。初元五年（公元前44年），一度废罢盐铁官、常平仓等，以求不与民争利，但不久，出于财政困难，盐铁官又不得不恢复。

迁徙富商豪杰的政策，汉武帝之后也继承了下来。虽然这项措施的主旨是打击地方豪强势力，强内虚外，如《汉书·成汤传》所言："以强京师，衰弱诸侯，又使中家以下，得均贫富。"但大商人始终是其迁徙对象之一，旨在割断商人的根基。

商人还没有从汉武帝打击运动中喘息过来，西汉末年又遭受了王莽新法的一次大折腾。汉武帝的打击，使大商人遭受了毁灭性的打击，但商人不会消失。均输、平准的实行，不可能全面排斥、取代商人活动，在很多情形下，地方农官聚敛民财，常常要依托商人，或者是和商人勾结，商人本身也常瞅准政策的空隙，从事商业活动。王莽继续打击已经萎靡不振的商人，《汉书·食货志》载，他颁布了六管之令。命令县官酿酒，售卖盐和铁器，铸造钱币，百姓到山林湖泽当中采摘物资都要收税。又命令市官低价买进高价卖出，并且借贷钱财给百姓，每个月收百分之三的利息；并在各地"乘传督酒利"。王莽的一系列措施，导致商旅穷困窘迫，在市道旁号啕大哭。①

应该指出，职业商人遭受汉武帝的打击而一蹶不振，市场骤然衰落，一方面固然是因为打击措施之厉、程度之深，另一方面也说明，初兴的传统市场是相当脆弱的，职业商人叱咤一时，却是不稳定的，市场和其中的商人没有力量抵抗各种因素的干扰，其生命力还很脆弱，仍是刀俎之下鱼肉的角色。因此，一受到强力干预，便无能为力，商人顿时萎靡，市场逆转直下。结合第二篇的史实更可以看出，汉武帝后，商人

---

① 《后汉书·隗嚣传》，原文为"商旅穷窘，号泣市道"。

迟迟未能重振旗鼓，卷土重来，市场发展也未能东山再起。他们不仅不能以自身的力量去影响和改变社会经济，相反，在汉末魏晋南北朝时期，随着社会经济的变化而长期在低谷中徘徊。这一切充分说明，春秋战国之交诞生的中国传统市场，虽然能取得初兴的硕果，却还没有走上成熟稳定的发展道路。迟至数百年后，经两宋时期市场的再度繁荣，才步入定型和成熟的阶段。

第二节 东汉市场的新变化

自西汉盛期以后到东汉时，中国传统经济逐渐出现了新的迹象。其突出的表征是一系列互为表里相互作用的经济现象，这就是个体性综合型生产力向大型化转变，豪强地主势力不断增长，个体小农家庭经济逐渐衰微，传统市场随之出现了新的变化。

农具的演进呈现一个明显的趋势，即农具尤其是犁大型化。西汉赵过推广的耦犁即已采用二牛三人的耕作方法，东汉的铃镈大犁，出土的汉代比阳大铁铧都属于大型长辕犁具。东汉盛行的辈耕也是二牛二犁相从而耕，犁壁（翻土板）出现后，仍然是二牛一馶，山西平陆县汉代壁画所显示的犁耕法也是二牛抬杠，一人扶犁。崔实《政论》所载之辽东犁则更趋笨重，辽东耕种用的犁，辕长四尺，转弯回头很不方便，需要用两头牛，两个人来牵着牛，一个人把着犁，一个人播下种子，两个人扶着耧，一共需要两头牛，六个人。

章帝时连续发生大规模的牛疫，对农业生产与小农处境影响不小。《后汉书·章帝纪》称，多年以来很多牛都感染了疾病，可以耕种的田地也不断减少，粮食的价格很贵，人民也因此而流亡。其影响延续多年，自从牛疫以来，谷物连年减少。

农具向大型化发展的趋势，对个体小农经营是一种冲击。且不说三人耕法小农家庭劳动力数量不足胜任，单就耕牛而言，拥有一头牛者已是相当殷实的家庭，更何况两头牛及与之相配套的大农具呢？！加之大规模牛疫雪上加霜，个体小农经营走向衰落。于是扶助小农进行生产的诏令屡告于世，即使在东汉较好年景的章帝、和帝时代也是如此。为什么小农的生产需要政府来扶助呢？就是说在现有的生产力状况与社会经济条件下，小农经营的维系已发生困难，到东汉后期，则进一步转变为危机。

小农经营无从维系，一遇灾荒，就流离逃亡，成为流民。流民逃亡，使未逃亡者赋税更重，不堪重负，亦接踵流亡，形成恶性循环。东汉的流民问题一直是困扰统治者的社会问题，导致多次流民暴动，黄巾起义就是一次大规模的流民暴动。

与此相反，豪强地主的庄园经营则获得新的历史契机。在农具大型化趋势中大土地所有者大获其利，他们财力雄厚，能够置备大型先进工具，并拥有足够的劳动力可资合理地调配使用。农闲季节，他们安排双人合耕的田器，饲养耕牛，选拔可以胜任耕作的人，来等待农事的兴起，准备各种事宜。农忙时的劳动协作更不待言，崔实《四明月令》对此多有设计。在当时生产力条件下，大土地经营较之个体家庭经营具有明显的优势。藤加礼之助认为，汉代乡里共同体内部，自立小农民几乎平等，"随着后汉时期历史的发展，共同体的阶级分化加剧，富裕的豪族与贫民两极分化，前者对后者的支配扩大"，黄巾起义后，便逐步走上"领主化"道路。

流民的增加，一方面有利于豪强接纳扩充劳动力，扩大庄园；另一方面，庄园内的劳动者，由于自身不具备足够的生产条件摆脱豪族独立进行生产，就只能留在庄园，任凭豪家剥削，否则就会无以为生，劳动者对豪强的依附关系随之加强。而个体小农，由于个体生产的困难，往往自愿投靠豪强，以人身依附为代价，换取生存的条件。豪强地主势力由此不断成长。

市场上的"豪人货殖"之风是经济变化的突出产物。所谓的豪人，就是贵族、官僚和大地主，他们竞相从事种种市场活动。仲长统《昌言·理乱篇》说，富豪的房屋，连绵数百栋，田野里到处是他们肥沃的土地，奴婢成群，足有上千，依附的人口，数以万计。船车商贩周流四方，奇珍异货堆满都城。《后汉书·樊宏传》说，刘秀的外祖父樊重，世善农稼，好货殖，他打理的产业，所有的物品都保留着，有求必给。《济南王康传》载，刘秀子康，大量地聚敛财物，大修房屋，奴婢有一千四百人，厩马一千二百匹，私田八百顷。《张让传》载，宦官张让，把自己的父兄子弟和亲戚宾客都派出去，把持州郡，垄断财利，掠夺百姓。百姓的冤屈，无处申诉。《三国志·蜀书·麋竺传》亦载，东汉末年，东海麋竺，他祖祖辈辈经商，奴仆万人，资产巨大。

豪人货殖，其最大的特点就是凭借种种特权和强势进行市场盈利活动，《后汉书·桓谭传》载，桓谭力陈其弊，建议现在可以让所有商人互相举报，如果不是自己劳动所得，都以贪污来控告他。像这样，人们就会专心从事自己的工作，不敢把货物卖给别人……刘秀对此不予理睬。桓谭试图以西汉桑弘羊的办法来削弱豪人，然而，时移世易，这只能是书生之论而已，又怎会被采纳呢？！东汉的豪人已不是西汉的大商人，他们是特权阶层的成员，刘秀一门就是其重要代表，他们怎么会把既得利益白白出让呢？！而西汉的商人与之不同，他们富甲一方，但始终只是活跃于市场，而未入贵族官僚之伍。

与豪人货殖兴盛互为因果的是，职业商人式微。汉末，中小商人濒临破产。《后汉书·刘陶传》载，现在牧守长吏，上下互相竞争，就像大猪长蛇，蚕食天下。经商者都成了冤魂，贫穷饥饿的人就像饿鬼。反映商人艰难处境的记载，在我国历史典籍中实在是凤毛麟角，因为对商人一直都是有歧视的。刘陶此语,确属难得。难得之语,正说明自汉武帝以来至汉末,商人已处于崩溃的边缘。何兹全指出,像前汉那样,把一切社会经济不安定、土地兼并、农民流亡,都归罪于钱币流通和商人活动的议论、指责,在东汉是看不见的。即使有,在政治上、社会上影响也不大。① 正由于职业商人的缺乏,才使豪强地主得以取代他们在流通领域中的地位。豪人凭借强势货殖营利,扰乱了市场秩序。

市场商品构成中奢侈品的比重增加,因为民生用品的市场减少,而富家豪族的奢侈消费则有增无减。贫困的小农,其市场需求已大大减少。人们已经如此贫困,不存在基本的市场需求,从何奢谈货币?豪强地主的奢侈需求,《后汉书·仲长统传》中《昌言·理乱篇》的描写淋漓尽致:豪人之室,"琦赂宝货,巨室不能容。马牛羊豕,山谷不能受。妖童美妾,填乎绮室。倡讴妓乐,列乎深堂。宾客待见而不敢去,车骑交错而不敢进。三牲之肉臭而不可食,清醇之酎败而不可饮。睇盼则人从其目之所视,喜怒则人随其心之所虑。此皆公侯之广乐,君长之厚实也。"大意是,珍奇宝物,大的房间都装不下;马、牛、羊、猪,山谷里都容不得;妖娆的少年,美丽的少女,填满了华丽的屋子;歌唱的乐伎,行乐的妓女,排列在深堂之中;宾客等待召见而不敢离去,车骑交错而不敢前进。牛、羊、猪肉放臭了也吃不完,清新醇厚的美酒变质了也喝不完。人们追随着他的目光,人们随着他的喜怒而思虑。这都是公侯的大乐趣,是君长雄厚的资产。王符《潜夫论·浮侈篇》说,现在京城的贵戚,衣服、饮食、车舆、庐舍,比帝王所用的还要奢靡,这种僭越的行为实在太过分了。针对商人的困境,市场的凋零,他在《潜夫论·务本》说,如果想让百姓富裕起来,就要以农业为本,以商业为末;做工的以致用为本,以巧饰为末;经商的人,以交易为基础,以卖奇为

---

① 何兹全:《中国古代社会》,河南人民出版社1991年版,第401页。

末。守本离末，人民就会富裕，离本守末，人民就会贫困。在这里他对本末之说作了新的诠释，商业本身并非末业，他所批判的是奢靡之风。

东汉货币流通开始倒退。何兹全遍引《汉书》《史记》，发现西汉材料中没有见到金、钱以外的物品做交易媒介，各种物品的价格，都用金和钱来作标准。而与西汉相比，史料中东汉黄金出现的次数可以说微不足道。综观《后汉书》，使用黄金作赏赐的不足十次，数额亦甚微。这与西汉使用黄金次数之频繁、数额之惊人相比，形成强烈的反差。从朝廷赏赐的统计来看，西汉的赏赐大量使用金和钱，东汉却代之以钱和帛。西汉朝廷赏赐用的布帛，多是小量的一两匹、三五匹，对象是鳏寡孤独、高年三老、孝悌力田等人，显然都是为了直接使用，没有见过一例布帛可以直接用作货币去购买物品的。东汉朝廷的布帛赏赐则丰富得多，一如西汉黄金赏赐一样令人叹为观止。对高级贵族一般赏赐布在万匹以上，对官吏则在百匹上下，对小官、吏民在数十匹、数匹，这肯定不止于穿着之用。此外西汉赎罪用钱，东汉改用缣，死罪之赎有缣20匹、30匹、40匹不等。① 赎罪用缣，虽然不能说明布帛已有货币功能，但至少说明法律上布帛在赎罪方面已可以代替金钱，也就多少使布帛具有货币效用。《后汉书·党锢传》载，夏馥隐居二三年，无人知者，其弟夏静乘坐车马，满载缣帛，一路追寻。不带钱币而带缣帛，大约也是作货币用。同书《章帝纪》载，章帝曾赐给高年两人各一匹布帛作为醴酪之资，这等于是说，赐布帛作为醴酪之资。

西汉后期，贡禹向元帝建议，应当罢免开采珠玉金银和铸造钱币的官职，不要再发行货币……租税俸禄都用布帛和谷物。② 西汉末年王莽乱后，货币杂用布帛金粟。东汉章帝时，尚书张林主张赋税征收实物，

---

① 何兹全：《中国古代社会》，河南人民出版社1991年版，第460—490页。
② 引自《汉书·贡禹传》。原文为，"宜罢采珠玉金银铸钱之官，亡复以为币……租税禄赐皆以布帛及谷。"

实物货币以代替铜币：现在不仅粮食很贵，各种物资都很贵，这就是钱贬值的原因。应当让天下百姓用布帛交租，禁止钱币流通，这样钱币就会减少，各种货物就会便宜了。张林的建议受到许多人的支持而诏行，后来取消的原因，只是担心用布帛来交租，很多官吏就会为非作歹，实在不是明君应当施行的。《晋书·食货志》《后汉书·朱晖传》中均载此事。可以说，"封钱勿出"的建议，正是市场排斥钱币的呼声。

无论是职业商人的凋零、市场秩序的混乱，还是市场商品结构的变化、货币流通手段的倒退，都表明东汉市场全面衰退，并呈现出不同于西汉的演进趋势。这还突出地表现在城市市场的萧条。长安三辅地区，西汉时辖57县，人口为243万余，而东汉时辖38县，人口只有52万多，剧减191万人之巨。如果说长安人口减少是因为都城东迁之故，不足为论，那么，东汉都城洛阳人口的减少，则足以表明东汉城市市场的低落。洛阳所属河南郡，西汉时辖22县，人口为174万，东汉辖21县，人口仅为101万，减少了73万人之多。[①]

从第二篇的论述中我们将看到，汉武帝以来到东汉时期市场演进的特点与趋势，和魏晋以后的市场状况是紧密衔接的。东汉市场的种种迹象，有的在魏晋以后继续强化，有的则随社会经济的变化而进一步演化为新的时代特征。

---

① 引自彭雨新主编：《中国封建社会经济史》，武汉大学出版社1994年版。

第二篇 中国市场的曲折发展：3—9世纪（魏晋南北朝隋唐时期）

第四章
魏晋南北朝时期大土地私有制下的市场

自汉末军阀混战至隋朝统一（589年）的400年间，既是中国历史上空前绝后的割据纷争的时代，又是中华民族大融合的时期。这是中国传统市场的长期低落阶段，同时也是其偏离主流轨道的演进阶段，呈现出独有的历史面貌和特征。这一时期，大土地所有制下的地权转移与庄园经济，在中国历史上独具特色，地权转移对田地市场，庄园经济对市场商品供给，士族门阀地主对商品流通，都产生了独特而深刻的影响。

第一节 土地市场的新特点

土地，自从春秋战国农村公社瓦解成为商品以来，一直在中国传统市场上占据举足轻重的位置。与西欧等的古代社会经济相比，自由的土地市场构成了中国传统社会的显著特征。

自东汉开始，土地关系发生了深刻的变化，这一变化的影响是如此广泛，对整个市场的作用是如此巨大，以至如果我们不花一定的笔墨来探索其渊源流变，就不足以弄清此时土地市场乃至整个市场变化的社会经济背景与根源。也就是说，土地市场的变化是由当时社会最主要的变革所引起的，接下来我们从土地占有者构成的变化入手分析。

魏晋南北朝时期的土地所有者，最引人注目的就是门阀士族大土地所有者。士族滥觞于东汉豪强地主。在汉末开始的频繁战乱中，豪强门阀的势力日趋壮大。曹丕《典论·自叙》描述，门阀士族，大的连起来可成郡国，中等的连起来可成城池，小的聚起来可成街道。三国时期的割据势力，实质上都是由世家大族纠合而成的。在这种情况下，政权与豪族更是息息相关。入族选官更多地为大族把持，在东汉察举、征辟制的基础上，曹魏实行九品官人法，依士人的籍贯及其先世官位的高低为依据定品论级。西晋以来，家世更成了论品的唯一标准，形成了"上品无寒门，下品无势族"的局面。只要有士族的资本，在任何时候、任何地点都可以维持显赫的社会地位。两晋时期大批世家大族南迁，他们以地望相标榜，以族姓为炫耀，在南方重建其大土地庄园经济，并因南方具有更适宜的地理条件与政治经济条件，他们的势力得到加强。北人大量迁徙荆、扬等处，造成人多地少，南迁的皇室、世家无不大肆扩张土地。

此外，土地还有国家占有和小农占有等形态。三国时，为了解决军需的困难，国家组织屯田，包括军屯与民屯，此后两晋及南北朝都存在，但受到大土地所有者的不断蚕食侵吞，朝廷也经常将国有土地赐给贵族官僚。个体农民的小块土地，在无休止的战乱中，难以维持，在大型农具的生产力条件下，也很难恢复个体经营。破产农民或投靠于国家庄园的羽翼之下，或将土地投献给大土地所有者，换取荫庇，以苟且维生。

世家大族长期维系的根本是大土地庄园和土地上的依附劳动者。在广占田园与劳动者方面，士族与朝廷间始终存在矛盾。围绕土地占有问题，二者间的相互勾结与斗争自汉以来从未停止。但天平不断向士族倾斜。不久，中央王朝也就是最高士族地主，从法律上肯定了大土地私人占有。尽管占田限额已大大放宽，但仍然不能满足世家大族无尽的欲望。一纸诏令限制不住世家大族的土地扩张，反而为他们兼并占地提供了合法的借口。晋室南渡之后，世家大族为扩大庄园，由农田继而伸向山林川泽。东晋王朝一度颁布"壬辰之科"，严禁占山固泽，然而，同样是屡禁不止，并且慢慢地，政令已经难以遵守，管理也随着时间的推移逐渐松弛，占山固泽逐渐走向合法化。孝武帝大明初年，颁布了占山令，规定了品官占山的限额，同时又规定，业已开发的山林川泽，"听不追夺"，只是不能继续占山。如果先前已经占山，则不能再继续占；先前占得不够的，依据限度占够。① 显然，这一法令为世家大族已占山林川泽规定了所有权的保障，而对他们进一步扩张的限制则软弱无力。

  对土地和依附农民的占有，一旦获得法律的保障，大土地庄园经济的发展也就更趋稳定、更趋迅速。土地，当它被大土地所有者掌控，就很难转移了。大土地私有者都是世家大族，经济力量雄厚，政治权势很大，社会地位很高，而且这些互相依仗、巩固的特权都是世袭的，代代相传，当时社会中没有与之匹敌的力量能够从中获取土地，商人、一般地主几乎无力与之竞争。商人，经汉武帝打击之后，虽然顽强生存，但始终难复其盛。士族之外的地主，也就是庶族地主，不仅政治上只能充当低级官吏，经济上也难与士族相匹敌。田亩众多，经济力量强大，是世家大族能长盛不衰的根本原因之一。假如他的土地所有权处于风雨飘摇之中，那么，其他一切关系都难以持续发挥作用，即使能够荣耀一时，也难成为世家。谢灵运《山居赋》自注云："若少私寡欲，充命则足，但非田无以立足耳。"这无异于说，其他都是次要的，田园才是安身立命之根本，是维系世家大族地位的保障。

  士族大土地所有制的特点是，土地具有较高的稳定性。《梁书·太宗王皇后传》记载了这样一桩事例：高祖在钟山修建大爱敬寺。王骞的

---

① 引自《宋书·羊玄保附羊希传》。原文为，"若先已占山，不得更占；先占阙少，依限占足。"

旧宅就在寺侧，有八十多顷良田，是晋丞相王导的赐田。高祖派遣主书宣布圣旨，到王骞那里请求出售这块田地，想把这块田地布施给大爱敬寺。王骞回复圣旨说："这块田地不卖。如果是皇家强力'敕取'，我才不敢拒绝。"态度傲慢，且振振有词。于是高祖就愤怒了，按照市场行情评定土地的价格，用这个价格逼着王骞归还这块土地。这是一例皇帝与世家之间土地买卖的事例，王骞是王导之后，王氏是一显赫豪门士族。为造佛寺，皇帝求购良田八十顷。面对买主皇帝，王骞断然回答不卖，并且不加解释，酬对简略，用语不恭，还挑衅般地说，除非你皇帝强力"敕取"。堂堂一国之君，受到臣民如此无礼的对待，这大概只能出现于魏晋南北朝时期的世家与皇帝之间。而最后，皇帝也只能忍气吞声，以强力购买的方式"敕取"之。不愿出卖田地，王骞敢于藐视皇帝，足见田地在士族心目中的地位高于一切。连皇帝都不能轻易从世家中购买到田地，还有谁能够呢？没有。地权已经凝固在世家大族中了。

土地市场由此形成其特点：地权集中，地权运动滞缓。土地转移的主要流向是，国有土地转化为士族地主土地，权贵豪门封略山湖，抢占公田，圈占无主荒田。买卖、兼并私有土地的现象不突出，也就是说，尽管地权转移仍在进行，但土地市场相当滞缓。

门阀士族世代相袭、历久不衰的事实本身正说明其大土地所有权的稳固。魏晋南北朝朝廷更替频繁，而世家大族的政治经济地位则能世代相袭。王仲荦列举自汉末以来世代沿袭的高官大族[①]，如颖川荀氏，自荀淑仕汉为朗陵令，淑子爽官至司空，淑孙彧为曹操股肱，位至尚书令，荀氏在魏晋南北朝，为世"冠冕"；颖川陈氏，自陈实仕汉为太丘长，实子纪位至九卿，纪子郡仕魏至司空，其后子孙，历两晋南北朝，并处高位。王氏，自王仁仕汉至青州刺史，仁孙王祥仕魏至太傅，祥弟览亦

---

① 王仲荦：《魏晋南北朝史》上册，上海人民出版社1979年版，第144页。

至九卿,祥从弟子衍仕西晋至太尉,览子导仕东晋至丞相,进而达到"王与马,共天下"的巅峰,这个数百年长盛不衰的江左"盛门",直到南朝末年才开始衰落,出现"旧时王谢堂前燕,飞入寻常百姓家"的没落景象。北朝的老牌士族则有清河崔氏、范阳卢氏、赵郡李氏、荥阳郑氏、太原王氏等,他们在战乱中各自结坞为堡,势力得到巩固。

世家大族荫庇大量的依附农及其土地,依附农对土地失去支配权,从而使为数众多的土地失去买与卖的可能性,退出土地市场,减少了土地买卖,从而加剧了土地市场的萎缩。东晋南朝历代政府,还对土地等买卖收取4%的税额,《隋书·食货志》载,东晋自从过江以来,凡是买卖奴婢、牛马、田宅,有文券的,每一万的交易金额,都要交给官府四百赋税,卖的人交三百,买的人交一百;没有文券的,根据货物的价格,也要征收4%的赋税,叫作散估。这项制度经历宋、齐、梁、陈,已经成为常例。4%的交易税应该说是不高的,但它竟能对田宅买卖产生影响,这也说明土地市场本身的脆弱。不过南朝以来,庶族地主逐渐兴起,其经济势力的成长与对土地的需求,推动了土地市场的缓慢复苏。

与此相应,劳动力市场衰落。由于劳动者多被束缚于庄园之中,被庄园主奴役,人身依附关系较强,难以自由出卖其劳动力,只有为数有限的自由个体农民在有限的范围内出卖其劳动力。不过,魏晋南北朝的雇佣劳动类别仍然不少,据刘汉东考察[①],主要有佣力、佣耕、佣保、佣牧、佣运、佣匠、雇匠、流庸、佣书、十夫客、贩贴等。

北朝的雇佣劳动,史载甚少,为数不多的几例,集中于"佣书"。《魏书》各传的记载中有房景伯"佣书自给",崔亮"佣书自业",蒋少游亦在平城"佣书为业",崔光"佣书以养父母",刘芳"佣书以自资

---

① 详见刘汉东:《论魏晋南北朝的雇佣劳动者》,载《中国史研究》1990年第4期。

给",他在寺庙中常为诸僧佣写经论,笔迹称善,岁中能入百余匹,如此长达数十年。

南朝雇佣劳动稍多一些。吴逵昼则佣赁,夜则伐木烧砖。为了送终埋葬其疾疫而死的众亲人,在邻里的帮助下得以完成,他都以佣力的方式来报答。刘宋时郭世道也有相同的经历,他佣力以养继母,葬母时受到亲戚的帮助,同样"佣赁倍还先直"。郭世道的儿子郭原平也是以佣力为生,他擅长木工技术,以此一技之长佣赁养家,"每为人作匠,取散夫价"。"散夫价",就是散匠所得的计件工资。他在雇主家,每天直到日暮才能返回,以所得雇值到里中买米,家中才能举爨就食。父亲死后,他请人营墓,没有酬资,只能"自卖十夫,以供众费……。葬毕,诣所买主,执役无懈"①。所谓"自卖十夫",就是预期出卖自己的十个雇佣劳动日,向雇主先期借支十天的酬资,随后"执役无懈"。吴达之也是如此,《南齐书》本传说,他为安葬兄嫂,只得卖身为劳工,来购买棺椁。

第二节 庄园经济及其市场活动

土地市场的新异特点由大土地所有制决定,大土地所有制下庄园经济在魏晋南朝占了主流地位。那么,庄园经济具有什么样的优势,使它能成为主流的经营方式呢?它具有哪些特征?更重要的是,这种主流的经营方式对市场产生了什么影响,市场由此走势如何,具有怎样的特点呢?

---

① 出自《宋书·列传五十一·孝义》,转引自高敏主编:《魏晋南北朝经济史》上册,上海人民出版社1996年版,第369页。

世家大族在占有的大片田地上，建立了颇具规模的庄园，史载之庄、田庄、田园、别墅、别业……就是此类庄园。东晋谢灵运在《山居赋》中描述其山居：左湖右江，往渚还汀。北山二园，南山三苑，百果备列。面山背阜，东阻西倾，阡陌纵横。"送夏早秀，迎秋晚成。兼有陵陆，麻麦粟菽，候时觇节，递艺递熟。供粒食与浆饮，谢工商与衡牧。"石崇在河南县的金谷别庐，据其《金谷诗序》[①]载，内有果、竹、柏、药草之属，又有水碓、鱼池、土窟等设置。庄内还有十顷金田，二百只羊，鸡、猪、鹅、鸭之类的，更是没有不具备的。刘宋时会稽大族孔灵符的永兴别墅中，《宋书》本传载，"周回三十三里，水陆地二百六十五顷"，其中有两座山，又有九处果园。

这些庄园，亘山连水，穿江带湖，方圆数十里乃至上百里，田亩成百上千，其间道路交错，沟渠纵横，其面积之广、规模之壮、设施之全，无以复加。它们是世家大族的命根子，无怪乎谢灵运要极尽华文丽辞来赞美与歌颂，那是他们内心深处感情的流露啊。这些庄园最引人注目的特征，就是经济的自给自足。庄园内，从农耕、畜牧、纺织，到果园业、制药业……一应俱备。颜之推于《颜氏家训·治家篇》中概括庄园的经济功能时说，老百姓生活最根本的事情是要播种庄稼吃，种植桑麻做衣服穿，所贮藏的蔬菜果品是果园菜园种植出来的，人们吃的鸡、猪，是鸡窝、猪圈里养的。还有那房屋、器具、财产、蜡烛，没有不是靠种植的东西来制造的。那种能保守家业的，可以关上门自给自足，只是家里没有口盐井而已。即使小型庄园也是如此。

庄园经济体，较之个体小农家庭，其自给自足可以更完整、更强烈，因为它能够在经济体内实现自给自足更为充分的要素。"非播艺以要利人"是它的出发点，"谢工商与衡牧""闭门而为生之具以足"是它

---

① 《周书·萧大圜传》。

的目标。庄园为什么能在汉末以后长期成为居于主导地位的经济体呢？

以大型农具为主要特征的生产力条件，对个体小农经营于事无补。且不说三人耕法小农家庭劳动力数量不足胜任，二牛、三牛及与之配套的大农具更是他们望尘莫及的。但农具的大型化则是大土地庄园的福音。它促进了群体劳动与协作劳动及其生产效率，庄园主掌握了先进工具，并拥有足够的劳动人手可以合理地调配使用。《齐民要术·耕作第一》有这样的安排，农闲季节，庄园主便安排两个人并肩拿着器具耕种，畜养耕牛，挑选能耕田的人，准备各项耕作事宜。到了农忙季节，便驱使其众多的部曲从事大规模的协作劳动。这样，庄园经济较之个体家庭经营具有明显的优势，并由此排挤个体经营，扩张庄园经济的势力。

在庄园中，农民成为庄园主的徒附、部曲、宾客、佃仆、奴婢，人身依附的程度不等，自东汉至魏晋逐渐加强。汉代的宾客已经对主人发生了从属关系，东汉末年则普遍地以奴客相称。三国时期，孙权通过赏赐，多次允许"复客"，国家大量编户齐民连带赐田，名正言顺地成为私家之客。此后西晋占田制进一步肯定了荫衣食客、荫佃户的合法性。荫客范围相当广泛，几乎没有限制。《占田令》规定，各自以各自不同的品阶封荫他们的亲属。多的能荫庇九代人，少的能荫庇三代人。

汉末以后社会的动荡也催发了庄园经济的膨胀。黄巾起义、董卓之乱开启战祸之端，之后，三国鼎立，混战不休，西晋短期统一昙花一现，旋踵五胡乱华，十六国与东晋、北朝与南朝，长期对峙，攻守无常。这种局面在中国历史上是空前绝后的，它对庄园经济的促动也是绝无仅有的。兵连祸结对个体农民是致命的打击，动荡不定的社会环境，加强了宗族的凝聚力，把持宗族的首领即世家豪强，组建坞堡，将流移转徙的农民吸纳其内，固守自卫，并在其统一指挥下开展生产。他们聚族而居，修坞堡自卫，在兵荒马乱之中保持一片相对稳定的维生之地。在当

第四章　魏晋南北朝时期大土地私有制下的市场

时大规模的人口迁徙中，大多也是举族而迁。社会越是动乱，宗族首领与族姓之间的内部矛盾越能被险恶的外界环境所冲淡抵消，世家大族对农民的控制也就越能得到强化。

在魏晋南北朝，农具的大型化，战乱频仍，世家大族坞壁自保等条件，决定了庄园必然形成自给自足的经营方式。庄园经济体，其自然经济的形态更完备。但应该指出，自给自足并不是庄园经济与生俱来的本质特征。也就是说，庄园经济并不只有自然经济发展的唯一出路。只要有条件，庄园随时可能与市场发生联系。正如《晋书·江统传》所说："公侯之尊，莫不殖园圃之田，而收市井之利。"三国时李衡于武陵龙阳氾洲上作宅，种柑橘千株，几年后柑橘收获，每年得到数千匹绢，家境十分富足。晋人王戎喜欢谋求商业利益，广泛地收购各种货物，他家的园圃、土地、水碓，遍及天下，他"卖李钻核"的故事更是尽人皆知。沈庆之有园舍娄湖，大规模开办田园产业，经常指着土地展示给别人说："钱都在这里面。"[①]潘岳《闲居赋序》中说，其庄园所产蔬菜和羊酪都供出售。

由于庄园的规模经济特征，一旦它与外界市场发生关系，会比小农经营方式能更有力地参与市场，它可以投入更多的资金，配置更多的有组织的成员从事较大规模的复杂的商业活动。同样，它能够进行类似规模经营的集中的商品生产。正如希克斯所说："适合市场销售的产品，在领主的土地上通过农奴劳动，完全可能（事实上也的确如此）比在农民的土地上更容易也更有效地生产出来。"[②]北朝贾思勰在《齐民要术》中的设计就典型地反映了庄园从事商品生产与市场活动的情形，他在《杂说》第三十篇中设计，二月，可以出售粟、黍、大小豆、麻、麦

---

① 分见《三国志·吴书·孙休传》；《晋书·王戎传》；《宋书·沈庆之传》。原文为，"广开田园之业，每指地示人曰：钱尽在此中。"

② John Hicks：*A Theory of Economic Histoy*, Oxford, 1969, p.105.

子等，收购一些木柴和煤炭；三月，可以出售黍，买布；四月，可以买入面、大麦和破絮；五月，可以买入大小豆、胡麻、大麦、小麦，收购破絮和布帛，最后买入麦孚和麦肖，晒干并密封，到了冬天可以用来喂养马匹；七月，出售大小麦，买入缣练；八月，出售麦种，买入黍；十月，卖掉缣、帛和破絮，买入粟、豆和麻子；十一月，买入粳稻、粟、豆和麻子。

此类庄园多种经营，足以自给，剩余品亦供出售，主要有米、麦、布等。庄园主的营利活动，主要是利用物价的季节差获取利润，收获季节收购农产品，而于青黄不接之时出售。在《种榆白杨》部分，贾思勰又有种榆加工以获利的安排。种榆之后，三年就有荚叶可供出卖。五年之后，就可以用作椽。有的可以砍下出卖，一根十文，有的可制作独乐（小儿玩具陀螺），一个能卖三文。十年之后，可以制作木碗、瓶及各种器皿，无所不任，它们都可以换取数量不等的钱币。十五年之后，更能用来制作车毂，车毂一具，就值绢三匹。其间，每年还要修剪、疏伐，用柴火来雇人，十束柴火就能雇用一个人，没有工作的人争着来做事，雇价低廉。而卖柴可得不少钱，岁出万束，以一束三文计，则得三十贯。总之，能种一顷，岁得千匹。这些收入可以解决家庭的一些重大需求，如孩子刚刚降生的时候，分别送给他们二十株小树。等到结婚的时候，都用来制作车轮。一棵树能做三具车轮，一具车轮就价值三匹绢，一共可得一百八十匹绢。行聘礼时所要赠的财物，差不多就够了。

贾思勰力主城市附近的田地种植经济作物，事实上，《齐民要术》中所述，涉及商品生产者都是近城之地，也就是说，庄园经济体内自给自足，其买卖行为大多针对城市市场。卷首《杂说》云："如云城郭近地，务须多种瓜、菜、茄子等，且得供家，有余出卖。"在七月的适当日子里，如果自己有牛车，就全部收割然后卖出；如果自己没有牛车，就运给别人。地主家庭多有运输工具，可以直接贩卖经营。又如《蔓菁》中，他设计，在近城良田一顷，如七月初种上蔓菁，那么，可以收叶 30 大车，正月二月卖作干菜，3 车就可买到 1 个奴仆；收根 200 车，20 车就可得一婢；收籽 200 石，输于压油家（榨油坊）……

士族门阀地主对市场的影响，在商品生产及其产品出售方面，主要表现在与城市市场相联系的庄园上；在消费需求方面，则表现在奢侈性高需求上，这更具普遍性。豪门斗奢比富，西晋何曾每天膳食万钱，犹言"无下箸处"，其子何劭更甚，膳食日耗两万。石崇与王恺斗富尤为臭名昭著。士族们互相攀比，有人便因此心态推销高档商品。王导家有几千匹白练卖不出去，于是亲自做广告，与大臣同穿练衣，士族竞相仿效，很快就以高价销售一空。谢安的同乡从任职处带回 5 万把葵蒲扇，谢安用之，人竞模仿，扇价上涨。士族的清贵骄奢，腐化糜烂，到南北朝达到极点。新兴的庶族地主也很快步其后尘。

虽然可以找出不少庄园从事商品生产和市场买卖的事例，但这绝不是当时庄园的主流，而只是出现于局部地区或某段时间，正如贾思勰的设计多指近城庄园一样。庄园的自然经济特征，使之在生产环节与成员消费上，都很少对市场形成需求，只局限于奢侈品之类，向市场出售的商品也很有限。这样一来，市场长期萎靡就成为不可避免的事情。而庄园内为数众多的依附农，他们的生产与消费基本上在庄园内部得到实现，基本上与市场绝缘，这就使市场失去了战国秦汉时消费需求与商品供给的重要来源。

第三节 贵族官僚经商及其对市场的影响

东汉豪人货殖之风，至魏晋南北朝愈演愈烈。士族官僚贵族，莫不借助权势经商谋利，皇室不后于人。晋惠帝时，愍怀太子在皇宫里面开市场，令人宰牲卖酒，用手掂量斤两，轻重分毫不差，又令西园卖葵菜、篮子、鸡、面之属，而收其利。① 南朝各代皇室，宋明帝命皇室刘休在住宅后面开小店，使其妻王氏于店中卖扫帚、皂荚。宋孝武帝各个皇子都经营旅社，追求商人的微末之利，为患遍及天下。② 《南齐书·豫章文献王嶷传》则称"诸王举货"。临川王萧映任雍州刺史时，派人到京城贩运货物，有人还建议他到江陵买货，至都城出售谋利。梁时萧宏爱钱如命，被讥为"钱愚"，现钱号称3亿。他在都城拥有数十所邸阁，堆满各地各种商品，布、绢、丝、绵、漆、蜜、苎、蜡、朱砂、黄屑、杂货，贱买贮藏，俟机高价出售。新入主中原的北朝皇室也不例外，北魏都平城时，皇室须贩卖营利才能补给开支。太子拓跋晃在市场中卖酒，和平民争夺商业利益。贪图利益，毫不知足，到处牟求利益，不论是官府还是私人的生意，远远近近都被侵扰剥削个遍。③ 在北魏平城，每逢江南聘使到，便将皇室宝藏交京城富商，在铺内售卖。

官僚军阀，竞相贩运图利，为数更多。《晋书·江统传》说，自从秦汉以来，风俗转向轻佻。尊贵的公侯，没有不去开拓园圃、坐收市井利润的。渐渐互相模仿，就没有人以此为耻了。三国两晋南北朝历代都是如此。曹魏时，听诸典农治生以增加收入，本职之外借公职私牟商利，得到许可。孙吴地方上的官吏和百姓以及众多的士兵，都乘船驰骋长江，上上下下，来往买卖。④

东晋南渡士族，变本加厉，《晋书》各传中此类事例俯拾皆是。刁

---

① 《晋书·愍怀太子通传》。
② 分见《宋书·刘休传》《宋书·沈怀文传》。原文为，"诸皇子皆置邸舍，逐什一之利，为患遍天下"。
③ 分见《魏书·高允传》《魏书·北海王详传》。原文为，"贩酤市廛，与民争利"。北海王详"贪冒无厌，多所取利，公私营贩，侵剥远近"。
④ 分见《三国志·魏书·司马芝传》《三国志·吴书·孙休传》。原文为，"州郡吏民及诸营兵，皆浮船长江，贾作上下"。

第四章 魏晋南北朝时期大土地私有制下的市场

遂,兄弟子侄不限于名声和品行,都从事商业,敛财聚货,家有奴婢千人,置地数千顷,浮财不可胜计。刘胤领江州刺史,派属下大量地贩卖货物,商人卖出的货物有上百万,其商船在江上往来穿梭,络绎不绝,把水道都占据了。《晋阳秋》的作者孙盛,官至长沙太守,仍以家贫为由不正当地获得资产。王戎挖空心思,刁钻牟利,更是臭名昭著,他广收四方之利,聚敛钱财,毫无底线,亲自拿着算筹,日夜算计,总是苦恼自己的钱不够多,可谓无所不尽之至。

南朝各地军将官僚,兴起长途贩运之风。《宋书》各传几则事例言之刘宋东兴侯吴喜,派往西南,完成战事,仍不归朝,借故说要去保卫蜀地,实为贸易之事。他不仅自己货易交关,又派遣部下的将士,去襄阳或者蜀汉,嘱托各郡县,侵害官民,追求利益,手段千变万化。从西面回来,大小船只,还有草船,没有一个不满载着钱币、粮食、布帛、丝绢。从吴喜以下,直到小将,每个人都满载物资,没有不大赚特赚的。刘道济为益州刺史,颇为货殖,远方的商人很多去蜀地卖货,有的价值数百万。州府仅限布、丝、绵,每种不允许超过五十斤,马匹无论优劣,蜀钱最多不超过两万。官府又设立冶铁厂,彻底断绝了百姓私自铸造铁器的可能,进而以高价出售铁器,商人都哀叹连连。孔凯的两个弟弟,不正当地获得资产,其中一次就有十几船的辎重,都是绵、绢、纸、席之类的。《梁书·徐勉传》载,徐勉少孤贫,自从发迹以来将近三十年,他的门人和老朋友多次推荐给他合适的生计,有的人想让他开辟田园,有的人想让他兴立邸店,还有的想让他用船只运输货物,也有人想让他去做生意。勉曾卖园于人,获值百余金。《陈书》各传中也有大量记载,如湘州刺史华皎兼营产业,规模不小,运输的粮食、竹子和木头都非常多,至于油、蜜、脯、菜之类的,也没有不经营的。陈朝陈宝应在晋安(今福州)典兵,自海道北上至江南,装载粮食和他们做生意,搜罗各种玉帛和美女,于是获得了很多资产。

北朝官僚也不逊色。北魏一朝,《魏书·食货志》称"牧守之官,颇为货利",《魏书》各传对此提供了大量的素材。司空刘腾,无论公家的还是私人的请托,他都会索要财物。水陆交通之利都归他所有;丰饶的山林湖泽都被他管理。他剥削六镇,垄断贸易,买卖往来,每年牟取的暴利以数万计。其子世哲,在邺、洛市廛,垄断商利。崔宽任镇西将军,因弘农出漆蜡,盛产竹木,路与南通,商贩往来,家产甚富。邢峦在汉中,"兼商贩聚敛"。正始初年袁翻说,边吏没有防御敌寇的心,只有通商聚集的意思。

官僚贵族之外,各割据政权也纷纷卷入市场。为了解决军需,各政权、各军队常自行开设"军市",以弥补市场匮乏所引起的军需不足问题,这说明许多军需的获取都离不开市场。例如,司马懿曾在长安设军市;孙吴潘璋,领兵数千,战事之隙,便开军市,并供应其他部队。曹魏各地屯田官,常派遣部属、屯田客营商。北魏边戍将官役使士兵,其中羸弱、年老、幼小的那些人,不了解军事方面的工作,但是自幼熟悉各种低贱的事务,没有不被搜营穷垒,强制去做各种苦役的。有的在深山里面砍树,有的在平原上面锄草,来往贩卖,相望于道路。①

割据政权因财政、军需的匮乏还兴起与民和市之风,设立市场收购民间产品,多带有强制性质。南朝宋永初元年,台府所需要的物资,都另派遣主帅与百姓和市,当场讲清价格。益州刺史刘道济,官府又设立冶铁厂,彻底断绝了百姓私自铸造铁器的可能,进而以高价出售铁器。②齐永明六年,朝廷以官库钱 5000 万和买丝、绢、米、布,荆、扬、湘、江等十一州共出钱 5600 万,以及买米、豆、蜡、麦、布等物品。南海郡经常有高凉人口和海船到达。外国商人来通贸易,州郡官僚以一半的

---

① 《魏书·袁翻传》。
② 分见《宋书·武帝纪下》《宋书·刘粹传附刘道济传》。原文为,"府又立冶,一断民私鼓铸,而贵卖铁器"。

价钱去买，买了马上就卖掉，利润是好几倍，历届官员都习以为常。①与民和市和买，下开唐宋之风。

各割据政权，在混战不休的间隙，政权之间以互市等形式出现的贸易往来仍不时进行。三国时大型互市在江夏新市、石阳市场，晋时有弋阳市（今河南潢川）。曹魏大将军曹爽，给江夏太守王经绢20匹，委托到东吴做生意。徐邈任凉州太守，用武威等地池盐，交换少数民族粮食，又用金锦犬马与之贸易。曹操派人至蜀买锦，曹丕《治书》说，蜀锦质量越来越坏，连鲜卑人都不喜欢了，徒有虚名。可证曹魏是购买蜀锦与鲜卑人贸易，以购买战马等。魏黄初三年，鲜卑大人轲比能，率三千余骑，牛马七千余口与中原互市。嘉禾四年，魏使至吴，用马交换珠玑、翡翠、玳瑁。东晋时，石勒写信给祖逖，希望通使贸易，祖逖未加答复，不置可否，实际听任互市，后来收利十倍。陶侃在武昌任太守时，在郡东立夷市，大获其利。《晋书·苻坚载记》说，苻坚在陕西吸引南金奇货、弓、竿、漆、蜡，打通关市，招徕远商，于是国家的经费充足，异国的货物堆满仓库。《魏书·食货志》载，西域和东夷供奉他们的珍宝，这些珍宝都收藏在王府之中。又在南方的边陲设立交易市场，以获得南国的货物。南朝宋武帝即位，北魏求通互市，元嘉二十八年（451年），北魏又请与宋互市。神龟、正光时，在南部互市。北齐穆后曾以三万匹锦彩，派胡商去北周市买珠宝。

市场上官僚贵族势力的膨胀，是职业商人尤其是资本雄厚的大商人凋零的结果。残存的商人也没有足够的资本从事贩运贸易。能够有资本从事贩运贸易者，或者是士族官僚、庄园主，或者是军队和政府机构。市场行为人尤其是商人的多元化，是市场不规范、秩序混乱的表现。市

---

① 分见《通典·食货典·轻重》《南齐书·荀伯玉传》。原文为，"以半价就市，又买而即卖，其利数倍，历政以常"。

场发育不完善，缺乏正常的市场渠道以供商品流通；缺乏一定数量的职业商人和足够的商业资本来承载商品运输与销售；商品匮乏，只能通过经济职能部门额外地或兼业地来组织贩运，或通过官吏、军将利用权力去贩运。这种现象的普遍化、合法化，其本质是将权力转化为某种形态的资本，来填补商业资本不足的空隙。或者说，通过权力来催发商业资本。官僚贵族不仅自己非常富有，而且控制着官府财产、军队粮饷，只要有利可图，就会施展一切手段把它们转化为资本，或者将自己私家所有拿去投资，或者以公款为自己、为官府牟利，以行政、军事人员来弥补职业商人的真空。市场供求变幻莫测所带来的风险，社会动荡、战乱四起所带来的危害，也只有政治权力与军事力量才能化险为夷。此外，在割据四起、战乱纷纷的年代，市场供需、价格变动、何处商品匮乏、何处商品有余等市场信息，往往与军事情报连带在一起，因而也最先为军事、行政首长获悉，于是他们便拥有市场信息方面的竞争优势。割据政权之间，在军事对抗的同时，常常有物资交流、商品流通的需要，一般商人以走私形式贩运商品，如果不取得封疆大吏的支持，就可能寸步难行。而军将则委派人员经商，并可以畅通无阻，有时他们还可以获得豁免关税的优待。这样看来，士族官僚在市场上呼风唤雨也就势所必然，虽然各王朝也时常加以某些限制，但地方大员雄踞一方，士族门阀根基深厚，中央政府对他们无可奈何，约束经商自然只能成为一纸空文。

官僚贵族兴贩营利，破坏了市场秩序。有的军阀以武力为后盾经商，其间抢劫商旅，欺掠百姓，无恶不作。石崇任荆州刺史，使用各种手段来牟利，无所不及，还劫掠商旅和贡使。士族官僚不是职业商人，他们进入市场，主要目的是一味地聚敛钱财。《南史·梁临川靖惠王宏传》载，临川王萧宏肆意敛财，贮藏钱财的库房就将近一百间……萧宏生性爱财，每一百万为一聚，用黄榜标示；每一千万算作一库，用紫色标示。梁武帝和佗卿粗略计算，共三亿余万。如此巨额钱财，确属匪夷所思，更何况当时市场上钱货严重短缺，三亿余万无疑是不可能的，但即使三千多万，也是一个巨大的数字了。如果把这些现钱作为流通手段投入市场，那么，朝臣们每每所苦叹的铜钱不足问题，不就可以得到缓解了吗？然而，这些钱只是一堆死钱而已，只能满足萧宏个人的一己钱癖罢了。它们已窒息于非职业商人的市场行为人手中，而隔绝于市场之外。

官僚贵族可以兴贩营利，攫取商业利润，但他们代替不了职业商人在市场上的地位和作用。官僚贵族不仅压制了职业商人的复兴，还扰乱了市场秩序。如南朝宋时，文帝之子在荆州放高利贷，还债时而米，时而钱，巧立名目，反复纽折，刁钻扰民，收利十倍。统治者甚至颁布了一些针对商人的侮辱性措施，如《晋令》规定，做牙侩卖东西的人都应该戴着布巾，贴着白色的纸条，额头写上买家和自己的姓名，一只脚穿白色的鞋子，一只脚穿黑色的鞋子。这种规定在历史上是很少见的。因此，即使主张重农抑商的傅玄，也不得不在《检商贾篇》中承认，商人这类人啊，就是要调和盈满或虚空来掌握天地之间的便利，互相交换自己多余的物品，以得到自己所缺少的东西来聚集天下的财物。他们的地位可以很卑贱，但是商业却不能就此废除。

第五章
隋唐市场的复苏

战国秦汉时期,中国传统市场从第一个高峰汉武帝时代骤然跌落之后,自给自足的士族庄园便潜滋暗长,发展起来。三国、两晋时期的战祸更使自然经济强化,庄园、屯田、占田等土地制度都是它的产物。至南朝商品经济才慢慢睁开惺忪的睡眼;在隋唐均田制下,市场逐渐复苏,到唐代中叶,传统市场开始进入新的历史阶段。

第一节 均田制下官府的市场角色

一、均田制的兴废与土地市场

北魏孝文帝太和九年(485年)推行均田制,直到唐德宗建中元年(780年)两税法颁行,均田制在我国存在了约300年,对土地市场产生了重大影响,在中国传统市场史上烙下了深深的印迹。关于均田制的性质,学界争论很大,本书无力涉及,仅介绍土地流转问题。

北魏至隋的均田令,土地买卖主要限于桑田,唐代均田制下,土地买卖有所放宽。据《唐律疏议》卷12载,下列情况下允许土地出卖:永业田家贫无以供葬;口分田卖充住宅、邸店、碾硙;狭乡乐迁就宽乡者。此外,赐田、勋官永业田不在禁止买卖之列。同时规定,买方土地总数不能超过法定额，即"买者不得过本制"。即使唐代放宽政策之后，土地进入市场的数量仍然相当有限。总的来说，均田制下土地市场处于沉滞状态。

不过，制度允许的几个缺口毕竟为地权转移提供了法律依据，尤其是中唐以后，土地买卖从这些缺口突破，不断扩大。官僚贵族凭恃权势，地主富商依仗钱财，巧立名目，挖空心思实行兼并，成为田地买卖的先锋。王公百官及富豪之家，购置庄园、田地，随意吞并而无视均田制的规定，还以"借荒"与"置牧"为借口，侵占了大量的田地。改换口分田、永业田，进行违法买卖，或是更改登记田地的籍账，或是卖身为奴仆偿还债务……这种风气遍布全国，由来已久。① 而农民为了缴纳沉重的赋税，或满足逐渐增加的需求，不得已出售田业，以致"卖舍贴田""拆屋卖田"。因此，即便在均田制的法令下，土地市场仍渐趋活跃起来，至两税法实行前夕，均田制只是徒有其名了，《旧唐书·杨炎传》说，田地移换，不是旧时代的价格；贫富升降，也不是旧时的次序了。

均田制废弛后，自由的土地市场再一次在全国范围内实现。均田令的束缚一经解除，土地市场渐趋活跃。尤其是没有特权的商人，迫不急待地将其资本投入土地市场。

土地市场的开放，为商业资本造就了新的投资场所，土地是财富的源泉，也是财富的象征，在传统中国还是财富积累的手段。一旦可以自由买卖，不仅使自身市场迅速活跃起来，而且带动了其他商品市场的发展。因为可以将资本投入土地，必能刺激商人获取商业利润的欲望，促进市场活动的加强。

---

① 《册府元龟》卷495。原文为，"比置庄田，恣行吞并，莫惧章程，借荒者皆有熟田，因之侵夺；置牧者唯指山谷，不限多少。爰及口分、永业，违法买卖，或改籍书，或去典贴……远近皆然，因循亦久"。

二、均田制下官府的市场角色

政府通过均田制控制土地，并通过与之配套的租庸调制来控制劳动者。均田制下的农民，从国家那里获得维生的土地，同时将生产物以租税的形式缴纳给政府。此外，农民还对国家承担种种义务，其中最主要的就是兵役，这就是与均田制、租庸调制互为表里的府兵制。农民必须充任府兵，自备马匹、武器与衣装。最初由政府给钱25 000文，到市场上购买，后来衍变为一种义务。

和雇制度是唐朝官府借助市场手段利用劳动力的体现。"和雇"，顾名思义，是彼此情愿的雇用，这是一种重要的新现象。北朝均田制下就已有出现，并形成了和雇劳动力价格。不过，唐朝以前，官府手工业中的劳动人手，基本上是用番役制度征发而来的。虽然在南北朝中叶已出现了官府雇用工匠的事实，但那只是萌芽性的偶发现象。到唐代才发展成为一种新的制度，作为番役制的一项重要补充。和雇以辇运、挖掘之类的工程为主，用夫多为一般农门的"人夫"，其余技艺较高的工种，则雇用专门的手工业工人"丁匠"，如"绫匠""巧儿"等，都是以具有专门技艺的、以手工业为生的工人。开始时出资和雇，论日计价，但后来或不按时"给直"，或蜕变为以和雇之名的强制性征发。

"和市""和籴"，也是借助市场手段的强制性征敛，和雇是剥削农民的劳动力，和籴则是占有农民的生产物。和籴制度初创于北魏，多用于向民间购买粮食以充军需，唐代因袭，凡是粮食交易，就是官府出钱，百姓出粮，互相商量，然后就交易了。[①]更多的则是强制性的配额，尤其是后期，如京城和籴，大多被抑配。有的物价超过了当时的一

---

① 白居易：《白氏长庆集》卷41。原文为，"凡曰和籴，则官出钱，人出谷，两和商量，然后交易也"。

般价格；有的先拿走米，以后再给钱，老百姓叫苦连连。[①]安史之乱以前，和籴制度已逐渐成为带强制性的交易，和籴价格由政府单方面硬性规定，和籴估价低于五谷时价。安史之乱后，进一步蜕变，官府按各户所耕种的土地面积，分派和籴数额；同时以赊购为手段，不付报酬，或以质地差的匹缎支付。

粮食的地区调节，基本上通过政府的调拨来进行，漕运就是其重要手段。唐朝还在各地设有常平仓，丰则收籴，歉则平售。武德元年（618年）下诏设常平监官，均衡天下的货物。物价腾贵的时候，就减价出售，土地收成好的时候，就加价收购……以此希望对官府和百姓都能有益，家家户户丰衣足食。

刘晏恢复了因安史之乱而破坏的这一制度，并对此进行了改进，使之能实现地区间的丰歉调剂。他还制定了一套关于各地粮食等物价的调查与传递制度，使政府对粮食等物资的地区调剂、对物价的调查与调控，达到了均田制下政府利用和参与市场的高水平。

官府对商品及其流通的控制最突出地体现于食盐。盐铁的产地有限，而生产比较集中，因此，一旦汉武帝发挥专制主义中央集权的威力，施行管榷均输政策，就能够把它夺而置诸国家控制之下，大大削弱商品经济发展的势头。唐王朝也企图尽笼天下之利。唐廷自第五琦变盐法开始，日益加征重税，同时还加强管榷。然而时移世易，除盐之外，其他商品生产已经难以管榷。食盐在隋唐仍是最大宗的商品之一，巨商富贾以盐商为多。描述盐商的诗文不少。刘禹锡《估客词》就说，"五方之贾，以财相雄，而盐贾尤炽"。白居易专门作《盐商妇》一诗，诗中盐商和他的妻子极尽奢华富丽。从白居易的诗中还可以看到，盐是中

[①]《唐会要》卷90。原文为，"京畿和籴，多被抑配，或物估逾于时价，或先使用而后给直，追集停拥，百姓苦之"。

央直属的专卖品，官与商分享利润。其诗有云："婿作盐商十五年，不属州县属天子。每年盐利入官时，少入官家多入私。官家利薄私家厚，盐铁尚书远不知。"盐商依仗中央政府而获得的特权不小，而所受约束不多，因而获利甚巨。后来刘晏主持盐政，国家专营食盐，出售给商人；商人纳税之后，再将盐出售给百姓。商人售卖，灵活多样，而官府贩运销售则僵化呆滞。于是，国家权力与商人资本结合起来，共同瓜分超额利润。刘晏理财，年盐利达400多万缗，后来增至600多万，在整个政府财政收入1000多万缗中占突出地位，超过了国家在土地上的地租收入。这种财政收入结构，应该说是畸形的。

　　唐代公廨本钱是官府直接进行的市场营利活动，主要是高利放贷。最初有专门的官员主持，后来委托"高户"代办。如果说食盐专卖是政府与商人资本的结合，那么公廨本钱则是"国家资本"与富室的结合。敦煌博物馆藏《唐天宝初年地志残卷》，一是淮南道贯放钱贯收取利息，一是岭南道（桂管）贯放银两收取利息，反映了公廨本钱这一官营高利贷形态在全国范围内推行。两税法实行后，一切苛捐杂税，大多并入两税，唯独内、外诸司公廨本钱依旧存在。终唐之世，成为官府发放高利贷的主要手段。

　　以均田制为轴心，以租庸调制、府兵制等各项措施为手段，隋唐政府的触角几乎渗透到各个经济领域，建立了一套完整的制度和自成规范的统治秩序，市场也不例外地处于这种政治经济体系之中。均田制的主要精神，在于国家对土地和农民的控制，并由此实现物资的调拨和运动；而市场关系下，商品、土地和农民则是趋向自由的，二者似乎水火不容。市场有了进步，官府自然无法使它消失，那么政府唯有利用市场为自己的统治服务。因此，官府一方面不能不允许市场的存在，同时又通过种种措施将市场对统治秩序的分离作用化解到较小的限度；另一方面，官府的经济行为进入市场，并将相当大的一部分市场纳入自身的统治秩序之中，从而在很大程度上主导着市场的运作。在唐前期，许多方面唐政府有效地达到了自己的目的，使中国传统市场在均田制时期形成了独有的特色。唐中期以后，市场力量的壮大，终于瓦解了均田制下的统治秩序和市场模式，市场本身也发生了革命性的变化。

第二节　个体小农家庭经营与农村市场

一、个体小农家庭经营的复苏及其与市场的联系

均田制在北魏隋唐的实施，尤其是唐前期长达一个半世纪的国家统一与社会安定，给小农个体生产提供了一个有利的环境，形成了常为后世津津乐道的贞观之治、开元盛世。元稹《问进士》诗歌曰："四海之内，高山绝壑，耒耜亦满。"杜甫《忆昔》一诗更是脍炙人口："忆昔开元全盛日，小邑犹藏万家室。稻米流脂粟米白，公私仓廪俱丰实。"唐代的人口数量，走出了东汉以来长期的低谷，政府统计的户口峰值出现于天宝十四年（755年），户891万，口5292万，古今史家对这一数字表示怀疑，推算实际人口应该在7000万~8000万，甚至可能达9000万。这种推算应该是成立的，笔者认为唐代官方统计的户口数字，极有可能只是国家均田制下受田的人户数，还有大批未获受田人户及隐漏户口。

生产力的进步，表现于生产工具尤其是铁农具的进一步发展。南朝时已发明"灌钢"技术并用之于镰刀制作，但此时熟铁钢刃农具还不多见。直到唐代，由于炒炼熟铁技术、灌钢技术及锻炼技术的进一步发展，钢刃熟铁农具的使用才日益普遍。唐宋时期钢刃熟铁农具的广泛使用，杨宽称之为我国历史上铁农具的第二次重大变革。[①] 唐代，牛耕日

---

① 杨宽：《我国历史上铁农具的改革及其作用》，载《历史研究》1980年第5期。

益普及，新起的曲辕犁轻便省力，耕具已颇为完备，陆龟蒙《耒耜经》载，犁耕之后，用爬（耙）碎土块、去杂草，再用砺石制的礳礋碾平田面。个体性综合型生产力进步，个体小农家庭经营方式复苏巩固，精耕细作农业由此得到发展。灌溉农业的发展引人注目，唐代水利事业在全国范围内普遍超过了前代。与西汉相比，无论是数量还是质量都有很大的进步和突破，分布地域也更为辽阔。[①] 李伯重详细考察了唐代江南的大型溉田工程后指出，唐以前，江南溉田面积在千顷上下的工程仅有鉴湖，唐代至少还有绛岩湖、小江湖、嘉禾等数项。溉田上万顷的工程，唐以前一项也没有，而唐代至少有十三项。[②] 灌溉工具，除过去的辘轳、橘槔、翻车外，唐代发明了水转筒车，能够利用水力冲击将低处水流引灌至高地。

农作物品种方面，水稻在粮食作物中自南朝时期地位上升，有人认为其最终占据主要地位可能就在唐代。水稻是一种高产作物，它的普及使我国粮食产量大幅度提高。唐时已有早、中、晚稻之分，农作物亩产量大幅度上升，江南最为突出。李伯重《唐代江南农业的发展》研究结果表明，以唐代单位计，六朝时江南采用休闲制，每亩产量约为1.4石，而唐代一作制水稻亩产达3石，稻麦复种制亩产达4石。北方则已广泛实行粟、麦、豆、黍等多种作物的复种制。粮食产量的增加意味着农民出售商品粮的可能性增强，意味着更多的土地与劳动人手可被用于经济作物的生产，劳动效率的提高意味着商品性作物种植的深化……生产力的进步为商品经济的发展奠定了坚实的基础，市场的拓展从广度和深度上展现出广阔的前景。

粮食作物产量提高，就能从粮食作物的生产中匀出相当的劳动人手

---

① 周魁一、陈茂山：《西汉与唐代灌溉成就的比较研究》，载《历史地理》第11辑。
② 李伯重：《唐代江南农业的发展》，农业出版社1990年版，第83页。

和土地,增加经济作物的种植。茶叶就在此时异军突起,翻开了中国农业史的新篇章。其他经济作物,如蚕桑生产也大量增加,苎麻、甘蔗、柑橘、西瓜等都有扩大。

农业生产者已部分地卷入市场关系。精耕细作深化,农户生产投入大大增加。李伯重在《唐代江南农业的发展》中对江南农户的投入做了数量分析,他们在人工、农具、种子、耕牛、饲料等方面的总投入,六朝时无牛农户投入为 468 尺绢,唐代一作制下的无牛农户为 638 尺绢,有牛农户达 1221 尺绢。生产投入大量增加,家庭内自我满足有限,不少必须通过市场才能实现。唐代进入流通过程的农产品比战国秦汉时期为多,米、麦、丝、麻、布、帛、竹、木,以至家禽、家畜之类,颇为可观。茶叶等经济作物和漆制品等产品,商品性更强,无疑大都进入流通领域。所谓"东邻转谷五之利,西邻贩缯日已贵",正表明农户剩余品进入了市场。农产品商品化的程度提高,农业中商品生产部分增加。专业商品生产者逐渐增多,四川张守珪的茶园,"每岁召采茶人力百余人"。[①]唐末洪州东湖南岸的陈陶是一个果蔬专业户,"植花竹,种蔬菜,兼植柑橘,课山童卖之"[②]。这种事例不胜枚举。

隋唐社会分工的发展,在手工业的进步中表现突出。此时手工业与此前此后的情形相类似,分为家庭手工业、官府手工业、私营手工业。唐代初期,按三者的比例而言,以前二者最盛,后者尚微。到唐中叶,随着农业生产的发展,出现了一个显著的变化,就是独立手工业兴盛起来。与此同时,家庭手工业也有了很大发展。唯官府手工业发展不明显,到宋代,还渐有衰退之迹。

农村家庭手工业是农民的副业,与农业是紧密结合的。这种手工

---

① 《太平广记》卷 38。
② 清光绪年间,《江西通志》卷 114 引。

业，不管其规模如何，都很难反映手工业和农业的分离，即社会分工的扩大。但家庭手工业与市场的联系则并不弱，农民的手工产品除自己消费外，多投入市场，换取所需。《隋书·地理志》载，豫章郡丝麻纺织并举，每年蚕结茧四五次，百姓辛勤纺纱。也有连夜浣纱然后早上做成布匹的，俗称鸡鸣布。之所以赶在清晨成布，很可能是便于清晨携布去交易，鸡鸣布之名，当是在市场上传播开来的。

私营的独立手工业，则充分显示了社会分工扩大的迹象，因为它基本上和农业相分离，与家庭手工业有着本质的不同。也只有独立的手工业才能对市场的发展起到巨大的作用。独立手工业不属官府，它的生产资料、生活资料以及劳动力，不能用经济外的强制手段去取得，而只能通过市场去购买，其产品也必须投入市场。私营手工业的种类颇不少，粗举其要，有纺织业、染色业、制茶业、坑冶业、铸造业、碾磨业、造船业、建筑业、竹木业、陶业、饮食业、运输业和文具业，等等。以纺织业为例，唐代北方已出现私营的纺织作坊，定州何明远的事例为人熟知，《朝野佥载》卷三说他"资财巨万，家有绫机五百张"。这在传统社会时期可以说是前无古人、后无来者。不过，仅从这个孤立的事例中还难以得出某些历史趋势的结论。巫宝三对这一史料做了考证[①]，认为何明远是一个特例，其真实情形是定州三驿附近500户农家的织品归他包销，在当时的条件下，商人尚无力雇用较多工人在有固定设备的大工场中制造商品。

唐代农民的消费需求与商品交换仍然是零星、细碎与微弱的，韩愈和韦处厚对农民购买食盐的记述就典型地反映了这种情况。农民的消费需求还很有限，食盐是一重要内容，而为了换取食盐，农民就不得不多方设法。韦处厚说，山南道的山谷贫人，随地交易，布帛也不多。买盐

---

① 巫宝三：《试释关于唐代丝织业商人的一则史料》，载《中国经济史研究》1996年第2期。

的有的用一斤麻,有的用一两丝,有的用蜡,有的用漆,有的用鱼,有的用鸡,琐碎丛杂,都随便利。①

韩愈《论变盐法事宜状》说,农民"有现钱籴盐者十无二三,多用杂物及米谷博易。盐商利归于己,无物不取,或从赊贷,约以时熟填还,用此取济,两得利便"。有的农民甚至连盐也买不起,百姓家吃得起盐的很少,有的动辄一连好几个月都吃淡食。这种情况不能代表唐代先进地区的交换水平,但足见农村市场的低弱。

个体小农与市场的经济联系是农村市场发展的基础,并对城市市场产生了重要的影响。由于生产力水平的提高,农民能够生产出的产品量有较大增长,从而投入市场的剩余产品量也相应增加。同时,越来越多的农民转而从事专业化的商品生产。小农为数众多,每户即使只拿出很少的一部分产品投入市场,其总数也十分可观。相反,如果农民卷入市场的程度有限,市场的发展就会缺乏广泛而稳定的基础,即使偶有发展,也不可能持续不衰。唐代农村市场发展的突出表现,就是乡村草市的成长。

二、农村集市与草市的萌生

各地农村市场以不同形式出现。集市,就是指一定范围的人按特定的周期性时间间隔会聚于特定地点,在约定俗成的定期集日里进行交易活动的现象。农民在本村落或附近交通便利之处群聚交换,是其消费需求与商品供给的细小性与偶然性特征所决定的,《茅亭客话》卷三所载刘某,一个月去两三次青城县卖药,然后买米、酒曲、盐和乳酪,很具典型性。这种情况下,显然没必要形成常市。众多的细小商品同时汇聚

---

① 《全唐文》卷715,驳张平叔粜盐法议。原文为:"布帛既少,食物随时。市盐者或一斤麻、或一两丝、或蜡、或漆、或鱼、或鸡,琐细丛杂者皆因所便"。

于集市之中，众多偶然不定的市场供给与需求同时出现于集市之中，聚少成多，形成一定交易规模，为农民提供了交易的方便。南朝时的村墟就是这种集市，刘宋沈怀远《南越志》载，南越的集市叫作虚，大多在乡村，预先召集各路商人，有人用歌舞来吸引他们。荆南、岭表都是这样。钱易《南部新书》也说，端州南面，每三天有一次集市，叫作趁虚。殆隋唐，更有增加。柳宗元《柳州峒氓》描述柳州乡村集市："郡城南下接通津，异服殊音不可亲。青箬裹盐归峒客，绿荷包饭趁墟人。"宋人吴处厚《青箱杂记》释此"虚"云："盖市之所在，有人则满，无人则虚。而岭南村市，满时少，虚时多，谓之为虚。"在潘州，据段公路《北户录》卷一，达"三里一虚"，这当然是夸张。北方亦然，集市多在店举行，《广异记》即载有临汝郡官渠店，周围村民赴集之事实。有的县城，也以定期集市的形式满足居民的交易需要，如《水经注·江水》载，巴郡平都县，县里有集市，每四天开放一次，鱼复县，治下有集市，每十天开放一次。这种县城，其实与乡村没有多大区别。

草市，是民间自发形成的市场，与城内官府管制下的市场相对，史载最早出现于南朝。最初的草市，以城郭外的较为多见，因为城市与乡村接合部，在城市需求与乡村生产的双重带动下，市场率先活跃起来。李嘉祐诗云，"草市多樵客，渔家足水禽"，这样的草市，应该就是为城市服务的。乡村草市，在农民商品供给与消费需求的刺激下也开始依稀出现。北方谓之店、草店，南方谓之墟、草市等。河南与齐州临邑县邻接处，开元十三年（725年）就已有灌家口草市一所。唐代后期，有的草市规模扩大而升为县治，如代宗大历七年（772年）以张桥行市为永济县治，元和十三年（818年）在德州灌家口草市附近筑城设归化县。①

---

① 张泽咸考证，归化县于元和十三年（818年）由草市设县，长庆元年（821年）废。见《唐代工商业》，中国社会科学出版社1995年版，第238页。

第五章　隋唐市场的复苏

四川彭州唐昌县建德草市的设立，相当典型。① 这一带与导江、郫城两县城相距较远，原来设置的邮亭久已荒废，商旅往来，沿途饮食不便，无处休憩，常常风餐露宿。村民入城买卖，或输役纳税，清晨出发，深夜才能返回，极为不便。一旦遇大雨，则跬步难行，非常艰难。唐昌县建德乡位于导江、郫城两县城的中间，吴行鲁倡议在此设立草市，一呼百应，老幼携挈，共事修营，不旬日而告就。草市设立后，很快"百货咸集，蠢类莫遗；旗亭旅舍，翼张鳞次；榆杨相接，桑麻渐繁"。不久，又在草市中开设定期集市，由于集市的开设是有固定日期的，因此大家会在当天去赶集，官府也会按照约定的日期等候。在约定好的那一天，商旅们会带着货物而来，珍贵细微的应有尽有，日常能用得上的都会被陈列出来。建德草市的创设，缓解了附近村民的交换矛盾，便利了商旅往来，草市本身也因适应市场的需要而走向繁荣。灌家口草市的地理位置也与此相似，它位于德州安德县与齐州临邑县交界处的黄河南岸。

江淮一带的草市成长迅速。苏州乡村中的草市到了晚上还灯火通明，星星爬上驿站都在为市场欢歌。谁说这草市只有五十里呢？它迅速发展的势头早已经超出苏州境了②，俨然城市气象。杜牧《上李太尉论江贼书》记述江淮草市尤详。他说，凡是江淮的草市，都靠近水边。有钱的大户人家，大多居住在这里。自元和十五年（820年）以来，江南江北，凡名草市，都遭江淮劫贼洗掠，劫贼只要到了草市附近，便会将船只停靠在码头水岸，方便他们上岸打劫。他们在白天潜入草市，杀人后强取财物，许多劫贼还会放火，唱着行船的歌儿离去。草市上只有三年内多次遭到抢劫的，却没有五年内获得安生的人。这则史料表明，江淮

---

① 《彭州唐昌县建德草市歇马亭镇并天五院记》，载《文苑英华》卷880。
② 《白香山集》卷54，《望亭驿酬别周判官》。原文为，"灯火穿村市，星歌上驿楼。何言五十里，已不属苏州"。

103

一带的草市，已经较为稳定地普遍存在于江河岸边交通便利之处，而不只是停留于初始的萌发状态。因为，只有当它成为周围村落消费需求与商品供给的中心时，才会吸引众多的富室迁居其内。他们借助那里的优势从事市场活动，或者利用那里的丰富商品以资享用。正因为草市已成为富庶之聚，又没有官府控制，才会被劫贼视为首选对象。而草市在三五年内屡遭劫掠，受到破坏后能在短期内恢复，表明草市已经具有一定的生命力，它在农村市场中的作用已不可缺少，它的中心地位也是难以动摇。

第三节　商品市场

一、商品流通的扩大

唐代卷入远距离贸易的大宗商品，数量和品种都有明显增加。茶叶在中唐以后迅速崛起，形成新的市场，并由南方向北方运销，蔚为规模；蔗糖是又一新兴商品，南朝时甘蔗主要用榨法制作蔗浆，唐代川蜀、岭南及江南开始进行蔗糖制作和销售；商品粮，由短程贩运开始了长途运销；丝织品，因为江南生产基地的兴起，流通地域与规模扩展；瓷器窑址增加，日常生活用器具越来越多地流入市场。"凡货贿之物，侈于用者，不可胜纪。丝帛为衣，麻布为囊，毡帽为盖，革皮为带，内邱白瓷瓯，端溪紫石砚，天下无贵贱通用之。"大意是，凡是进行货币买卖的物品，奢侈品占多数，数不胜数，如用丝帛做的衣，麻布做的袋子，毡做的帽子，革皮制成的皮带，内丘的白瓷碗，端溪的紫石砚，天下的人没有贵贱之分，都能用上这些货物。李肇《唐国史补》此语，正是唐代民生用品数量增多、流通扩大的真实写照。其中"天下无贵贱通用之"，值得注意，它意味着，由于运输成本与交易成本的降低，一些商品的流通越来越普及，一些过去仅能为少数人所享用的奢侈品或高档商品被越来越多的人所使用，从而转化为普通的民生用品。与此相对照，有一些商品，最初只是地区性的，或者是部分"下等人"才使用的，难登大雅之堂，但随着其消费的推广与流通的扩大，逐渐普及开来，成为市场广大的民生用品，茶叶就是此类商品。商品构成的这些变化，在市场史中具有其突出意义。

大多数商品的远距离运销，资料的缺乏使我们已难于详为勾勒，只能从部分商品零星的记载中一窥其踪影。

商品粮的运销，主要表现于农民、地主及商人将农村剩余粮贩往州县城市，而城市中则有专门的坐贾贩粜，这种情况在唐代是普遍的。长距离的商品粮运动，原来主要依靠政府的调拨，刘晏推行的常平仓制就是其最高体现。粮食属于体重价贱的商品，商人进行长途贩运，运输成本过高，商人资本无力承担，故有"千里不贩籴"之谚。唐中后期，商人卷入商品粮的远距离贸易，刘晏《致元载书》论官府漕运时，谈道"楚帆越客"，直抵长安。宣州、歙州一带，地狭谷乏，皆他州来，宪宗时旱灾，"商人舟米以来者相望"。[1] 商人的这一作用已受到朝廷的重视。开元二年（714年）敕令："年岁不稔，有无须相通，所在州县，不得闭粜。"[2] 太和八年（834年）下诏曰："岁有歉穰，谷有贵贱，故其轻重，须使通流，非止救灾，亦为利物。"因此，常令地方官吏"许商贩往来，不得止遏"。[3] 商品粮的远距离贸易使地域延展逐渐扩大。太和三年（829年），河南、河北诸道频年水患而饥荒四起，江淮诸郡，所在丰稔，但因为地方官吏的遏籴而使不允许商旅之间的来往，就造成了米价悬殊的局面。朝廷严令之下改变了这种局面，南方米谷源源不断北

---

[1] 李翱：《故东川节度使卢公传》，载《全唐文》卷640。
[2] 《唐会要》卷90。
[3] 《册府元龟》卷502。

上，河南通行商旅之后，淮南一带的各个郡县，米价慢慢涨了起来，在交通转接之处进一步推行，一直延续到了江西、湖南、湖北等地，都需要加以勒令约束。① 不过，终唐之世，政府的粮食调拨仍是粮食地区调节的主要手段，商品粮的远距离贸易仅限于通过市场进行地区间的丰歉调节，而且这种作用仍然有限，元和年间湖南境内"丰年贸易不出境，邻部灾荒不相恤"的情形，仍具有一定的普遍性。

丝织业，唐前期仍以北方遥遥领先，盛唐时的户调绢绵州数，河南道 28 州、河北道 25 州，都在其列，全无例外，而其他同级行政单位，最多只有 1/3 的州有户调绢绵。河南、河北两道各州的贡赋丝帛，数量最多，而且囊括 8 个等级绢中的前四等，尤以河南道为佳。剑南道和江南道殿后。这种格局中唐以后起了变化。吴绫、缭绫、越罗等江南织品经唐代诗人的吟咏而获得崇高的声誉，白居易《缭绫》诗："……天上取样人间织；织为云外秋雁行，染作江南春水色……异彩奇文相隐映，转侧看花花不定。……缭绫织成费功绩，莫比寻常缯与帛。"蜀郡丝织品历史悠久，织造精细，章彩绮丽，足以与中原媲美。尤以蜀锦名重天下，杜甫《白丝行》有谓"越罗蜀锦金粟尺"。

瓷器使用更为普及，瓷制茶具、餐具、酒具、文具、玩具、乐器以及实用的瓶、壶、罐、盘、碗等各种器皿，无所不备。唐代瓷器形成了以浙江越窑为代表的青瓷和以河北邢瓷为代表的白瓷两大瓷窑系统，窑址遍及南北各地。② 瓷器品种的增加尤其是实用性的增强，表明了瓷器流通的扩大。

在商品市场尚不发达的唐代，食盐是一项突出的大宗商品，由于其巨额利润，盐商处于官府的控制之下，但走私贩运者屡禁不绝，黄巢就

---

① 《唐大诏令集》卷 111，《令御史巡定诸道米价敕》。原文为，"河南通商旅之后，淮南诸郡，米价渐起，展转连接之处，直至江西、湖南、荆襄已来，并须约勒"。
② 《中国陶瓷》，上海古籍出版社 1994 年版。

是其中之一。木材，常常是自山区顺江河而下至平原与城镇，运输成本较低，长途贩运较多。南北方的水果互为对流，在徐州河面上曾发生南北果船相撞之事，那是南运苏州的郑州刘某梨船，与逆向北运郑州的苏州宏某橘船。[①]甚至鲜鱼这种鲜活产品也卷入长途贩运，宣州渔商刘成，用大船满载鱼蟹，在吴越之间售卖。[②]在众多商品中，引人注目且具有历史意义的商品当推茶叶。

二、茶叶市场的异军突起

茶叶由一种地区性的消费品，逐渐成为全国范围内的大宗商品，这一进程发生于唐代。杨晔《膳夫经手录》述其源流，茶，没有听说古时候有人食用的。自从晋代和宋代以来，吴人采摘茶树的叶子来煮，这就是茗粥。自从开元、天宝以来才渐渐有了茶，大历年间多了起来，建中以后才盛行。茶叶逐渐成为民众的日常需求，正如《旧唐书·李珏传》所说，茶是生活的必需品，就像米和盐一样。人人都需要它，各地都是一样的习俗。它能止渴解乏，片刻都放不下。田间乡里，这种嗜好就更加迫切了。

需求的广泛与普遍造就了广大的茶叶市场。起先，南方人喜好饮茶，北方人一开始大多不喝茶。开元以后，北方人转相仿效，遂成风俗，"自邹、鲁、沧、棣，渐至京邑城市，多开店铺，煎茶卖之。不问道俗，投钱取饮。"[③]到唐末，又从中原传至塞外，贞元以后，回纥开始驱马易茶，西南的吐蕃，靠近最大茶叶产地之一的四川，也成为川茶的一大销售市场。

饮茶之风在六朝已出现，可是茶的种植不广，原因是当时的农业生

---

① 《全唐文》卷985，《对梨橘判》。
② 《太平广记》卷470。原文为，"巨舫载鱼蟹，鬻于吴越间"。
③ 封演：《封氏闻见录》卷6。

产力还不足以大量生产这种经济作物。直到中唐之际，茶叶才能发展起来。据陆羽《茶经》记载，唐朝肃、代之际，产茶地区已扩及十道中的八道，多至四十余州，主要分布于南方。《册府元龟》载，开成五年崔珙上《禁茶户盗卖私茶奏》称："江南百姓，营生多以种茶为业。"歙州山多而田少，"山且植茗，高下无遗土。千里之内，业于茶者七八矣。由是给衣食，供赋役，悉恃此。"①

茶叶可以说是一种天然的商品，生产者自食并不多，而是大量抛入市场。这种产品不仅商品性很强，而且交换方式与其他农业生产物也有区别。许多农家剩余品，都是有无相易，一经易手，就进入了消费过程。在这种交换方式中，买卖双方面对面地出现在市场上，用不着什么人侧身其间为之媒介。茶叶这种商品，产地在川蜀江淮，而销售却远及北国、吐蕃、塞外，没有商人的中介便无法流通。

茶商在唐代已成为一支专业商人队伍。江淮一带，茶叶成熟的时候，四方的商人，都带着锦绣、缯缬、金钗、银钏，来到山里交易。妇女和小孩子都穿着华丽的服饰。官吏看到不会过问，旁人看到也不会惊异。江淮茶叶成为劫贼觊觎的目标，濠、亳、徐、泗、宋等州府的贼人，常常掠夺江南、淮南、宣润等道。许、蔡、申、光等州府的贼人，常常掠劫荆、襄、鄂、岳等道。他们所掠夺到的财物，都是博茶。然后回到北方自己所在的州府售卖，循环往来，周而复始。又有江南的本地人，勾结盗贼。这样的人追究起来，十个里面有五个。②唐后期藩镇各自为政，混乱状态下涌现的劫贼，或许是地方势力，或许是武装商人集团，总之都是通过抢劫财物获得资本来经营茶叶贸易。官府榷茶后，茶叶走私更盛，成千上万的人在贩卖私茶，或聚徒党颇众，而官府场铺人

---

① 张途：《祁门县新修阊门溪记》，载《全唐文》卷802，又载《文苑英华》卷813，又载宋《新安志》。
② 杜牧：《樊川文集》卷11，《上李太尉论江贼书》。

吏，皆与通连勾结，以致缴纳赋税的正规茶商大多被私自贩卖茶叶的人夺走利润。① 上引张途一文还说，歙州茶，颜色黄，味道香，引起商人纷纷讨论，因此更加名扬四方。每年的二三月份，都有人带着银子、钱币、缯帛、素丝来求购。拿着去卖到其他郡县的人，连绵不绝地到来。商贩们或乘负、或肩荷、或小辙，先以轻舟寡载，然后就其巨舶，运销远方。北方，这种茶从江淮运来，船只车马连绵不绝，堆积如山，种类和数量都很多。② 在另一大产茶区四川，茶商将茶叶源源不断地运往陕西等地，晚唐时成为当地一大财源。湖南也是如此，茶利成为五代马殷政权财政收入的一大支柱，"于中原卖茶之利，岁百万计"。③ 中晚唐时，以贩茶而成为巨商者不乏其人。例如，《广陵妖乱记》载，吕璜以卖茶为生计，来往于淮浙之间。当时四方安宁，没有战乱，广陵歌舞升平，富商巨贾，动辄一百多人。璜明敏善于行酒令，经常和商人交游。《唐阙史》卷下载，洛阳商人王可久，每年在长江、洞庭之间卖茶，常常获得很丰厚的利润回家。

　　茶叶带来的巨额利润，使自诩不与民争利的政府也跃跃欲试。政府不断加重征税，唐德宗建中三年（782年）始税茶，旋罢，贞元九年（793年）复税，以三等定价，十税其一，税得40万缗，说明当时的贸易额已达400万缗以上。以后税率有所增加，税额逐年上升，大中年间，年税茶额达到60多万贯，文宗太和时，年收100万贯。茶税的征收和增加，反映了国内茶叶贸易的扩大。唐政府还一度实行榷茶，到了宋代，茶的贸易更加发达，榷茶税收成了国家财政的一项重要收入。

　　茶作为一种异军突起的商品，在中国经济史上是值得大书特书的，其重要性，只有汉代盐铁、明清棉布可与之相匹。茶叶在唐代的影响牵

---

① 裴休：《请革横税私贩奏》，载《全唐文》卷743。
② 封演：《封氏闻见录》卷6。原文为，"其茶自江淮而来，舟车相继，所在山积，色额颇多"。
③ 《旧五代史》卷133。

涉国计民生，远远超过一般商品。据业师李埏先生讲授，茶叶，从它的生产、运销、市场等各方面来看，都具有与其他商品不同的独特性与新异性。

茶叶的突出特点是适应面广，既可以是小农家庭的细小经营，也可以是茶园大规模种植。它极适应小农的个体生产，是一种天然的小商品生产，与小农经济的细碎性、分散性相一致，可以无限地细碎，小至一株两株，栽种于田塍岗边，只要有一寸土地就可以种植。既可以在丘陵种植，也可以在高山栽培，它在南方比其他任何经济作物都普遍。例如，甘蔗、漆等，在南方都受到气候、土壤、地势各种条件的制约。又如瓷器，其生产主要集中于为数有限的几大名窑，而茶则可以普遍存在于穷乡僻壤。

因此茶叶很快成为一项大宗商品。这项大宗商品，又具有其他大宗商品所未曾具备的特殊社会经济意义。战国秦汉传统市场初兴时期，大宗商品首推盐铁，但盐铁都不是小农家庭个体生产所能胜任的，至少不是小农家庭所能普遍生产的，因而不能带动农民广泛卷入商品经济之中。茶叶却将个体农民广泛卷入商品生产之中，因而其意义不可同日而语。

茶叶加工制作的技术是多层次的，既可以是简单粗略的加工，又可以是精细考究的深加工。如果说瓷器足以代表当时的工艺高度，但不能代表手工业的广度，那么，茶叶加工则既体现了手工业的高度，又体现了其发展的广度。

茶作为饮料，其必需的程度，北方超过南方，尤其是塞外的游牧民族，摄入大量脂肪，饮用茶极有利于消化。因此当南方茶叶的生产增加、中原的消费普及之后，饮茶之风便在塞外迅速流行，中国的茶叶源源流入塞外。中国境内农业民族与周边的游牧民族之间的交易，唐以前是绢马贸易，唐后期则一变而为茶马贸易。绢在游牧民族中的市场并不大，它受到革质品的排挤。茶叶则没有其他商品可以替代，并且只有中国南方才有生产。通过茶叶这项特殊商品，中原王朝可以对周边民族实行羁縻政策。而茶叶因为拥有塞外这个广阔而稳定的市场，它在南方的生产便持续而稳定地扩大。秦汉时期的大宗商品盐铁，缺乏茶叶那样的独特条件，没有那样广阔的市场尤其是国外市场，因此它们的发展就难以产生茶叶那样的深远影响。

茶叶这项商品的广泛流通又带动了其他商品的生产与流通。例如，瓷器，六朝时瓷与陶的区别不明显，唐代瓷器的生产有很大发展，这不能不说与饮茶之风的带动紧密相关。因为，饮茶需要器皿，这种器皿首推瓷器。饮茶愈广泛，瓷器的生产就愈推广；品茶愈考究，瓷器的制造就愈精美。

第四节 职业商人的成长

一、隋唐交通运输的进步

隋朝开凿大运河，完成了中国历史上影响深远的伟大工程，自此大运河成为中国南北交通的首善之要道。运河水面宽阔，两岸为大道，种榆柳，树阴相交，南北船只畅达。唐代诗人李敬方《汴河直进船》吟咏道："汴水通淮利最多，生人为害亦相和。东南四十三州地，取尽脂膏是此河。"史家述其伟大功绩，从扬州、益州、湘南到交州、广州和闽中各州，除了官府的运漕，商旅也可以私下通行，船只连绵不绝。隋朝虽然劳民伤财，但是后世确实从中受利。[①]自此以后，历宋、元、明、清，

---

① 《元和郡县图志》卷6。原文为："自扬、益、湘，南至于交、广、闽中各州，公家运漕，私行商旅，舳舻相继。隋氏虽作劳，后世实受其利也"。

大运河都成为南北交通的枢纽。在沟通南北市场的作用方面，大运河的历史功绩是无与伦比的。天然河道的航运也得到开拓，《旧唐书·职官志》云，长江、黄河之外，"若渭、洛、汾、济、漳、淇、淮、汉，皆亘达方域，通济舳舻，从有之无，利于生人者也。"《旧唐书·崔融传》记水路交通运输："天下诸津，舟航所聚，旁通巴汉，前指闽越，七泽十薮，三江五湖，控引河洛，兼包淮海，弘舸巨舰，千舳万艘，交贸往返，昧旦永日。"水运的开发使之在交通运输业中的地位上升，《唐国史补》卷下云："天下货利，舟楫者居多。"

陆路交通方面，隋朝结束分裂局面，在全国范围内堑山堙谷，大修驰道，唐朝又在此基础上修复、扩展，形成以长安、洛阳为中心的官道网络。在一些地形险绝的山区，也新修了道路，如汉、沔经商山达长安的商於路，原来是"行路艰辛，僵仆相继"，几经修筑后改善，"人不滞留，行者为便"。秦蜀间新修了斜谷路，使"商旅及私行者，任取稳便往来"。①

物流设施也大有进步。在北方，东起宋、汴，西至岐、凉，南自荆、襄，北达太原、范阳，道路两旁有很多商店，接待客人，酒食十分丰盛。每家店铺都有驴子租给客人骑乘，顷刻之间来往数十里，叫作"驿驴"。②物流设施便利了商旅货物往来。长安、洛阳等城市的物流设施更为完备，长安东、西两市，四面都是立邸，各处珍贵奇异的物品都聚集在这里。洛阳南市，除三千余肆外，"四壁有四百余店，货贿山集。"③这种邸、店，就是仓储设施。著名的洛阳含嘉仓，考古发掘其面积达43万平方米，倚靠外郭城墙，400多个仓窖排列整齐，东西成排，南北

---

① 《唐会要》卷86。
② 《通典》卷7。原文为，"夹路列店肆，接客酒馔丰溢。每店皆有驴赁客乘，倏忽数十里，谓之驿驴"。
③ 分见宋敏求：《长安志》卷8；徐松：《唐两京城坊考》卷5。

成行,井然有序。仓窖进行过防潮处理,第 160 号窖至今还保留着炭化的小米 25 万千克左右。含嘉仓是国家粮库,与市场关系稀疏,却代表着隋唐仓储的最高水平。

城乡市场网点增多,商旅食宿条件改善。主要商道旁都有商店,来供给商旅。汴洛间板桥镇有个三娘子的店舍,畜养了很多驴子,往来的行人没有赶上公车或者私车的,店老板就以较低的价格卖给他们驴子来救济他们……因此远处和近处的商旅都会来这家店。① 这种高水平的服务设施很可能是个别现象,但唐代各地物流条件的改善则是较为普遍的。在汉代,长途旅行者多必须自备口粮,唐代盛时,这种状况有了改变,《贞观政要》载:"行旅自京师至于岭表,自山东至于沧海,皆不赍粮,取给于路。"《开天传信录》也有"行者不赍粮"的记载。这是一个相当大的进步。当然,唐代欠开发地区仍很广,自然条件对交通运输的制约仍很强烈。如川陕商路在兴元一带,人烟稀少,通常必须十余辈少壮持刀杖同行,以防备猛兽的袭击。野兽侵袭商旅的事,不少地区都时常发生。即使在河南府,交通状况也不尽如人意,大概由于治下辖地广阔辽远,山谷幽深,从春天就开始多雨,马蹄又软,在石头路上奔跑,倒毙的实在很多。② 在这种交通条件下,商业风险很大,而商人们仍艰难地开拓着各地的商品市场。

水陆交通与物流设施的进步,带动了运输业的发展。《唐国史补》记载了渑池道中商旅车马运输的景象:渑池道中,有一辆载着瓦罐的车子堵在了窄路。正值天寒,冰雪路高险陡滑,车子进退不得。在傍晚的时候,官府和私人商旅成群结队,铃铎数千,罗拥在后。在冰雪天气

---

① 《太平广记》卷 286。原文为,"多有驴畜,往来公私车乘有不逮者,辄贱估其价以济之……故远近商旅多归之"。
② 《文苑英华》卷 624,《河南府奏论驿马表》。原文为,"盖缘府界阔远,山谷重深,自春多雨,马蹄又软,驱驰石路,毙踣实多"。

中，渑池道仍是商旅成群，车马结队，竟至铃铎数千，运输之繁忙可见一斑。

交通运输的发展，推动了商品流通的扩大，商人往返于各地之间。以江西与扬州为例，除扬州的盐铁、江西的茶米对流之外，其他商品，如豫章各县都出产良材，追求利益的人去采摘，然后将其带到广陵，就有好几倍的利润。[①]往返两地之间的商人，寻检史籍，著名者如《旧唐书·高骈传》载鄱阳人吕用之，世代是商僧，往来广陵，深得商人们的赏识。顾起元《客座赘语》卷六载，南昌谢某与安徽历阳段某结为亲家，往来江湖间，南昌周迪，亦携妻远行，往来广陵。李肇《唐国史补》载，船商俞大娘，有一艘最大的航船，乘客的生死嫁娶等事，几乎都可以在这艘船内完成。开辟道路、修建园圃、操驾的船工多达数百人。航程南至江西，北至淮南，往来历时一年，利益丰厚。

二、职业商人的活动

魏晋南北朝时期的官僚士族经商，隋唐时仍然存在。如玄宗天宝年间，郡县的官僚共同经营获利，互相对百姓放债收取利息，剥削百姓。武宗会昌年间，朝堂中的人，无论是华冠贵胄还是清贫入仕的官员，都私自设置当铺酒楼，和百姓争利。[②]军将营利尤为突出。唐后期藩镇势力膨胀，军将经商日趋严重。王处存之父籍神策军，擅长赚取利益，看准时机进行商贸交易，因此其财富可与王公贵族媲美，凭借财产而显贵。其事载《旧唐书》本传。《通鉴目录》载，德宗时各道的节度使和观察使，凭借广陵南北的交通要道，聚集起来的各种货物，大多借着军中储备货物的名义贩卖，陈列在商铺之中。名义上是军用，实际是为了

---

① 《资治通鉴》卷226。原文为，"豫章诸县尽出良材，求利者采之，将至广陵，利则数倍"。
② 分见《唐会要》卷69和《文苑英华》卷429。原文为，"朝列衣冠，或代承华胄，或在清途，私置质库楼店，与人争利"。

第五章 隋唐市场的复苏

牟私利。到了唐末,节度使割据称雄,这种现象也就与魏晋南北朝时代相差无几了。

不过,官僚贵族在唐代商人队伍中已不占主导地位,职业商人逐渐成长起来,在市场上日趋活跃。姚合《庄居野行》描述道:在田间行走,无意中发现村庄中的很多人家空无一人。向路过的村人打听才知道,这些屋子里的人都外出做生意去了。官家不向商人征税,偏偏征税于劳役辛苦的农民。在这里居住的人,纷纷做生意谋出路去了,以至这里的土地无人耕种,任由行人往来,变成了道路。大商人势力尤引人注目,《太平广记》所载不少,卷495载有唐初长安富商邹凤炽,家境非常富有,黄金珍宝不计其数,经常与权贵一起交游。府邸、商店、园林、住宅遍布海内,四方的财物都被他们所据有,即使是古时候的大富豪猗白,也不过如此。卷499载有唐末江陵郭七郎,他家资产非常雄厚,是楚城有钱人之首。江淮河朔之间都有旅客依靠跟他交易而往来其间的。卷187载有裴佃先,迁徙到了北庭,经商五年,获得了数千万资产。扬州家具商,一次运往建康的家具就达20万钱。白居易说,经商的大族趁势逐利,一天比一天富裕;在田地里每年辛勤劳作的人,一天比一天贫困。辛劳和安逸的差别如此之大,经商和务农的优劣诱惑人心。这样,农民的心思,都放在丢下农具去混市场;女工的巧手,也都想要抛开机杼而去刺绣。①

唐代的贩运商游走四方,居无定所,行无定方。唐代几位著名诗人的作品均以此为内容。

元稹《估客乐》:"估客无住著,有利身则行";

---

① 《白居易集》卷63,《策林·息游惰策》。原文为,"商贾大族乘时射利者日以豪富,田垄疲人望岁勤力者日以贫困。劳逸既悬,利病相诱,则农夫之心,尽思释耒而倚市;织妇之手,皆欲投杼而刺文"。

张籍《贾客乐》:"年年逐利西复东,姓名不在县籍中";

刘禹锡《贾客词》:"贾客无定游,所游唯利并";

白居易《盐妇行》:"南北东西不失家,风水为乡船作宅"。

贩运商人游走不定、趋利而往的特征,正是唐代市场不稳定的产物。市场需求变动不居,商品流向随时变化,很少具有需求与供给稳定的大宗商品的远距离贸易,商人也只能随机应变,四处谋利。

张籍诗云:"金陵向西贾客多,船中生长乐风波。欲发移船近江口,船头祭神各浇酒。停杯共说远行期,入蜀经蛮远别离。"

元稹诗云:"求珠驾沧海,采玉上荆衡。北买党项马,西擒吐蕃鹦。炎洲布火浣,蜀地锦织成。越婢脂肉滑,奚僮眉眼明。通算衣食费,不计远近程。经游天下遍……"

商人们辗转奔波,一年四季闯荡东西南北,牺牲稳定的居家生活,风雨兼行,四处为家,以船作宅,以水为乡。唐代著名诗人还创作了不少以商人妻妾为题材的诗,亦反映出商人的艰辛不易。李白《江夏行》:"……为言嫁夫婿,得免长相思。谁知嫁商贾,令人却愁苦。……去年下扬州,相送黄鹤楼。"白居易除《盐妇行》外,《琵琶行》更为人所熟知,此不赘引。刘得仁《贾妇怨》尤为深刻:"嫁与商人头欲白,未曾一日得双行。任君逐利轻江海,莫把风涛似妾轻。"从贾妇爱怨交织的内心独白中,商人的艰辛跃然纸上。

面对纷繁复杂的市场,商人们绞尽脑汁,苦心经营,才能在不规范、欠发展的市场中谋利。刘禹锡《贾客词》所咏相当精彩:"眩俗杂良苦,乘时取重轻。心计析秋毫,捶钩侔县衡。锥刀既无弃,转化日已盈。徼福祷波神,施财游化城。……趋时赞鸟思,藏镪盘龙形。"韩愈

第五章 隋唐市场的复苏

《论变盐法事宜状》也说,商人售卖,灵活多样,既可用现钱,又可用绢帛,还可以赊籴,见机行事。商人为利不以巨细,不辞劳苦,穷乡僻壤,乃至三五户散居之深山幽谷,也能肩挑背负而至。正是通过苦心经营,商人们才能实现"所费百钱本,已得十倍赢","子本频蕃息,货贩日兼并"。

在当时以农夫为价值取向的标准看来,商人自然是食利者。其实不然,从诗中可见,他们不择地区,只要有利润就不顾路途远近前往,他们贩卖商品,细大不捐,锥刀不弃,转运贩售,求取盈利。他们必须随时观察市场行情与世俗差异,以乘时取利。一有商机,他们便会如鸷鸟一样迅捷。他们斤斤计较,不遗锱铢秋毫之利。诗人说他们"行止皆有乐",个中的辛酸,诗人又怎能体会到呢?

不仅如此,在秩序混乱的市场中,他们还必须交游权贵,打通关节,商人与官吏勾结,各得其所。元稹《估客乐》对此进行了细致的描述:

经游天下遍,却到长安城。城中东西市,闻客次第迎。迎客兼说客,多财为势倾。客心本明黠,闻语已先惊。先问十常侍,次求百公卿。侯家与主第,点缀无不精。归来始安坐,富与王者勍。市辛酒肉臭,县骨家舍成。

投靠军将是商人们寻求庇护、扬长避短的又一手段。韩愈揭露过军吏与商人勾结的事实:在坊市中卖饼的都能叫军人,那么谁还不是军人了呢?我认为一定是有作奸犯科之人用钱财贿赂官吏,盗取了官府文书，私下把自己的姓名加到了军籍里面，来凌驾于府县之上。①天宝时，六军诸卫之士，都是做买卖的平头百姓。有钱的贩卖彩色缯帛，吃着精美的饭食。强壮的就角抵、拔河、翘木、扛铁，每天都在屋子里斗殴。②建中年间，军籍由市井中的富家子弟通过贿赂而补充，他们名义上在军籍里面，接受津贴，而人却在市井当中做生意。③京城杀猪卖酒的商贩大多在军中挂名，违反官府的法令。如果犯罪了就逃到军中，官府没有办法追捕。④商贾以军籍而逃避赋税贡纳，以军将为靠山，免受他人欺压，并能获取有利的条件。有的富商还通过从军获得入仕的途径。

商人是市场要角，在其社会地位演变过程中，唐代市场的革命性发展得到突出的表现，这方面已有不少研究成果。⑤中唐以后，随着各方面形势的变化，唐政府对商人政策也作了相应的调整，从纯粹的抑商开始向保护经商过渡。例如，政府提倡、保护通商；禁止向商人征收杂税及摊派杂役；保护商人合法经营权，禁止侵犯商人经营的行为。甚至商人可以参加科举考试，入仕做官，或购买官职。商人与士大夫密切交往乃至入仕，如《开元天宝遗事》载，长安的有钱人王元宝、杨崇义、郭万全等人，都是城中的大富豪，各自引荐接纳各地的众多读书人，竞相供送。朝中有名的大臣，往往出于他们的门下，每次科考队文士都集中在这几家，当时的人都将他们视为有地位和势力的朋友。唐宋时期这种

---

① 韩愈：《昌黎先生集》卷 2，《上留守郑相公启》。原文为，"坐坊市卖饼，又称军人，则谁非军人也？愚以为必奸人以钱财赂将吏，盗相公文牒，窃注名姓于军籍中，以陵驾府县"。
② 《唐会要》卷 72，《军杂录》。原文为，"六军诸卫之士，皆市人白徒。富者贩缯采、食粱肉，壮者角抵拔河、翘木扛铁，日以寝斗"。
③ 《资治通鉴》卷 228。原文为，"市井富儿赂而补之，名在军籍受给赐，而身居市廛为贩鬻"。
④ 《唐语林》卷 1，《政事上》。原文为，"屠沽商贩多系名诸军，干犯府县法令，有罪即逃入军中，无由追捕"。
⑤ 张剑光、邹国慰：《唐代商人社会地位的变化及其意义》，载《上海师大学报》1989 年第 2 期；林立平：《唐宋商人社会地位的演变》，载《历史研究》1989 年第 1 期。

现象突出，其实质是商人与其他庶民百姓的政治待遇趋于平等，而商人的社会地位，从"四民分"至"四民不分"的转变中得到明显提高。商业同其他行业的地位，及商人与编户齐民的身份都开始出现趋向平等的变化。商贾势力壮大，社会作用全面展现。

唐代职业商人队伍在成长，但主要是相对于魏晋南北朝时职业商人的长期缺乏，才显得格外引人注目，总的来说，唐代商人活动的舞台仍不够宽广，商人资本集中的商品种类主要是：奢侈品，所谓"求珠驾沧海，采玉上荆衡"；盐，刘禹锡称"五方之贾，以财相雄，而盐贾尤炽"；以及新起的茶等有限的几种商品；粮食、纺织品等流通不广，商人资本卷入无多。商人资本在市场上的影响亦有限，一个明显的事实是，直到两税法后，唐政府才征收商税。

为什么唐政府长期没有征收商税呢？其中一个重要原因就是在均田制与坊市制市场体制下，商业的发展仍停留在较低的水平，否则，唐政府是不会坐视利源不顾的。刘晏这样高明的理财家，也断然不会视而不见，而只是从盐利入手增加财政收入。这至少说明，民间市场的低落，使利源征收远不及盐一项商品。盐一项商品在整个商品市场上占有异乎寻常的地位，正说明整个商品市场的欠发达。另一个重要原因，就是官营商业在市场上占有重要地位，通过回易、公廨钱、盐酒专卖等，官府垄断了巨额商业利润，限制了民间市场的发展。同时，唯因商业由政府所为，商税的征收在体制上也就没有存在的必要了。

第六章
魏晋南北朝隋唐时期的城市市场

在古代社会，城市是人类文明的重要载体和体现。汉末以来群雄混战，随后三国鼎立，十六国时期五胡乱华，继而南北对峙，长期战乱不休，空前绝后的大浩劫，使战国秦汉发展起来的城市市场遭受了毁灭性的破坏。汉末三国两晋南北朝的城市，尤其是北方城市，进入了长期的黑暗时期。只有在战争间隙的和平年代，北方才有少数城市得以复苏。南方则相对稳定，城市市场在秦汉基础上有所进步。隋唐盛世，城市普遍得到发展，并且城市市场开始了革命性的变化。

第一节　北方城市市场的曲折演进

汉末三国混战，各路军阀所到之处，名城空而不居，百里绝而无民。十六国纷争更使北方雪上加霜，孙绰为之哀鸣，百姓都死绝了，剩下的不到百分之一，洛阳附近成了废墟，全国一片萧条，水井荒废，树木被砍伐，田野被破坏，人们四处奔波，永远没有归处。① 东、西魏的分裂战争之后，整个北方为之萧杀凄凉。《魏书》载："恒代而北，尽为

---

① 《晋书·孙楚传附孙绰传》。原文为，"苍生殄灭，百不遗一，河洛丘墟，函夏萧条，井堙木刊，阡陌夷灭，生理茫茫，永无依归"。

丘墟，崤潼以西，烟火断绝。齐方全赵，殪于乱麻。于是生民耗减，且将大半。"

此数百年间的北方新兴城市，大概唯有邺城足可为道。邺（在今河北省临漳县）为曹魏最初的都城，是北方新兴的手工业、商业都会，汇集北方的铁器、锦缣等商品，转运洛阳。左思《魏都赋》述其盛云，邺城扩大三个市场开店铺，征收平迤四通八达，店铺整齐地排列。市场上契约双方平等地进行交易，货币流通无法算计。通过钱财百工得以转化，通过货物商业得以互通。然而，即使是邺城，也不过是昙花一现而已。平城（今山西大同）的命运也大体类似，北魏前期定都于此，一度出现了"分置市里，经途洞达"①的都会气象，北魏分裂后亦毁于战乱。

直到隋唐时期，北方城市才得到复苏发展，涌现了一批新型工商业城市。如宋州（今河南商丘），杜甫《遣怀》诗赞曰："邑中九万家，高栋照通衢，舟车半天下，主客多欢娱。"最有代表性的则是汴州（今河南开封），隋代大运河的开通，使汴州成为南北物资交流的枢纽，唐人记述其盛况的诗文不少，或谓汴是一个大城市，从江淮直达河洛，船只车马汇集，百姓浩漫繁多；或谓大梁应当是天下重要的位置，车船很多，可以控制黄河以北的咽喉，通过淮河来运输。②并且汴州很快取代洛阳成为中原的经济中心，到五代北宋又成为政治中心。这座政治军事上的"四战之城"，其发展及至被定为都城，完全是经济与市场的重要性使然。

一、洛阳市场的起伏

洛阳地处中原要地，既是全国经济中心，又为兵家必争之地，在兵

---

① 《魏书·太祖纪》。
② 分见《旧唐书·李勉传》；《文苑英华》卷803，《汴州纠曹厅壁记》。

连祸结的数百年中，洛阳城写满了中国历史的沧桑，典型地反映了这一时期中国城市市场的曲折演进历程。

洛阳在汉末战争中尽遭焚荡，《三国志·魏书·董卓传》载，董卓之乱，纵兵烧洛阳城外百里，南北宫及宗庙、府库、民家亦未幸免，城里扫地的人都死没了。街陌荒芜，居民悉数外徙，大多亡于途中。

曹魏定天下五都，洛阳为中，北通邺城，南至许昌，西达长安，东经荥阳至谯，折而南行抵寿春，通过交通网络与各地经济中心相连。经过一段时期的喘息恢复，洛阳"其民四方杂居，多豪门大族，商贾胡貊，天下四会，利之所聚"①。

永嘉之乱，洛阳再次毁于兵燹。直至北魏孝文帝迁都，重建洛阳，市场才重新繁荣起来。杨衒之《洛阳伽蓝记》详细记载了洛阳市场与贸易状况。洛阳有三市：金市，亦名大市，在城内宫城之西，周回八里；牛马市，在大城东，亦曰东市；南市，在大城南，又称羊市。市场内有旗亭，亦叫市楼，悬有钟鼓，击鼓开市或罢市。此外，郭城内外形成几大工商业集中区。

市东有通商、达货二里，其中的百姓，都以手工业和杀猪卖肉为生，资产都有好几万。

市南有调音、乐律二里，其中的人，奏乐唱歌，天下青春年少的歌伎都出自这里。

市西有退酤、治觞二里，其中的人，大多以酿酒为业。河东人刘白堕，非常善于酿酒……京城的达官贵人到外地去，经常赠送别人这种酒。

市北有慈孝、奉终二里，其中的人以卖棺椁为业，租车来做生意。

另有准财、金肆二里，有钱人居住在这里。

---

① 《三国志·魏书·傅嘏传》注引《傅子》。

这十里，有很多从事手工业和做生意的人。资产千金的，一家挨着一家。高楼相对，层门打开，回廊相通，层层叠叠，彼此相望。婢女穿金戴银，披锦穿绣，奴役也吃着五味八珍这样的美食。此外，如城南归正里，有三千多家，自发成立市场贩卖。所卖口味，大多是水产品，当时人们称其为鱼鳖市场。

洛阳的物流条件有了改善，早在晋武帝泰始十年（274年），在洛阳北郊黄河上，杜预主持修建了跨河浮桥——富平津桥，使孟津险渡，得以预防覆没之患。《晋书·潘岳传》说洛阳附近客舍一家挨着一家，致使守旧的官僚看着很不顺眼，有人建议加以禁止，并另设官驿。潘岳极力反对，认为如今四海之人聚集在京城，全国各地都来进贡，全国上下都很恭敬谨慎，官府和民间的旅客遍及道路。京城附近旅客聚集，客舍也很密集。冬天有暖和点的屋子，夏天有清凉的荫蔽。草料有充足的供给，器皿用具可以任意地取用。人们不论是累了还是热了，都一定会来这里的。如果官府手握开关旅店的权力，仗着权势，成为行旅道路上的蠹虫，因此会奸利频见。如果能遵循历代的旧风尚，将客舍洒扫干净，等着征夫旅客选择合适的人家歇息，获得行客和居住者的欢心，这不应该是众人翘首期望的吗？

北魏后，洛阳四周的道路种上了松树和榆树，环绕连绵不绝的碧水，京城的很多行人都在树下歇息。富商刘宝，以洛阳为中心，建立了庞大的信息网和运输网。他于各州郡都会之处都建造了一所房子，各养十匹马。至于盐粮价格高低都是一样的。船所能通航的，人所能到达的地方，没有不能做生意的。这是因为国内的货物都集中在这里。北魏时，洛阳不仅恢复了北方经济中心的地位，而且国际交流也加强了。葱岭以西，直到大秦，百国千城，没有不依附的。外地和异域的商旅，每天奔走于塞下。正是人们所说的尽天地之区。因为喜欢中国的风土人情而在这里定居的胡人不计其数，因此归化的百姓有一万多家。门庭里巷别致整齐，街道上大门密集并列，道路上青翠的槐树成荫，庭院中碧绿的树木摇曳。天下珍稀难得的商品都在这里。①

北魏末年，洛阳再次成为兵燹之地，繁华化为灰烬。隋朝统一后，炀帝以洛阳为东都，新选城址大规模营建。考古发掘，其东城墙长7312米，南墙长7290米，北墙长6138米，西墙长6776米，有3市109坊。同时，用洛阳城内的人和天下各州几万家的富商大贾来充实它。经过营建后，洛阳开始恢复元气，居民达20余万户。②市场复苏，《大业杂记》记述了洛阳三市之繁华：大同市，傍漕渠，周四里。通远市，位于横跨漕渠的通远桥之南，遂以得名。市东合漕渠，市南临洛水。通远市周六里，二十门分路入市，其内郡国舟船，舳舻万计。丰都市，位于洛水临寰桥之南，周八里，通门十二。其内一百二十行，三千余肆。甍宇齐平，遥望如一。榆柳交荫，通渠相注。市四壁有四百余店，重楼延阁，互相临映，招致商旅，珍奇山积。③炀帝时迎接四十多个国家的使臣与商人入市，整顿店铺，都统一设置，大设帷帐，珍宝堆积，人物华盛，卖菜的人也籍以龙须席子。④

隋末战乱，东都洛阳迅速衰败。唐重建三市，前后花了70余年。如原隋丰都市，大业四年（608年）遭李密部将孟让所焚，唐武德四年（621年）重建，面积由原来的两坊之地减为半坊，并以其在洛水南而改称南市。显庆二年（657年）于漕渠北新置北市，较隋之北市少了半坊之地。天授二年（691年），在隋大同市之西南固本坊建置西市。垂拱年间缩建了京城的南市，开元十年（722年）又缩建了京城的西市。

---

① 以上皆见《洛阳伽蓝记》卷4、卷3。
② 《隋书·地理志》。
③ 《两京记》则说："东京丰都市，东西南北居二坊之地，四面各开三门，邸凡三百一十二区，资货一百行。"
④ 《资治通鉴》卷181。

此外，在北市以南的洛河和漕渠、新潭附近，各郡来的商船很多，政府遂开新潭以停泊船只，这里是全天下船只聚集的地方，经常有上万艘船只，填满了河道。商人们来来往往从事贸易，车马填满了道路。安史之乱，又使"东都残毁，百无一存"，萧条凄惨，甚至"栈车挽曹，亦不易求"。①

二、隋唐长安的复兴

长安遭受的战争疮痍较之洛阳更为惨重。它在汉末之乱中变成一座荒城，直到两晋时仍未开始重建。潘岳《西征赋》描述道，街里萧条，居邑败逸，营宇、寺署、肆廛、管库，百不存一。其人口凋零，至有"户不盈百"之谓。此后屡毁屡建，仍只是一座小城而已，至前秦才稍有改善。苻坚时，关陇之地清平安宁，从长安到各个州府，都在道路两旁种植槐树和柳树，每隔二十里地设立一亭，四十里地设立一个驿站，旅行之人可以在半路上获得供给，做工行商之人也可在路上做交易。②长安被刘裕攻破后又陷入长期破败，直至西魏再次定都才渐有起色。

隋定都长安，改称大兴，此后长安进入极盛期。隋唐的长安城，经考古勘查，面积达83平方千米，由宫城、皇城、外郭城组成。外郭城平面呈长方形，东西宽9721米，南北长8651米，周长约36.7千米。城内有2市108坊，每个坊的四周分别筑有夯土坊墙，多数坊内有十字街和东西南北四门。唐代长安户口史无确载，宋敏求《长安志》卷10说，长安县领4万户，卷8称万年县户口减于长安县，二县分别管辖东西1市54坊，估计户口相差不会太多，在籍户数可达8万，以每户5口计，则为40万人。在籍户口之外，《长安志》又称无所依托、流落他

---

① 转引自茹炳林《唐朝的洛阳商业》，载《中州今古》1989年第1期。
② 《晋书·苻坚载记》。

乡的人不可胜数。《旧唐书·张建封传》亦云，京城游手好闲、不务正业的有成千上万家，这些人都没有本地的职业。此外，庞大的官僚贵族集团和军队亦不在户籍之中。开元中，仅驻长安的长从宿卫就达12万名。这样看来，长安人口超过60万肯定是无疑的。

隋京有两市，东为都会市，主要为官僚服务；西为利民市，内多波斯、阿拉伯商人开设的商店。《隋书·食货志》称，市场内各地的风俗，这里都有。不同地方的人，有汉人也有胡人，都混杂在这里。人们纷纷抛弃农业，从事商业，争夺一朝一夕的蝇头小利。即不务正业，反而去抢夺微末的利益。唐代市场体系严密而规范，交易繁盛，据《长安志》所载，东、西市情况如下。

东市：南北居两坊之地，东西南北各六百步，四面各开一门。街市内货财二百二十行，四面立邸（邸，就是货栈或批发店），四方珍奇，皆所积集。

西市：南北居两坊之地，市内店肆如东市之制。西市与下层民众关系更密切，故有"商贾所凑，多归西市"之称。

东、西两市的市场容量是相当可观的，《唐国史补》卷中载，两市每天都有准备礼席，拿着铛釜就可以现取。所以即使是三五百人的宴会，也可以立即办好。考古实测印证了文献所载，并重现出更为直观的景象。东、西两市面积分别达（1000×924）平方米、（1031×927）平方米，四周土墙围绕。墙内分布有沿墙街四条，宽约14米，两市均由井字形主街道划分为九个方阵，东市主街宽近30米，西市主街宽16~18米，西市内还有小巷，街道两侧有两层排水沟。临街房屋密集，还有储藏室和饮食店。各类货物按行分区列肆贩卖。发达的长安市场，孕育出了新经济现象，如专门存放钱物的"柜坊"与"寄附铺"，可能就是近代金融市场的嚆矢,众多的"行",则是早期的工商业者组织。

唐高宗时将安善坊及大业坊之半设"中市",试图把人口与牲畜买卖从东市与西市迁至中市进行,于是设立中市署,管理驼、马、牛、驴这样的牲畜市场。① 但中市地处偏僻,人们只到中市署办理人口与牲畜买卖必需的手续,由官府验证,买卖活动仍在原来的市场上进行,中市最终没有延续下来。这是唐初的事,政府试图设立新的市场,但没有成功。而到唐中后期则恰恰相反,尽管政府严格限制买卖活动的时间与地点,却无法阻止市场活动向坊区渗透。

政府严令不能在坊市街曲,侵街打墙,进行买卖活动,最终只能眼看着坊市制逐渐崩溃。唐初与唐中后期的鲜明比照生动地说明,市场发展是以自身规律演进变化的,政府的强制既不能揠苗助长,终究也难以阻遏它的成长。

第二节 南方城市的发展

魏晋南北朝时期,南方战争次数少得多,每次历时又都不长;政局和社会秩序相对稳定,工农业生产因此得以继续进行。这些因素使得南方和北方形成截然不同的对比。南方的商品经济并未遭受顿挫,而有相当发展。还有一个重要因素给南方经济以强有力的刺激,就是国内西南市场和国外市场的开拓。陆上的沙漠之舟远不若海上的宏舸巨舰,海上的丝绸之路超过了陆上的丝绸之路。西出阳关以远,阻碍重重,而海上交通随着造船技术与航海知识的进步不断扩大。由于南方的海上贸易一直是可观的,这就有力地刺激了商品生产和商品流通。南方市场的开拓

---

① 《长安志》卷 7。

突出地体现于城市市场的发展。

一、建康的兴起

建康，三国时称建业，迅速崛起于孙吴定都之后。左思《吴都赋》咏叹道："水浮陆行，方舟结驷，唱棹转毂，昧旦永日。开市朝而并纳，横闾阓而流溢。混品物而同廛，并都鄙而为一。"孙吴时，破岗渎开成后，上下游一共十四座土坝，并且建立了集市和邸店。[①] 这个叫会市的交易场所，已经有了储货的邸阁，从临时市场走向固定市场了。这可能是个自发形成的市场，位于建康的港口，实际上是拱托大城市的卫星市镇的雏形，至东晋时城周围增加了若干处"草市""沙市"。

建康府属人口东晋初年为4万户，南朝梁时城市号称"南北各四十里"，全府户口28万户。《隋书·地理志》云，平民百姓大多是商贩，读书人则做官领取俸禄，市井商铺众多，可以和两京相比。建康东、西二铁冶，一次曾有数千万斤铁器运销市场。

建康北有两线通彭城，西通寿春，继续西行至荆、郢，并可与巴蜀、汉中相连。东有陆路至吴郡，形成了以建康为中心向江南广大地区辐射的交通网络。陆路，新筑了将近二十条可通车马的大道和多条可供军运和商旅往来的不规范的路线。新亭大道往西南，是长江上游从江陵入建康的必经陆道。南朝时历阳、豫州（治寿阳，今寿县）、襄阳至建康均有驿传设施。方山大道东至破岗渎，是连接三吴的要道。丹徒水道，自孙吴始，历代都畅通吴、会。破岗渎，自句容至曲阿，穿山越岭，将建康连通江南运河，与富庶的吴会地区相联，促进了建康的发展。

建康城，历代都兴建有新的市场，孙权时设建康大市和东市；永安中设立建康北市；秣陵门市场，东晋隆安中发乐营人交易，因而成

---

① 《建康实录》卷2。

市。至南朝和隋朝,《隋书·食货志》载,建康北边有大市,又有十多所小市。

建康的门户京口(今江苏镇江),南朝刘宋时,交通便利,尽收淮河、东海的特产。城池高大,民风淳厚,包罗万象,实在是一大名都。①

二、唐代扬州的兴盛

大运河开凿通航后,有官府的运漕,也有私人的商旅,船只连绵不绝,这使位于运河入长江之口的扬州首享其利,所谓"广陵当南北之衢,百货所集"②。在行政建制上,扬州则成为一级行政区首府所在。淮南、江南的发展,使扬州拥有广阔富饶的腹地。安史之乱后,东南财赋成为朝廷仰给,而扬州是东南八道财赋漕运京师的重要转运枢纽。

扬州之所以成为南北市场的中心,从商品市场的角度而言,是因为它是南北漕运之枢纽,南北商品流通的集散地。扬州设有大规模的"场院",相当于北宋之堆垛场。唐元和十一年(816年),曾运抵扬州"诸院"米50万石、菱1500万束。代宗时刘晏改进转般法,据《新唐书·食货志》载,其法为长江的船不得进入汴河,汴河的船不得进入黄河,黄河的船不许进入渭水。江南的河运集中在扬州,汴河的河运集中在河阴,黄河的河运集中在渭口。渭河的船只运入太仓,每年可以运转110万石粮食,没有一升一斗粮食落入水中。轻便的货物则从扬州运输到汴州。这进一步加强了扬州的枢纽地位。

这里是盐的集散中心,唐代盐铁转运使设驻扬州。中唐之后,茶叶在商品市场上异军突起,扬州又成为南方茶叶北上的转运中心,这种茶从江淮运来,船只车马络绎不绝,堆积如山,种类和数量都很多。奢侈

---

① 《宋书·文帝纪》。
② 《唐会要》卷86。

品贸易也是扬州商业的一大特色,《旧唐书·苏环传》谓,扬州处于多条重要道路会合的地方,有很多富商巨贾,又盛产珍珠、翡翠等珍奇物品。其他商品还有很多,如豫章各县都出产良材,追求利益的人去采摘,然后带到广陵,就有好几倍的利润。①此外,扬州本地也有一些特产,扬州帽就是其中著名者,为京师所重,非常畅销。②

扬州成为江淮广大区域内的中心城市。"富商大贾,动逾百数",散见于诸史籍中的事例,上一章曾辑,有往来扬州与江西之间商僧吕用之、船商俞大娘、南昌谢某、周迪等。《稽神录》载,有广陵某家具商,一次运往建康的家具价值就达 20 万钱。而诸道节度使,"以广陵当南北之冲,百货所集,多以军储货贩,列置邸肆,名托军用,实私其利焉"。于扬州置邸肆贸易。③南北商人(包括官商与私商)会聚,中央政府的盐铁使等机构设驻于此,各地军政官府亦设置商业机构,扬州日趋繁荣。

唐天宝年间,扬州有户 7.7 万,较唐初增加 3 倍多,城市规模达周长 40 余里,而其前身汉代广陵城周长为 14 里。扩大的主要是工商业的罗城,罗城呈长方形,中间纵贯一条南北向官河,是连通江淮运河的通道,商船可直达城中。④天宝十年(751 年),一次巨风海潮袭击扬州,覆江口船数千艘。安史之乱后,扬州船只像梳篦齿那样密密地排列,车轮像鱼鳞一样密集。东南的数百万艘漕运船,乘着江水北上,这里是咽喉要道,臻于极盛。扬州经常节制淮南十一郡的辖地。从淮南的西面和长江的东南,到五岭和蜀汉十一路,数百州迁徙过来的经商的人,来来往往,都要经过这里。船只车马来往于南北,不分日夜地将物资运输

---

① 《太平广记》卷 330 和卷 331。
② 《太平广记》卷 153,裴度有"是时京师始重扬州毡帽"之语。卷 157,李敏求有"此间难得扬州毡帽子,他日请致一枚"之句。李廓《长安少年行十首》亦云"划戴扬州帽,重薰异国香"。
③ 《太平广记》卷 290。
④ 参见许万里《唐代扬州商业探析》,载《北京商学院学报》1989 年第 3 期。

到京城，提供的物资占了天下的十分之七。①因此唐人称"扬州富甲天下"，可当全国第一商业重镇。

三、其他城市

荆州是著名的古城，又称江陵，居荆襄重地，为楚湘名城。南朝以后，荆州常与扬州并称，同为南方城市繁荣的代表，在唐代扬州崛起之前，位在扬州之上。刘宋时，荆州具有南楚全部的财富，扬州有吴地全部的沃土。荆州出产的鱼盐杞梓，充满八方；丰富的丝绵布帛，可以纺织全天下的衣服。南齐时，号称"江左大镇，莫过于荆扬"。②它北接襄阳，西通岷蜀，物产所出，多为珍异，商贾所聚。唐代成为全国物资转运中心，"荆南巨镇，江汉上游，右控巴蜀，左联吴越，南通五岭，北走上都"。③唐元和年间，荆州城进行了大规模扩建，因为州城人众街窄、店铺拥挤，政府填平城郊方圆十里的后湖，辟为新城区和交易市场。州城南面的江埠渡口已发展为一个颇具规模的市镇，即沙头市，长江自此而上江面趋窄，水流转急，自此以下河宽浪高，因而入蜀下吴的船只在此调换船舶或转运，这使沙头港埠帆樯如林。④刘禹锡《荆州歌》云："今日好南风，商旅相催发。沙头樯竿上，始见春江阔。"

自荆州顺长江而下，不远处还有鄂州，地处交通要道，连接着湘川和涢沔。南齐梁曹景宗在鄂州城南修建住宅，长堤的东面，夏口的北面，开街列门，东西长数里。

安史之乱后，鄂州进一步扩大，李白《武昌宰韩君去思颂碑序》

---

① 《太平广记》卷290。
② 《宋书·孔季恭等传》；《南齐书·州郡志下》。
③ 《颜鲁公文集》卷2。
④ 参见牟发松：《唐代草市略论——以长江中游地区为重点》，载《中国经济史研究》1989年第4期。

云，带着老人和孩子聚集在这里，居住了不到两年，人口变成了之前的3倍。

郢州后称鄂州，广德元年曾受大风之袭，《旧唐书·代宗纪》载："火发江中，焚船三千艘，焚居人庐舍二千家"，可见其盛。

成都，战国秦汉时就是全国五大城市之一，当中原久历兵燹之时，成都在西南未受战火侵袭，大体得到持续发展。左思《蜀都赋》："市廛所会，万商之渊。列隧百重，罗肆巨千，贿货山积，纤丽星繁。"《隋书·食货志》说，成都水陆聚集，百货荟萃，也是一大都会。唐贞元时，成都市场进行了一次大扩充，据《云笈七签》载，在万里桥，隔着江水创设了新南市，挖掘坟墓，连通街道。江水的南岸，人口超过了一万户。层层楼阁，连绵不绝，十分华丽，呈一时的盛况。成都的丝织业尤为突出。蜀锦历史悠久，独称优质，三国时魏国就在四川收购，而吴国也在西道购买。[①]唐时城内有专门的丝织业集中区——织锦坊，织技的精巧、品种的繁多，多见于诗人的歌咏和史书的记载，从中可见专业纺织之发达。唐文宗太和三年（829年），南诏攻入成都，虏掠织工凡数万，可见工人之众。在唐代扬州极盛时，成都紧随其后，有"扬一益二"之称，唐晚期扬州逐渐衰落，而成都仍然继续发展。

江南自三国以来持续开发，至南朝及隋唐成为富饶之域，一批经济都会成长起来。苏州，时称吴郡，南朝时号称"最为富庶，贡赋商旅，皆出其地"[②]。唐代白居易《苏州刺史谢上表》说："当今国用多出江南，江南诸州，苏最为大。"杭州，隋唐之际由 15 000 户增至 35 000 户，玄宗时达 86 000 户，中唐后号称 10 万户，是东南的名郡，也是吴越的咽喉，雄踞江海，桅杆连绵 20 里，店铺开张 3 万家，税钱达 50 万。[③]有

---

① 《太平御览》卷 815，引《丹阳记》。
② 《资治通鉴》梁简文帝大宝元年。
③ 《全唐文》卷 316，引李华《杭州刺史厅壁记》。

店肆 3 万家，平均 10 家居民就有 3 家店肆。大历十年（775 年），曾发生一次大海潮，覆溺州民 5000 家，船千艘之多。

越州，六朝时为会郡治所，世族汇聚，为一大名都。唐时，铜、盐、纸、竹的贸易，船只、车辆、蒲包和竹器的转运，自然已经传及四方，填满二都。① 常州、湖州、镇江等都逐渐兴起。

此外，寿阳，地处淮、泗、汝、颍相汇之处，《晋书·伏滔传》称，南面是物产丰富的荆州和汝南，东面是富饶的三吴之地。北面与梁宋接壤，道路平坦，往来不超过七天；西面和陈汝接壤，水上和陆地的路程都不超过一千里……寿阳为金石、皮革、苞木、箭竹等货物集散地，是南北对峙时的互市贸易中心。

广州，秦汉以来一直是中国的对外贸易中心，市场上金银、珍珠、香药、象牙、翡翠、犀角、琉璃等珍稀商品丰富。② 陆贽说，广州地理位置优越，人人都说那里富裕繁盛。交易的人，往往从各方奔来，聚集在一起。③ 盛唐之世，广州对外贸易进入极盛，市场随之繁荣。

第三节　隋唐坊市制管理

汉末三国两晋南北朝时期，中国大多数城市衰败，人口减少，需求剧降，商业凋零，商品匮乏。相当多的城市处于旋毁旋建的循环之中，或者草草而创。其中的专门市场区，大多也是时兴时设，许多不复存在。虽然在制度上大体承袭秦汉，但实际上大多数城市市场是另一番景象。

隋唐立国，对紊乱的市场进行了规范，形成了秩序严明的坊市制市

---

① 《全唐文》卷 523。
② 《广东通志·金石略》。
③ 《陆宣公集》卷 18。

场体系。

秩序严明的坊市制格局延续到了唐中叶。《唐会要》《唐六典》中的有关唐令对城市市场做了以下规定。

其一，各级行政治所城市才具备设市资格，"诸非州县之处，不得置市"。唐初4万户以上的州才准许在治所设市令，晚唐大中五年规定，3000户以上的县，准置市令一人，吏二人，位于交通要道、交易繁盛者亦如之。

其二，专设市籍制管理政府各级市场内列店大建经营商业者，并征收资产户税与征发徭役，还不得入仕为官和服饰越制。[①] 对手工业者则专设匠籍制，子弟世袭。[②] 这些制度严格控制社会流动。

其三，商业区的"市"与居民区"坊"分离，一切交易都限于固定的市内进行，坊内不准买卖。各市垣墙圈围，画地为牢，以便政府有效控制、管理市场。而市内店铺，不得私造。坊市街曲，不得侵街打墙，接檐造舍。

其四，市场定时启闭，规定时间以外不得交易。"凡市，以日中击鼓三百声，而众以会；日入前七刻，击钲三百声，而众以散。"其州领务少处，不欲设钲鼓者听之。

坊市制市场，各级治所大体都存在，按唐制，计有都城长安和洛阳，都督府39个，州治327个，县治1573个，它们都设有相应的市场。有的城市不止一处市场，如成都有东、南两市，扬州亦然，甚至个别县治也如此，昭应县即有两市。各级治所城市的市场都设有专门管理的官吏。长安和洛阳有"两京诸市署"，总管两京四市；都督府市和州市，由仓曹、司仓曹掌度量、市肆之事；县市虽没有专门机构，但仍有官吏

---

① 姜伯勤：《从判文看唐代市籍制的终结》，载《历史研究》1990年第3期。
② 关于匠籍制，详见刘玉峰的《唐代工商业形态论稿》，齐鲁书社2002年版。

掌管市场。① 坊市制市场，以长安、洛阳最为完备和典型。

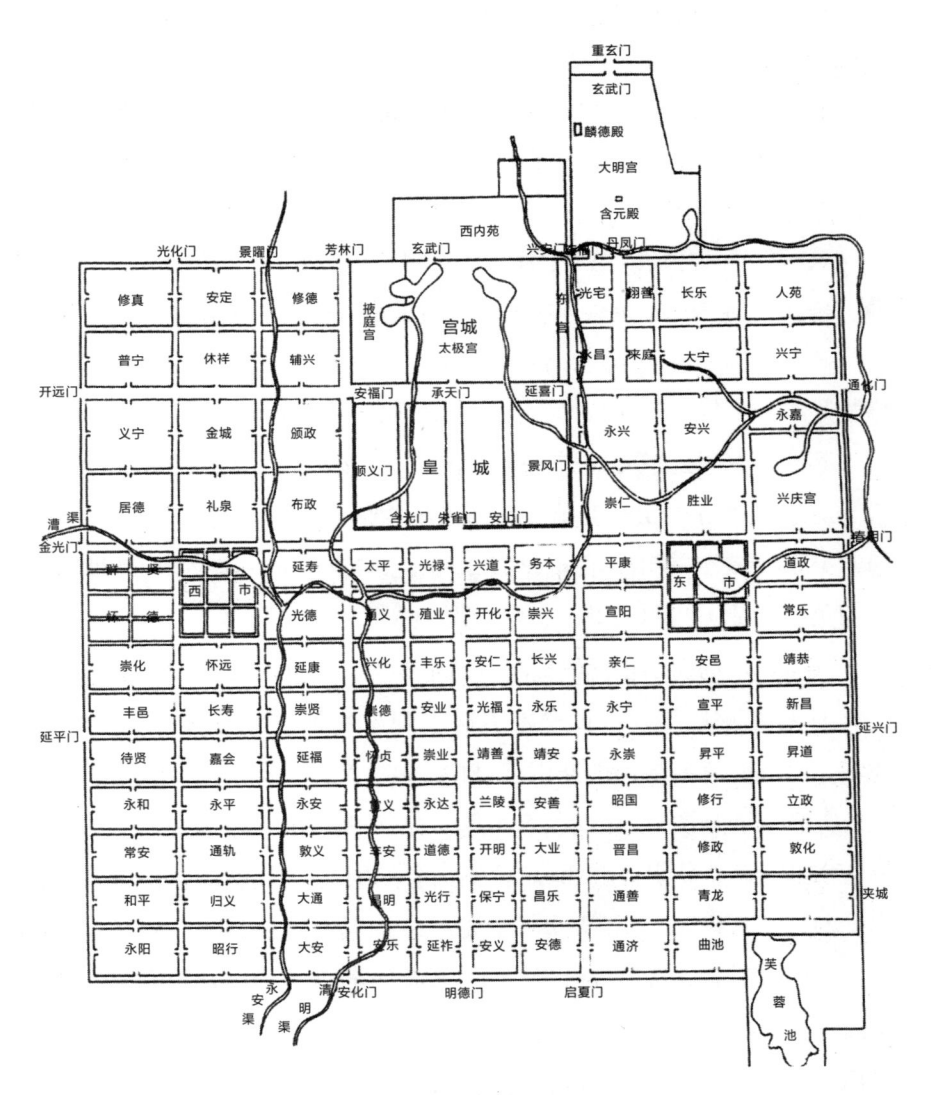

图 6-1　唐代长安的坊与市

---

① 武建国:《唐代市场管理制度研究》，载《中国经济史研究》，云南人民出版社 1990 年版。

市场交易管理，参考武建国的论述，主要有以下几个方面：

其一，交易的各类货物相对集中，立为专门的行，各行皆须题写行名，以显示所售商品的类别，以利市人交易，亦便于管理。

其二，严格实行全国统一标准的斛斗秤度等度量衡及其检校制度，私作斛斗秤度不合标准，或未经检校、印署而使用者，或官吏检校不平与不实者，以刑律处罚。

其三，商品物价，实行询价呈报制；分货物为三等之值，十日为簿。公私交易，若官司遣评物价，或贵或贱，令价不平者，依律惩处。

其四，确保商品质量，各种器物上标明作者姓名后方可出售，不合格物品不准出售；买卖奴婢、牛马，还须经官府立券公验。

其五，保障公平交易与平等竞争，对于下列行为严加处置：欺行霸市、非法牟利者；相互勾结、垄断市场物价者，即所谓的"专略其利、障固其市"者；"参市"者（类似20世纪90年代的"托儿"），即所谓的"负贩之徒，共和表里，参合贵贱，惑乱外人"。[①]

其六，市场内禁止无故扰乱，擅走车马，或从事非法的政治活动。

刘禹锡《观市》生动描述了坊市制市场的交易情景。元和二年（807年），沅南不雨，遂迁市于城门之遂。"肇下令之日，布市籍者咸至，夹轨道而分次焉"。商品名类繁多，"华实之毛，畋渔之生，交螱走错，水陆群状，伙名入隧而分"。商品分门别类，"其列题区榜，揭价名物，参外夷之货"。市场买卖者千姿百态，"韫藏而待价者，负挈而求沽者，乘射其时者，奇赢以游者，坐贾颙颙，行贾遑遑，利心中惊，贪目不瞬。于是质剂之曹，较固之伦，合彼此而腾跃之。冒良苦之巧言，致量衡于险手。抄忽之差，鼓舌伧伫，诋欺相高，诡态横出，鼓嚣哗，垒烟埃，奋膻腥，垒巾屦嗒而合之，异致同归。鸡鸣而争赴，日中而骈

[①] 《唐律疏议》卷26。

阛，万足一心，恐人我先。交易而退"。

唐代坊市制市场及其管理制度深刻反映了当时市场体制的性质，这种市场是从属于政治的，是为各级官府服务的。从某种程度上可以说，它就是官立市场。

市场商品，不少是官府所需，或人们购买来服官役，所以官府对产品质量的管理较为严格。尤其是兵器，府兵需要从市场上购买，因此，"其造弓、矢、长刀，官为立样，仍题工人姓名，然后听鬻之。诸器亦如之。以伪滥之物交易者，没官；短狭不中量，还主"。官府严格管理市场，因为市场在很大程度上要为官府服务。很多时候官府是市场直接或间接的消费者。有时，官府也是商品的供给者。太府寺下设有平准署，除购买官府所需的物资外，还负责出售官府财物，包括租庸调制下的粮食、布帛等赋税收入的官府消费剩余，及籍没罪犯家产的拍卖。

与此相关，唐后期出现宫市。出自皇宫的中官宦者，在长安两市等处强买物品。他们口含敕命，以宫中多余的次品衣服、不成尺寸的绢帛，高估价值，作为酬价，强行贱取买卖。并且强迫卖者，倾车乘，罄辇驴，送至禁中，少有不甘，有殴致血流者。宫市，固然向市场提出了一些市场需求，但如宫中贵人所言，"百姓蒙宫市存养，颇获厚利"，完全是美化之言。相反，宦官们狗仗人势，横行于市场，对市场秩序的干扰与破坏则是无法估量的。"中人之出，虽沽浆卖饼之家，无不彻业塞门，以伺其去。"[①]白居易《卖炭翁》中的主人公，是一个年迈的小商贩，他的悲惨遭遇，正是"白望宫使"的罪证。这种状况在贞元末年登峰造极。韩愈《顺宗实录·宫市》载，贞元末年"不复行文书，置白望数百人于两市并要闹坊。阅人所卖物，但称'宫中'，即敛手付与，真伪不复可辨，无敢问所从来。其论价之高下者，率用百钱物，买人值数千钱

---

① 《唐会要》卷86。

物，仍索进奉门户并脚价钱。将物诣市，至有空手而归者。名为宫市，而实夺之。"致有农夫愤然殴打宦官的事发生。

隋唐坊市制市场，相对于城市经济规模来说，是很有限的。市的面积在城市中占比很小，长安坊市总110区，才有东、西2市；洛阳126坊，3个市才占2坊之地。两京如此，州府县治市场也不例外。坊市制市场体制，是城市市场不发达的产物。随着商品经济的扩大和深入，这种市场必然成为束缚而走向解体。长安，唐政府曾在东、西两市之外别设三市，高宗时立中市，天宝八年（749年）立南市，元和十二年（817年）立新市，但不久都废置。[①]增设市场，是因为原有的东、西两市已无法容纳日益扩大的商品交换，可官府新设市场何以又相继废置呢？因为旧体制下的官立市场再也不能适应市场发展的新形势。

隋唐都城，高墙森严，其雄伟壮丽，气势非凡，正是封建国家威严与强盛的体现。"百千家似围棋局，十二街为种菜畦"的整齐的城市规划，正是政治控制经济与市场的产物。参照考古发掘与文献记载，这样宏大而整齐的建筑及其建置过程正好说明它不是商品经济发展的自然产物，而是政治权力所造成的现象。《新中国考古收获》分析，从长安整个城市中宫殿区所占的地位、封闭式的坊制和受严格管理的市场情况来看，这种城市与欧洲中世纪时期的城市有很大差异。统治者控制着整个城市，这里是贵族、官僚、地主的集居之地。工商业虽然较前代获得了发展，有了固定的市场，但在整个城市中却并不占主要地位，还受着严格的控制。

但是市场关系是无孔不入的，它的壮大必将冲决旧秩序。中唐以后，市场关系不独已伸进贵臣勋戚之家，而且在叩击高峻的宫墙，并敲开了沉重的城门与高大的城墙，打破了规整划一的坊市分隔制度，导致

---

① 转引自宋英：《唐长安城的工商业市场》，载《人文杂志》1995年增刊。

了唐宋时期深刻的城市革命，出现了中国城市史上最重要的质的飞跃。

第四节 唐中后期坊市制开始突破

城市市场关系的不断扩大，使坊市制市场越来越不能满足需要，中晚唐不少城市开始新建、扩建市场，就是其明证。唐贞元时，成都于万里桥隔江创置新南市，很快便人逾万户，交易繁荣，为一时之盛。元和中，荆州城进行了大规模扩建，因为州城人众街窄，店铺拥挤，政府填平城郊方圆十里的后湖，辟为新城区和交易市场。

市场交易时间延长，逐渐突破坊市制的交易时间规定。市与坊，都设有门，击鼓启闭，但后来，"或鼓未动即先开，或夜已深而未闭"。各地普遍出现夜市，扬州夜市最为文人所乐道，《容斋随笔·唐扬州之盛》辑有以下诗句。

王建诗："夜市千灯照碧云，高楼红袖客纷纷。如今不似升平日，犹自笙歌彻晓闻。"

徐凝诗："天下三分明月夜，二分无赖是扬州。"

李绅诗："夜桥灯火连星汉，水郭帆樯近斗牛。今日市朝风俗变，不须开口问迷楼。"

苏州夜市亦盛，晚唐诗人杜荀鹤有诗为证，其《送人游吴》诗有"夜市卖菱藕，春船载绮罗"之句；其《送友游吴越》诗有"夜市桥边水，春风寺外船"之句。长安崇仁坊的夜市，《长安志》所载更是"昼夜喧呼，灯火不绝，京中诸坊，莫之与比"。夜市的记载，在成都、杭州、汴州、楚州、梓州、象州、湖州等大中小城市都有出现。

夜市出现于城内固定的"市"区，官府逐渐放宽了市场的时间规定，至赵宋建国之初，太祖即"诏开封府，令京城夜市，至三鼓以来，不得禁止"①。后来进一步取消了击鼓启闭市场的制度。有的夜市则出现于城内外新兴的交易地点，如长安崇仁坊夜市，又如汴梁夜市，"水门向晚茶商闹，桥市通宵酒客行"②。这种夜市，则是市场空间渗透扩展的表现。

市场的空间形态也逐渐改变。有的城市，"市"内交易增多，于是出现增设店铺或破墙开店等现象。如扬州"侨寄衣冠及工商等，多侵衢造宅"③。如两京各市，纷纷在正铺前加造偏铺以增加营业面积，长安"诸街铺近日多被杂人及百姓、诸军、诸使、官健起造舍屋，侵占禁街"。甚至地方政府出于谋利而破坏旧制度，如天宝九年（750年）京畿"昭应县两市及近场广造店铺，出赁与人，干利商贾"。这种局面迫使朝廷不得不一再下诏禁止。景龙元年（707年）敕令："两京市诸行自有正铺者，不得于铺前更造偏铺。"④大历二年（767年）敕令："诸坊市街曲，有侵街打墙、接造檐舍等"，令其毁拆重罚。但朝廷的禁令在市场发展面前显得苍白无力，城市居民"各逐便宜，无所拘限，因循既久，约敕甚难"⑤，愈演愈烈。

更多的现象则是，在居民区坊巷内，逐渐出现了买卖行为，进而开设了商业店铺。洛阳的许多里坊街巷内，都出现了商业店肆。如殖业坊有酒家、有客舍；修善坊在南市附近，坊内多车坊、酒肆；绥福里有名噪一时的小吃店；敦行坊有"里肆"（商店）；疏财坊有以卖酒

---

① 《宋会要·食货》67之1。
② 《全唐诗》卷300，引王建诗。
③ 《旧唐书·杜亚传》。
④ 《册府元龟》卷89，卷14。
⑤ 《唐会要》卷86。

为业的郭大娘，等等。此外《太平广记》各卷中，清化坊、归德坊、都城门东、中桥附近等都有旅店。沈既济《任氏传》载，郑子"及里门，门扃未发。门旁有胡人鬻饼之舍，方张灯炽炉，郑子憩其帘下，坐以候鼓"。

在长安，商业同样发展到了里坊之中，如崇仁坊，《长安志》卷8载："北街当皇城之景风门，与尚书省选院最相近，又与东市相连，选人入京师无第宅者多停憩此，因是一街辐辏，遂倾两市，昼夜喧呼，灯火不绝。"许多里坊出现了酒肆、酒垆、饼店、旅舍等。仅《两京城坊考》中有旅馆的坊区就有永崇坊、宣平坊、道政坊、布政坊、崇贤坊、延福坊、长乐坊、新昌坊八坊。王叔文执政时，求见者昼夜车马如市，"至宿其坊中饼肆、酒垆下"[①]。长安延寿坊有造玉器和出售金银珠宝者，颁政坊有馄饨曲（即巷），宜阳坊有采缬铺，胜业坊有卖蒸饼者，宣平坊夜有卖油者，永昌坊有茶肆，新昌坊有客舍。坊区家庭内存在手工制作，原来应该就是不受限制的，小民须以此为生，即使上层大家庭，女红之作也当存在。官私的作坊，大多也在各坊，如崇仁坊，《乐府杂录》记，"造乐器者悉在此坊"。贞元末年，长安市场不限于东、西两市区，有的坊区还成为热闹的商业区，被称为"要闹坊"，这些地区遂成为宫市掠夺的必至之地。

这种变化一开始是严令禁止的，隋文帝巡幸路过汴州治所，这是一座新兴的工商业城市，而杨坚从心底里"恶其殷盛"，下令凡有向街开门者，封闭之。唐朝四品官张衡，加一级合入三品，"因退朝见路旁蒸饼新熟，遂市其一，马上食之，被御史弹奏，则乃降流外出身，不许入三品"[②]。后来渐渐多了，也就熟视无睹，为人所认可了。《刘宾客嘉话

---

① 《资治通鉴》卷236。
② 《朝野佥载》卷4。

录》中有下面这样两则趣闻：

刘仆射晏，五鼓入朝。时寒，中路见卖蒸胡之处，热气腾辉，以袍袖包裙帽底啖之。且谓同列曰：美不可言，美不可言。

刑部侍郎从伯刍尝言，某所居安邑里口，有鬻饼者，早过户未尝不闻讴歌，而当垆兴甚早。

这两则史料反映了以下事实。

其一，刘晏为政在两税法前夕，五鼓时分尚未开市，而卖蒸胡者已经开业。其二，官僚住所与皇宫之间，不经过长安的东市或西市，可见卖蒸胡者是在两市之外的城区营业。安邑里是坊区，已出现鬻饼之类流动商贩。其三，此类不在规定时间与地点进行贩卖的行为是不合法的，而在此时已不足为怪，且不论其是否司空见惯，或者法律是否严格执行，可以肯定的是，在人们的观念中已经得到认可，身为仆射的刘晏还在大庭广众之下满口称赞蒸胡美不可言。

坊内已经存在或潜在的市场因素，在坊外及城外市场的催发与刺激下，便发育膨胀起来。坊内的商品，不能总是躲在"深闺"不被人所识，它们迫切需要在市场的风浪中寻找自己的价值。坊区内的人们，也渴盼着走向市场。但是，狭小有限的市区已经不能再容纳新增加的商人与商品，人们只能在坊内想办法。于是，在各坊内的小街曲巷，有的房檐伸出来以引起市人的注意，进而，两坊之间的大道，两边的坊墙被打破一个个窗口，摆上商品，吆喝贩卖。继而坊墙的窗口越开越大，越来越多，最终被一个个的店肆所占领，居民区与市场也就浑然一体了。坊市制的空间形态就这样消失于城市历史舞台。

商品流通是没有政治边界的，城市的高墙深池阻止不了交易的扩大，市场同时越过城墙，向城郊扩张。唐中后期城郊草市的兴起，进一步冲击着坊市制市场体系。

建康城，南面的草市、东面的沙市，东晋就已出现，部尉设于其中。荆州城附近的市场，前引牟发松《唐代草市略论》所辑，有后湖、草市、沙头市及其对岸的马头和牲口市。白洑南草市，有人"常贩桡朴、石炭"①，李嘉祐《登楚州城望驿路，十余里山村竹林相次交映》谓："草市多樵客，渔家足水禽。"鄂州亦有汨口草市。

汴梁城外，隋朝时商旅船客会聚，蔚为都市气象，隋文帝强令他们返本归农，船客停于"郭外星居者，勒为聚落，侨人逐令归本"。但唐代时都市很快又发展起来。距城不远的汴水渡口一草市，王建《汴路即事》诗云："天涯同此路，人语各殊方。草市迎江货，津桥税海商。"这是商路之津、城市之外的草市，活跃着四方远道而至的贩运商人。

隋唐政府对城墙内外的居民的管理有明显区别。城内居民中，"市"区单列"市籍"，社会地位低下，与坊内居民迥异。这种区别逐渐缩小，至宋代，市籍问题不再被提及。同时，唐中叶出现了"坊郭户"的称谓，宪宗元和四年（809年）奏文中出现了"坊郭户"等与乡村户对称的文字。②坊郭户是指城内外的人户的统称，包括坊内和"市"内的居民，也包括城墙外的居民，可见城墙内外已被视为一体，而与乡村相对。五代后唐明宗诏令中，将"京都及州府、县镇及关城草市"的居民与乡村人户区别开来。凡此都表明坊与市之界限、城墙之界限逐渐消失，而代之以乡村与城市之分。

附郭草市从一开始就是在官府控制之外兴起的，游离于政权体制之外，为城市市场注入了新的血液，表明旧有的城垣再也无法包容日渐增

---

① 《酉阳杂俎》前集卷2。
② 张泽咸：《唐代城市构成的特点》，载《社会科学战线》1991年第2期。

长的城市人口和日益增长的商品交换。城市的进一步扩展，促进了市场性质的改变。大中七年（853年），"废州县市印"[①]，标志着官府对城市市场的控制逐渐结束。

---

① 《册府元龟》卷504。

第七章
魏晋南北朝隋唐时期货币流通的曲折演进

第一节 魏晋南北朝时期流通手段的倒退

货币是商品的商品，货币流通与价格是市场发展的寒暑表。东汉以后，与市场的低迷景象一致，流通手段开始向实物货币回归，汉末魏晋出现大幅度的倒退。金属货币的流通大为缩减，乃至一度从市场中消失，而实物货币日益盛行，并在相当长的一段时期内取代铜钱，成为货币流通的主体。

实物货币，即使在传统市场的第一次高峰阶段，即铜钱流通的兴盛期，仍然是存在的。铜币通过排挤实物货币而取得了流通领域的主导货币地位，但它不可能在每一次交换行为中都成为媒介，从而完全排斥其他交换形态。无论秦时的半两钱还是汉武帝后的五铢钱，都不是唯一的交换媒介。即使在关中或中原，市场的许多角落，尤其是农村的一些地方，还有以物易物的交换。在不发达地区，以物易物、实物货币更是随处可见。

在以非铜钱为媒介的交换中，有几种生产物显然已起着流通手段的作用，那就是布帛和谷物。随着市场的低落，它们在流通领域的作用越来越被强化。

西汉后期的贡禹、东汉章帝时的张林，都曾建议罢铜钱，而以谷帛为币，这实际上是对市场衰落的无可奈何的叹息。汉末，金属货币愈来愈受到实物货币的排挤，董卓紊乱币制，更加剧了这一趋势，从此钱币就不再通行。故《晋书·食货志》称，铜币不再流通，是由于战乱，年代久了就都破损了。如此这般，到了汉末就不再流通了。这种局势发展下来，终于得到了皇帝诏书的承认。曹丕于黄初二年（221年）下令，废除了五铢钱，命令百姓用谷物和布帛来交易。这等于是从法令上取消了五铢钱的法钱地位。吴、蜀有铸钱，史书只是一笔带过，《三国志·吴书·孙权传》云，吴曾铸"大泉五百"和"大泉当千"，但百姓觉得大额铜钱很不方便。官府遂收回封存勿出。蜀有"直百钱"，影响也不大。

西晋稍有好转，尽管时间短暂，但铜钱流行在洛阳等城市仍有所起色。于是晋人成公绥、鲁褒分别著有脍炙人口的《钱神论》。

成公绥说，车马疾行，都是为了追求钱财。京城的显贵，当道的权臣，钟爱我家兄（指钱），都不能停下来。他们拉着钱的手……不计较钱币的优劣，也不问能花还是不能花。（只要有了钱）家中就能宾客如云，门庭若市。

鲁褒说，世人爱钱如敬爱兄长，并且叫它"孔方"。没有了钱就会贫穷弱小，有了钱就会富裕强大。钱没有翅膀却能飞走，没有腿脚却能跑掉。它能让严肃的人开怀，能让缄默的人开口。钱多的人走在前面，钱少的人跟在后面；在前面的人是上级和长辈，在后面的人就是下属和奴仆……有了钱就可以化险为夷，起死回生。没有了钱，尊贵的人会失去权势，活生生的人也会丢掉性命。……

他们所讽刺的对象是当时市场最发达的都城洛阳中的士族官僚,即所谓的"朱衣素带"者,并不能代表铜钱流通的全貌。当时不仅两晋政府长期没有铸钱,而且民间销毁铜钱的现象十分严重。根本的原因在于铜钱作为货币流通的衰落。正如傅玄所分析的,国家富裕,钱币就会流通,就会禁止私自铸造钱币;国家贫穷,钱币就无法流通,就会禁止私自销毁铜钱。①"世贫钱滞"正是市场商品与货币流通的真实写照,两晋南北朝都大体如此。《晋书·食货志》载,东晋太元年间,商人贪"比轮钱"(指孙吴旧钱)斤两较重,贩运至交广卖于当地人改铸铜鼓。徐爰《铸四铢钱议》说,民间很多人销毁铜钱来获得铜。南朝宋时沈演之反映说,争相私自剪凿,销毁益繁,刑罚和禁令虽然苛重,但是这些人周密谨慎,总能逃避惩罚,使钱币"岁月增贵"。②政府铸钱减少,出土文物可资为证,1955年湖北武昌一座西晋墓出土钱币3630枚,1973年江苏丹徒发现一瓮重达280斤的东晋窖藏铜钱,其中90%是汉五铢钱,其他则为历朝各种铸币。而1950年长沙发掘的27座两晋墓,墓葬出土绝少钱币。

魏晋时将西汉以货币形式缴纳的算赋改为以实物缴纳户调,也是适应货币与市场的变化。当曹丕于黄初七年又诏令复五铢钱时,谷帛的货币职能已经相当稳固了。曹魏、西晋政府的赏罚、买卖都以绢帛为准。《魏略》所记,曹魏流传的卖官鬻爵的等级数量为,想要买到牙门之官,则需要千匹布;想要买到百人督这样的官职,需要五百匹布。晋武帝欲立平籴法,亦用布帛市谷,据《晋书·刑法志》载,贼人烧毁百姓的房屋,拉帮结伙,赃款五百匹绢以上,就要处死于街市之中。当时的法律中,此类条令不一而足。官府如此,民间交换自不待言。在民间,布帛

---

① 《晋书·傅玄传》。原文为,"世富钱流,则禁盗铸钱;世贫钱滞,则禁盗坏钱"。
② 引自《宋书·何尚之传》。

已经成为普遍通用的价值尺度，如吐鲁番晋翟姜女买棺木简载，泰始九年（273年）二月九日大女翟姜女，买了一口棺材，价值二十匹练。①《齐民要术·种红蓝花栀子》中计算田地收入，以绢计值者居多，如负郭良田种一顷者，岁收绢三百匹。以绢计价司空见惯，蜀国何随取民芋，以绵系其处；西晋名将羊祜军行吴境，割谷为粮，送绢偿之，等等，都是耳熟能详的故事，此不赘举。

布帛作为流通手段，同样有相当多的记载可资为证，兹举《三国志·魏书》两例。任嘏和别人一起去买牲口，分别花费了八匹布。后来牲口的主人家想要赎回牲口，当时牲口的价格已经涨到六十匹了。和任嘏一起买牲口的那个人就想让对方用现在的价格赎买。任嘏自己答应对方用八匹布的本价赎买，于是和任嘏一起买牲口的这个人就很惭愧，也让对方用本价赎买了。此载于该书《王昶传》，注引《任嘏别传》。《胡质传》载，胡质在荆州，他的一个穷亲友自京都来看望他，告归，胡质送给他一匹绢作为路费。

明确称绢为交易媒介，后世的北魏，《魏书·虎子传》中更有"资粮之绢"之语。《汉晋西陲木简汇编》第二编"买布简"，简文中有"买布四升""买履三升"，则是以米谷的计量单位"升"为定价标准。谷帛具备了价值尺度和流通手段，同时也具备支付手段、贮藏手段等货币职能，从而具备了完整的货币形态。谷帛的使用是如此广泛而稳定，奸诈之辈竟然不惜损坏这些生产物，以期在交换中获利。《晋书·食货志》载，魏明帝时，废除钱币而改用谷物交易已经很久了，人世间投机取巧、弄虚作假的渐渐多了起来，居然用湿谷子来牟利，用薄绢来交易。即使官府对这些人处以严刑，也无法禁止这种行为。

西晋灭亡后，南北对峙的局面长达两百多年，但无论是北方还是南

---

① 《新疆历史文物》，文物出版社1978年版。

方，货币流通的状况大同小异，铜钱始终都不能和布帛相抗衡，只是程度不同而已。

在北方，十六国时期，1959年吐鲁番出土的一批当时的文书显示，除个别记录金银数枚外，很少涉及钱币，一般买卖、举债都用布帛等物支付，如买婢用锦、赁桑用毯、雇工用绢等。石勒试图在后赵推行铜钱，然而，这位在战场上叱咤风云、所向披靡的统帅，在经济规律面前惨遭失败，他的严刑酷法无力将货币流通向前推进一步。《晋书·石勒载记下》录此事，石勒下令官府和民间都使用钱币交易，但是大家都对此不满。于是石勒出售丝绢来收购钱币，规定了中等绢一匹一千二百钱，下等绢一匹八百钱。然而百姓私自用四千钱买中等绢，用两千钱买下等绢。投机倒把的人就趁此低价收购钱币，然后将钱币高价出售给官府。因为这种事情而被处死的有十几人，而钱币最终也没有流通。石勒可以说是使尽了一切手段，都无济于事。地位衰败的铜钱，即使在行政强令的扶助下，也难以在市面上流通起来。这里的"人情不乐"无异于"市场不允许"，这是钱终不行的根本原因。

北魏，据《魏书·食货志》载，魏朝初年到太和年间，钱币无法周转流通。孝文帝太和十五年（491年）重新铸钱，名曰太和五铢，但它大体只能在京师进行交易，不能在各地流通，未行钱处甚多。而私钱薄得就像榆荚一样，串起来就会破损，放到水面上，几乎都无法沉下去。[①]北魏布帛流通，甚至专门用单丝的细绢，单薄的布匹，尺寸狭小，不符合一般的规制。裁剪开变成一尺为一匹，来进行交易。东魏、北齐政府都铸造过五铢钱，但东魏市场仍是钱币不通行，交易者用绢布。[②]北齐的"常平五铢钱"还称得上制作精美，币值较高，但受到私铸的冲击，

[①]《北史·高道穆传》。
[②]《魏书·食货志》。

无法使铜币流通走上正轨。北周的情况更在北齐之下，其法律说明了这一点，《周书·武帝纪》所载，判处死刑的条款有，持械的成群盗贼，赃款要在一匹以上才能判处死刑；不持械的成群盗贼，赃款在五匹以上才能判处死刑；监守自盗的，赃款在二十匹以上才能判处死刑；小偷小摸和诈骗的，赃款要在三十匹以上才能判处死刑；等等。显然，盗贼并不是非布帛不盗，官府也不是非盗布帛不刑，而是官府以绢帛货币来衡量其盗物的价值，并据以定罪。

在南方，金属货币的命运要好一些，它没有沦落到完全消失于市场的地步，但境况也可堪凄凉。南朝所用多沿袭汉代旧币，由此不难推测南朝金属货币流通的水平。南朝宋时，尚书右丞徐爰《铸四铢钱议》曰，铜钱年代久远，屡经战乱，因为焚烧和剪毁，一天比一天少。货物稀缺，民生困苦，官府和民间都很艰难。周朗建议废除钱币，用谷物和布帛来赏罚，一千钱以下才可用金属货币。沈约甚至主张，应该直接废除钱币，专门用粮食和布帛来交易，使百姓懂得要辛勤耕作。这是唯一的办法。[①] 古钱既不可多得，且久经磨损，轻薄不佳，而新铸铜钱也面临同样的问题。官府无力大量铸造，为数有限的铸币质量亦差。宋武帝铸孝建四铢，所铸造的钱币形制又薄又小，不成轮廓，和盗铸、私铸铜钱差别不大。民间的私铸铜钱，刘宋时得到政府许可，但成色低，甚至恶劣到丢到水里不会沉下去，随手就能弄破，以致货物无法通行。[②] 或须磨去光泽，染成黑色，始能行用。523年，梁武帝铸造铁钱，这在我国古代是首次。这种减重贬值的铸币，诱发了私铸，并作为劣币排挤了市场上流通的铜钱，造成物价上涨。《隋书·食货志》追述道，铁钱堆积如山，物价一下子涨得很高，交易的人用车来装钱，不再计算数目，

---

① 《宋书·周朗传》；《宋书·孔琳之传》。
② 《宋书·颜竣传》。

第七章　魏晋南北朝隋唐时期货币流通的曲折演进

而只计算多少贯。商人奸伪狡猾，凭此来获得利润。于是铁钱只能成为一个短暂的插曲，很快便从市场上消失。南齐铸钱仅有一次，古钱多被民间剪凿，鲜有完者。梁时铸钱稍多，却更为混乱；陈朝铸钱稍稍精良，但已难解痼疾。

与铜钱的疲软相对照，实物货币的流通则在大部分时间内要坚挺得多，广泛得多。东晋沿袭西晋，"士习其风，钱不普用"。[①] 川蜀一带，在宋限令用钱之前，都用绢来作货币[②]，各地普遍如此，至有周朗、沈约建议罢铜钱，专用谷帛。后来虽然经济有所发展，但铜钱的流通始终未能普及。至梁初，唯京师及三吴、荆、郢、江、湘、梁、益等州用钱，其他州郡杂以谷帛交易。陈时，《隋书·食货志》称仍兼用粮食和布帛作为货币。

由此可见，铜钱作为货币主流的地位，在西汉后期就曾发生过动摇，东汉虽有恢复，但较之高峰期的盛况，则大为逊色，并且很不稳定，至汉末三国时期迅速跌入低谷，即退出流通领域，直至西晋。此后南北朝时期，尽管铜钱在南方恢复，维持了与实物货币并行的地位且继续抬头，但在北方，它始终未能达到和布帛谷物相颉颃的势力。

就币材效能而言，生产物充当货币，显然远不及金属货币。铜钱，诚如晋鲁褒《钱神论》所云："其积如山，其流如川。动静有时，行藏有节。市井便易，不患耗折。"孔琳之也说，铜钱既没有毁坏衰败的损耗，又省去了运输和贮藏的辛苦，这就是钱币为什么能够取代龟甲和贝壳，历经多代也不会被废除。而谷帛作为货币则存在缺陷，《晋书·食货志》称，谷物布帛都很珍贵，可以用来吃饭穿衣。如果今天把其中一部分拿出来作为货币，那么一定会有很多损耗。在商贩的手中损坏，在

[①] 《宋书·何尚之传》引沈演之语。
[②] 《宋书·刘秀之传》。

裁剪的时候消耗。这样做的弊端，古人已说得很清楚。既然如此，为什么谷帛能东山再起于货币流通领域呢？重要的原因在于，铜钱形制多样且不统一，有历朝古钱，有当朝铸币，有民间私铸钱，连专门的钱币学家都颇感棘手，难以分辨，更不用说平民百姓了；币制频繁变更，魏晋南北朝时期，南北各地割据纷争。朝廷更替不断，每逢改朝换代就有一次币制变动，每一朝代又不断改变，因此铜钱的使用错综复杂、混乱至极，朝廷束手无策，民间深感不便。更重要的是，市场发展水平的制约。在这种情势下，与人们日常生活息息相关的谷帛反倒显示出了其优势。自汉以来，无论是政府还是民间，全国各地的布帛都以统一的定式计量，幅阔二尺二寸（1尺=0.333米，1尺=10寸），长四十尺为匹。布帛谷物成为统一的计量单位，便于市场通用，计量商品及其物价。因此，无论政权如何变动，无论走到何地，布帛谷物都是统一的货币，最终还可以还原于生产物形态。

第二节　唐代的"钱帛兼行"

假若魏晋南北朝时期可以被称为"钱谷布帛杂用时期"，那么隋唐则可被称为"钱帛兼行时期"。[①] 汉末以来，在布帛谷物等生产物形式的流通手段中，绢帛的货币作用越来越显著，谷物和布的货币作用则逐渐被削弱，演进至唐，形成了钱帛兼行的格局。

各种生产物充当交易媒介的现象，在广大农村和欠发达地区仍很普遍。购买食盐是农民最经常发生的交易行为，人们大多以各种生产物交

---

① 李埏：《略论唐代的"钱帛兼行"》，载《历史研究》1963年第1期。本节的主要依据便来自此文。

换食盐。韩愈说，百姓贫多富少，除了城里，有现钱可以买盐的人不到十之二三，大多用杂物和粮食来交易。盐商为了追求利益，没有什么物品是不要的，有的还会允许赊贷，约定用按时成熟的作物来归还。用这种方式来交易和周济，两相便利。山南道兴元一带也大体如此：兴元巡管不使用钱币，山谷当中的穷人随时随地都可交易，布帛不多，食物随时。买盐的有的用一斤麻，有的用一两丝，有的用蜡，有的用漆，有的用鱼，有的用鸡。琐碎丛杂，都随便利。①

　　食盐是农民最起码的需求，交易频密，因而以各种生产物来交换。在其他买卖场合，以绢帛充当流通媒介最为常见。主要的原因就是其他生产物退出了货币流通，绢帛因而显得更为突出。在广大农村，即使到了两税法推行之时，仍然是如《新唐书·食货志》所云，"用布帛处多，用钱处少"。唐人习语常"布帛"连称，实际所指多为帛。唐代律令计赃、平功庸等种种规定，都以绢帛计之。具体使用的事例如《云仙杂记》卷4所载，开成年间，物价很低，村落中买鱼和肉的，一般都用半尺胡绢。从这种把绢帛"裂为匹尺，以济有无"的现象看来，绢帛在农村作为流通手段的作用是显而易见的。

　　唐代城市里的商品不少，商业贸易发达。就大宗商品而言，在茶业大盛之前，执商品界牛耳的实唯绢帛而已。最足以说明这一点的是，尽管长安市上商品极众，但那里最大量的商人和最富有的官僚所追求和囤积的却是绢帛。例如高宗时能够交通帝王的大贾邹凤炽、玄宗誉之为"天下之富"的王元宝，都对皇帝自夸其豪富：以绢一匹，系终南山树，"南山树尽，臣绢未尽"。以聚敛著称的杨国忠，身居高位，朝中和

---

① 韩愈：《昌黎先生集》卷40，《论变盐法事宜状》；《唐会要》卷59。原文为，"兴元巡管，不用现钱。山谷贫人，随土交易。布帛既少，食物随时。市盐者或一斤麻，或一两丝，或蜡、或漆、或鱼、或鸡，琐细丛杂者皆因所便"。

番邦的馈赠像车辐集中于车毂一样聚集，积攒了三千万匹绢。① 又如文宗时的郑注，《旧唐书》本传载，登记并没收了他的家产，得到了一百万匹绢，其他货物也与此相当。这些人就是当时被称为有"绢癖"的代表，他们聚积巨额的绢，显然不是为其使用价值，而是为其交换价值。

为什么绢帛具有流通手段的作用呢？在买卖鱼肉这种细碎交换的场合，为什么不使用更易于分割的铜钱或谷物呢？李埏指出，绢帛是农村的生产物之一，便于取给应用；它是一种使用价值，而且是一种生活必需品，当人们不用它进行交换的时候，可以直接消费它。它在农村以外的市场上，有着更为重要的货币职能，人们拥有了它，可以进行任何交换。就前两点而言，它和谷物相类而和铜钱不同；就后一点而言，它和谷物不同而和铜钱相类。可以说，在某种程度上，它兼具二者之长而无二者之短，因而人们便更频繁地使用它。最后一个因素是决定性的。因为唐代的农村，虽然自然经济仍很顽强，但比之以前，已与外界有较多的经济联系。在外界（主要是城市）的需求方面，绢帛更易于为人们所接受，这是很自然的事情。试检《敦煌资料》②中的借约便可看到，凡举债人不离本乡的，多是缺甚借甚；若一离本乡，如"入奏充使""往西州充使""往伊州充使"，则一律借的是绢。为什么会这样呢？很明显，不仅是因为绢帛轻便易赍，而且是因为它在城市或其他乡村具有货币职能，可以作为川资之用。既然社会的最大购买力表现为绢帛，而绢帛又有着最广阔的销路，那么，绢帛也自然就由一般的交换手段变成了流通手段。这种交换方式扩张开来，一切人都可以使用绢帛，市场上便是"钱帛兼行"了。

但是，应该注意到，绢帛和铜钱毕竟不同。铜钱虽然微贱，但它是

---

① 《太平广记》卷495；《资治通鉴》卷216。
② 《敦煌资料》第1辑，中国科学院历史研究所资料室编，中华书局1961年版。

第七章 魏晋南北朝隋唐时期货币流通的曲折演进

一种脱离价值实体的金属铸币，货币形态更为完整。至于绢帛，它在市场上基本是一种"一般商品"。尽管总体看，它和铜钱交织流通，但就一匹绢而言，它只是在它的商品流通过程中暂时尽货币的职能。它不可能穿上货币的服装，长期流通不绝。假若它不迅速退出流通，就要丧失或减少使用价值。因此，它作为货币只能适应于简单的商品货币关系。从货币形态的发展来说，它是比铜钱更为落后的。

在南北朝后期，只有三吴、荆、江、湘、梁、益、徐、扬、兖、豫等州郡用钱，铜钱的流通仅在当时发展比较先进的区域。隋文帝铸新的五铢钱，《隋书·食货志》称，从此钱币和货物才统一，钱币流通的地方，百姓都觉得很方便。唐初武德四年（621年），结束了五铢钱长期流通的历史，铸开元通宝钱，史称"轻重大小，最为折衷，远近便之"。经隋而唐，铜钱流通的区域是大为扩张了，但在唐代前期，仍局限于大中城市和经济发达地区。《新唐书·食货志》载，唐穆宗时户部尚书杨于陵在指陈钱荒的原因时说，当初通行于中原，如今扩展到边疆。大历年间之前，淄青、太原、魏博等地兼用铅钱来流通，岭南则兼用金银、丹砂、象齿。如今都用泉币，所以钱币显得不够用。

可见，铜钱的流通区域，在大历以后，才逐渐扩及边疆。

铜钱是一种贱金属的、细小单位的货币。开元钱尽管比五铢钱重，但仍然很细小。标准的开元钱一枚不过合今天的 4 克。以如此细小的货币，何以适应当时城市交换的需要，而使"远近便之"？又何以很少流入农村，弄得连籴盐也很少用现钱？这两个问题实际是一事的两面。与市场联系最紧密的，是那些朝不保夕的城市小生产者。他们人数众多，生产与消费规模都非常细小，"朝求升，暮求合"地依赖市场维持生计。这正是流通手段选择贱金属并采取那样细小单位的根本原因。十分明显，一个人的所得那样微薄，生活又那么需要，实际的买卖行为非常零碎，假若不把那一点儿所得做很细的分割，怎么能够应付呢？铜钱的细小单位正好适应了这一点，或者反过来说，正是城市小生产者的细碎交换的矛盾，决定了铜钱的细小单位的特征。

在魏晋南北朝时期，铜钱的使用范围曾大大缩小。隋唐城市小生产得以发展，铜钱的流通随之加强。开元二十年（732年）的一道敕令表明了这一点：绫、罗、绢、布和杂货，交易的时候都通用。如果说集市必须要现钱，就太不合道理了。从此以后，这些物资和钱币兼用，不遵守的人要依法处置。两年后再次申令：所有庄宅、人口、牛马等大宗交易，优先用绢布、绫罗、丝绵等，一千钱以下的小宗买卖，亦令钱物兼用，违者科罪。① 绢帛等交换媒介，在市场上已开始受到铜钱的排挤，人们不愿收受绢帛。唐玄宗不明其理，企图通过行政命令加强绢帛的货币地位，但终究不能改变绢帛作为流通手段走向末路的历史趋势。

第三节　中晚唐的钱荒与信用货币

自唐中叶以后，绢帛日益受到排挤，其货币职能便不可能不受到阻滞、削弱。与此同时，铜钱的流通则向深度和广度扩张。两税法的推行是以市场发展为前提的，反过来它又刺激了铜钱的需求。租庸调是一钱不征的，两税法则非钱不行，即令只是以钱定税，折供杂物，也有赖于铜钱流通。开元间天下租钱200余万缗。两税法实行后，岁敛钱达3000万缗之巨。两税法的推行是市场扩大和钱荒发生的一个直接原因，但更为根本的原因在于，市场本身的发展所导致的商品价格总额的上升和货币经济的扩张。在地域上，铜钱流通不断扩张，由城市扩及乡村，由中原扩及塞外，原来不用钱的地区也相率行钱。在深度上，随着均田

---

① 《册府元龟》卷504；《全唐文》卷35。

制的瓦解，农民越来越多地卷入市场关系；随着坊市制的突破，城市市场突破坊墙与城墙而日益扩大。城乡市场的发展使商品价格总额不断增长，市场对流通手段的需求随之上升。而货币流通手段，则由于与铜钱并行的绢帛逐渐退出货币流通领域，市场自然只能更多地使用铜钱。然而，中央铸钱额非但没有增加，反而有所下降。开元年间每年铸钱逾100万贯，宪宗元和年间，则减至每年15万贯。这样，流通领域的矛盾便日渐尖锐起来：市场的扩大（即商品价格总额的增长）对流通手段的需求愈来愈强、愈来愈大，而货币流通总量甚至逐渐减少。因为旧有绢帛退出，铜钱数量又没有增长，矛盾演化的结果导致钱荒，表现为通货紧缩、钱重物轻。

与钱荒相伴随的，还有种种经济现象，它们既是钱荒的原因，也是钱荒的表现。

其一，盗铸滥钱。由于市面上铜钱短缺，民间私铸铜钱以求谋利，这些铜钱面目滥恶，成色低，不足重，但在市场上却能驱逐好钱。《新唐书·食货志》载，开元末，天下盗铸滥钱的行为四起，广陵、丹阳、宣城等地尤为严重。京城的豪强权贵，每年都要谋取这些劣币，运输的船只和车辆络绎不绝。两税法实行前夕，"江淮百姓，近日市肆交易钱，交下粗恶，……不敷斤两。致使绢价腾贵，恶钱渐多。闻诸州山野地窖，皆有私钱，转相贸易，奸滥渐深。"私钱泛滥对于市场流通手段的缺乏或有一时的救急作用，但它却给货币体系尤其是官府的财政制度制造了混乱。

其二，销钱为器。铜作为币材和器皿原料都相当紧缺，导致铜原料和作为奢侈品的铜器，价格高昂，甚至高于同一重量的钱文面额,《旧唐书·杨嗣复传》载，开成年间，江淮的南面，到处都是熔毁铜器的店铺。市井中牟求暴利的人，销毁一缗钱，就能获得三四倍的利润。偏远地区的人民不了解中央的法令，都以此为常。贞元年间，兴贩之徒，销熔铸币以制造铜器皿,利润丰厚。1000文铜钱,熔化可得铜6斤,加工成器皿,可售6000文,获利6倍。在高额利润的诱引下,被销毁重铸成铜器的钱币很多,江淮之间,钱币消耗减少。

其三,窖藏铜钱。在简单商品经济下,人们窖藏钱财容易成为癖好。唐前期,表现为"绢癖",富商权贵如邹凤炽、王元宝、杨国忠之流,大批囤积绢帛。中唐以后,表现为"钱癖",铜钱币值稳定上升,而且不会腐败,因而富有者对铜钱表现出越来越大的贪婪,钱癖较之绢癖更为惊人。《旧唐书·食货志》载,京师闾里区肆所积多方镇钱,王锷、韩弘、李惟简,少者不下50万贯。这种巨额窖藏当然是其中最为突出者,但从官府的蓄钱限令的规定中可以看出,这种现象绝非偶然。长庆四年(824年)敕令私贮现钱的限期处置,这种规定显然不是针对极个别的对象,而其数额之巨,只要参照宪宗时国家年铸币额15万贯的数字,我们就不能不为之瞠目结舌。试推算长安铜钱窖藏的粗略数字:50万贯以上的以3人(或更多)计,200万贯;10万~20万贯的以10人计,共150万贯;1万~10万贯以50人计,共为250万贯,那么,仅长安这些高赀大贾的仓窖中就积淀下600余万贯铸币。如此巨额的铜钱退出流通领域,这不能不是钱荒的一个重要原因。

此外还有一些现象,《新唐书·食货志》引杨于陵语,当初在中原地区通行,如今扩散到边境;有的在乡里送终的时候含在去世的人口中,有的因为商人放贷而积蓄起来,有的则在运输途中出现损耗,等等。这些因素与钱荒相互作用,交相促发,使钱荒陷入了恶性循环,长期困扰市场。

面对钱荒的困扰,政府采取了一系列措施,例如,扩大铸钱,以增加铸币的绝对数额;出内府之积,限制私人蓄钱,以加快货币流通速度,从而相对地增加货币数量;强制性地恢复绢帛作为货币的作用,以减缓铜钱缺乏的压力;禁止铜钱向塞外和海外泄流,禁止销熔铜钱,等等。至唐武宗甚至在全国范围内废毁佛像，取铜铸钱。凡此措施，在执行过程中都难免扭曲变形，成效甚微，或者一波三折，反复无常，或者"法竟不行"。事实上，有的措施本身就是和市场发展背道而驰的，如强行恢复绢帛作为货币的职能，禁止铜钱外流；有的则在当时市场条件下只能是一纸空文，如蓄钱限令；有的则是罔顾民意，如废佛铸钱；而地方政府禁止铜钱出境，人为造成割据与封闭，更导致"商贾不通"。种种措施，始终无法消弭钱荒。

相对而言，民间在应付钱荒过程中产生的一些经济行为，则显示出创造性，"除陌"就是其中之一。除陌，又称"短陌""省陌""垫陌"，即"陌内欠钱"，就是在交易中减少实际的铜钱支付额，名义上是一千文或一百文，实际支付则少于此数。一开始政府对这种现象严加禁止，后来逐渐放宽。《旧唐书·食货志》引长庆元年（821年）敕令：听说近来使用钱币，每陌的钱数都不一样。与其加以禁止，但是百姓仍会触犯，不如顺从百姓的习俗，让他们各取所宜。随着除陌的普遍化与经常化，穆宗时正式承认其合法性，官府和民间使用货币，从今以后，应当把每一贯钱去除80文，以920文钱为一贯，[①]即92文成陌。随着钱荒的恶化，短陌数越来越大，相继降至85文成陌、80文成陌、77文成陌。乾符年间，政府宣布以77文为陌，于是就成了惯例。如果说除陌制是市场在钱荒困扰中的一种无可奈何的变通行为，那么，"便换""飞钱"等信用交易现象的出现，则是市场行为人积极的创造性发明。

在钱荒的背景下，铜钱作为贱金属货币，自身的交换矛盾显露无遗。铜钱价低体重，庋藏运载不便，风险较大。据《两唐书·食货志》的记载，开元钱的标准重量是每千文6.4斤（约当现在的4千克），鹅眼、铁锡、古文之类的恶钱，每贯重约3.4斤（约为现在的2千克）。

---

① 《全唐文》卷65。

依此计算，1万贯开元钱重6万斤；恶钱半之，重3万多斤。唐建中年间，江淮铸钱输于京师，工用转运之费，每贯计钱2000，本倍于利；就是较近的商州，也要钱900，其中运费之昂，可想而知。这个矛盾使得汇兑方法应运而生，出现了所谓的"飞钱""便换"。当时商贾来到京城，把钱托付给各道的进奏院和各军各使的有钱人家，然后带着轻便的行李奔走四方，合券取钱，这种方法叫作"飞钱"。官府对于这种新事物，开始时明令禁止，后来也卷入其中。元和二年（807年），朝廷还敕令官府和民间兑换现金，必须一律禁止，但仅仅一年之后，便改弦更张，允许商人在户部、度支、盐铁三司根据自己的需求任意换取铜钱。①

"飞钱"给商人交易尤其是远距离贸易带来的便利是显而易见的，《因话录》记载了这样一桩故事：有士族子弟在外面经营产业，获得数百缗钱。担心路途遥远、难以携带，故请求自己认识的人将钱交纳到公藏，然后带着凭证回去，也就是俗称的"便换"，并且把凭证放到衣囊里面。有一次喝醉了，他指着衣囊给别人看，说："可不要小看了这衣囊，里面可是有好东西！……"数百缗重达千斤上下，川途难赍，可想而知，改以便换，竟置于衣囊，方便轻快。无怪乎这个士人竟得意忘形起来。

李埏指出，"飞钱"之要乃先合券才能换取，深值注意。它表明，券的合与不合是支付的主要依据，而不问求兑的人究竟是谁。这是可以理解的。在相距很远的两地，券之合与不合易辨，人是否是其人则很难识别。商贾流动不居，乍来即去，怎么能让支付者认识不误呢？这种合券乃取的方法把信用向前推进了一大步，使"认票不认人"的信用票据树立起了它的权威，于是人们就有可能不立即要求兑取铜钱，而辗转把

---

① 《唐会要》卷88。

它用作支付手段。这样，它就和后来的楮币接近了。《宋史·食货志》记述会子与交子，头一句便说："会子、交子之法，盖有取于唐之飞钱。"可谓直溯其源，最能得其演进之实。①

---

① 李埏：《从钱帛兼行到钱楮并用》，载《宋史研究论文集》，上海古籍出版社1982年版。

第三篇

中国市场的再度兴盛：
10—14世纪（五代两宋金元时期）

唐末五代的藩镇割据，由赵宋王朝一举削平，与之并存的，西南有吐蕃、大理，西部有西夏，北部先有辽国，继起的金国更与南宋长期对峙，直到元朝才实现了全国的真正统一。本篇以两宋为主体，结合五代金元的史实，考察了10—14世纪传统市场的演变。历代史籍皆称宋代"积贫积弱"，但这只是政治军事的反映。在这种表象的背后，中晚唐以来的市场变革继续深入和发展，11—13世纪，两宋时期达到了传统市场时期新的高峰。

唐宋变革是大陆和台湾历史学界[①]的一大研究热点，帕金斯、川胜守[②]等则称唐宋变革为商业革命。黄纯艳论述唐宋经济制度变迁的主要特征如下：

一是私有产权制度在广度和深度上的发展，创造了财富的激励机制，推动生产要素流动与资源配置基础之上的经济效率得到了强化。

二是人身依附关系的松弛，促使契约关系基础之上的租佃制成为主导。

三是政府逐渐退出了直接经营的经济领域，民间获得了更多的经济空间。如官营手工业从唐朝后期开始，逐步通过买扑、实封投状[③]的方式转为民间经营，社会利益呈现多元分配格局。

汉武帝以后的经济制度是在规定政府和农民两极关系的基础之上设立的，缺乏商税体系将商人的财富合理而有效地转化为财政，因此政府与商人属于对立和争利的关系，政府通过管榷、均输、平准等手段排弃

---

① 柳立言：《何谓"唐宋变革"》，载《宋代的家庭与法律》，上海古籍出版社2008年版。
② 川胜守：《中国史上的两次商业革命及中国社会经济的发展》。
③ 郭东旭：《实封投状法：宋代国有资产流转的竞争机制》，载《中国经济史研究》2009年第3期。

商人来垄断和强占资源。宋朝政府制定了系统的商税征收条例，在专卖领域亦吸收商人参与，以间接专卖制使"富商大贾为国贸迁"。民间商业的空间日益广阔起来，在对外贸易中亦表现出国退民进的趋势。

四是政府实施管理时，更多地使用经济手段和借助市场的力量。原来一直由政府组织"纲运"完成的巨大物资调配，如今更多地通过市场的手段来实现，如吸引商人"入中"、和买、和籴，以引榷茶来获取专卖利益。成本高昂的国营商业被民间商业所取代，效率的增强使政府和商人的利益双赢增长。

因此，宋代的土地制度、商税与市场制度、榷茶引盐制、赋役制度、货币制度等，都并非唐代制度连续演进的结果，而是出现了重大变革或创新。[①] 宋代的发展趋势则一直延续至明清并有所强化。

[①] 黄纯艳:《经济制度变迁与唐宋社会变革》，出自《唐宋政治经济史论稿》，甘肃人民出版社 2009 年版。

第八章

宋代城乡市场网络

中唐以来,中国城市市场发生的深刻革命,至宋代基本完成,从此开启了城市市场的新纪元。其空间布局发生了根本改变,市场交易从固定的商业区"市",渗透到了居民区"坊",渗透到了城墙内的每一个角落,并扩展至城墙之外。由于城内商业的扩大和人口的增多,出现了侵街占岸的现象,并且形成了一些新的热闹街市。市区扩展,便利了商人、市民、农民的交易。附郭草市的发育,使之与城内市场的区别逐渐消失,并且被纳入城市建制之中。不少草市,改变了以乡、都、里为体系的乡村管辖制度,并入以坊、厢管辖的城市体系。在大中城市,卫星市镇得到了较大发展。

宋代东南地区形成了"府州市场"网络,府州城市的经济中心功能较强,府州城市的人口比例、城郭规模与县治相差悬殊。府州城市具有足够的凝聚力与辐射力,将下属各级中心地组成一个有机联系的整体。州城市之下是县镇。新兴的镇与县城的经济腹地各不相属,镇一般位于县治30里以外之处。县、镇在政府的各项经济措施中往往并提。它们成为沟通城乡市场的中介。网络的底层,则由众多的集市、村市、墟市等构成,是农户生产物直接交换的场所。

第一节　农户的市场取向

宋代农村市场，农户的商品供给与消费需求有较明显的增加。个体性综合型生产力的进步，生产效率的提高，作物品种的增多，以及人口的增加，使小农家庭经济体的产业结构发生了重大变化，商品供给与市场活动增加，商品性生产比重上升，同时向市场提出了更多的商品性消费需求。由于个体小农交易的细碎性与间隙性，流动商贩应运而生，他们肩挑货担，沿村叫卖，逐户交易。货郎的周期性流转，反映了农民不时的细碎交换需要，进而形成了周期性交易形式——定期集市。作为农民群聚交易实现各自消费需求与商品供给的场所，定期集市逐渐兴起。农村市场的发育促进了乡村中心地的兴起，经济型市镇的初兴成为宋代异乎往代的重要历史现象。市镇成为城乡经济联系的中介，城市市场获得了发展的新动力。

一、农产品商品化的扩大

宋代小农家庭，在户等体制中就是指第三等以下的主户和客户，绝大多数是自耕农、半自耕农和租佃地主或官府土地的佃农。他们约占宋代总户数的90%。每户平均所能拥有或租佃的耕地，各地不一。大致说来，第三等户以百亩为上限，第四等户占田三五十亩，户数最多的第五等户占田一二十亩，只有几亩薄田者也不乏其人，其中不少家庭也需要佃耕，故史籍中或亦以佃户言之。客户，以分成或定额租的形式租佃土地进行独立经营，其个体经营受地主干预不多，除了夔州路等少数地区外，客户的人身依附关系较为松弛。宋代个体小农的数量与家庭产业结构较前代有了很大的发展和变化，与市场的关系更为突出。从战国时期开始，流通已成为农民再生产的必要环节。两宋时期，市场关系的作用进一步强化，成为小农家庭解决其内在矛盾——具体劳动及生产环节的个体性与劳动对象及劳动范围的综合性之间的矛盾——的重要手段。

个体性综合型生产力至宋代已近成熟。曲辕犁耕作时深浅宽窄运用自如，在许多地区取代直辕犁，对于改造低洼地、垦辟荒田，可谓得心应手。尤其在南方，这种一牛一犁的犁耕方式被运用于水田耕作，非常适宜小规模的个体生产。缺乏耕牛的农户，则由踏犁、铁搭代替。虽然不如牛耕效率高，但毕竟比过去镢耕进步了不少，农民借此能因陋就简地独立完成个体经营。铁搭是一种钢刃熟铁农具，用于犁耕之外，还可用于耙镢中耕，显然是一种多用途的综合型农具。人力水车多为踏车，

图 8-1　南宋绍兴耕织图

可充分利用辅助劳动力操作汲水,家庭劳动力得到了高度的综合利用。生产工具的进步,连同宋代引人注目的水利建设与农田改造所带来的土地资源改善,使得江南圩田、山区梯田、沿海涂田不断被开发,精耕细作得到强化。

作物品种的增加,优良品种的引入,也是农业革命性发展的重要内容。自交趾引种的占城稻,开创了我国水稻种植的新局面。真宗时,占城稻,即籼稻,自岭南向岭北引种,迅速推广。《宋史·食货志》说,占城稻"不择地而生",耐旱、高产、早熟,它的普遍推广,改变了"江淮两浙稍旱即水田不登"的状况。两浙出现了再熟稻,在福建,水稻复种则已出现。

淮河以北,水稻种植多呈点状、线状分布于低洼地区及河湖周围,尤以汴河两岸最为集中。[①] 真宗诏令将北方粟、麦、黍、豆等旱粮作物向南方推广,以防水旱。南宋北人大量南迁,进一步刺激了旱作物种植在南方的扩大。南宋的不少地区,稻麦复种的两熟制已经流行,北人南迁是小麦种植南移的重要促进因素,农民种植小麦必然大量销入市场,故有"农获其利,倍于种稻"之说。

在此基础上,劳动生产效率提高,单位面积产量稳步上升。商品粮数量增长之大,体现在宋代商品粮市场的较大发展变化之中。宋代商品粮的流通,冲破了战国秦汉以来"千里不贩籴"的古谚。具有一定规模的商品粮远距离贸易,突破了地区丰歉调剂的格局,而在一些稳定的商品粮供给地和消费市场之间持续展开。没有广大农户粮食商品化的扩大,就不可能形成宋代粮食市场这种前所未有的发展。

粮食亩产量的提高,使得农户可以将部分田地匀出来种植经济作物。种类和数量逐渐增多的农户产品,越来越多地转化为商品。宋代,

---

① 韩茂莉:《宋代农业地理》,山西古籍出版社1993年版,第205、207页。

第八章 宋代城乡市场网络

异军突起的茶叶,桑麻纺织品,甘蔗、柑橘、荔枝等水果及其加工品,漆、楮、竹木、药材等各地特产,蔬菜、花卉等城郊作物,甚至连鱼苗、果苗、生丝、生漆等原料或半成品,都广泛进入了流通并卷入远距离贸易,有的产品还形成了专业产区。

生产力与劳动效率的提高,促使部分劳动力可以腾出来经营经济作物或家庭副业。一般农户,小经济体内有限的资源得到反复利用,多次开发,并且环环紧扣,农副业彼此促进,家庭产业结构也因资源的多层次利用而紧凑化、综合化和多样化。农户家庭喂猪、养奶牛、养鸡、养鸭等家畜家禽养殖业与家庭资源被高度合理利用。

不少农户还直接进入市场谋生,有的经商作贾,多合伙从事买卖活动,更多的则是受人雇用,步担贩运。王柏明确指出这是宋代农民与以往农民的差异:"今之农与古之农异。秋成之时,百逋丛身,解偿之余,储积无几,往往负贩佣工以谋朝夕之赢者,比比皆是也。"①

以产品出售为目的的专门化商品生产,与农户副业商品生产具有阶段性的差异,这种高层次的商品生产在宋代呈现出新的气象。果蔬花卉,面向城镇市场及高层消费,其专门化的商品生产有显著发展。江州鱼苗专门化生产与长途贩运尤具有特殊的意义,因为它是作为生产资料的形式出现于市场上的。江州位于鄱阳湖注长江的入口处,适宜鱼苗养育,而淡水养鱼遍及东南各地,因此江州鱼苗具有广阔的市场。史乘②所见,有江东之歙州,江西之建昌,两浙之会稽、诸暨、衢州、婺州等地,地域极为广阔。周密《癸辛杂识》说,"江州等处水滨产鱼苗,地主至于夏取之出售,以此为利。"而据《东斋记事》载,其岁入之得,"多者数千缗,其少者亦数十百千"。江州鱼苗的商品生产颇具规模,

---

① 王柏:《鲁斋集》卷7,《社仓利害书》。
② 罗愿:《新安志》卷2;周密:《癸辛杂识》别集上;嘉泰:《会稽志》卷17。

生产技术也至为精细。养育鱼苗的池塘,"插竹其间,以定分数,而为价值之高下。竹直而不倚者为十分,稍欹侧为九分,以至四五分者"。江州鱼苗养殖规模之大,技术之高,无疑是在远地市场稳定且巨大的需求促动下,得到持续发展的。同时,这个鱼苗基地商品生产专业化的加强,又在商品数量与质量上促进了各地鱼苗市场的长期稳定和进一步扩大。会稽、诸暨的池塘养鱼,春季购买鱼苗"辄以万计",次年获利至数十百缗。

二、农户消费需求的增加

在消费需求方面,历代小农,盐、铁等都天然仰给市场,婚丧礼祭、宗教信仰等方面也存在消费需求。除了这些共同因素外,宋代小农家庭自给性消费中一些要素转化为商品性消费,突出地表现为以下两点:

其一,官府赋税制度尤其是货币征敛,对小农的市场需求产生了不可忽视的影响。均田制崩溃,租庸调法被两税法代替之后,政府对农民的直接控制大大减弱,赋役制度进入一个历史新阶段。至宋代,兵役实行招募,与唐代府兵制迥异。国家劳役大多数也改为招募,赋税的征收由实物向货币转化。在这种情形下,政府对人户的控制,不少借助市场关系来实现。消费需求的增加,明显反映在政府的财政开支较前代异常增大,因此自唐后期刘晏开始,如何理财成为官府的一大症结,宋代的庆历新政、熙宁变法,都围绕着如何扩大财源而展开。尽管宋政府的财政岁入较唐代成倍增加,但赋役制度的变化所带来的巨大财政开支,仍使朝廷难以摆脱积贫积弱的形象。

第八章 宋代城乡市场网络

除了各种形式的新旧货币税外，宋代和买、和籴等政府购买[①]无时不有，这事实上是农民以政府为市场出售产品，但在不少地区，农户实际上必须从异地购买官府所需物品，才能应付官差。宋代官府名类繁杂的政府购买，无形中增加了农民的货币需求。当时的官吏对此也感触不浅："今民之输官与其所以自养者，悉以钱为重。折帛以钱，茶盐以钱，刍豆以钱。向时给之钱而和买物帛者，今钱不复给而反责其钱。是犹可也，酒醋之买于官者，非钱不售；百物之征于官者，非钱不行；坊场河渡之买扑，门关务库之商税，无一不以钱得之。"[②] 新出现的赋税揽纳方式也刺激了农户的需求。揽人代理农户交纳赋税的方式，在宋代不为少见。小农赋税份额少，往往几家合零为整入纳县镇税场。农户为减少周折便折钱付揽人，由揽人就近购买粮绢等税物代为完纳，或者是因为农户自家不生产某种税物，亦由揽人到外地购买再入纳官府。

其二，更为重要的是，家庭经济体及其再生产过程的特点，尤其是小农家庭经济结构的变化，诱发了农户消费需求的增加。个体农户家庭规模小，消费的多样性与产品种类的有限性，消费的常年性与生产的季节性，消费的稳定性与生产的波动性，都需要借助市场才得以满足。

精耕细作的深化、多种经营的展开、副业生产的扩大，使农户的生产资料种类与劳动时间增加，细小经济体内无法完成自我满足，于是除了农具与耕牛外，仰求于市场者增多。苏辙的诗作《蚕市》典型地反映了这一点："枯桑舒牙叶渐青，新蚕可浴日晴明。前年器用随手败，今冬衣着及春营。倾囷计口卖余粟，买箔还家待种生。"家庭纺织业尤为突出，纺织业在生产资料与生产环节上离不开市场，桑叶买卖的记载很多，郑獬《买桑》诗云："出持旧粟买桑叶，满斗才换几十钱。桑贵粟

[①] 李晓论述了政府市场购买在宋朝官方消费供给体系中的地位，详见《宋朝政府购买制度研究》，上海人民出版社 2007 年版。

[②] 《宋会要·食货》卷 68 之 21。

贱不相直，老蚕仰首将三眠。"专业户、半专业户在生产、生活资料方面需求于市场更多，其口粮的满足就离不开市场，赵蕃《淳熙稿·鬻菜者》诗反映了这种现象与传统农民的新异性："早禾未熟晚犹迟，卖菜归来始得炊。谷者本从田户出，禾滋反取市人嗤。"

凡此消费需求的增长，不仅直接促进了市场的扩大，而且深刻地影响了市场的运作。以商品粮市场为例，作为粮食生产者与出售者的小农，由于农户商品出售与需求满足之间存在一段时间差，收获季节为了满足各种需求而粜粮换钱，把部分日后的必要口粮也卖掉了，以致有一段时间青黄不接，反过来向市场提出需求，转变成为粮食市场的购买者。这样一来，一方面改变了商品粮从乡村至城镇、从余粮区至缺粮区的流通格局，使相当一部分商品粮在地方市场内部周流，形成"农户—粮商—农户"的循环运动；另一方面加剧了商品粮供求格局与粮价变动的季节性差异。

消费需求的扩大促进市场的发展，这在中国古代一直是绝少人能认识到的。抑制消费、崇尚节俭，长期成为占统治地位的思想。但在北宋，却有一位杰出的官员采取了刺激消费赈济贫民的措施，他就是范仲淹。1050年，范仲淹为杭州太守，时值吴中大饥，殍殣枕路。范仲淹根据"吴人善竞渡，好为佛事"之俗，一方面工价甚贱，鼓励佛寺大兴土木，一方面则纵民竞渡，自己带头出宴于湖上，于是自春至夏，居民空巷出游。有人以"不恤荒政，嬉游不节，及公私兴造，伤耗民力"之名上奏弹劾，范仲淹解释道："所以宴游及兴造，皆欲以发有余之财，以惠贫者。贸易、饮食、工伎、服力之人，仰食于公私者，日无虑数万人。荒政之施，莫此为大。"果然，这一年，"两浙唯杭州宴然"。范仲淹的思想在当时无疑具有鲜明的创造性，对消费需求与市场的特征有所把握，因此沈括将此事记入其《梦溪笔谈》中。

地主家庭地多业大，通过收取地租、婢仆劳作或雇工劳动，在日用生活品上对外界市场仰赖不多,对市场的需求多集中于奢侈品、享乐品方面。而这些商品很少流通至县镇以下的村落墟市,这使地主与农村基层市场的关系不甚密切。居住于城镇的地主,其市场需求更高,与城镇市场的关系更为密切。小农的日常生活都是节衣缩食,对许多商品尤其是高级商品没有需求欲望,而地主家庭则不然。许多士大夫也反对崇奢尚侈,但他们主张的是丰俭有度,即《袁氏世范》所谓"丰俭随其财力,则不谓之费"。这样看来,只要财力许可,高消费是可以无止尽的。

地主家庭成员较多,并且资本较为充足,多进行具有一定规模的贩运活动。他们可以匀出部分子弟专门从事工商业,或委派干人经商,这些人事实上成为职业商人,而不是间一为之。地主大家庭中,成员子弟可以各尽所长,学有所成者致仕求取功名,而"令不学子弟经营"商业,谋求利润。或者让得力的干人外出经商,这种情况较为普遍。即使是家庭日常商品,也有专门的"市买"承担,他熟悉市场行情,了解行会、官务及自由市场的买卖规则、价格差别,懂得如何避重就轻。大家庭的市场经营,以谋利为要务。赵鼎《家训笔录》告诫子孙,经商谋利一定要从长计议,有计划地进行较大规模的营运,这样才能获得较大的长久之利,他说:"今后生逐于谋利者,方务于东,又驰于西,所为谓欲速则不达。见小利则大事不成,人之以此破家者多矣。故必先定吾规模……久之则势我集、利我归矣。"李元弼也在《作邑自箴·治家》中强调:"一户作营运,务要久长取利。"

第二节　农村市场交易形态

在自身消费需求与商品供给的内在需要的驱动下,各类农户以其多种多样的交易形式,培育了农村市场及其经济中心地的成长,使自身获得了不断发展的市场外部环境。农村市场交易形态主要有货郎贸易与集市交易两种。

第一，货郎交易形式。个体小农交易的细碎性与间隙性，促使流动商贩应运而生。他们肩挑货担，沿村叫卖，逐户交易。[①] 南宋画家李嵩于嘉定庚午、辛未、壬申连续三年作了三幅《货郎图》（今分别藏于中国台北、北京，美国克利夫兰），描绘了同一个老年货郎不同季节在同一地点的活动。货担百货杂陈，满挂着小器皿、工具、玩具、食品及各色杂货，琳琅满目。从孩童之雀跃、妇人之快慰的情形看，货郎流动贩卖，满足了农民不时的细碎的交换需要，深受欢迎。画家深入细致地观察与描绘，给我们留下了珍贵的历史画面。李嵩的《市担戏婴图》，商品丰富，有人观察其种类，农具类有斧头、锯子、锄头、木耙之属，日用品类则有扫帚、畚箕、瓦罐、杯盏、木桶、针线包、草帽、扇子、灯笼、号角、药材等，吃食类包括菜蔬、鱼肉、油盐酒醋和各式果饼，更有大量的童玩，像风筝、葫芦、弓箭、小旗、鳄鱼玩偶，甚至连喜鹊、八哥、青蛙等活物也在贩卖之列。有些货品还标记了名称，如"仙经""杂写文约""明廖水""攻医牛马小儿""旦淄形吼是、莫瑶絫前呈""事便一山东黄米""酸醋"等。负担小贩，走村串巷，是实现小农商品供给与需求的重要形式。

元曲中也有不少货郎的形象。据方龄贵所辑[②]，无名氏《黄花峪》剧第三折正末白："买来，买来，卖的是调搽宫粉，麝香胭脂，柏油灯草，破铁也换。"城乡货郎有的同时兼收废品。汤舜民《风入松·题货郎担儿》："何处蛇皮鼓，琅琅过金水桥东，闺阁唤回幽梦，街衢忙杀儿童。

---

① 时人称货郎为"常卖"小商，朱勔的父亲就是一个常卖者，《长编拾补》卷29引《云麓漫钞》载，"以微细物博易于乡市中，自唱曰：'常卖'。"
② 方龄贵：《元曲中有关市井行业史料初探》，载《纪念李埏教授从事学术活动五十周年史学论文集》，云南大学出版社1992年版。

矍然一叟半龙钟，知是甚家风，担头无限口口物，希奇样簇簇丛丛。"
货郎及其顾客的形象，跃然纸上。

图 8-2　南宋李嵩《市担戏婴图》

图 8-3　李嵩《货郎图》

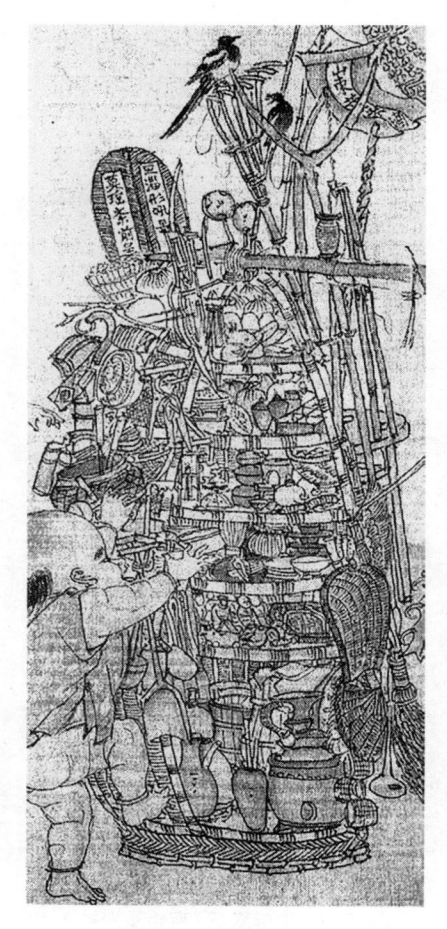

图 8-4 《货郎图》局部

第二，集市交易形式。定期集市作为农民群聚交易实现各自消费需求与商品供给的场所，战国秦汉时就已出现。农民交换集中于约定俗成的定期集日，这使集市明显区别于城镇常市。南宋陈郁《藏一话腴》指出："城邑交易之地，通天下以市言，至村落则不然，约日以合，一哄而退，曰'墟'。"小农家庭商品供给与消费需求的细小性、间隙性与偶然不定性等特征，是乡村集市形成的土壤。货郎的周期性流转，正反映

第八章　宋代城乡市场网络

了农民不时的细碎交换需要，反映了周期性集市的必然性。

集日，时称"合墟""趁墟"，一般以传统的干支纪时法来安排。荆吴一带，"俗有取寅、申；巳、亥日，集于市"。兴国军"俗以卯、酉日趁墟"。池州则有"子午会"。[①] 不过明清及近代农村集市贸易体系，即各地集日交错，大小集错落有致，在宋代还很少见，记载仅见于《龙泉志》：龙泉县治"南北两市，限以一市，春夏之间，溪流湍涨，则往来不通。里俗分日为市：一在溪北曰南门市（一、四、八日），二在溪南曰南市（二、五、九日），三日新市（三、七、十日）"[②]。三个集市环县治而设，其原因也是由于溪流湍涨，往来不通，这一事例还难说是集市贸易体系，至多只能视为这一现象的萌芽。宋代农民对市场的商品供给与消费需求较之明清相对微弱，集市吸纳范围有限，卷入集市的职业商人也不活跃，还不具备形成集市贸易体系的市场基础，各地集市仍是个体的、分散的存在，还不能共同成长，更难以形成相互补充、配合的集市体系。这种状况，明代前期仍很普遍，"市期多相同而无相妨者，民各于附近交易故也"[③]。

尽管如此，两宋集市仍得到了显著的发展。集市数量增加，集日频率更为密集，交易规模也扩大。乡村集市的主要功能仍然是农户之间的"有无相易"，交易商品主要是农民的生产剩余品和日用必需品，如各种粮食、丝麻及织品、食盐、农具、蔬菜水果、家禽家畜、山珍水产、地方土特产品，丰富多样，数不胜数。农村集市的诗文记载俯拾皆是，释道潜《归中道中》诗描绘了江西鄱阳湖畔星子县农民前往归宗墟的热闹繁忙景象，生动详细。

---

① 分见陈元靓：《书林广记》新集卷3，引徐筠《修水志》；《平庵悔稿后编》卷3；《海录碎事》卷5。
② 《永乐大典》卷8092引。
③ 嘉靖《藁城县志》卷1。

179

朝日未出海，杖黎适松门，老树暗绝壁，萧条闻哀猿。迤逦转谷口，悠悠见前村。农夫争道来，聒聒更笑喧。数辰竞一墟，邸店如云屯。或携布与楮，或驱鸡与豚。纵横箕帚材，琐细难具论。

集会贸易是特殊形态的集市，类似于西欧中古盛期的市集，与一般集市不同，往往一年开市一次，间隔周期长，但阵容大，参与的职业商人多，交易规模大，并波及较大的地域。源于宗教集会的庙会、道会，源于土地崇拜的"社会"，源于祖先崇拜的家族集会等，都属这一类型。四川青城山道会时，"会者万计，县民往往旋结屋山下，以鬻茶果"①。两浙路奉化每年二月八日的道场，"观者万计"，"百工之巧，百物之产，会于寺以售于远"②。有的地区这种集会贸易甚至一直延续至今。

市镇常市也是农民活动的天地，在两宋的发展具有划时代的意义。

第三节　各类市镇的普遍兴起

一、市镇的形成

以草市为代表的乡村中心地，自唐代开始成为具有普遍意义的经济现象。有的集市所在地演进发展为墟市、集镇，成为乡村经济中心地。在市场最优原则、交通最优原则及政治最优原则等原则的共同作用下，中心地的形成类型有：城市附郭草市与卫星市镇，地处交通要道因商业发展为商道市镇，因地方特产商品生产的扩大演进成为专业市镇，因军

---

① 《夷坚丙志》卷4,《饼店道人》。
② 陈著:《本堂集》卷28,《奉文本心枢密书》。

事、战略需要而设置的军镇,亦有因宗教因素而成长起来的市镇。

市镇之名,流行于明清。宋元文献中名类繁多的店(草店、道店、村店等)、步(埠)、市、墟等大体都属草市,是指非官方的市场,即自发形成的民间市场。周藤吉之对诸此名称的地域分布及其特征作了详细的考证:"店广泛存在于华北、华中,尤以华北、四川陆路交通发达的要冲之地居多;市在全国都存在,尤以江南地区发展更大;步因兴起于水路要冲而得名,意谓水边小镇,华中、华南居多。"草市发展到一定规模,便出现了官方建制,时人高承《事物纪原》说:"民聚不成县而有税课者,则为镇。"官府委派监官管理镇内收税等一应事务。《宋史·职官志》:"诸镇置于管下人烟繁盛处,设监官,管火禁或兼酒务之事。"宋代官方税收机构"务"(商税务、酒税务)、场(坊场、买扑坊场),大多置于州府县镇及其附近,亦有单独的场、务,它们与市镇相类。因为场、务所在地,必有足够的税收来源,即一定规模的人口与市场。纵或只是为了征收过税,势必也有为商人提供服务的种种设施和服务人员。

专业市镇主要依靠自身特产及其专门化、集中化的商品生产而发展起来。茶叶销售范围广,因此"山泽以成市"①。制糖、烧瓷等专业市镇在宋代比较突出,此类制造业地域限制性较强,必须在甘蔗产区、瓷土区就地进行,同时技术要求高,副业生产难以胜任,加之瓷器、糖霜国内外销地市场广阔。在远地市场批量需求的刺激下,集中性商品生产及由此带动的相关专业市镇得到发展。陶瓷类市镇南北都有分布,如陕西耀州黄堡镇、京东西路徐州白土镇、京西北路登封曲河镇、江西庐陵永和镇、福建泉州晋江磁市等。景德镇烧瓷历史已久,但其作为瓷都的辉

---

① 陈师道:《后山居士集》卷36,《茶经序》。

煌历程则始自北宋。制糖专业市镇，在福建兴化军仙游县境内就有龙华、碧潭、枫亭三大市镇。

明清时江南繁盛的纺织业市镇，宋元已肇其端倪。湖州府双林镇，北宋时称东林镇，南宋时已是商贾聚集之地，又称商林。元时镇上有绢庄十所，收购四乡农家所产丝、绢。① 南宋时的南浔镇，在设镇之前，"耕桑之富甲于浙右，土润而物丰，民信而俗阜，行商坐贾之所萃"。时称浔溪坊，有碑文云："商旅所聚，水陆要冲之地。" 淳祐间设镇，"市井繁阜，商贾辐辏"。宋时在运河上建有大桥，曰浔溪桥，后为通津桥，后人有诗咏曰："听道今年丝价好，通津桥口贩船多"；"万户周遭见，千艘日夜通"。② 从后世的这种情形，仍可一窥宋代建镇在当时的作用。元代名震天下的乌泥泾镇，则可能是中国第一个棉布业专门市镇。

宋元时期专业市镇，相对于明清之盛而言，还处于起步阶段。这是由市场发展水平，尤其是商品专门化生产和全国性社会分工的落后所决定的。与此相比，商道市镇则进入了初兴阶段。

市镇或作为乡村中心地，或作为城乡连接地，或商路中继地，都与交通条件紧密相关。梁山泊边的山口镇，陈师道诗作《山口阻风》描述道："菰鱼无凶年，末利犹不御。荷蒉活万人，梨埒视千户。东方富桑麻，小市藏百贾。连樯自南北，行谈杂秦楚。" 诗人的艺术语言，仍留下缕缕市场气息：山口镇周围资源丰富，从湖中的鱼虾、荷莲与菰米，到地上的丝、麻、梨，可谓鱼米之乡。这里人口稠密，吸引着南北众多的商贾，他们利用便利的交通条件，连樯驾舟而来。江东黄池镇，地据要冲，为舟车走集之会，商旅如云，居民逾千数，诸般百物，皆有行名，蔚为城市规模。湖南湘潭县楮洲市，是临安经江西通湘江的水陆大

---

① 同治《湖州府志》卷22。
② 咸丰《南浔镇志》卷25，卷5。

干道枢纽点,是舍车就船的中转站,行旅络绎,南宋时酒课曾达 20 万缗。① 江南水乡泽国中的市镇,苏轼以"春江围草市"艺术地概括其地理位置。交通运输的发展,形成了许多新的交通要冲,从中酝酿了市镇的崛起。湖州新市镇的形成尤为典型。这里"四阻溪泽,足于渔稻莲蒲之利",物产丰富。原有陆市,后为交通更为便利的水边新市所取代。"以其水陆环绕,舟车便利……岁久成聚。谓弃陆市而新徙于此,故曰新市。"交通优势促进新市迅速成长,加之宋廷南渡,靠近行在之利,衣冠鳞集,继而建镇。②

宋代桥梁的兴建较为突出,依桥开店,有的渐成市镇。距两浙路台州黄岩县城不远的官河上,有座浮桥,"县东南车马担负,而客之途皆达于桥;西北樵采携挈,而民之市皆趋于桥"。于是浮桥一带成为当地居民及往来客旅的一个市场。由于行人众多,常有"奔渡争舟倾覆蹴蹋之患",遂增设一座新桥,以"利涉桥"名之。果然其利不浅,很快,"井屋之富,廛肆烟火与桥相望不绝,甚可壮也"。③ 与桥梁类似,在运河、溪流上修筑的堤堰,为行旅羁留休憩之所,有的也成长为市镇。绍兴府山阴县与萧山县之间的钱清堰,行人舟客须在此待潮过堰,羁留商客刺激了种种交换与消费,成为钱清镇持续发展的一个有力动因。

沿海则兴起一批海港市镇。京东路密州板桥镇,是华北重要的出海口。"广南、福建、淮浙商旅,乘海船贩到香药诸杂税物,乃至京东、河北、河东等路商客,搬运现钱、丝绵、绫绢,往来交易买卖,极为繁盛。"④ 1088 年设立板桥镇市舶司,这是宋代北方唯一出现过的市舶司。"人烟市井,交易繁多。商贾所聚,东则二广、福建、淮浙之人,西则

---

① 转引自傅宗文:《宋代草市镇研究》,福建人民出版社 1989 年版,第 138 页。
② 正德《新市镇志》卷 1;嘉靖《德清县志》卷 1。
③ 叶适:《水心先生文集》卷 10,《利涉桥记》。
④ 《苏东坡全集·奏议集》卷 8,《乞禁商旅过外国状》。

京东、河北三路之众，络绎往来。"① 在苏州与秀州交界的松江上，先有秀州青龙镇，"蕃商舶船，辐辏停泊"，继而苏州江湾也因当地"商贾经由冲要去处"，而人烟繁盛，于南宋绍兴六年（1136年）置场收税。② 秀州还有著名的澉浦镇，《海盐澉浦志》载，此镇"惟招接海南诸货，贩运浙西诸郡。户口约五千余，主户少客户多，往来不定口尤难记"。秀州的上海先置务，不久又升为县。泉州石井镇，据《安平志》载："于宋全盛时，东有新市，西有旧市，无非贸易之处，店肆千余座，盖四方射利者所趋。"

上海，宋时为华亭县一镇。不过当时该地区的对外贸易是通过青龙镇展开的。政和三年（1113年）在华亭县设立市舶务，青龙镇驻专任监官，大观元年镇领市舶务。南宋后期青龙镇衰落后，贸易始转移至刘河港。刘河港在明代盛极一时，尤以郑和下西洋时臻于巅峰。元时上海贸易开始发达，"江南顽民率皆私造大船出海，交通琉球、日本、满剌、交趾诸蕃，往来贸易悉由上海出入，地方赖以富饶"③。设有市舶司，镇领户6.4万，两倍于"上县"标准。④ 至元二十九年（1292年）设立上海县，领户7万余。据弘治《上海志》载，洪武年间上海有户11万余，口53万余，为一壮县。由宋元时的6坊，增至明中叶的21坊。街巷10条，11镇，11市。

市镇发挥着城乡市场媒介的作用，或者在远距离贸易中充当中继地。值得注意的是，不少镇已初具城市规模，它们在市场体系中的作用和地位与县城无异。

---

① 《长编》卷341。
② 《宋会要·食货》卷17之36。
③ 嘉庆《松江府志》。
④ 《元史·百官志》：江淮以南，3万户以上为上县。

二、镇的成长：突破行政等级

宋代约有各级治所 1200 个，府、州治所多设于某一县治，或两县同治的县城。从治所规模和经济功能而言，这些治所并不能全部归入城镇之列。北宋建制，下县人口标准低于 1000 户（北宋末期定为 1500 户），全县人口数量尚如此小，县治人口之少可想而知。可以肯定，至少这些下县之治所，在规模上是不能归入城镇之列的。州军治所也不乏其例，如归州、昭州全境人户不足 500 户，其境内的州、县治所无论如何也够不上城镇资格。唐朝规定，中县户满 3000 准置市官，也可以说，低于这一人口限额的县份，难以培育一个够得上城市资格的县治，两宋大致也差不多。这样看来，为数不少的县治及州治，还没有进入城市之列。两宋虽有不少治所成长起来，但城镇数量的增多，更主要表现为一批经济型大镇跃入城市行列。

镇，就其建置渊源流变而言，肇始于军镇；就其作为新兴中心地而言，常与草市并提；就其作为税收机构而言，则常与县治并称为县镇；在国家户口簿上，镇与州县治所居民都以坊郭户登记入册。显然，对市场中心地的层级区分，必须在诸此重叠交错的语言习惯与行政等级之外寻求答案，经济功能的分析是唯一的途径。

宋代不少镇的规模与市场发育超过了所属县城。成都府路嘉州符文镇和苏稽镇，市井之繁华与壮县相类。范成大《吴船录》载，鄂州武昌县南草市，"人烟近四百户，市井比之本县，大段翕集"。湖州，"郡有乌墩、新市，虽曰镇务，然井邑之盛，赋入之多，县道所不及也"①。淮阴县洪泽镇，"人烟繁盛，倍于淮阴"，而且镇富县贫，以至洪泽人常欺侮淮阴人。②这一有趣的史实，正表明政治性治所与经济性城镇的分异，

---

① 薛季宣:《浪语集》卷 18,《湖州与镇江守黄侍郎书》。
② 徐梦莘:《三朝北盟会编》卷 128, 建炎三年（1129 年）四月二十日。

立足于市场基础而发展起来的经济型城镇之生机，是政治隶属关系无法约束的。至于发达地区的镇超过落后地区的县，更是不计其数，如河北、京东的镇，"其逐镇居民人烟过于河东县分"。① 一些市镇甚至超过了所属州城，下文将要述及的鄂州之南草市、宋州之河市，都超过了州城。成都、简州、陵州之间的一些镇，据袁辉《通惠桥记》载："民间仅千室，而商贾轮蹄，往来憧憧，不减大郡。"

州、县、镇行政隶属关系与市场繁荣程度恰成反比的有趣现象亦可见之。在成都府路的怀安军，有两县九镇，县以金堂为大，镇以古城为富。《舆地纪胜》记当地有谚云："军不如县，县不如镇。"太平州芜湖县之黄池镇，"商贾辐辏，市井繁盛"，以至当地有俗谚云："太平州不如芜湖，芜湖不如黄池。"② 元代仍是如此，芜湖县治，"民之受廛而居者，如星联壑，聚舟车之多，货殖之富，衣冠文物之盛，殆与州郡埒，他弗能比也。"③

再从商税额的角度分析镇场市场的规模。宋代商税则例规定，过税2%，住税3%。以此计之，1万贯的税额，至少必须有20万贯的商品流通量，以谷折算，约当北宋时的200万石，而产粮最多的苏州，范仲淹估计全境每年收获也仅700万石。这样看来，万贯商税额所代表的商品价格总量为数已相当可观。熙宁十年（1077年）商税统计中，超过万贯的县镇，全国不过十余个。单凭本县镇的商品流通量，按照北宋的市场发展水平，似乎还难以形成20万贯商品价格总量的县镇，这些县镇往往都是处于交通要道者。

南宋时期，不少巨镇因为税收关系重大，监镇官衔级别提高，"凡监镇兼烟火公事，注知县"，升为准县级或州府直辖机构，这些巨镇商

---

① 《宋会要·刑法》1之32。
② 周必大：《文忠集》卷171。
③ 康熙《太平府志》卷37。

税收入，大多岁课在3万贯以上，《吏部条法》[①]等所载如下。

第一，商道市镇。海港镇——嘉兴府青龙镇，泉州石井镇，庆元府鲒埼镇，嘉兴府澉浦镇；沿江湖——太平州采石镇，长沙桥口镇，镇江府江口镇，怀宁府山口镇，安庆府枞阳镇，江陵府沙市镇，太平州黄池镇，蕲州蕲口镇；沿运河——临安府临平镇，常州奔牛镇，临安府浙江市、龙山市。

第二，农村集镇。安吉州与嘉兴府合领之乌青镇，安吉州梅溪镇，长兴县四安镇，华亭县魏塘镇，随州唐城镇，德庆府悦城镇，宁国府水阳镇。

第三，专业市镇。瓷镇——饶州景德镇，吉州永和镇，镇江府延陵镇；盐镇——福清县海口镇，兴化军涵头镇；茶叶税场——汉州杨村镇，彭州棚口镇，永康军蒲村镇，青城县味江镇，建宁府麻沙镇，福州水口镇，无为县昆山镇，无为县襄安镇。

[①] 《永乐大典》卷14620—14627。

第九章
城镇市场体系

第一节 城市市场格局的变化和发展

中唐以来中国城市市场发生的深刻革命，至宋代基本完成，从此开启了城市市场发展的新纪元。城市市场的演变发展，在以下几个方面得到了充分的反映。

一、城市新兴交易街市的形成

城市市场空间布局发生了根本改变，市场交易从固定的商业区"市"渗透到居民区"坊"，渗透到城墙内的每一个角落，并扩展至城墙之外。据杨宽考证，城市沿河近桥及城门口等交通便利处的各种新"行""市"勃兴，并在此基础上发展成了繁华的街市。如汴京，后周、北宋时在沿汴河一带的空地上，增设大量邸店，日用必需品的新"行市"产生了。这种新行市起初带有临时或定期集市的性质，逐渐固定成新行市。它们以及城内以酒楼、茶坊、日杂店铺为中心的街市的形成，逐渐取代了旧式封闭式的"市"区。如洛阳的南市、北市、西市都被改为"坊"名。①

城市布局的变化不仅削弱了城市的封闭性及城乡对立局面，为商人、市民、农民等的交易扩展了空间，而且使市区得以不断扩大，这是城内商业区扩大与人口不断增多造成的。换言之，城市建设的速度跟不上市场扩大的步伐。如开封自五代时期成为国都后，成长迅速，后周世宗时，展筑外城，拓宽街道。但仅过了几十年，开封城又显得"衢巷狭隘"，沿街邸舍及供租赁之屋室不断增多，侵街占岸。

这种现象比比皆是，据吴晓亮等所辑，如两浙路明州，生齿日繁，宝庆《四明志·郡志》载，子城内"岁久民居跨壕造浮棚，直抵城址"，以至塞水道，碍舟楫。嘉泰《吴兴志·城池》说，湖州城的子城城濠，为居民浮檐所蔽。温州城人口膨胀，叶适《水心先生文集》卷10说："市里充满，至于桥水堤岸而为屋，其故河亦狭矣。"建康府著名的秦淮河，乾道年间已是"两岸居民填筑河岸，添造屋宇，日渐侵占其岸白地"②。潮州城中心的官街，"岁月侵久，居民遂侵官地以广其庐"③。

二、附郭草市被纳入城市

草市是城乡交换的产物，附郭草市受到农民和城里人的欢迎。在城市，买卖行为必须缴纳交易税，农民的细小交换难以应付，即使离城不远的农民也尽量避免入城买卖，宁愿在城门之外进行。正如陆游《鹊桥仙》词云"卖鱼生怕近城门"。随着城市市场活动日益溢出城墙，附郭草市被纳入城市市场之中。因此宋代展筑外城的现象普遍出现。全国各地，"人多散在城外，谓之草市者甚众"。④ 在此交易者，除了郭外

---

① 杨宽：《中国古代都城制度史研究》，中华书局1993年版，第248—267页。
② 《宋会要·食货》卷8之29。
③ 《永乐大典》卷5343引。
④ 《苏东坡全集》卷62，《乞罢宿州修城状》。

农户，城内及外地的商人也活跃其中，所谓"多是城里居民逐利去来之人"。[①]宿州，自唐以来，罗城狭小，民居多在城外。杭州，《清波杂志》载："自六蜚驻跸，日益繁盛。湖上屋宇连接，不减城中。"故宋人有诗云："一色楼台三十里，不知何处觅孤山。"

各级治所附郭草市人口增加，市场发展迅速，不少城市展筑外城。草市市场的发育，使之与城内市场的区别逐渐消失，这体现于附郭草市被纳入城市建制之中。不少附郭草市，改变了以乡、都、里为体系的乡村管辖制度，并入以坊、厢管辖的城市体系。这在大城市尤为突出。开封，分为旧城、新城、新外城，其中新旧城10厢，新外城9厢。宋真宗时因城外居民数量颇多，于是在新城外置8厢，特置厢吏以统之。临安在城有9厢，城外设南北两厢、左右两厢，内外居民待遇无二。建康南门外之草市，设立城南厢，与草市周围的村落相别。饶州城外有和众坊，设厢官管辖。福州城外草市众多，共编为6厢47社。至此，附郭草市之名逐渐为厢所代替，从而，城乡分界线，不复以城垣、沟壕为标志，而代之以草市与村落的交界。

三、卫星市镇

州府城市周围的卫星市镇，多位于交通要道。它一方面因紧邻州府治所分享其政治优势，同时避免了在城官府的种种干预，另一方面又因地处要道而具有在城所缺乏的市场条件。唯其如此，许多卫星市镇在市场繁荣上超过本城，从而形成政治中心与商业中心相对独立又合二为一的城市，相互促进，使之迈向新的发展高度。这与西欧中世纪市镇的兴起如出一辙。

鄂州南草市，在城外鹦鹉洲前，沿江数万家，列肆如栉，市场之

[①] 《长编》卷251，熙宁七年（1074年）三月。

繁荣超过州城。一次大火，焚万室，自北而南，凡五里。而鄂州本城，"因山附险，止开二门，周环不过三二里。"① 镇江府江口镇，人口逼近万数，离城9里，有运河与城相通，沿途"居民商肆，夹渠而列"。江口镇是镇江府城的商品储运所，从事回易的军官刘宝在江口镇设置塌坊，来自荆湖、福建各地的商品络绎不绝汇集于此，然后被运至府城的激赏库销售。②

北宋的汴京、南宋的临安，城外众星拱月般环立着市镇群，它们接纳、储存四方汇聚而来的物产，同时分销城内，或将城内外的本地、外地的商品中转后远销四方。临安府几个卫星镇，亦分溢出新的市。如府城30里外的汤村镇，又在距之11里处形成了汤村镇市；45里外的临平镇，又在距之12里处新形成临平镇市；府城2里外有范浦镇，又在距之4里外形成范浦镇市；府城8里外有江涨桥镇，又在距之18里外形成江涨桥镇市；府城7里外还有江涨桥头市。

四、城市人口

50万人以上的特大城市有二，北宋的开封和南宋的临安。10万人以上的大城市主要有成都、鄂州、建康、苏州、泉州等。5万人口左右的中等城市，数量更多，但有确切人口记载的不多。大名府城，约5万人，镇江府城6万多人，扬州府城约4万人，等等。宋代的城市化水平仍是相当有限。据统计，宋代城市人口的百分比地域差异非常显著。③州城，如真州、扬州、庆元府城、镇江府城，均属于宋代的大中城市，

---

① 张舜民：《画墁集》卷8，《郴行录》。
② 《建炎以来系年要录》卷188，绍兴三十一年（1161年）正月壬辰。
③ 参考梁庚尧：《南宋的农村经济》，联经出版事业公司，1985年版，第一章；王曾瑜：《宋朝的坊郭户》，载《宋辽金史论丛》第1辑；龙登高：《宋代东南市场研究》，云南大学出版社1994年版，第83页；龙登高：《江南市场史》，清华大学出版社2003年。

它们在治县的户口比例很高，在全州府中的百分比也超过了10%。而普通县城在全县的户口比例则很低，约为5%。州军全境的坊郭户比例，平原的镇江府、扬州、抚州、荆门军等都超过了10%，而山区的汀州、徽州则远低于5%。这些数据仍只能给我们提供感观的印象，难以估测宋代的城镇人口比例。不过可以肯定的是，加上新兴镇的坊郭户，大小城镇平均下来，全国的城市人口在总人口中所占比例当低于10%。

五、城镇市场的中心功能

城乡市场的经济交流成为市场发展的强劲推动力。唐以前，城市的壮大固然离不开农业基础，但城乡经济往来并不一定要通过市场纽带维系，而是可以通过政府赋税与地主地租的形式直接联系。可见供给城市的农产品，相当数量并非通过市场营销渠道而来，因此城乡对立、城市剥削农村的现象普遍存在。中晚唐至宋代，这种状况发生了根本变化。正如宋人孙升所云："城郭乡村之民，交相生养，城郭财有余，则百货有所售，乡村力有余则百货无所乏。"而城市对于维系日益扩大的城乡交流发挥了重要的作用，"城郭之民，日夜经营不息，流通财货，以售百货，以养乡村"①。

第二节　汴京市场的繁华与衰落

汴京，是五代宋金时北方的最大中心城市。开封为四战之地，同时又是北方交通枢纽与市场中心，隋唐大运河通航后开始崛起。与长安、洛阳等传统大都会的成长模式不同，它由商业肇始，继而成长为政

---

① 《续资治通鉴长编》卷394，元祐二年（1087年）正月辛巳。

治中心。自五代成为国都后，其成长更为迅速。政治中心对开封市场中心地位的影响，不仅在于它集中了人数众多、消费层次高的官僚贵族与军队——在冗官、冗兵、冗费长期成为政府赘疣的宋代，京师的消费尤为巨大，而且在于政治中心所带来的市场辐射作用。宋代茶、盐、酒等商品都实行专卖，这些产品的地区转移多以汴京为枢纽，同时官府也在地区间调拨一些商品，东南八路的漕粮是其最大者。这些专卖或调拨行为，会引发和带动其他商品的地区周流，而凡此都是以汴京为中心的。

汴京是北宋时全国最大的市场。以茶叶为例，汴京是消费量最大、消费层次最高的首善之区，城内茶坊茶肆鳞次栉比，装饰富丽堂皇，街心市井，至夜尤盛。据考察，南方茶叶，从六榷货务与十三山场沿东西两路运抵汴京：东路从真州、扬州入运河而至；西路沿淮河各支流入蔡河而至。城内十余家行头大户组成的茶行，悉数经手接纳和出售入京茶叶。① 北方各路茶叶，亦由汴京中转分销，经广济河入京东、河北，沿汴河入黄河至陕西、河东。

汴京茶叶市场的运转，是其整个商品市场及其在华北的枢纽地位之缩影。"四方之人，以趋京师为善。盖士大夫用功名进取系心；商贾则贪舟车南北之利；后生嬉戏则以纷华盛丽而悦。"② 同时这些商品又向北方各地分销，各地客商"尽将钱本，自来至阙下，于客人铺户处转贩四方物货"③，再转运各路。汴京城内的铺户大商，就是此类辐射范围及华北、陕西的批发商。

相国寺除了集市声震四海外，也是一个重要的商品集散中心，"四方趋京师，以货物求售、转售他物者，必由于此"④。相国寺交易活动日

---

① 李晓:《宋代的茶叶市场》，载《中国经济史研究》1995年第1期。
② 洪迈:《容斋五笔》卷9,《欧公送慧勤诗》。
③ 《宋会要·食货》卷32之3。
④ 王栐:《燕翼诒谋录》卷2。

日不断，而以定期集日最为繁盛。每月五次开放，万姓交易。"技巧百工利肆，罔有不集；四方珍异之物，悉萃其间。"①

市场商品从日用杂货到金银珠宝，无所不有。《东京梦华录》载，猪羊作坊，每人挑担或车载肉食上市，动辄百数，宰猪"每日至晚，每群万数"；鲜鱼每日数千担入门；米粟、麦面以太平车或驴、骡、马装驮，从城外入城卖货，至天明不绝。奢侈品交易最为繁华，金银彩帛、珍珠香药，铺席集中，屋宇雄壮。

汴京城庞大的商品流通与它周围的卫星市镇的功能分不开。据杨侃《皇畿赋》载，宋楼、朱曲镇，沿河运输，中转货物；马栏桥、建雄镇，商贾汇聚，珍货麇集。此外还有朱仙镇、陈桥镇、万胜镇、赤仓镇及中牟县城、陈留县城，构成了开封的卫星城镇。

城内外市场繁盛，街道上，宫宇旁，甚至在御街，酒肆、茶楼、食店等名类繁多的商业店铺，都临街而设，幡旗招展。除固定商业店铺外，流动小贩走街串巷，逐户叫卖。宋代名画张择端的《清明上河图》，生动表现了汴京市场的繁华。城市居民构成中，贩夫贩妇之类的小市民占多数。《东京梦华录》亦载："早晨桥市街巷口，皆有木竹匠人，谓之杂货工匠，以至杂作人夫。"他们延颈驻立，盼雇主唤请。

不仅在空间上固定店铺当街交易，流动小贩渗透到了街头巷尾每一个角落；而且时间上日市、夜市、早市相衔不断。夜市热闹非凡，"人物嘈杂，灯火照天"。②《东京梦华录》记其夜市直至三更，其尘嚣还未散尽，五更时早市又复开市，"点灯博易"。"大抵诸酒肆瓦市，不以风雨寒暑，白昼通夜，骈阗如此"，热闹去处的夜市，则通宵不绝。

北宋繁华富丽的开封，至金代荒凉寂寥，只剩下雄伟的城楼壕堑之

---

① 王得臣：《尘史》卷3。
② 蔡绦：《铁围山丛谈》卷5。

空壳,"城外人物极稀疏,城里亦凋残"。范成大将其亲历与感伤记于《揽辔录》,汴京自城破后,疮痍满目,空有依旧壮观的宫阙外壳。外郭城已成废墟,至有犁为田处;内城市肆,只是苟延残喘而已。蒙元铁蹄,使元气已伤的开封再遭洗劫,以至荆棘遗骸,开封的黄金时代已一去不复返。

金元两朝建都今北京,从此华北政治经济中心北移。不过,金国中都的中心地位仍是不稳定的,金宣宗南迁汴京的原因,《大金国志·宣宗纪》说,主要是"燕京乏粮,不能应办"。直至元朝将大运河延至大都,才解决了都城的物资供给问题。元大量移民充实大都,自1264年到1281年,大都所辖户口由4万户增至21.95万户。[①]燃料消费则主要用煤,《析津志辑佚·风俗》载:"城中内外经纪之人,每至9月间买牛装车,往西山窑头载取煤炭。"元代大都,在马可·波罗的笔下,世界诸城无能与比。百物输入之众,犹如川流不息。仅丝一项,每日入城者计有千车。十二城门之外的各处附郭,人数较之城内更众。远近卫星市镇,都以此为枢纽。万方之珍怪货宝,江南吴越之漆器刻镂,荆楚之金锡,齐鲁之纤缟,无不汇聚于此。

第三节 城镇体系与区域市场网络:以江南为中心的考察

所谓区域,按照维特希的定义,就是具有不同于周围地区特征的一块同质性的区域。这种差异产生于自然的、人为的,往往则是二者兼备的因素。维特希将区域分为两类:齐同区域(Uniform Region),即整个区域范围内拥有共同的特征;向心区域(Focal Region),即区域的属性

[①] 韩光辉:《建都以来北京历代城市人口规模蠡测》,载《人口与经济》1988年第1期。

在其核心带表现得强烈而鲜明，周边地区则逐渐微弱。① 自然地理区域由水系山川构成，在相当长的时期内多是稳定的客观存在，除了河流改道、人工凿河等历史地理因素的强大作用外，一般变化不大。经济区域则以自然地域为前提，以经济开发为内在条件，辅之以历史传统因素，具有强烈的人文色彩。随着经济发展进程尤其是各地均衡与不平衡性之演变，不同历史时期的经济区域，无论是地域范围还是内部结构都变动不居。

区域市场是区域内中心地体系发育与市场联系加强的产物。在唐以前，由于市场发展的局限，我们还难以清晰地描绘出自成一体的区域市场网络。宋代各地市场的进步，有机整体的区域市场至少可以被述之笔端。北宋的华北，由于汴京的强大辐射力与吸纳力所产生的整合作用，区域市场已趋形成。两浙路，至南宋已形成以临安为核心的区域市场，这大概是传统时代最早出现的一个典型而完整的区域市场。四川因其强烈的自成区域的自然地理因素，加之汉唐以来自成一体的不间断发展，至宋代也形成了以成都平原为中心的明显的向心区域市场的轮廓。此外，其他经济区域，大多仍处于以州府市场网络为单位的区域整合过程之中，有的区域甚至还没有出现州府市场网络松散的联合体。

一、宋代江南府州城市与市场等级体系

宋代城镇出现了革命性的发展。② 第一，除了各级治所城市外，新兴经济型城市不断涌现，不少治所也随着贸易的扩大，经济功能强化。在大小城镇中，南宋杭州约 80 万人，建康、苏州等城市则超过 10 万人。大中城市多有卫星市镇或附郭市镇拱卫于四周，一道实现其强大的经济

---

① D.S.Whittlesey: *The Regional Concept and the Regional Method*, *American Geography: Inventory and Prospect*, New York, 1954.
② Mark Elvin（1973），杭州是中世城市革命的典型，斯波（2001）作了精辟的论述。

功能。第二，城市内部空间形态继续着中唐以来的革命性变化，"坊市"制城市体系走向终结。交易从专门的"市"区向大街小巷广为渗透，侵街占岸的现象日渐改变着城市空间景观，在沿河近桥及城门交通便利处，新兴的贸易街市形成。交易的时间限制亦渐松弛，夜市及早市逐渐兴盛。第三，与此同时，交易超过了城墙、壕沟，附郭草市成为坊郭居民与乡村居民贸易的场所，进而形成街巷，被纳入城市管理体系，城区得以扩大。草市与村落的交界成为城乡的分界线，城墙、壕沟的保留，只不过是作为政治统治的符号象征和必要的军事设施。

城镇革命带来江南城市化与城市市场前所未有的发展。宋代城市人口的比例估计差别很大，但这些印象性的推测都不足为据。根据现今收集到的南宋和元的数据，表 9-2 计算出了相对准确的江南城市人口比例，府州城坊郭户合计占江南全境户数的 15.4%。再加上未统计入的 12 个县城（同城合治之外），平均一县城以 1000 户计，江南城市户的比例为 16%。宋代户口统计中，"口"数不是人口数，考虑到杭州、苏州、江宁三个大城市中家庭人均规模略小于乡村户，则估计南宋江南的城市人口比例约为 15%。这一水平应该是当时生产力所能达到的极限。不难发现，其中起决定性作用的是宋代首府临安的城市人口，因此它不具有全国范围的代表性。

等级化结构是城镇体系发挥中心功能的重要条件，从而也是市场体系发展的重要条件。城镇的等级化结构，宋代相较于明清还不够完备，华北相较于江南也不够完备。明清江西的滞后，原因之一就是中心城市的缺乏，南昌始终没有成为具有整合功能的中心城市。华北与江南，开封以下几乎没有大城市，因此城市体系的配套、配合功能欠缺。

自宋开始，府州城市的市场发展突出，将全境作为腹地整合成为市场体系。宋代不少地区形成了笔者所谓的"府州市场"体系，江南在这方面最为突出，发育程度最高。江南府州城市在宋代的突出发展体现在以下几个方面：

第一，北宋府州在城商税占全境商税额的55%，这反映了其商业中心功能的突出，具有足够的能力承担商品辐射与吸纳的作用，从而完成全境市场的一体化整合。在江南，所有府州在城商税都超过了2.5万贯，高于江东、福建的第二位城市，江西的第三位城市，这从绝对量上凸显了江南府州城市的市场能量。

第二，南宋江南城市人口达到总人口的15%，一般府城的人口规模在3万多，苏州、江宁、镇江人口则至少倍之。由于府城的扩大，原来作为一个县的县治显得不相匹配了，于是一府州的治所两个附郭县，形成两县同治，宋代的苏州、常州、杭州、建康、湖州都是如此。

第三，城市的规模还可以从城郭规模反映出来，虽然不是绝对成正比例，但城墙周长的记载非常准确，这是其他任何资料所无法相比的，因而作为比较数据十分可信。斯波（2001）统计了143座城市的城周（里）数值，大大超过了宋代城市数量的10%，具有相当的统计学意义。尤其是江南7州府全有记载，为比较研究提供了可贵的数据。据此制成的表9-1显示，江南府州城市的城墙规模（城周26.2里）超出了其他地区同等级城市城周的两三倍或以上，也超过了其他地区最高等级城市（路治）城周的平均数。而且除秀州城之外，其他每一个府州城市的城周都在24里以上。江南与其他地区城郭规模的差距，与城市人口、商税的差距大体一致，数值说明江南府州城市的规模与市场发育程度高出其他地区同等级城市平均值的两三倍，达到了路治平均数。府州治所的城郭规模，江南、江西、长江中下游、华南依次减小，与经济发展和市场水平相对应，这说明府州城市在市场整合中的作用，可以作为宋代市场体系发育的一个标志。江南府州治所城周超过其他任何地区的路治平均值，这与北宋江南府州在城商税额平均数超过或相当于其他路治，也是一致的。综合城周、商税、人口等数据，都显示出江南府州城市发展水平之高。

县镇是同一层次的中心地，江南的县城市场发展相对逊色，在同一等级或较低等级上，受到市镇的挑战，在更高等级上则有府州城市的突出作用。商税、人口都可说明之，在常州与越州，县治的商税额，南宋较之北宋几乎停滞，甚至负增长，而府州与市镇则大幅度增长。如表9-1所示，江南县治的城郭规模得到进一步印证，江南县治城周不到2里，均不到北方和长江中下游的一半，大概基本上只作为象征意义。这是因为，在其他地区，州府市场体系尚未形成，有的县城尚未整合其中，有的成为相对独立的地方市场体系的中心，因此需要较大的规模来承担其功能。而在北方和长江中游及下游山区，县城的地位突出，它们可能是作为独立中心城市而不是作为州府下属中心地而存在的，或者体系整合度不高。

以府州城市为中心，以县镇为次级中心地，以村市为基层市场，这就是宋代呈主导形态的府州市场体系。江南在各府州市场体系的基础上进一步整合形成了区域市场，从图9-1至图9-3所示城市户口、商税、城郭周长三项指标来看，杭州都遥遥领先，显示了其最高中心地的地位；其次是苏州，显示了它在太湖平原的中心地位，其他府州城市（建康相对独立）则大体不分高低，形成了鲜明的三个层次，构成了江南城市等级体系及以此为枢纽的区域市场格局。

表9-2修正如下。

（1）县城人口缺乏原始数据，扣除两县同治于府城（共10县），余下12个县城；从商税、城周看，县城规模都很小，平均约当1000余户5000人；大镇为数很少，不计。

（2）临安府城人口对本表比例数起决定性作用，而史籍只有户口记录，因此户均人口至为关键。考虑到开封、临安皇亲贵戚和官僚多，周宝珠（1992）、吴松弟（2000）按户均7口计。但是，官僚家庭因职守

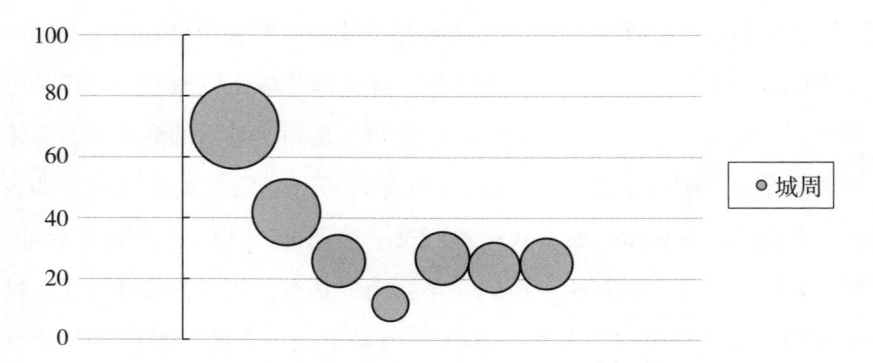

图9-1 宋代江南府州城市城郭周长里数图示（依次为杭州、苏州、镇江、嘉兴、常州、湖州、建康）

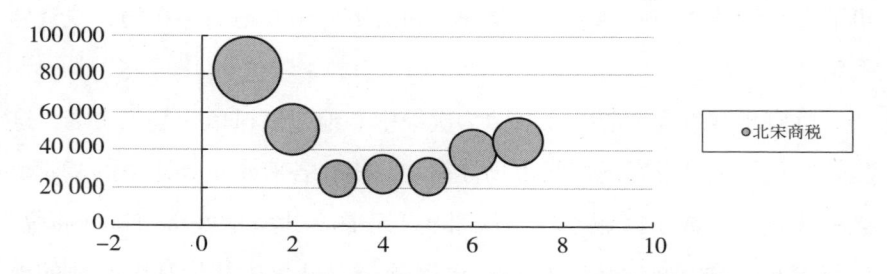

图9-2 北宋府州在城商税图示（依次为杭州、苏州、镇江、嘉兴、常州、湖州、建康）

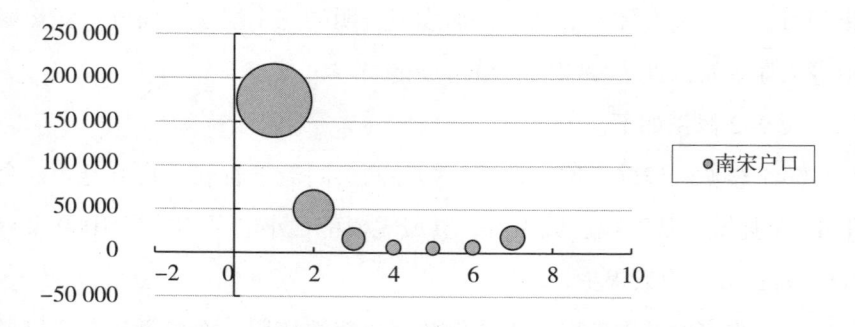

图9-3 南宋江南府州城市户口数图示（依次为杭州、苏州、镇江、嘉兴、常州、湖州、建康）

第九章　城镇市场体系

表 9-1　宋代城郭规模：城周数值平均　　　　　　　　　　　　　单位：里

	江南	长江中下游	江西	北方	华南（两广福建）	全国平均
1 国都与路治	70	20.6	10.2	24.2	20.1	25.1
2 府州治所	26.2	10.2	11.5	4.6 *	8.0	11.5
3 县治	1.9	4.9	3.7	4.1	1.5	3.6
1∶2 倍数	2.7	2.0	0.9	5.2	2.5	2.2
2∶3 倍数	13.8	2.1	3.1	1.1	5.3	3.2

注：据斯波（2001）编制。"长江中下游"统计数据不包括江南，但包括建康府城（江南东路治所），也包括另外单列的江西统计数据。

*北方的府州城市仅 2 座，不具备统计学意义。

表 9-2　江南府州治所城市：宋代城周里数、宋元户数及其在总户口中的比例

城市	城周里数	年代	城市户数	全境户数	占比
临安府城	70	咸淳年间	174 330	378 259	46.1%
平江府城	42	南宋后期	50 000	329 600	15.2%
镇江府城	26.1	嘉定年间	15 900	108 400	14.7%
嘉兴路城	12	至元二十七年	6 580	224 927	2.9%
松江府城		至正中	7 060	177 348	4.0%
常州路城	27.1	至元二十七年	5 857	211 652	2.8%
集庆路城	25.1	至元二十七年	18 205	214 538	8.5%
湖州府城	24	淳熙九年	7 000	204 590	3.4%
合计			284 932	1 849 314	15.4%
加上县城			296 932		16%
州县城市人口比例			1 371 593	9 133 503	15%

注：宋代城周里数据为斯波（2001）、户数据为吴松弟（2000：616）编制。湖州全境户数据来自雍正《浙江通志》卷 71，其州城人口为推测数以便统计平均数。南宋江宁因其重要性，户数当高于元代。松江成为府城始于元代，南宋城市人口当小于表中数字。由于本表所得平均比例数中临安城人口起决定性作用，而临安在元代已非都城，规模当大大缩小，因此不宜作为元代江南城市人口比例。

随时迁徙，家眷多在原籍，在都城户均人口并不大，只有贵族很大，但其户口数极少、比例极低，可忽略不计。由此而将都城户均人口以 7 口计显然不能成立。那么临安城户均人口是多少呢？附郭户的平均人口一般比乡村户要小，无论是从住宅限制还是从生计限制来看都是如此①，实际上，城市家庭户均人口略小于乡村，古今中外概莫能外。几组数据表明，临安城家庭规模小于 5 口。第一，宋代白话小说所见，临安城一般是二、三、四口之家而已②。第二，庆元六年（1200 年）临安府城火灾，受灾人口户均 4 口③。第三，咸淳《临安志》卷 58 所载临安户口三份数据，乾道年间口数为纳税口，附郭二县（计为城市人口）与其他县大体一致，户均 1.4 口。淳祐、咸淳的口数，非附郭县都达到了约户均 5 口，唯附郭二县分别为户均 2.9 口、2.3 口。这两个年份的统计口数，附郭县与非附郭县应该是一致的。并可以肯定，与乾道的纳税人口不同，因此有可能就是实际户均口数。第四，考虑到南宋移民在临安居民中所占比例（吴松弟估计），移民户因为迁移过程中的损失与迁居后生存困难所导致的弱繁殖，平均规模会更小。综合以上所论，临安城户均规模应小于 5 口。

表 9-2 将临安、平江、集庆（今南京）三大城市按户均 4.5 口计，三城市共 226 135 户，合 1 017 608 口，余下其他城市共 70 797 户，合 353 985 口，江南城市合 1 371 593 口。全境按户均 5 口计，得出全境人口（1 849 314−226 135）×5+1 017 608=9 133 503。

---

① 城市生活成本远高于乡村生活，张英《恒产所言》可资为证："子弟有二三千金之产方能城居，……自薪炭、鸡豚、鱼虾、醯醢之属，亲戚人情、应酬宴会之事，种种取办于钱。"乡居则自给自足，"可以课耕数亩，其租倍人，可以供八口"。
② 话本《冯玉梅团圆》《卖油郎独占花魁》《西湖三塔记》《错斩崔宁》《沈小官一鸟害七命》《金玉奴棒打薄情郎》《乐小舍拼生觅偶》等，主人公家庭，少则两三口，多则三四口。所引话本出自《宋人小说七种》《古今小说》等。
③ 《宋会要·食货》卷 58 之 23。

表 9-3 北宋江南府州在城商税及其占全境的比例　　　　单位：贯

州城	在城商税	全州商税	州城占比（%）	市镇税额占比（%）
杭州	82 173	153 393	47.2	29.7
苏州	51 035	77 076	66.6	15.8
湖州	39 312	77 688	50.0	12.4
秀州	27 452	69 114	39.7	30.0
常州	26 266	64 963	40.4	15.4
润州	25 062	39 506	63.4	15.9
江宁府	45 059	57 238	78.7	
合计	296 359	538 978	55.0	23.1

注：除江宁外，超过万贯的县镇有 8 个。

二、杭州与江南区域市场格局

江南在宋元时期可以包括两浙路大部分地区，包括太湖流域和钱塘江流域，北抵长江岸，南及括苍山、仙霞岭，并延及瓯江流域，东临大海，西及天目山，涵盖两浙绝大部分地域。宋代，由于建康府作为江南东路的首府，与太湖平原的经济联系受到影响。同时，杭州作为超级城市的强大辐射力，使瓯江流域及江东之歙州也成为该区域的边缘附属地带。

在两浙经济区中，北部太湖平原为水乡泽国，西南部为山区，东南部为滨海丘陵。三部分自然地理差异不小，物产构成具相互补充之势。其间，东西走向的诸河道，纵贯南北的运河与东部广阔的近海，为区域内各地经济联系提供了有利条件。至南宋，以杭州为中心的两浙区域市场的整体性已趋明显。在江南的普遍开发与杭州的强大中心功能的整合之下，宋元时期形成了两浙区域市场体系。江宁府因作为江东路治所而相对独立，江南其他 6 府成为两浙区域市场的核心带。以杭州为中心，苏州、越州（绍兴府）为南北两翼次级中心城市。苏州为太湖平原的中心，宋元经济达到相当高的水平（梁庚尧 1997）。其商税额，熙宁十年为 5 万贯，在江南仅次于杭州的 8 万贯，苏州楼店务所收租赁地钱一年达 5.42 万贯[①]。越州是浙东沿海的中心，这里开发较早，全州（府）的户数和户口密度，居两浙路前列。所产纺织品，数量在两浙路遥遥领先，质量上乘，尤以越绫闻名。商税额从淳熙十年（1183 年）的 66207 贯增至 105 767 贯。

江南市场联系渐趋紧密，大宗商品形成了较为集中的商品生产基地和较稳定的运销商路。商品粮基地为太湖平原苏、湖、秀诸州，米谷或由运河水运至杭州，集中于城郊湖州市（该市因主要接湖州商品而得名）等米市，供给杭州居民消费；或转海路运至越州、明州、台州等滨海诸州；或沿钱塘江而上分销至衢州、睦州等地。桑蚕丝织业以湖州、杭州、苏州为中心。杭州等地还大量吸纳睦州、衢州、徽州等地的林木产品，浙东滨海诸州的海产品，浙东诸州的茶叶，沿海地区的食盐。江南与各地之间及江南与外地之间的经济联系的扩大，在世俗社会所投影的神祇崇拜中也得到体现，韩森（1999）考察四个神祇的地域扩张，也说明了这一点。源于徽州婺源的五通（显）神、源于湖州的张王、源于福建的天妃、源于四川的梓童，1110 年时前二者仅在镇江等少数运河沿线城镇出现，1275 年这四个神祇祠庙的总数则在杭州和镇江——两个连接外地的输出输入中心，都分别达到了 12 个，苏州、常州、建康也都有好几个，与各地商业发展程度尤其是与外地的联系大体呈对应关系。

这种市场网络中，中心地格局与行政治所序列基本吻合，政治因素的影响仍然很强烈。在宋代，超过州府城市的市镇至为稀少，到明清，

---

① 正德《姑苏志》卷 15，《房地赁钱》。

这种现象司空见惯，超过一级行政区治所者亦不稀见，中心地格局在很大程度上冲破了行政等级序列。

如图9-5所示，以人口密度为指标，元明时期，嘉兴、苏州已超过杭州，明初杭州还有所下降。

江南在宋代即已率先形成完整的区域市场体系，明清更为成熟，成为中国传统市场发育程度最高的区域市场。由于蚕桑丝织业和棉业专业生产的发展，江南市场内部商品流通与中心地格局较宋代有了很大的变化。又由于全国各地市场的配合，明清江南较之宋代，与外界市场的联系不唯在商品种类上，而且在程度上已发生了飞跃性的进步。

表9-4 北宋、南宋江南州县商税　　　　　　　　　　　　单位：千贯

地区	北宋	南宋	增长量
临安府	183	420	
镇江府	39	206 嘉定	336 咸淳
常州	65	136 旧额	110 咸淳
江阴军	4	42	
秀州华亭县	11	62 旧额	48 绍兴以来

资料来源：梁庚尧（1997：483）。

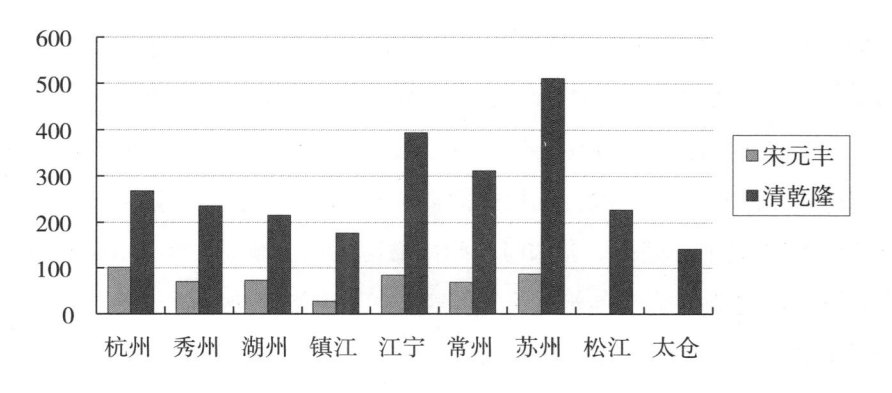

图9-4 宋、清间江南各府州人口密度变化

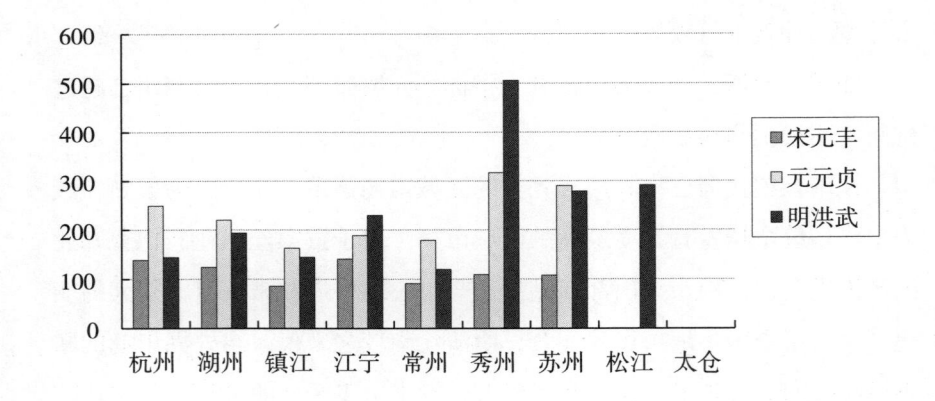

图 9-5　宋、元、明间江南各府州人口密度变化

宋元时期的杭州，是包括整个江南地区在内的一级行政区的首府，南宋时还是整个南方的首都。在政治因素主导经济发展的时代，政治中心有力地推动使之成为经济地理中心，政治中心所带来的巨大消费需求带动了市场的发达。因此，当中国经济重心转移到江南后，不是苏州或其他城市，而是杭州成为区域中心城市。两翼则有苏州、绍兴等次级中心地，江南及浙东地区被整合为一个有机的区域市场。

杭州的繁华，文人笔下吟咏不尽，13 世纪后期马可·波罗称之为"天上之城"，极尽铺陈，"毫无疑问，该城是世界上最优美和最高贵的城市"，"的确是世界其他城市无法比拟的"。苏州则被他称为"地上之城"。杭州在宋代是江南最大的海港，元明时移至太仓与刘家港（成为苏州的出海口）。在宋代，杭州集海港、运河终点、内河航运于一身，成为区域市场中心城市。北宋时杭州的城区人口、熙宁十年（1077 年）的商税，均遥遥领先于苏州、绍兴等府城，占两浙路 14%。宋廷行在驻杭州，使杭州的规模迅速增大，临安城郭周长 70 里，远远超过了北宋开封新城的 50.5 里，经济中心功能也得到强化。我们不妨从商品输入由远及近地来考察杭州的中心功能。

两浙路之外，输入江南和杭州的主要是土特产品，名类繁多，但都是小额的或奢侈性的商品，没有大宗商品。譬如，杭州成为全国药材与香料的集散地。重量轻、价值高的药材，近自绍兴药市，远自广东罗浮山药市、衡州药市、成都药市等，和南海舶来品香料，汇集杭州。

两浙区域内的商品量则大得多。婺罗、湖绢、越绫等著名纺织品，浙西南地区的木材与林产品，浙东滨海诸州的海产品，都以杭州为最大市场，向杭州集聚，并通过杭州分销。最大商品就是来自太湖平原的米谷。"杭州即来土产米谷不多，全仰苏、湖、常、秀等州搬运斛（豆斗）接济。"[①] 由于杭州特大城市的经济中心功能，辐射范围超出了本书所论之江南，同时，江南地区在宋元时代还不足以培育这么一个巨大规模的中心城市，因此宋代杭州的区域市场腹地还包括浙东。

杭州城外，迅速成长起来的附郭市镇、卫星市镇，众星拱月，辅助杭州城完成区域市场中心的辐射功能与吸纳功能。南宋杭州周围兴起15~20个市镇，由远而近愈益稠密，实际上都已成为城市的有机成分。湖州市（湖墅市）是宋代最大的米谷专门市场，太湖平原的米谷由此集散，其得名可能就与湖州地区的米谷输入相关。

杭州城内则形成了井然有序的批发—零售网络，有效地组织着商品的流通。专卖品酒，有十余家官库与子库，是官府或官府委托经营的酿酒之所，兼营批零，向城内各脚店、拍户、角球店进行批发。酒因官榷，没有设立相应的行会组织，城内其他名类繁多的手工业与商业部门，都设有"团行"，名曰团、行、市、铺等，既是应付官府科差回买的行会组织，同时有的又是以行老为首的批发机构。批发商通过团行将同业零售商组织起来，形成一个个有机的批发销售网络。据《梦粱录》记载并

---

① 苏轼：《东坡奏议》卷6，《论叶温叟分擘度牒不公状》。

结合其他史实，肉铺、鲞铺、米市等贸易中的批发业清晰可见。

肉市在修义坊，每日宰猪不下数百头，集中宰杀，分铺货卖。"临安宰猪，但一大屠为之长，每五鼓击杀于作坊，须割裂既竟，众屠儿分挈以去。"①据《西湖老人繁盛录》载，内有起店数家，与一般肉铺又有不同，还将皮骨等专门分类批发转售，每袋"起"价70，零售价90，批零差价为20。由于分类批发井井有条，因此凡遇婚庆华筵，"欲收腰肚，顷刻并皆办集，从不劳力"。鱼鲞等水产品来自温州、台州、明州等地，聚集于城南浑水闸，由行团接客商鲞鱼，批发给城内外一二百家鲞铺，以及散布小街狭巷的"盘街叫卖"。

食米，城内外消费每日不下一二千石，多来自太湖平原等地，集中于湖州市米市桥、黑桥等米行，零售米铺则散布城内外。批发商"接客打发，分表铺家"。收购环节，有赁户执掌叉袋，甲头管领的肩驼脚夫搬运；分销环节，有小牙子服务上门，运至各零售铺户；批发价格则由行头规定，分品种定价，并约定日期由零售铺户支付米钱。食米分类很细，有早米、晚米、黄米、陈米等十数种，满足了零售商与消费者多品种、全规格、小批量、持续不断的商品供应要求。临安庞大的商品粮销售渠道可谓精致细密，"米市搬运混杂，皆无争差，故铺家不劳余力而米径到铺家矣。"这种批发零售网络，吴自牧指出，与"诸山乡客贩卖"大有径庭。杭州城内外还有繁华的娱乐服务市场，满足居民娱乐享受层次的需求。

从杭州的输入品来看，城市巨大的消费需求，主要由两浙区域来满足，同时全国各地的商品来补充和提高。因此首先杭州是一个消费市场。外地商人输入各地特产，连同他们的神祇也带到杭州，而杭州本土

---

① 《夷坚丁志》卷9，《河东郑屠》。

的神祇向外传播反而不突出。① 这从另一个侧面可以说明杭州城市的输入性特征。其次杭州是一个转运中心，像丝绸、香料、药材、书籍、文房四宝等高档消费品，全国各地汇集到此再分流开去。再次杭州是一个生产性城市。宋代杭州向外输出的商品不多，生产的主要是高附加价值的高档商品，丝绸、装饰品、贵金属加工品、蜡烛等，其原料来自外地市场，如蜡烛所需油脂。丝绸、蜡烛等成为杭州的名品，一直延续到明清，长盛不衰。丝绸自不待言，蜡烛在宋代属奢侈品，明后期因为技术进步而成为日用品，但仍以苏杭所产为佳。明清苏杭则不同，生产性功能已经上升为最突出的特征，制品输向国内外，输入的主要是原材料、燃料。因此明清苏杭首先是生产型和输出型城市，尽管其高消费所引致的奢侈品输入也很突出。作为经济中心城市，商品集散与中转功能则是宋代杭州与明清苏杭的共同点。

  两浙市场与外界市场的联系，远不如内部资源分配与经济交往那样密切，但远距离商品运销的规模也在逐渐增长。浙西食米，在北宋大量输往北方汴京市场，除官运每年 100 多万石上供米外，商品粮也通过官方和籴、私商贩运等流通渠道源源自运河北上。南宋浙西商品粮仍不时调剂淮南与福建市场。纺织品、瓷器、茶叶、文化用品向四方市场流布者亦不在少。上述各类商品都有一定数量卷入海外贸易，输入品数量则较输出品少。当浙西灾荒时，淮米沿江南运河南下，广米则由福建中转航海而至，间或亦有江西、湖南米流入。广州、泉州的香料等进口物资，福建的铁器、荔枝，以及四川附子等商品则形成常年不断的流通，抚州纱、福建布及大多数商品则不够稳定。值得注意的是，除少量商品外，两浙商品的输入与输出大多是在本区域内部分配、调剂之余才向外地输出或从外地输入，商品粮的运动既充分显示了此特征，又表明两浙市场

---

① 参见韩森：《变迁之神——南宋时期的民间信仰》，浙江人民出版社 1999 年版。

的内部依赖与整体性远强于它与外界市场的联系。

两浙与外界的联系,尽管是有限的,但商品输出和输入路线则较为集中。在其东部,主要通过杭州、明州等大港及温州港、秀州海港镇市与国内南北市场、海外市场发生经济往来。在区域边缘带,由于集中了两浙与外界市场的商品流通,因此也形成了超过当地市场水平的较大的商品中转中心,这就是南部的衢州与北部的镇江府。

南部与西部,崇山峻岭阻隔了两浙与外部的交通,唯钱塘江上游谷地,西与信江谷地相通,联系鄱阳湖流域,南距建溪不远,联系八闽,"自衢、睦、处、婺、宣、歙、饶、信及福建路八州往来者,皆出入龙门,沿溯此江"①。衢州正位于上游两溪合流处,是两浙西通鄱阳湖流域,南达福建的重要陆路交通要道,地当东南两大陆路商道之交,所谓"衢为州,当东南孔道,闽越之交,舟车往来之都会"②。衢州亦因此而得名。所以尽管衢州深居内地山区,但商业繁荣,在城商税于熙宁十年(1077年)高居两浙各大城市第三,远距离贸易在其中起了决定性的作用。或者说,正是两浙与外界的市场往来培育了衢州城。

与此遥相呼应,北端则有镇江府,这是江南运河入长江的重要口岸。南宋时,长江中游及上游沿线的官运物资和商品由此进入浙西,然后转运杭州。同时,"自来闽广客船并海南蕃船,转海至镇江府买卖至多",因此"商贾盛集,百货阜通"。③城内外坊郭户逾6万人。沿江岸兴起几个卫星港口,据嘉定《镇江志》等载,除了前述江口镇外,历史悠久的京口,南宋更具活力,"当南北之要冲,控长江之下流,自六飞驻跸吴会,……与夫蛮商蜀贾,荆湖、闽广、江淮之舟,凑江津,入漕渠而径行至行在所"。归水澳,也是"萃江淮荆广蜀汉之漕,辐辏于此,

---

① 《苏东坡全集·奏议集》卷9,《乞相度开石门河状》。
② 祝穆:《方舆胜揽》卷7。
③ 《宋会要·食货》卷50之11。

过客往来，日夜如织"。海鲜界港，"埭下巨艘连樯，栉比江浒"[①]。此外，镇江府沿岸的私人港口达数十个之多，如石炭渚、柴墟镇等。镇江府城及其卫星港镇的发展，主要也是由两浙区域与外界的联系带动起来的。

通过对衢州与镇江的分析，可以看到两浙市场与外界的联系不是分散的，而是集中的。也就是说，两浙是作为一个区域性整体与外部市场发生往来的，这是两浙区域市场形成的又一佐证。

概言之，两浙路南以衢州、北以镇江为界，至南宋已形成以杭州为中心、以苏州（平江府）及越州（绍兴府）为北南两翼的展翅状区域市场体系。作为本区域最大城市的杭州，具备了强大的经济中心功能，并以此为枢纽，有效地组织着区域内的商品流通与资源配置，两浙各地城乡遂成为一个紧密联系的有机整体。该区域与外界市场的经济往来，也是以整体性的姿态进行的，并且是在本区域内部实现供求平衡与地区平衡基础上进行的。

要想成为区域市场的最高中心地，就必须是一个综合型大城市。它不仅要是一个商品集散中心，还应该是产品加工中心；不仅要对本区域内地区具有强大的吸纳力，而且要具有足够的辐射力，将本区域的产品引向外地和远方市场。区域中心城市对整个区域市场的整合与运转至关重要。江西就是由于最高中心地整合功能弱，导致区域市场体系发育迟缓的。[②]

[①]《宋会要·方域》卷13之13。
[②] 宋代江西的路治洪州城市规模位于吉州、赣州之后，城周规模次于府州治平均数，居于第三位，人口、商税序列亦然。这在政治因素主导的时代是不多见的。江西一直以来最高中心地的整合功能较弱，清代江西商业地理布局竟是由吴城、樟树两镇为枢纽来组织的。语言上也有反映，至今在赣方言中，南昌话不像其他方言一样成为主导性的中心土语。因此明中叶以后新一波的经济增长中，江西由南宋与明初的一流下降到了清代的末流。

图 9-6　奉化广济桥

注：奉化广济桥位于浙东古驿道。北宋建隆二年（961年）始建木桥，名"广济"。南宋绍兴初（1131年）改建成木石结构的廊屋式桥。通长51.68米，面宽6.6米。用石柱四列作为桥墩，每列由6块条石陡立组成。柱头置锁石，锁石上凿槽，中置牵木，固定锁石，又排列梁木10根，其上铺板。桥上建廊屋15楹，中间跨空五架梁，两廊各宽1.80米。引桥两旁有小屋6间，现存元代建桥碑记、禁约碑等碑刻6通。

第四节　移民与江南市场

商品与生产要素的流动形成了市场并实现了资源配置。历史时期人口流动与劳动力市场发育有限，既受到交通运输等技术条件的制约，又受到劳动分工、社会流动迟滞的影响。当然，与其他相关市场的发展程度亦密切相关。两宋之际大规模移民进入江南，不仅形成劳动力流动，也带动了其他生产要素与资源的流动，从而促进了江南市场的发展。

中原文化与移民对南宋特别是临安的影响，所论越来越深入，如程民生（1997）、吴松弟（1997）、徐吉军（2008）等。本节侧重于从北方与外地移民对江南市场的影响进行论述。分析江南移民进入市场的几种途径与作用方式，并以临安的事例具体分析这种作用的深度；在宏观层面上，则从南宋江南市镇兴起的移民动因进行考察。宋代史料有限，故本节挖掘了宋史界鲜有涉及的明清方志中辑录和反映的宋元史实，并利用明清整理的宋元话本[①]的细节描述，以求在资料运用上有所突破。

一、人口流动、迁徙与市场

在古代社会，由于生产工具与劳动的简单化，人本身成为首要的生产力，人口数量的重要性超出了现代人的想象，因此掳掠人口、贩卖人口从事生产屡见不鲜。宋代的人口，普遍认为已突破一亿大关，新近的考证进一步证实了这种观点。[②]而其中绝大多数属于个体小农。个体小农在人口数量上的空前增长也刺激小农卷入市场。随着劳动人口的增加，劳动效率的提高，农民的农闲时间相对延长，劳动力的数量剩余与季节性剩余增长，再加上一些地区出现了人多地少的矛盾，迫使农民改变家庭经济结构，向市场寻求新的谋生手段。在宋代的两浙、福建、成都府路等地，营养密度（这里以户均耕地计算）、人口密度已接近甚至超过清前期的数字，据前引拙著的考证，元丰年间两浙营养密度为每户20.38亩，南宋更跌至16.1亩，福建元丰年间则仅为每户10.63亩，成

---

① 本文引用了不少宋元白话小说的材料。小说可以作为史料之参证，尤其是其细致描述有助于理解史书中语焉不详的史实。这些话本多是元明刻本，流传的过程中不少有所改动，但基本上可视为主要反映宋元历史实际，今人从不同方面进行了鉴别，如程毅中《宋元小说家话本集》，齐鲁书社 2000 年版；欧阳健、萧相恺《宋元小说话本集》，中州古籍出版社；路工、谭天编《古本平话小说集》，人民文学出版社 1984 年版；亚东图书馆辑《宋人话本七种》，中国书店 1988 年版；萧欣桥选著《西湖古代白话小说选》，浙江文艺出版社 1984 年版。

② 葛剑雄：《宋代人口新证》，载《历史研究》1993 年第 3 期。

都平原的户口密度接近每平方千米60户,即每平方千米近300人。这些地区人多地少的矛盾日益尖锐,所谓"闽浙之邦,土狭人稠,田无不耕",所谓"蜀民见增,旷土尽阙"。①另外,人口数量实际上代表着潜在的需求量。当新增加的人口多多少少跨出自然经济的藩篱时,需求量的增长也就由潜在转化为现实。南宋两浙路,人口增加,消费增多,市场价格随之上升,叶适《水心先生文集》说:"四方流徙尽集于千里之内,而衣冠贵人不知其族。故以十五州之众,当今天下之半,计其地不足以居其半。而米粟布帛之直三倍于旧,鸡豚菜茹、樵薪之鬻五倍于旧,田宅之价十倍于旧,其便利上腴争取而不置者,数十倍于旧……十年之后将何以救之乎?"

人口增长的压力导致了人口流移或季节性流动。南宋时两浙乃至江西、福建的人户转徙导致土沃多旷,其中浙西一带的农民,"每于秋熟,以舟载其家至淮上,为淮民获,田主仅收十五,他皆为浙人得之,以舟载所得而归"②。在绍兴府,山区农民在农忙季节下平原水乡助获,人谓之"上客",陆游《秋日郊居》诗有反映。这种候鸟式的季节性人口流动,除了助获外,相当多的则直接从事市场活动。常年性流动人口也不少见。他们缺乏土地可以安生,同时也没有了土地的束缚,安土重迁、以农为本的古老信条在他们身上荡然无存。有的凭借一技之长从事手工业,有的苦心经营着小爿客店,有的则为商雇佣、受人驱遣。苏轼说:"夫民之为农者,莫不重迁其坟墓、庐舍,桑麻、果蔬、牛羊、耒耜,皆为子孙百年计。惟其百工技艺、无事种艺,游手浮食之民,然后可以

---

① 许应龙:《东涧集》,《初到潮州劝农文》;《续资治通鉴长编》(以下简称《长编》)卷168。
② 薛季宣:《浪语集》卷16;《宋会要·食货》41之11,又见李心传:《建炎以来朝野杂记》甲集卷8。

怀轻资，则极其所往。"①流动人口似乎与工商业有着天然的联系。庆元府象山县市户胡三十大等，"各系经纪小民，赁屋居住开店"。他们显然是外来人口，有趣的是，房东也和房客一样不是本地人，"本县乡里屋主，皆系寄居官户。"②客寓他地的寄居官户，宋人文献中时可见之，他们不仅以其资本投入房地产，而且由于远离故土，传统思想的约束大为减少，甚至肆无忌惮地投资各种工商业，从而作为流动人口，他们又吸收、消化了其他缺乏资产的流动人口，为市场机会的增加创造了条件。

靖康之变，导致中国历史上又一次大规模的人口南迁爆发。《鸡肋编》称，南宋初期，"江浙、湖湘、闽广，西北流寓之人遍满"。两宋之际的人口南迁主要有三大流向。

第一，从黄淮地区流向两浙、江西，少数进而南迁至福建及岭南，这是规模最大的迁移路线。黄淮广大区域集聚着北宋约三分之一的人口，在金兵铁蹄之下，居民流亡者不计其数。两浙路经济最为发达，随着宋廷南迁临安，太湖平原和钱塘江下游成为最大的移民接收地，"四方之民云集两浙，百倍常时"。③南宋建炎三年（1129年）较之北宋崇宁元年（1102年）净增14.5万户，这一数字远远低于实际人口南迁数，因为太湖平原一带本身遭受了严重战乱，本地人口已严重损耗，"自累经兵火后，户口所存载十之二三。而西北人以驻跸之地，辐辏骈集，数倍土著"④。因此两浙接收的南迁人口要远大于这一数字。鄱阳湖流域接收的南迁人口亦众，绍兴三十二年（1162年）较之崇宁元年（1102年），60年间增长率高达21.8%，净增33.9万户，约170万人，显然大

---

① 转引自萧放：《明清江西四大镇的发展及其特点》，载《平准学刊》第5辑下册，光明日报出版社1989年版。
② 光绪《周庄镇志》卷4，卷1。
③ 《建炎以来系年要录》卷85。
④ 《建炎以来系年要录》卷173，绍兴二十六年（1156年）七月丁巳。

多数为南迁人口。不少移民继续南迁至闽广一带，赣、闽、粤山区成为此后客家人的主要聚居地。人口史学家们认为，两宋时期的移民在客家人的形成过程中产生了至关重要的影响。广东南雄则是移民迁往岭南各地的中转地，珠江三角洲一带不少族谱都称，祖先来自南雄珠玑巷。

第二，从陕西流向川蜀的移民也不少。成都府路建炎三年较之崇宁元年净增近25万户，这可能接近南迁户口数字。潼川府路绍兴末年（1162年）较崇宁元年增加24.3万户，增长率高达43.2%，这无疑主要是由移民所引起的增长。

第三，从荆襄流向湖南，如"西北士大夫遭靖康之难，多挈家寓武陵"[①]。一些北人进而迁移至广西，《铁围山丛谈》卷6说，博白一带，靖康之后"北方流寓者日益众"。不过，相对而言，这一路线的移民为数较少。

具体的人口迁移数字很难估计，吴松弟对南宋移民数量做了推测[②]，至绍兴三十二年（1162年），两浙路北方移民及其后裔约50.3万户，江南西路约44万户，江南东路约14.6万户，淮南与湖北一带约有36.4万户，上述各路共有移民及其后裔145.3万户，581.2万人，其中至少有一半即约290万人为北方直接移民。再加上四川、湖南、福建、两广的移民，以及26.4万左右的军人和家属，至绍兴和约签订前大约有500万北方移民迁入并定居南方。

移民具有不同类型，在不同的历史条件与社会经济环境中移民的形态及其作用迥异。移民经济可能出现边缘化、主流化或有机融合三种

---

① 《夷坚三志》辛集卷4。
② 葛剑雄等：《简明中国移民史》，福建人民出版社1993年版

趋势。① 在历史上，移民及其后裔容易形成自我封闭性群体，东晋的南迁家族与侨州郡县是其极致。客家人在闽粤赣地区，筑土楼自保，在语言、习俗等方面自我延续。② 两宋之际的两浙路成为最大的移民接收地，"四方之民云集两浙，百倍常时"③。南宋江南的北方移民为数之巨在历史上是少有的，移民的迁入不是一次性，而是源源不断的连续现象。这一基本特征已被学术成果所证实。本节要强调的是，与以往的移民潮相比，南宋移民的政府强制色彩较弱，家族共同体在移民中的作用也不强，由此形成自身的特色，进而发挥不同的作用。北方移民迁入江南后没有形成家族或政府控制下自我封闭的社群，数量之巨使移民没有边缘化，没有形成与原住民相对隔绝的或相对独立的发展，而是迅速融入当地社会与经济特别是市场之中。

政府强制性迁徙与家族举族而迁，定居后往往形成凝固性与封闭性的经济单位。历史上曾多次迁徙豪强，唐代长安尤为突出，这也是一种政府的制度性安排。两晋之交的移民南迁，则往往是举族而迁，筑坞堡自固，东晋政府实行侨州郡县制，以集中安置大部分北方移民。世家大族作为汉魏以来社会经济的基本单位，在迁徙过程中及定居后进一步加强。在朝廷的支持下，大面积开发，垦田与围田由此得到突出发展，宗主、豪族与所谓的宗亲、乡党、部曲、门徒、义附等，逐渐结成不可分割的牢固整体——"乡族集团"④。

---

① 西方殖民者在美洲，将土著印第安人赶向山林，反客为主，移民经济主流化。欧美唐人街则是一种典型的边缘经济形态，海外华族作为少数民族相对独立于主流社会。泰国等地的华族则与当地居民有机融合，华族经济成为当地国民经济的有机组成部分，不可分割。详见龙登高《跨越市场的障碍》，科学出版社 2007 年版。
② 在近代东南亚穆斯林社会，华侨华人相对独立地发展，强烈地表现为移民及其后裔的内部网络化联系。
③ 李心传：《建炎以来系年要录》卷 85。
④ 胡阿祥：《东晋南朝侨州郡县的设置及地理分布》，《历史地理》第八、九辑，上海人民出版社 1990 年版；葛剑雄：《中国移民史》第二卷，第十章第二节。

南宋江南的移民，虽然史载多称"扈从南迁"，但大多不是政府强制性的统一安排；虽然也有举族而迁的，但不复为主流形态，移民多以个体与小家庭为单位。市场的发展也有利于移民的迁徙与定居谋生。水陆交通与运输工具，沿途市场补给，使小家庭能完成迁徙行为。白话小说中颠沛流离南迁者多是小家庭，常见者两三口而已，饱尝人世间的悲欢离合。①

不可忽视的是，除了北方移民之外，来自其他地区的商业移民、谋生移民，以及江南区域内的人口流动，为数也很可观。如福建，"居今之人，自农转而为士、为道、为释、为技艺者，在在有之，而唯闽为多。闽地褊，不足以衣食之也，于是散而之四方。故所在学有闽之士，所在浮屠老子宫有闽之道释，所在阛阓有闽之技艺"②。许多福建技艺人员与商人来到了江南，特别是临安，发达的市场为他们谋生与营利提供了机会。明清时期引人注目的商业移民，实际上宋代就已开始。区域内的人口流动，同时与城市化进程相伴随，就是一个农村人口迁居城市的过程，所谓"自村疃而迁于邑，自邑而迁于郡者亦多矣"③。

北方移民及商业移民、城市化移民，通过市场寻求生存机会，同时其所带动的生产要素流动也推动了资源配置与市场发展，这是中国历史上此前少见的移民与市场相互促进的现象。

第一，个体移民形式推动了土地交易与租佃市场的发展。个体移民形式与小农家庭经济的成熟和独立性增强相关，同时也与市场的发展相关。个体小农家庭经济体至宋代已趋于成熟，对人口迁移的影响，一方

---

① 话本《冯玉梅团圆》《卖油郎独占花魁》《西湖三塔记》《错斩崔宁》《沈小官一鸟害七命》《金玉奴棒打薄情郎》《乐小舍拚生觅偶》等，主人公家庭，少则两三口，多则三四口。本文所引话本，出自《宋人小说七种》《古今小说》等，经考证多源自宋代。
② 曾丰《缘督集》卷17，《送缪帐干解任诣铨改秩序》。
③ 《宋会要·食货》70之106。

面表现于小农家庭经济体在北方的成熟，家族与庄园的经济功能弱化，已经不是社会经济的基本单位，也不再成为移民单位。另一方面表现于个体小农家庭恢复和重建经济体的能力增强，江南现有的经济基础已足以容纳小家庭单位的经营，甚至可以说是如鱼得水，不像东晋时期必须以乡族集团为单位才足以进行经济开发。移民抵达后，通过租佃或购买小块土地，就能较快恢复个体农耕经营。移民在江南购买土地、房宅，促进了地权市场的发展；或者租佃土地从事农业生产，推动了劳动力与土地的租佃市场。租佃市场的发育程度，从宋代至明清，江南在全国都最为突出。

第二，直接进入劳动力市场。在长途迁徙过程中，技能、工艺、知识等可携带的人力资本，较之铜钱、贵金属等形式的物质资本，以及土地、商品等实物，更容易随移民抵达江南。但它们必须与其他生产要素相结合才能创造财富。为数众多的移民，辗转来到江南后，一贫如洗，除了出卖劳动与技能之外，他们无以为生，因而为江南特别是临安等城镇市场提供了数量巨大的廉价劳动力，为外来的商业资本提供了充沛的雇佣对象，并降低了经营成本。[①] 移民少部分受雇于农场，少量成为富贵家庭的用人，一部分受雇于城镇工业，相当一部分则在服务业中充当雇工，江南劳动力市场的发育引人注目。劳动密集型的服务业之兴盛尤赖于此，在杭州，人力婢仆、歌童舞女都有专门的官私牙嫂中介雇买。

第三，在城镇中从事工商业，相当多的移民从事行业门槛低的小本生意，成为新的从业群体与资本来源。依靠江南市场的机会与潜力，在城镇内外或交通要冲处启店谋生，或做点小生意。像《夷坚志》中不少此类事例，以小本经营也能迅速在城镇市场获得谋生之资。宜黄人詹

[①] 雇工稍有不慎，就会面临被解雇。如面食店中的"行菜"，"或有差错，坐客白之店主，必致叱骂罚工，甚至逐之"。出自《梦粱录》卷16，《面食店》。

度,"业伶伦",在城外只能"行丐而前",到城市后,其吹笛技艺获人赏识,有了市场,"自是以技得名,渐亦温饱"[①]。小家庭移民容易为城市接纳,如果是举族而迁,大家族的众多成员统一在城中安插则要困难得多,生活成本高,因而他们往往选择市镇定居。

移民中的相当一部分进入城乡市场,仰赖原有的市场体系为生,并扩大了市场规模。南方和区域内的流动人口与工商业移民更是如此。在江南,南北习俗与各地文化相互融会,商品生产与技术共同发展,市场获得了进一步发育。

这同各地的移民与市场水平大体成对应关系。江南的北门户镇江府,南宋嘉定时期的商税额达到了 20.6 万贯,超过了北宋熙宁年间杭州府的商税额(18.3 万贯),咸淳年间更高达 33.6 万贯。

第四,安顿家庭需要从市场购买家居器皿与生活用品,市场消费需求大增。随着城镇的扩大,道路桥梁等基础设施,居民修建住宅等就会形成规模甚大的建材市场。同时,北方移民与外地人口特有的生活习俗,也形成了新的需求。建康府城"岁时礼节、饮食、市井负衔讴歌,尚传京城故事,……习气大率有近中原"[②]。

需要着重指出的是,不同的人口构成与多样化的消费取向激发了市场需求,不同群体之间的交流又使之进一步扩大。没有这一移民因素,同样数量的人口不可能形成如此庞大的消费需求。

第五,最后还值得指出的是移民意识与网络。移民群体形成的人际网络,通常会成为信息传递、人员流动与资源组合配置的新渠道。移民脱离了原居住地的人际氛围与文化环境,脱离了在一定程度上受制于这种环境的观念约束与人际约束,因而有可能自由开放一些,有可能突

---

① 洪迈《夷坚三志壬》卷4,《陶氏疫鬼条》。
② 至正《金陵新志》卷8。

破传统的制约而形成开拓创新意识。话本《计押番金鳗产祸》有一则事例，庆奴和张彬逃亡至镇江，无以为生，庆奴道："我会一身本事，唱得好曲，到这里不怕羞，何不买个锣儿，去诸处酒店内卖唱，趁百十文，把来使用。"移民容易突破旧有的框框，生存的压力使他们更具冒险意识与创新精神。

二、移民与城市市场

移民对南宋江南市场的影响，在临安市场表现得最为突出。临安堪称一大移民城市，在中国历史上的大都会中，可能最具移民特性。这一重要因素推动了临安经济在宋金战后的迅速恢复，城市市场与市民阶层的发展，并形成了独有的特色。临安"建炎及绍兴间三经兵燹，城之内外所向墟落，不复井邑。继大驾巡幸，驻跸吴会，以临浙江之潮，于是士民稍稍来归，商旅复业，通衢舍屋，渐就伦序"[①]。有人估计移民在临安总户口中的比例甚至高达六七成。[②] 更重要的是，南宋临安移民与上文所论历史上建都或迁都的移民现象有所不同。除北方移民之外，其他地区的工商业者与流民及周边农民都涌向这个中心市场来谋生。短期流动人口，包括官员升降，游走商贩，以及行僧道士等，为数亦不少。三年一次的会试，尤为壮观，"到省士人，不下万余人，骈集都城。铺席买卖如市，俗语云'赶试官生活'，应一时之需耳"。混补年更多，据称达十万之众，还不包括几乎同等数量的随从。[③]《夷坚志》与话本中记录了不少应考秀才的轶事趣闻。数量巨大的移民迅速融入杭州市民社

---

① 曹勋《松隐集》卷31，《仙林寺记》。

② 吴松弟（2000：577）。吴氏据《系年要录》"临安府自累经兵火之后，户口所存，裁十之二三"，推断十之六七为移民，恐难成立。一则史料显系夸张，一则战乱后有相当部分应为原居民回归。

③ 《梦粱录》卷2，《诸州府得解士人赴省闱》。

会,并且绝大多数仰赖市场为生,促进了临安城市市场进一步发育。

其一,消费需求格局的变化。宋廷驻跸临安,吸引了南下移民会聚①,移民的涌入,填补了因战乱而导致的人口锐减所形成的需求缺失,更重要的是,人口构成的变化导致需求格局的改变,表现于需求层次的提升与需求结构的多元化。

一方面,为数众多的官僚贵族迁居临安,形成了高水平消费需求。除了皇室之外,移民中"今之富室大贾,往往而是"②,周边地区迁入临安的一般也是各地的富有家庭。这些富有阶层具有较强的消费能力,尤其是高消费,从而推动了奢侈品、高档商品和娱乐享受服务的市场需求③。如每逢岁时节庆,迎神赛会,不论贫富,倾城而出。"公子王孙,富室骄民,踏青游赏城西,店舍经纪,辐辏湖上,开张赶趁。"④

另一方面,各地不同消费习俗的人口,形成了不同的消费需求结构。最为明显的就是,为数巨大的南迁北人,带动了面食消费的剧增。商品市场的多样化,除了原来稀见的面食类商品成为大宗商品之外,北方其他的风味产品与特色商品也为数不少。牛羊乳及乳制品出现,丝织品、服饰、陶瓷、肉、酒等品种都有所增加。⑤《清波别志》载,"自过江来,或有思京馔者,命效制造",形成"临安所货节物,皆用东都遗风,各色自若"。临安娱乐市场有"学乡谈"的表演,学各地方言以取乐,如学萧山、绍兴、宁波及苏北等地方言,表明这些方言及其移民

---

① 话本《单符郎全州佳偶》说,百姓从高宗南渡者,不计其数,皆散处吴下。闻临安建都,多有搬到杭州入籍安插。
② 李心传《建炎以来系年要录》卷173,《绍兴二十六年七月巳条》。叶适亦谓"衣冠贵人不知其几族"(《叶适集·水心别集》卷2,《民事中》)。
③ 龙登高:《南宋临安的娱乐市场》,载《历史研究》2002年第1期。
④ 《西湖老人繁盛录》。"纪"字为笔者所校,涵芬楼秘笈本原作"营",夹注云"营,原误绝"。原来的"绝",系"纪"之误,"经纪"一词,在宋代是指代小生意者的流行语言。涵芬楼秘笈本错误地将"绝"改为"营"。
⑤ 徐吉军:《南都城临安》,杭州出版社2008年版。

群体在临安为人熟知,从而丰富多彩。消费需求格局的这些变化,推动了商品市场、服务市场的发展,也吸引了商人资本的流入。

其二,服务业的多样化发展。手工业因移民从业而扩大,服务市场的多样化表现更为明显,因南北文化的交融与碰撞而多姿多彩。大量的北方移民,使得北方尤其是东京的文化娱乐成果南传,成为移民带给杭州的文化大餐,大大丰富了南方的文化娱乐与服务市场。[1]饮食业最为人津津乐道,开封的名食名店,各地的小吃名点,在临安随处可见。《都城纪胜》说,"都城食店,多是旧京师人开张"。其中不少成为美食品牌,如袁褧《枫窗小牍》所举"若南迁湖上鱼羹宋五嫂、羊肉李七儿、奶房王家、血肚羹宋小巴之类,皆当行不数者也"。宋元话本中,时有"老郎们传说""京师老郎流传"等说法,娱乐市场中的说话人同行之间称"郎",来自开封的资深者谓"京师老郎"。《东京梦华录》的作者孟元老,南渡至临安,就参加过才人书会。街头吆喝,小贩叫卖,勾栏表演,瓦舍娱乐,汴京话声声入耳。北方移民传来的神祠庙宇,带动了相应的祭祀活动与庙会交易。临安东岳庙就有3处,东岳诞辰节庆热闹非凡;二郎祠就是东京的清源真君祠;惠应庙,在城中者4所,即东京显仁坊皮场土地神祠。[2]

除了北方风俗南传,移民在杭州也兴起一些新的文化习俗。如杭州中元节有接祖之举,就是因为移民无从到祖宗坟茔祭祀,逐渐相沿成习。移民自身的悲欢离合与谋生创业,成为临安瓦舍勾栏中说话等曲艺表演道不尽的题材。话本《冯玉梅团圆》中徐信与刘俊卿在战乱中的"交互因缘"的悲喜剧,《卖油郎独占花魁》中汴梁六陈铺铺主莘善父女曲折经历,等等,无不使人一洒同情之泪,与主人公共悲欢,尤其吸引

---

[1] 前引徐吉军、龙登高等文。
[2] 咸淳《临安志》卷73,《外郡行祠》。东岳诞辰节庆还见于周密、吴自牧诸书。

众多的移民成为忠实的听众。北方移民之外,其他地区的移民也带来了各自的社会风俗与文化服务。地方曲艺汇聚临安,如福建鲍老达三百人、四川鲍老亦有一百人。源自温州等地的南戏,也流传至临安。深受杭州市民喜爱的济公和尚,就是一名来自天台山的外来和尚。①杭州继承北方文化尤其是开封文化,兼容各地移民带来的文化成果,②成为各地文化之集大成者,南北混杂,斑斓多姿,异彩纷呈,娱乐服务市场富有生机。

其三,商业移民与商人资本注入。商业移民十分突出,北方移民中富商大贾不少,汴京的许多著名店铺,都以旧名在临安重新开业。③南方其他地区的商业移民与流动人口更为可观。临安凤凰山因客商云集,习称"客山":"杭州富室多是外郡寄寓者,盖此郡凤凰山谓之客山,其山高木秀皆荫及寄寓者。其寄寓人多为江商海贾,穹桅巨舶,安行于烟涛渺莽之中,四方百货,不趾而集,自此成家立业者众矣。"④仰山二王庙,祀神出自江西袁州,它是随着江西至杭州的木材贸易传播而来的。徽州商人、福建商人是杭州人数最多的两大外地客商,徽州婺源灵祠,在杭州有7个行祠;福建自南宋流行的天后信仰很快传播至杭州,并设有顺济圣妃庙及其行祠。⑤这位外来的海洋女神林氏,其影响后来似乎超过了本地的海洋(男)神冯氏(同样有顺济庙),反映了外来的福建

---

① 许尚枢:《济公生平考略》,载《东南文化》1997年第3期。
② 吴松弟在《中国移民史》《中国人口史》中的辽宋金元时期卷(分别为福建人民出版社1997年版和复旦大学出版社2000年版)中全面论述了南宋北方移民及其对南方经济与文化的影响,程民生《宋代地域经济》,河南大学出版社1997年版)则强调了北方文化尤其是开封文化向南方的传播。徐吉军前引书则有全面的论述。
③ 吴自牧、周密诸书均有记载,白话小说中亦有反映。其他城市亦然,如话本《碾玉观音》述,潭州有人挂上了"行在崔待诏碾玉生活"的招牌。
④ 吴自牧《梦粱录》卷30。
⑤ 咸淳《临安志》卷73,《外郡行祠》。《梦粱录》卷14亦录之。

商人在临安尤其是在海洋运输贸易中的影响之大。[1] 商人资本伴随商业移民流入，促进了临安市场的兴盛，尤其是临安与外地的经济联系。

移民迅速融入杭州市民社会，并且绝大多数仰赖市场为生。他们离乡背井，渴求文化娱乐生活，其旺盛的需求促进了杭州文化娱乐市场的发展。除了富豪显宦外，一大批工商业主（店主）和经纪（小生意人）等商业移民，为临安市场的繁荣提供了资金、技艺和从业人口，丰富了娱乐市场的消费需求与服务供给。可见，与移民相伴随，临安消费需求格局发生了较大变化，商业资本流入，促进了城市工商业的活跃，廉价的劳动力降低了营运成本，商品市场与服务市场都有显著的扩展。

三、移民与市镇

移民对江南城镇市场的影响，论深刻以临安最为突出，论广泛则辐及相当多的市镇。以断代研究之所囿，两宋文献资料之不足，宋代市镇的时代特征与发展历程的研究仍不够清晰，遑论移民的作用。所幸明清江南地方志文献丰富，包含了不少今存宋代文献所佚的珍贵史料，对宋史研究而言值得深入挖掘。而且从宋代延续到明清的通贯性记载，有助于把握市镇演进的历史脉络与宋代市镇的历史地位。笔者翻检明清方志特别是乡镇志，不惮繁复加以论列，或于同人有益焉。

第一，移民在村落或市镇落脚后，利用原有的市场基础，迅速恢复个体经营，给市镇带来新的成长契机。濮院镇，北宋为一草市，高宗时，曲阜濮氏扈从南下卜居于此。南宋时农桑、机杼之利，日生万金，四方商贾云集，遂置镇。[2] 湖州新市镇，周围物产丰富，原有陆市，后

---

[1] 祭祀冯氏的顺济庙，事见咸淳《临安志》卷71，《山川诸神》。
[2] 《濮川所闻记》卷1；卷4。又据《桐乡濮院镇志》，濮院镇之成为丝绸名镇，肇始于高宗时驸马濮凤迁居于此，经营蚕织。

为交通更为便利的水边新市所取代。宋廷南渡，衣冠鳞集，继而建镇。①明清时地据两省三府七县的乌青镇，其繁盛始于移民的经营，"青镇与湖郡之乌镇夹溪相对，民物蕃阜，第宅园池盛于他镇，宋南渡后士大夫多卜居其地"。南宋时渐由草市发展成市镇，"市逵纵横，尤称富丽"。②因"江淮流民避地，税物经过，偶有增羡"，额定商税由年1.57万贯增至4.4万贯（后减额仍达3.1万贯）③，成为南宋最大市镇之一。商业移民对商道市镇的作用亦可见诸记载，港口澉浦镇在南宋盛极一时，就与福建商人的活动相关。④

第二，移民大量定居，人口增多，市场需求增加，开张或扩建交易设施，推动了新的市镇的建立。苏州元和县周庄，南宋时北人侨居，人烟渐密，元末沈氏自南镇徙入，始辟为镇。湖州更为突出，同治府志所载就有：菱湖，宋南渡后兴市廛，治桥梁，渐即稠密；双林，"宋南渡时聚商，名商林"。还有几个聚落也是在南宋开始了作为镇的阶段性发展，连市，又称练市或琏市，宋南渡设酒坊以课税。长兴县和平乡，宋设税务及犒赏酒库一所。该县四安镇，"宋设监镇一员，以京官为之。又犒赏酒库一所"。南浔，宋高宗时止称浔溪，理宗淳祐末立为镇。⑤设置税收机构，或派出官员，表明此类乡村都因移民的开发而开始或已经具备置镇要素。

尤其是一些大家族迁居后，在扩建市场设施、发展市场交易方面更具优势，更有效地利用江南发达的市场网络。马陆里自宋陆秀夫长子南

---

① 正德《新市镇志》卷1；嘉靖《德清县志》卷1。
② 乾隆《乌青镇志》卷2；《乌青文献》卷1。
③ 《宋会要·食货》卷19，《商税》，"嘉定十七年三月十四日臣僚言"。
④ 澉浦镇有医灵祠，奉闽中吴真君，开禧三年"闽商绘像传塑，俱祈疗病者，甚验，四方咸集"。该镇另有广福庙，所祈之神，亦有泉州之风（海盐《澉水志》卷5，《寺庙门》）。
⑤ 同治《湖州府志》卷22之1，《舆地略村镇》。

大与马氏共居于此后,"市廛渐以稠密,元明以来由邨成镇"①。杨行,宋时"有杨昼从高宗南渡,卜居于斯,工于会计,代客卖买,诚一无伪,商民共信而咸集,就成市焉"②。鄞县小溪镇,"宋绍兴中,北客多乐居之。魏文节公结圃墅,与大梁张武子为诗友,其他如安仪同、孙、王尚书相继卜筑"③。

第三,江南市场格局在宋廷驻跸临安后政府需求的刺激下有所变化,一些聚落获得新的发展契机,特别是随着运河的地位与功能加强,沿线一批交通运输型市镇成长了起来。杭州临平镇与秀州崇德县之间有座长河堰,为行旅羁留之所,在其附近,北宋有修川市,筑长安堰,南宋时其地理位置更为显要,遂置镇,因堰以名。常州奔牛镇,"自天子驻跸临安,牧贡戎赟,四方之赋输,与邮置往来,军旅征戍,商贾贸迁,途出于此者,居天下十七,其所系不愈重哉"④。奔牛镇和附近的吕城镇,仅"脚船、脚夫平生靠运米以谋食者",就数百家。⑤临安府的长安镇、汤村、临平等镇市,都因南渡人口的迁入而繁荣。《梦粱录》说:"临平、汤村等镇市,因南渡以来杭为行都,二百年户口蕃盛,商贾买卖十倍于昔,往来辐辏,非他郡比也。"市镇商税额在南宋的增长,南宋临安府浙江场的商税额,与北宋熙宁年间杭州全城相若。常州万岁镇、青城镇,临安府江涨桥镇、龙山场,相较于北宋熙宁年间商税额的增长指数高达 1000~4000。常州湖濮镇,湖州乌墩镇、新市镇,临安府浙江场等,增长指数亦在 200~900 之间。只有张渚一镇减少。

江南市镇的数量,南宋较之北宋增加了 94%,尤以松江及后来的太

---

① 嘉庆《马陆里志》卷 1,《疆域》。
② 嘉庆《杨行志》卷 4,《凡例》。
③ 袁桷《清容居士集》卷 19,《鄞县小溪巡检司记》。
④ 陆游《渭南文集》卷 20,《常州奔牛闸记》。
⑤ 黄震《黄氏日抄》卷 72,《回申再据总所欲监钱状》。

仓州地区为甚，见表9-5。

表9-5 江南市镇数量的增加（北宋至南宋）

府州	杭州	嘉兴	湖州	镇江	江宁	常州	苏州	松江	太仓州	合计
北宋	14	11	13	4	14	15	14	10	1	96
南宋	27	24	19	8	16	25	21	34	12	186
增长率	93%	118%	46%	100%	14%	67%	50%	240%	1100%	94%

注：据魏嵩山（1993：第11章）改制，太仓州非宋代建制，南宋数据包括元代记载。江宁府为"镇"的数量，据龙登高（1994：68）记载。

这些市镇大多数至明清仍延续着南宋奠定的市场基础与发展势头，呈现出不可逆转的历史演进脉络，显示出经济地理布局上较强的合理性，表明市镇演进的历史连贯性和持久的生命力。但也有不少市镇在明清时衰落下去，因为南宋时特殊的历史条件不再具备。大多为自然地理的沧桑变化所致，或由水陆变迁，抑或由天灾人祸造成，有的则是因为市场格局的变动，凡此都显示出市镇发展的曲折性与脆弱性。吴江县庞村市较典型，据村志载，宋时因移民定居而兴，明时则因居民移出而衰。该村市唐时即盛，宋"南渡寄居于此地者千余家"。明初居民迁徙，地多闲旷，乃易市为村，有前后二村。有的市镇则在竞争中被淘汰。厂头镇，"在宋元时代亦一巨镇。……父老传言，当时商埠之广衮较胜于真如。迄如今不过四五百年间，仅存二三店肆，无异村落"。明清时被附近的真如镇所代替。① 有的宋代名镇，虽然不完全是因移民而兴，但显然不无关联，明以后亦趋于衰退。青浦大蒸镇"宋元时人烟稠密，明时遭倭寇，市遂衰落"。小蒸镇"自宋元以来人文蔚起，为一邑望。铺户毗接，商贩交通。国朝道咸以来，河道淤塞，市廛日衰。粤贼焚掠，

① 民国七年《真如里志》，《真如商业概况》。

更非昔比矣"①。月浦"相传建于宋，盛于明，衰于倭变"。由于自然地理变迁，一些商道市镇特别是海港市镇凋敝。与月浦相隔六里有黄姚镇，为宋之名港，"已没入海，亦不知没于何时"②。嘉定县钱门塘，宋嘉定十年（1217年）设嘉定县后即为一大镇，人烟稠密，街巷纷歧，元明两代时规模渐小，改称市。③澉浦镇，"自南宋以来，为吾国重要之海口"，明代，"人情事变与前代大异，盖自禁筑城，官兵守御，利源既绝，往迹俱非，不见异物，也无外慕"。水道湮塞，缺少疏浚而淤浅。④ 这些市镇的沧桑变化，显示出南宋移民作用与市场环境的特殊性，某些市场促进因素明清时期不复存在，或者格局发生了改变。

与两晋南北朝时期政府支持下的举族而迁聚居开发不同，两宋之际的北方个体散居移民，大多融会于江南市场中寻求生存机会。移民的技能、资本在城镇进入劳动力市场与工商服务业，在农村进入土地交易与租佃市场，移民的多样化消费需求与创新意识，都促进了江南各类市场的发展。不仅在临安大都会市场得到了集中和深刻的体现，而且在江南各地市镇的成长进程中广泛地烙下移民的印迹。大规模移民和劳动力流动及其所带动的其他生产要素与商品的流动和组合，实现了资源配置，推动了江南市场的发展与变化。

---

① 宣统二年《蒸里志略》卷1，《镇市》。
② 《月浦志》序。
③ 民国《钱门塘乡志》卷1，《市集》。又载："钱大昕曰：俗所谓小钱门塘者，宋元以前，北水深通，居民鳞比，商贾辏集。宋时实税务于此。"今衰落。
④ 嘉靖《续澉浦志》卷1。

第十章

宋代文化娱乐市场与服务业

文化娱乐市场与服务业是市场体系中的有机成分,商品是人类作用于土地、机械与材料形成的物质实体——农作物产品与工业品,服务则是作用于人本身,满足人们某种需求的活动。本章所论的服务市场与现代服务业有所不同,现代服务业的界定也有不同的内涵,广义上服务业就是农业和制造业以外的第三产业,但通常金融业也会被独立出来。服务市场,主要不是指文化娱乐活动所带动的商品消费,而是指人们娱乐享受层面的需求的服务供给与消费。

文化娱乐市场与服务业的兴起,是消费需求逐渐提升的产物。消费需求的层次常被分为生存需求、享受需求和发展需求。服务市场在几个层次都有存在的空间。生存需求方面内容增多,水平上升,原来可以自我满足,现在则通过专业化市场来满足。第一,原来自我满足的一些消费,转而通过服务市场实现,专业分工所提供的服务,能够提高消费质量。如理发,剃头匠比家人当然更娴熟快捷,价格也不高;如宴饮,在家中大摆筵席,并没有餐馆品种齐全、精美。因此这些自给性消费转化为服务。第二,服务业专业分工的扩大与竞争的加强,一些原来未曾有过的消费内容与形式涌现。第三,消费能力的提高,享受性与发展性需求越来越多。商品市场如此,服务市场亦循此扩大。"往时屦袜之属出女红,今率买诸市肆矣;往时茶坊酒肆无多家,贩脂胃脯者,恒虑不

第十章　宋代文化娱乐市场与服务业

售,今则遍街巷,旦旦陈列,暮辄罄尽矣;往时非贵显不乘轩,今则肩舆塞路矣。歌酒之画舫日益增,倡优之伎日益众,婚聚摄盛之仪日益泰,……"[①] 与女红从家庭到市场一样,茶坊酒肆等服务业取代了原来的家庭消费,肩舆、画舫、倡优之伎则是新涌现的服务。[②] "其暴殄之最甚者,莫过吴门之戏馆。当开席时,哗然杂还,上下千百人,一时齐集,真所谓酒池肉林,饮食如流者也。"戏馆与餐馆结合起来,满足了顾客的多层次需求。

各种文化与娱乐活动早已有之,通常主要是特权享受,或自娱自乐,或相互娱乐,而不是通过市场来开展的,不发生交易行为。中晚唐以后,娱乐作为一种消费服务,开始在市场上出现。在南宋江南,以谋生和营利为目的的文化娱乐活动已相当普遍,娱乐市场的发育趋于成熟,这在经济史和文化史上都具有阶段性的意义。

但一方面,以往人们所关注的只是宋代市民文化或大众娱乐及其时代的新异性,没有从市场发育与发展的角度进行考察;另一方面,对传统市场的研究,则集中于商品市场及要素市场,基本上未涉及服务市场,从而使得这一重大的历史现象及其影响迟迟未被揭示出来。娱乐市场具有怎样的存在形态与特征,其兴起对市场体系的演进有何作用与影响,文化娱乐活动在市场上展开后将呈现怎样不同的走势,等等,这些重要问题的研究都付之阙如。本章侧重娱乐活动的经济内涵与意义,将服务市场作为城市市场的一个组成部分,从而更深刻地揭示传统市场的发展脉络与特征。

---

① 陈祖范《司业文集》卷2,《昭文县志未刻诸小序·风俗》。
② 钱泳《履园丛话》卷7,《臆论·骄奢》。

第一节　宋代都城的娱乐市场形态与商业化经营

一、文化货郎与瓦舍勾栏

开封与临安娱乐市场活动丰富多样，形态各异，如果与商品市场相对应，大体具有四种表现形态：货郎式流动市场、娱乐集市、娱乐常市、专业市场。

流动货郎是商品交易与市场的原始形态之一，宋代的"路岐（歧）人"可被称为文化货郎，走街串巷，虽然不兜售商品，却提供大众所需的娱乐服务，或杂技，或说书，或歌舞。路岐人卖艺，多选择能够吸引和会聚观众之处"作场"表演。"每会聚之冲，阛阓之市，官府讼听之旁，画为场，资旁观者笑之，每一钱以上皆取之。"[①] 南宋临安，路岐人活跃于街头巷尾，随时寻找提供文化服务的机会，作场卖艺，随处可见。路岐人作场卖艺是娱乐市场的最初形态之一，唐代时是娱乐市场的主要形式，还受到官府压制，[②] 宋代则作为娱乐市场的必要补充而广泛存在。流动娱乐市场主要由娱乐需求的细碎性、间隙性所致，满足消费能力有限的市井细民的不时之需。

货郎的周期性流转满足了农户不时的细碎交换的需要，进一步发展就会出现周期性集市，娱乐市场也一样。西欧中古盛期的市集、中国古代的集会贸易，是以一年为周期的。交易日达数天或一个月的大型集市贸易，文化娱乐活动的群众性，使娱乐集市大多与此相类，多表现为节庆、庙会等公共活动。节庆、庙会都是一年一次，其间多举行大规模的娱乐活动，形成一种娱乐"集市"。宋代70余个大大小小的时序性节日、宗教性节日、政治性节日，莫不以赏心乐事为主线。每逢岁时节庆，

---

① 周南《山房集》卷4，《刘先生传》。
② "唐以前的优戏技艺，基本上是划地为场，就地演出。"见黄竹三（1998：33）。

迎神赛会，各社、各村组织的舞队，在游行中表演诸般技艺。盛大者达数十百队，连绵十多里。如清明节热闹非凡，各种表演"纷然丛集"，都人不论贫富，倾城而出。"公子王孙，富室骄民，踏青游赏城西，店舍经纪，辐辏湖上，开张赶趁。"庙会亦然，如二月八日霍山行宫朝拜，三月三日殿司真武会，三月二十八日东岳生辰，都是"百戏竞集"，由各民间文艺社团组织。此外，类似庙会的还有，一些私家园苑也竞相择期开放，以娱游客。艺人追逐集市与集会，称为"赶趁"。就像商贩在各地轮流赶集一样，街市艺人与乐队在城市各娱乐点赶趁，临安频密的节日庙会，各种形式的集会，各种场所的娱乐活动，使得赶趁者可以随之流动，逐日表演，甚至一天可以多处表演。与货郎式市场相比，集市型市场已经摆脱了偶发性的原始形态，而成为定期的、持续的、有组织的市场了。

定期集市的集日间隔越来越小，集期越来越密，逐渐变成每天都进行交易的常市。杭州的茶肆、酒楼、妓院，以及整个西湖及其中的游船，就是固定的文化娱乐常市。茶肆酒楼通常也是娱乐活动场所。临安著名大茶坊中，清乐茶坊、黄尖嘴蹴球茶坊，顾名思义，以音乐欣赏、体育活动吸引顾客；王妈妈家茶肆号"一窟鬼茶坊"，当以同名说话表演得名，朱骷髅茶坊亦然。茶肆酒楼大造文化气氛，插花挂画，竹木掩映，装点店面。或鼓乐吹弹，或延艺人卖唱，还有"花茶坊"之类的提供妓女服务，花样百出。茶肆成为人们聚会娱乐的场所，市民的庆典宴席，多在酒店举办，通宵达旦。西湖是游乐的理想去处，娱乐活动四季不断，可以说西湖就是临安最大的娱乐市场。除了节日热闹非凡外，居民平时也常泛舟游乐。春天赏花，夏日舣舟避暑，中秋临湖赏月，冬天观湖山雪景。湖中画船满布，头尾相接，岸上游人栉比，店舍盈满。游船画舫也成为流动的娱乐常市，湖中大小船只，不下数百，形制多样，皆华丽雅靓，夸奇竞好，船中笙歌曼舞，欢笑不绝。

专业市场是文化娱乐市场的最高形态，这就是瓦舍勾栏。瓦舍是固定的娱乐专门场所，专业艺人会聚，不间断地表演各种文化娱乐活动。勾栏则是戏院、舞台或看场。宋代的勾栏有围墙、有门，收费入场，包括戏台（乐棚或帐幕高台）、戏房（后房）、观众席（看席）。观众席有"神楼"和"腰棚"等所设雅座，可供观众安坐其中，欣赏节目，其间则是平地，供观众站立观看。临安盛时，城内有5个瓦舍，城外更多，合计达17个，南宋末的记载达23个。城内瓦舍以北瓦为大，这里勾栏多达13座，各种文艺形式趋于专业化，如两座勾栏专说史书，甚至有的勾栏还因名艺人长期固定表演而得名。临安北瓦可以说是一个规模宏大的专业文化娱乐市场。

专门市场的出现，表演性的时空艺术与一般生活内容的分离，使竞争加剧，艺人必须迎合市民需求，努力提高技艺，创新艺术表演，否则就会被淘汰到路岐人的行列。技高一筹者则能长期占据勾栏，如小张四郎，甚至名扬四海，如汴京的丁都赛。众多艺人会聚，各种技艺杂陈，使艺人之间相互交流、观摩和学习，专业性、艺术性得到提升，各种初兴的曲艺形式，或在取长补短的过程中逐渐定型和发展，或产生新的表演形式。

南宋临安不仅形成了具有相当水平的娱乐专业市场，还有各种固定的娱乐场所，并有流动市场与集市等形式相配合，来满足不同层次的娱乐消费需求，形形色色的艺人活跃其中。娱乐需求的旺盛，娱乐市场的发育，促进了娱乐活动的丰富多彩。娱乐业有利可图，同时竞争激烈，使得商业化、市场化经营不断深入，形式多样，推陈出新，形成了前所未见的发展态势。

二、资本、艺人与娱乐活动形式的市场化

一些竞技体育的资金筹集已形成市场化模式。相扑，通过打擂台的形式，以其激烈的竞技吸引观众，筹得资金。然后以丰厚的奖金吸引相扑高手，奖金越高，竞技水平越高，观众就越多，获利也就越多。组织者预先挑选好高水平的选手，同时精心设计，如女相扑手先表演，制造气氛，吸引观众。护国寺南高台露台相扑，选手都是来自全国各地的高手，其奖金也最高，《梦粱录·角骶》所述这种情形，在杭州以外，在其他体育、武术项目中亦可见到类似的情形。

大型群众娱乐活动，因得到社会捐资而持续不衰。会社、庙会、大型娱乐活动中，富豪之家，大街铺席进行捐献、犒赏，两宋杭州已成风气。观潮是杭州盛事，弄潮儿技艺高超，数百健儿手执彩旗，踏浪翻涛，腾跃百变，彩旗不湿。市民尽情欣赏之余，犒赏弄潮健儿，费用多由富民显宦承担。弄潮儿激烈惊险地搏击、往往出没于生死之间，官府自北宋以来就多次颁布禁令，但不能遏止。不顾劝告，不畏生死苦学弄潮本领，原因之一在于"豪民贵宦，争赏银彩"，犒赏丰富，重赏之下必有勇夫。西湖龙舟竞渡，更是先将炫目的奖品挂在湖中标竿上，以此激励竞赛者。

临安盛行宠物豢养和宠物竞斗，时称"教虫蚁"，飞禽走兽，昆虫鳞龟，都在其中。驯鸽、擎鹰、架鹞、调鹁鸽、养鹌鹑、斗鸡、鹦鹉念诗等，无所不有。种类之多，花样之繁，令人惊讶。如斗蟋蟀之风大盛，蟋蟀迷贾似道编辑了专书《秋虫谱》，市面上蟋蟀笼式样繁多，争奇斗艳。由于市场需求量大，赢者还可以卖个好价钱，因此有不少人专门捕捉、豢养宠物供应市场，画眉、白鼠、鹰鹘，都可见记载，有被称为"五放家"的喂养和教习宠物的专业户，有专门训练宠物斗技者，甚至有专门传授此种技艺者。

与娱乐的商业化相对应，一些商业行为也增加了娱乐形式，以促销商品；或者在一些商业行为中产生了新的娱乐艺术形式。茶坊、酒肆、食店，都特别讲究娱乐化经营，以吸引顾客，已如前述。就连各官营酒库每年开沽呈样,也大张旗鼓,差雇社队鼓乐,揽官私妓女,游行前往州府教场一试高低。通过各种娱乐活动大造声势,旨在扩大知名度,宣传品牌。

扑卖之风大盛,又称关扑,是宋代流行的通过赌博买卖物品的商业行为,含有很浓厚的娱乐游戏色彩,宋代文献与话本中随处可见。扑卖的商品不过是一种"利物",或是一个赌博道具,不同之处则是道具兼具使用价值。小额的赌博,有可能赢取丰厚的物品,充满诱惑,市民在商品买卖的同时,获得愉悦和满足。"预行扑卖,以为赏心乐事之需耳。"扑卖的商品各式各样,多是供人观赏玩耍或新奇物品,扑卖名目繁多,四季花样翻新,日夜不绝。

一些文化娱乐活动,则直接源于商业行为,如吟叫、嘌唱、耍令等表演形式。吟叫流行于东京,杭州继承下来,又称"叫声","以市井诸色歌叫卖物之声,采合宫商成其词也",并发展出嘌唱、耍令等新的形式。这与意大利歌剧的起源颇有相似之处。商业行为通过由俗到雅的加工,形成了新的艺术形式。非商业的行业也出现娱乐化的现象。讲经布道本来是严肃庄重的行为,唐代出现了"俗讲",而宋代的讲经,由寺院到市井,进而走入专业勾栏,佛经教义通俗化,甚至庸俗化(如"说诨经"),成为瓦舍表演的重要内容。

娱乐业的发展,从业者的增多,尤其是各门文艺活动的专门化,使艺人的行业性组织自北宋应运而生。蹴球之普遍开展,出现了专门研究和传授这种踢球技术的社团组织"圆社",或"齐云社"。说话、戏剧等曲艺的专业化与规模化,使脚本的创作人员相对独立出来,形成了专业组织——书会,创作话本、戏文、商谜、歌词,今可考的有古杭书会、九山书会、武林书会和玉京书会等。《东京梦华录》的作者孟元老,南渡至临安,不仕,参加才人书会。说话人同行之间称"郎",资深者谓"老郎",宋元话本中时有"老郎们传说""京师老郎流传"等说法。

第十章 宋代文化娱乐市场与服务业

娱乐业的组织,多称为"社",与工匠行会之"作",商业行会之"行""市""团"相别。临安的"社"名类繁多,如:

杂剧——绯绿社,影戏——绘革社,说话——雄辩社,清乐——清乐社,唱赚——遏云社,耍词——同文社,吟叫——律华社,撮弄——云机社,弩——锦标社,使棒——英略社,相扑——角觝社,傀儡戏——傀儡社,蹴球——圆社,此外还有香药社、川弩社、同文社、同声社、翠锦社、古童清音社、锦体社、台阁社、穷富赌钱社、打球社、射水弩社等。

这些民间文艺社团,相当于工商业行会,主要具备如下功能:(1)行内协调。出现了"社条"行规,制定行业规范,约束成员遵守职业道德。也有社首、班首等行会头领。(2)应付官府科差与和雇,为宫廷、官府、驻军提供娱乐服务。(3)参与和组织大型社会娱乐活动,如杭州经常举行的大型歌舞活动,由这些社团各自组织舞队。这些行会与社团组织的舞队与鼓乐,平时也应召提供娱乐服务,如前述酒库开沽就"差雇社队鼓乐",招摇过市。一般行会对公共活动、庙会等,往往是献送财物,文艺社团则献送自己所长的服务。

"社"具有行会的一些特征,但可能没有工商业的"作""行"等行会组织那样严密和持久。由于有大量游走不定的路岐人存在,加之娱乐业本身更具有不确定性,服务业较之工商业的非实物性,使行内规范与协调的约束力相对有限。有的社,很可能只是向"会"献送时的临时组合,或献送的一种具体形式。此外,有的"社"可能并非行会组织,而只是一种松散的或临时的同好合伙。

由于民间艺人队伍的壮大,技艺水平的提高,宫廷、官府、军队使用乐舞的手段逐渐改变,渐趋于市场化,这和两宋政府干预经济手段的市场化趋势是一致的。官府文化娱乐服务主要通过三条途径获得：(1) 官营制：教坊（高宗改称教乐所）、诸军乐、官伎等，专为官方提供服务。(2) 差役制：在官府专门的乐籍注册的民间乐工、官籍注册的伎女，每年必须义务为官府服役，相当于普通户籍中的上户服衙前役，因此乐籍乐工又被称为衙前乐。(3) 和雇制：官府出钱雇募民间艺人、伎人表演。

这三种途径在南宋发生了较明显的变化：(1) 教坊几度废置，军乐少见记载，规模逐渐减小，官营制度日趋废弛。(2) 作为官营乐工的替代，衙前乐与雇艺人逐渐居于主导地位。民间歌伎中有部分系名官籍，须随时应付宫廷、官府和军队之召。也有相当数量的艺人，被征发奉献给金朝。但即使是教坊的成员，也大量由衙前与和雇组成。(3) 在衙前与和雇两种手段中，和雇越来越多，这与免役替代差役的趋势相适应。在文化娱乐市场中谋生的艺人，自然不如官府艺人那样纯粹，但人数众多，种类丰富，减小了官府组织娱乐活动的压力。市场化的趋势，使得政府与民间实现了文化娱乐的资源共享，并在官府优先的条件下由市场配置。

南宋庞大的文化娱乐队伍，仰赖市场为生。一旦市场受到干扰，他们就会无以为计，甚至铤而走险。元代关于民间娱乐的禁令，剥夺了许多民间艺人谋生的途径，以致杭州原"说话"艺人胡仲彬兄妹能聚众千人举义。这反映了杭州娱乐市场具有相当的规模，市场发育达到了相当的水平，一旦市场受到超经济强制的干扰，就会引发社会动荡。

丰富多样、层次各异的娱乐市场形态，满足不同层次的娱乐消费需求，并相互配合，娱乐市场在成长之初就得以迅速发育。商业化、市场化的娱乐经营不断发展，其经营手段进而渗入了其他商业活动中，有力地促进了城市市场的发展。娱乐业的行业性组织也开始形成，规范行业经营，整合市场力量，显示出前所未有的趋势。

第二节 市民文化的成长与娱乐市场的发育

处于成长初期的娱乐市场在南宋临安迅速发展，最重要的原因之一在于市民文化为娱乐市场提供了丰厚的土壤与广阔的舞台。市民文化的成长及其对娱乐市场的推动，是南宋临安特定历史背景之下的产物，这主要表现于社会流动中市民社会的形成与扩大。市民文化在商品经济的浪潮中以其自身的特征作用于娱乐市场，都城临安所独有的移民特性则为这种发展态势注入了生机与活力。

一、市井与市民：文化娱乐市场的脉动

市民[①]阶层大体由三个部分组成。上层市民，主要由富豪、食利阶层等组成。一般官吏也应属于市民，在临安，如果职衔达不到相当的层次，大体与市民是相融的。市民上层，富有资财，消费能力强，消费水平高；他们往往不具备高贵的身份，也因此就没有了身份的限制，较少被传统束缚。上层市民，与达官显贵一起构成了杭州高消费群体，虽然人数不多，但购买力旺盛，穷奢极侈，带动了崇尚奢华的风气。中层市民，多为工商业主，包括娱乐业主，他们构成了市民社会的中坚与主导。他们积极进取，辛勤业作，生活稳定富足，不愁生计，闲暇时追求赏心乐事。有的富有市民尤其是其家属，重游玩与享受，追求感观刺激。下层市民，人数最多，包括店员伙计、小本经营者、游民闲人、入城谋生的农民等，绝大多数伎艺人亦在其中。杭州劳动力市场充沛而

[①] 市民，本书的含义和近代西欧市民的概念不同。严格而言，独立发展、自主管理的市民社会在传统中国不曾存在。但宋代国家控制与经济干预远弱于唐代以前，因此，从某种程度而言，称之为市民社会在传统中国仍具有一定的意义。本书主要着眼于市民的经济文化生活与城市市场的关系，实际上只有皇室、贵族、高官、军队等基本上可以不依赖城市市场，因此他们不在"市民"之列。但他们并非与市民社会毫无关联，他们与城市娱乐市场仍有所相关。

价廉，因而劳动力密集型的服务业发达。同时，下层市民也不乏娱乐消费，在中上层市民所掀起的游乐之风的影响下，尤其是节庆期间，"虽贫乏之人，亦且对时行乐"，甚至不惜债台高筑，借贷抵押，也要游乐一番。

宋朝单列坊郭户对市民进行户籍管理，这与以往曾有过的作为身份管制的"市籍"是迥然不同的。适应市民社会成长的这一制度创新，在中国历史上是第一次，具有重要的标志性意义。市民社会在南宋临安的成长，在传统社会中注入了新的异质因素，以其迥异于传统社会的特征，改变了城市居民的构成，促进了市民文化的成长，使娱乐市场具备了迅速发展的条件。临安社会的稳定和财富的积累，使临安市民具有了一定的消费能力，能够支付娱乐服务，也有相应的社会闲暇来消化社会剩余，这种有利因素远非其他城市所能比拟。尤其是辇毂之下，获得官府种种优惠待遇与较好的社会福利和社会保障。市民掌握了足够多的社会剩余，才有可能投资或投身文化娱乐业。市民社会不同层次的需求，形成了临安不同层次、不同形式的娱乐市场。如中秋节的娱乐活动，上、中、下各层的市民娱乐消费各有所宜，差异分明。

市民群体具有社会流动性，即社会阶层的升降沉浮，这在传统社会具有特别的意义。传统社会的本质，就是社会等级与身份的固定不变。中国传统社会各阶层的升降变动，至宋代渐趋频繁，社会阶层的更替加强，等级界限松动，社会流动加强。市民的社会流动，主要是指财富拥有量的改变而导致的社会地位、社会评价的改变，也包括通过科举渠道实现身份的改变。加之社会剩余的增多，导致传统的士、农、工、商四民中，分离出了专门的技艺人员。在文化娱乐市场中，既有落第之士，又有工商业者涉足娱乐业，还有农民进城以技艺谋生者。社会流动对文化娱乐市场的繁荣具有促进作用。相反，如果在一个固定的封闭的社会中，人们的身份就会被固定，活动的空间与时间因被固定而不能自由流动和相互交流，消费需求也就被人为地分隔为各不相通、彼此绝缘的部分，进而支离破碎，文化娱乐市场所必需的要素流动将受到阻碍。

市民阶层的成长壮大，为文化娱乐市场的发展提供了肥沃的土壤。上流社会（包括上层市民与达官贵族）带动文化娱乐高消费，中层市民稳定的消费需求，人数众多的下层市民的不时之需，构成了杭州娱乐市场庞大的消费需求。中下层市民在娱乐市场的投资与服务，再加上充沛的劳动力资源，使杭州服务市场能以低成本扩张。市民，既是娱乐市场的主体，又是娱乐活动的客体。娱乐市场的本质特征在于其市民特性，它既是由市民创造的，也是为市民服务的，同时艺术形式又是以市民生活为内容的。因此，这种市场的形成与演进，以市民社会的成长为背景，以市民社会为舞台，以市民社会的特征为特征，随市民社会的发展而发展。

市民与市井生活，构成了娱乐市场的主题。市场中的娱乐活动以市民及其生活为内容，娱乐作品以市民生活为原型加工创作而成。作为市民成员的民间艺人，文艺创作来源于市民生活，反映市民的心态与性情，反映市井之世态炎凉。

白话小说兴起于宋代，多反映平民生活，有学者称为市民小说，与唐代流行的文言传奇小说多反映文人墨客、才子佳人生活迥异。在反映杭州城市生活的白话小说中，中下层市民多成为主人公。说话人对市井人物非常熟悉，富有感情。白话小说语言来自大众，平实自然，质朴无华，通俗易懂，朗朗上口。小说反映市民的生活波折与情感世界，通过对曲折的情节加以组织，通过逗乐加以烘托。大多数小说通常是"无巧不成书"，极具戏剧性，看似偶然巧合，实则合乎生活情理，符合大众心态，生活气息浓烈。或喜，或悲，或讥世事，或讽朝政，可谓嬉笑怒骂皆成小说。能够打动受众，吸引受众，市民体验情感的宣泄，获得轻松和愉悦之感。这些白话小说，引发市民的共鸣，深受市民的喜爱，故能流传久远。杂剧也是一门植根于社会下层，拥有广大观众的民间艺术。戏剧形成于两宋之际，具有娱乐性，专门为寻求耍乐和消闲的观众而设。

迎合市民趣味，文娱活动丰富多彩，娱乐形式也层出不穷。《武林旧事》卷6列举的"诸色伎艺人"——共53种，554位艺人中，除3种"御前"服务外，其他说书、演唱、杂剧、杂技、体育、宠物游戏的表演者等多是活跃于娱乐市场的艺人与市民。这与市民阶层的欣赏趣味相关，是市场需求刺激下的产物。如相扑，除了竞技之外，还有小儿相扑、女子相扑，也有因表演不内行而引人发笑的"庌家相扑"，一人表演两偶相扑的"乔相扑"等，搞笑逗乐，花样翻新，迎合市民欣赏所需。临安的"学乡谈"，即学各地方言以取乐，如学萧山、绍兴、宁波及苏北等地方言。甚至出现了取悦市民的低级趣味，如取笑生理残障者，取笑农民，反映了市民文化的轻扬浅浮与庸俗的一面。市民文化还具有离经叛道的倾向，也反映在娱乐活动之中。如不守妇道的女性，不遵儒家教条的士人，奋力抗争的下人，都是话本中的主人公。济颠僧尤为代表，他不守清规戒律，藐视佛门礼教，自由自在，玩世不恭；他不阿权贵，同情百姓，扶危济困。话本《济颠语录》中济公的形象，实际上也是不满制度束缚、渴望自由的市民心态的折射，因此南宋后流传不衰。

二、社会流动、大众文化与娱乐市场

新兴的市民文化具有自身的活力，并与上流文化交融渗透，不同消费者阶层从而能够得到有机的整合，有力地推动了娱乐市场的整合。临安娱乐市场的初兴，是宋代社会经济与文化变迁的历史产物。人类文化变迁史大体经历了巫术化—贵族化（宗教化）—平民化几次大的变迁。宋代正处于从特权（贵族）文化向大众（平民）文化过渡的初始阶段。

第十章　宋代文化娱乐市场与服务业

有学者指出，宋代文化最为明显的特征，莫过于相对普及（张邦炜，1991）。教育的平民化与知识的传播，知识阶层数量不断增多，越来越多的读书人在激烈的科举竞争中被排斥到士大夫阶层之外，游离于官宦集团之外，成为新兴的市民阶层成员。他们所掌握的知识，也随之融入市民文化市场之中。他们或开学堂，或入市做文卖字，或参加书会编写文艺作品，或浪荡于茶坊妓院。临安的讲史艺人，有解元、贡生、书生、宣教等当时流行的知识分子称谓，竟然还有进士。他们极可能是真实身份，是潦倒失意而"下海"的文人；纵或只是艺名，也是因为他们达到了这种公认的水平。通俗文化从业人员素养的提高，促进了娱乐市场水平的提高。一些技艺人具备较高的才学，如罗烨《新编醉翁谈录·小说开录篇》对说话表演者的知识水平评价甚高。即使是路岐人，也能使文弄墨，并杂以讥讽幽默。知识和文人溢出旧制度的管道，走向城镇民间文化市场，为市民文化提供了源源不断的养分。大众文化的新兴及其向上流社会的渗透，成为宋代文化娱乐活动发展的强大动力。上流人士是瓦舍勾栏的常客，民间艺人与社团向宫廷、官府、贵人献艺，既有市场化手段，又具有制度化的渠道。文化服务市场形成，成为文化服务的资源配置的手段，将特权等级的需求纳入其中。这使得文化服务进一步摆脱贵族化，并使贵族文化与民间文化趋近，虽然还不是合流。如嘌唱，本来是街头叫卖声加工而成的歌曲形式，后来也由街市扩及士人宅院。甚至妓女所创服饰，也在上流社会中流行开来。有的市民成为地方神灵的原型，被建庙祭祀，下层市民也有成为土地神的，信仰者不分贵贱贫富。里民冯俊，因预知祸福，惊涛显灵，而被封为英烈王，建顺济庙，商贾与环王畿千里之内，水旱之时祭平安。

与此相应，上流文化也突破了等级界限，向下层市民文化趋近，甚至转化为大众文化。如服饰、车马、住宅、音乐等方面的等级规定屡受冲击，一些高消费从贵族扩及平民；宫廷的缠足之风也流向民间；达官显宦的花园不时向游人开放；南宋教坊几度兴废，废止时教坊乐人便到勾栏表演，从而逐渐进入娱乐市场……

社会流动消融等级阻隔，促进各阶层的融合，各阶层的价值取向趋近，社会风尚趋近，文化娱乐趋近。几乎所有文化艺术形式在宋代都出现了上层与下层交融的趋势，进而走向大众化和世俗化。宋诗从语言到题材，都出现了"以俗为雅"的文化景观，这是宋代士人文化性格的时代特色所致，士人的生活态度世俗化，审美态度世俗化。文言小说与通俗小说亦然，部分通俗小说汲取了文人文化，水平得以提高；而文言小说也汲取了市民文化的某些成分，产生了新的小说形式。传奇小说原本以上层人士为服务对象，作为晋见达官贵人的"行卷"，转向主要服务普通市民，成为进行劝惩的一种文学形式。画院画家创作了反映市民生活的画卷，除了《清明上河图》这一空前绝后的伟大作品之外，《踏歌图》《货郎图》《卖浆图》《沽酒图》《骷髅幻戏图》《婴儿斗蟋蟀图》《钱塘观潮图》《西湖柳艇图》等都以市民生活与娱乐为题材。

在临安市民文化与娱乐市场的成长进程中，为数巨大的移民是一个独特的因素，这是其他历史时期与其他城市所不曾具备的重要力量，该力量推动着临安娱乐市场异军突起，并形成了独有的特色。移民迅速融入杭州市民社会，并且绝大多数仰赖市场为生。他们离乡背井，渴求文化娱乐生活，其旺盛的需求促进了杭州文化娱乐市场的发展。除了达官显宦外，一大批工商业主（店主）和经纪（小生意人）等商业移民，为临安市场的繁荣提供了资金、技艺和从业人口，丰富了娱乐市场的消费需求与服务供给。杭州继承北方文化尤其是开封文化，兼容各地移民带来的文化成果，成为各地文化之集大成者，南北混杂，斑斓多姿，异彩纷呈，娱乐市场富有生机。

南宋临安娱乐市场在中国市民文化演进史上也产生了重要的影响。娱乐活动古已有之，但局限于宫廷贵族的享受或平民的自娱自乐，因而其发展受到较大限制。娱乐活动的市场化则为之提供了富有生机的运行机制，开辟了广阔的发展空间。第一，市场化的娱乐活动，使得广大的市民参与其中，庞大的市民社会为娱乐活动提供了肥沃的土壤，娱乐活动植根其中，花繁叶茂，素材取之不竭，形式丰富多样。第二，临安娱乐市场具有广大的消费者基础，市场化经营不仅能够获得民间资本的注入，而且形成了源源不断的利润积累与自我扩张，娱乐产业得以实现扩大再生产，从而实现持续发展，并具有旺盛的生命力。第三，市场化的娱乐活动，形成了激烈竞争，竞争刺激着娱乐活动的不断创新，在竞争中还形成了行业性组织，不仅实现行业自律与行为规范，而且促进了从业者的合作与交流，产生了规模效用，从而推动各行业的发展。第四，在服务市场中，等级与阶层的界限大大模糊，消费者群体得以整合，甚至宫廷和官府的娱乐活动也取给于市场，文化娱乐活动突破等级壁垒而实现基于市场的资源共享，获得了前所未有的发展空间，并汇入市民文化这一新的历史潮流之中。

宋代社会变迁广泛而深刻，大众文化与娱乐市场的初兴是其必然产物。娱乐市场不是临安一地独有的现象，只不过南宋临安文化娱乐市场代表了当时的最高形态。南宋临安在中国文化娱乐和服务市场发展史上具有重要的地位，民间文化中流传久远的杭州市民人物群体可资为证。许宣与白娘子、牛郎织女、济公和尚、十五贯等脍炙人口的故事，其中的主人公都出自两宋杭州，这绝不是偶然的。《三国演义》《水浒传》《西游记》等也是由宋、元话本奠定基础，由元、明文人加工定型的。元代禁治"说话"，于是由口头表演转为文字表现，文人们埋头整理宋代市民娱乐市场的遗产与成果，形成了元代通俗小说的繁荣。一个朝代、一个城市产生了这么多广为流传的市民形象，似乎很难在其他朝代、其他城市中找到如此集中的事例。究其原因，归根于杭州的市民社会及其娱乐市场，即本质上是杭州市民文化成长所引发的历史冲击波，形式上也是娱乐市场中"说话"等表演形式的传播之功。

娱乐市场的发展，丰富了宋代大众文化，在初兴的市民社会与市民文化的成长进程中打下了独特的烙印。新的大众化传播产生了有异于传统的文化传播渠道与社会效应。市井说话人在传播儒家学说与思想上，起到了经书示范与士人宣讲无法替代的作用。绿天馆主人于《古今小说序》中加以比较后，发出了"不通俗而能之乎"的慨叹：

试今［令］说话人当场描写，可喜可愕，可悲可泣，可歌可舞；再欲捉刀，再欲下拜，再欲决脰，再欲捐金；怯者勇，淫者贞，薄者敦，顽钝者汗下。虽日诵《孝经》《论语》，其感人未必如是者之捷且深也。噫，不通俗而能之乎！

娱乐市场自身的特征，也使市民文化形成了一些有趣的现象。张仲文《白獭髓》的一段记载耐人寻味："绍兴间，行都有三市井人好谈今古，谓戚彦、樊屠、尹昌也。戚彦乃皇城司快行，樊屠乃市肉，尹昌乃佣书。有无名人赋诗曰：'戚快樊屠尹昌时，三人共坐说兵机，欲问此书出何典，昔时曾看王与之。'（原注：'与之'，乃说书史人。）"

王与之的讲史表演，可能与史实有一定出入，但其本质是市民对历史的演绎与铺陈，它与士人和学者的历史研究不同。前者在某种程度上反映了一个时代对历史的理解与解释，具有不同于其他时代的现实特征。历史观念与历史真实是两个不同的范畴，尤其是大众心中的历史与真实的历史存在相当大的差异，这是由大众的不断演绎与解释而形成的，各有存在的理由与价值。如关羽、诸葛亮等历史人物的形象，在民间的观念中，在大众的心中，都与历史真实情况差距甚大，而且这些人物在民众观念中的形象影响更为深远。实际上，历史就是不同时代、不同群体的复原与解释，或者说，各个时代有各个时代的历史，不同社会群体有自己心中的历史。即如今日,历史影视片展现的历史场景,在很大程度上形成了受众心中的历史。历史影视片对历史人物、历史事件的评价与学者大相径庭,甚至影响了受众的历史观;媒体以其自身的特色形成媒体文化并影响社会生活与文化。从这个意义上来说,南宋临安娱乐市场推动了市民参与文化创造与历史解释的进程。

三、市场体系中的娱乐市场与服务业

新兴的服务市场具有自身的特征。以娱乐市场言之,从市场构成来看,迥异于商品市场;从娱乐内容来看,不同于传统的娱乐活动,在城市市场体系产生了独特的作用。与商品市场相比,服务市场具有以下突出特征。

其一,文化娱乐是一种服务,买卖双方交换的是一种效用,而不是货物实体。服务交易的效用与一般商品的使用价值不同,商品交易中,经过涉及价值的让渡,卖方不再拥有使用价值。而服务交易中,不发生有形实体的让渡。这种差异丰富了市场体系。娱乐业的商业化经营与市场化运作走向深入,传统商业也借鉴其方式,引入娱乐化经营,二者相互渗透,促进了市场经营方式的丰富多样与不断创新。

其二,文化服务的消费需求弹性大,文化娱乐需要位居生存需要之后,只有当生存需要基本满足后,才可能出现文化娱乐的需要。因此,必须具备较高的稳定的消费需求,这样服务市场才能维持和发展。城市文化娱乐市场的发展,在于其集中的消费需求与服务供给。作为江南市场中心的杭州,在北宋时高消费就已形成规模。由于行署驻地的高消费转化为对娱乐市场的有效需求,对汴京文化成果的直接继承与发展,以及大量的移民所带动的各地文化的交融,南宋临安具备了北宋杭州和南宋其他城市所缺少的有利条件,加之市民社会的进一步发展,从而使其娱乐市场吸纳了这些消费需求与文化成果,不仅远非其他城市所能相比，而且达到了前所未有的水平。当这种消费需求提高到一定水平并趋于稳定时，作为生活服务的娱乐业就成了独立的行业，娱乐市场就成了城市市场的有机构成。原来与市场隔绝的服务活动被纳入市场之中，扩大了消费需求，加之在娱乐活动不断创新与延伸的过程中娱乐市场不断扩张，从而促进了城市市场的发展。

其三，服务与货物相比有一个重要的特点，就是它的生产和消费是处于同一过程之中的。服务在买方处不能贮存，而且一般来说，对于已经被购买的服务不能再出售。服务的消费是一次性的，而服务的生产则具有重复性，更具有创新性。如果没有不断的创新，娱乐服务的特性会使这种市场难以持续发展。宋代文化的特点是，具有自由的思想与怀疑创新的开拓精神，独立精神、自由思想成为宋学的主旋律。尤其需要强调的是，自由思想获得了制度的保障。宋朝实行宽松的知识分子政策，公平、平等的人才选择制度，教育平民化。这种政策并不是偶然的、孤立的，而是与宋朝整体制度相一致、相融汇的，典型的就是"不立田制"，"不抑兼并"，自由竞争的土地制度代替了等级分配的土地制度。思想文化的自由精神，促进了文化娱乐市场发展所特别需要的创新活动，文化娱乐服务离不开专业人员的创造，创新只有在自由、宽松的社会环境下才会得到激发。

娱乐市场与商品市场相互影响，彼此促进。商品市场是市场体系的基础，没有商品市场的繁荣，就不可能形成娱乐市场的持续发展；同时，娱乐市场也带动和刺激了商品消费。娱乐业从业人口的衣食住行都取自商品市场；在西湖、画舫和瓦舍中，娱乐消费者能随时获得饮食等相关商品，这既是娱乐消费的物质支撑，又反映了娱乐消费所带动的相关商品消费。繁华的瓦舍，以其大规模的消费需求，促进了周围的商品市场，"市肆名家驰誉者"（经营名特产品与服务的著名店铺），大多位于城内五大瓦舍附近。事实上，临安的二十来处瓦舍，几乎全位于商业繁华街市或商道要冲。

娱乐活动的增加，促使市场上出现了专门供应娱乐市场的文娱类商品，名类繁多，别出心裁。《梦粱录》卷13"诸色杂货"所列，如：仿戏剧人物角色物件（行娇惜、宜娘子等）；杂技玩具（线天戏要孩儿、影戏线索、傀儡儿等）；鼓乐玩具（鼓儿、板儿、锣儿、刀儿、枪儿、旗儿、马儿、闹竿儿、花篮、龙船等）；仿生糖果（秋千稠糖、葫芦、火斋糖果子、吹糖麻婆子孩儿、糕粉孩儿、鸟兽象生、花朵等）；文具物件（砚子、笔墨、书架、书襻、簿子、连纸等）；各式各样的花卉；等等。这些商品都"沿街市吟叫朴卖"。又如，杂剧深受大众欢迎，成为宋代社会时尚。人们不仅欣赏艺人鲜活的表演，还把这种表演用雕刻等形式固定下来，随时欣赏。① 一些地区出土的宋代文物中，戏雕、戏俑等数量极多，相当一部分形制相同，可知是专业的批量生产。戏雕、戏俑、舞台、戏剧壁画等也被用来装饰墓室，或被作为随葬品。这表明文娱表演受到欢迎之深，以至人们生前欣赏还不够，还希望自己的来世随时欣赏。只有它们受到普遍的喜好，具有相当大的市场需求量，工匠才可能制成工艺品，专门烧制，批量生产，由此获利。

服务业是劳动密集型行业，劳动力市场为娱乐服务业创造了前提。源源不断的移民，以及都城与周边地区的经济发展落差尤其是城乡差别所导致的农村大量剩余人口涌入，为娱乐服务业提供了廉价而丰富的劳动力，娱乐业因此能降低经营成本，提高经营效率，得以持续发展。娱乐业对劳动力的广泛需求，反过来也促进了劳动力市场的扩大和发育。娱乐市场吸纳了大量就业人口。除了路岐人、瓦舍勾栏中的文艺表演者等外，被称为"闲人"的大量人口是仰赖娱乐市场谋生的群体。他们有点特殊，既不是专门的艺人，又不是专门的消费者，而是作为富人文化

---

① 如东京勾栏演员丁都赛，其表演雕像砖在河南偃师等地被出土发现。

活动与娱乐消费中介谋取维生之资。《都城纪胜》列举的"闲人",主要是以落第秀才为代表的群体。他们不能通过传统的渠道安身立命,转而进入文娱市场谋生。凭借棋、琴、书、画、乐等知识和技艺,专事服侍富人游乐,或者在娱乐场所服务,被分为多种类型,人数众多。他们都是市民中的下层,在文化娱乐市场中寻求糊口之资。值得注意的是,文化娱乐市场的谋生机会有可能引导人们以此为目标而进行专门技艺的培训,《清尊录》载,兴元年间甚至有民培养"人妖"(男扮女)售于成都。娱乐从业人员买卖已形成一定的渠道,如歌童舞女,在杭州都有专门的官私牙嫂中介雇买。这是娱乐市场在人力资源配置中的作用的具体表现。

娱乐市场的兴起,促进了临安城市市场体系的发展。南宋临安已形成三级市场圈,沟通临安与周边及全国各地,实现作为经济中心的辐射与吸纳功能。城内的批发零售网络有效地组织商品的销售,完整的城市市场体系满足了近百万人口的消费需求,城市娱乐服务与商品交流一道在街头巷尾扩散开来。或者说,市民文化构成了新兴的市场。南宋杭州娱乐市场形态多样,成为城市市场体系的有机组成部分。这个市场体系,在商品市场之外,也存在劳动力市场、资本市场的蛛丝马迹,服务市场再兴起,从而使市场构成更为完善,市场体系更为健全。尽管临安的娱乐活动基本上还属于消费者服务(也有迹象表明,生产者服务在南宋临安已经出现),但娱乐服务市场在临安城市市场中仍具有一定地位和作用。

第十一章
宋代大宗商品的远距离贸易

商品流通的范围，不仅受到社会需求程度与规模的影响，而且受到交通条件与物流设施的影响。交通运输条件的改善，开拓了商品的远方市场，缩短了商品的空间距离，同时降低了商品交易成本。先进的仓储技术手段提高了商品养护能力，从而延长了商品使用价值存在时间。最初的商业行为，集交易过程、运输、仓储等于一体，或者说，集价值运动、使用价值运动于一体。后来，储运与商业分离，形成了独立的运输业、仓储业，乃至专门的信息业、专门的媒介交易，还出现了自己不介入商品所有权转移过程的经纪人、代理人，从而促进了商人资本的发展。宋代在这些方面的进步是比较明显的。

据张锦鹏估算，北宋时期按照货币计量的商品供给总额，平均每年约为 7 082 万贯，最高年份达 15 400 万贯。纵向比较，她选择粮食作为计算宋代和明清货币购买力平价的商品，北宋 7082 万贯的商品流通额的货币购买力相当于 8852.5 万石大米，当时人口以 5687.16 万人计，则平均每人有 1.56 石大米的货币购买力。[①]

---

① 张锦鹏：《宋代商品供给研究》，云南大学出版社 2003 年版，第 312 页。

第一节　交通运输条件的进步与商道城镇的兴起

一、交通运输与物流

市场关系的扩大，使承载使用价值时空转移的交通运输在社会经济中的作用加强，宋人的认识也随之深化。彭龟年《止堂集》说得尤为透彻，他说："邮传，天下之脉络也。人之脉络壅滞则必病，国之脉络壅滞则必危。故天下邮传，不可使壅。"又说，"路通，则虽乱易治也；路塞，则虽治易乱也"①。宋廷自立国之初，承五代十国交通路线的分割与中断之弊，重视交通运输建设，至有"建议修路以邀恩赏"者，全国性交通网络逐渐恢复和发展。

北宋北方形成了以汴京为中心向四方辐射的水陆交通网。汴河北接黄河，南入江淮，是北宋的生命线。广济河东通京东、河北，蔡河南入淮南。其中汴河的运输量，仅官运漕米，常年即达五六百万石，高时达800万石。汴河正所谓"横亘中国，首承大河，利尽南海，半天下之财赋，并山泽百货，悉由此路而进"②。

元代疏浚宋金对峙时淤塞的运河，并新开会通河、惠民河。元代大运河北起大都，南至杭州，纵贯南北，沟通海河、黄河、淮河、长江、钱塘江五大水系。会通河的规定载容量限于150料（石）船，但商贾三四百料船乃至500料船亦能行驶。运河的贯通，不仅每年漕运江淮米500万石至大都，而且如《元史·河渠志》所云，"江淮、湖广、四川、海外诸番土贡、粮运、商旅、懋迁，毕达京师"。明清时期华北的著名城市临清即在此时兴起，杨效曾《临清小纪》描述道，临清每届漕运时期，帆樯林立，百货山集。当其盛时，绵亘数十里，市肆栉比。

---

① 彭龟年：《止堂集》卷5；卷1。
② 《长编》卷38。

长江运输的开发有了一定发展，东出长江在四川对外联系中的重要性加强，而长江中下游河面上，米谷、木材与食盐对流运动。在长江运输的带动下，四川东部的渝州、夔州、万州等地的落后局面有了改观，中游的荆川附近崛起了沙市，鄂州亦得益于长江贸易而崭露头角。珠江，上游北盘江能接通两广与黔蜀。

水运具有陆运无可比拟的优越性，如航运迅速，运载量大，运输成本低。北宋运盐之法为，每斤100里，陆运4文，船运1文。南宋按每百斤100里计地里脚钱，陆运100文，水路溯流30文，顺流10文。①水运的运输成本仅为陆运的20%~25%。元代差别略小，据明人丘濬《大学衍义补》载，"河漕视陆运之费，省计三四；海运视陆运之费，省计七八。"

海运，宋元时至为发达。国内沿海贸易，宋代主要在东南沿海，元代则因海漕的开拓北延至渤海湾。海外贸易，在19世纪以前的中国历史上，宋元时期可能是空前绝后的。航行时间缩短，《文昌杂录》卷3载，南宋往返高丽，只需去日五昼夜，回日七昼夜而已。元代自浙西至京师，不过旬日而已。

陆路交通，联系四川与关陕的千里栈道，以汉中为中点，北段有四条，即子午道、傥骆道、褒斜道、陈仓道；南段则有分至成都与梓州的南栈道和米仓道。②福建与内地的联系，由南平，过杉关，西行入洪州，达淮南舒州以入汴京；北行干线则过枫岭关，入浙东，至杭州。大庾岭商道更是连接长江水系与珠江水系的要道。南通广州，北顺赣江而下入长江，或折而向东经信州入两浙衢州。大庾岭商道，由历代香料运输所开拓，经私贩盐商的努力，渐趋定型，运输量大增，作为此路中转站的

---

① 沈括：《梦溪笔谈》卷12；《庆元条法事类》卷37。
② 林文勋：《宋代四川商品经济史研究》，云南大学出版社1994年版，第5页。

虔州，遂成为整个鄱阳湖流域商税额最高的城市。

邮传驿路，两旁密植林木，沿路递铺驿舍相望，不唯官府政令信息顺畅无阻，商旅亦同享安全便利。据程民生的研究，宋代道路的营缮，既有驿递铺兵日常养路，又有定期的修桥补路和非常规的修缮。路面的硬化尤有很大进步[①]，改变了逢雨即泥泞难行的困窘。甚至大庾岭道的险绝处，也有了砌砖铺道。沿路修建亭舍以供客旅小憩，大庾岭官道每隔数里置一亭，地广人少的广西，也是每隔二三里置亭舍。同时有的人烟稀少的路段还迁徙居民临道居住，免其百役，以"具膳饮以利行者"。[②]元代疆域辽阔，修筑了以大都为中心四通八达的驿道网络，共设有1500处"站赤"即驿站，以及为数不少的急递铺，有另立户籍的"站户"专供其役。

水陆交通网的进步，使商业物流条件大为改善。运输工具，陆路有各式畜力和车辆。牛、马、驴、骡、骆驼，或驮货载人，或牵引货车客车。宋画《溪山行旅图》有三牛牵引式，《盘车图轴》有一牛牵引式、二驴二牛混合式。《雪溪行旅图》描绘了三辆货车，均为三牛牵引，两人分坐前后驾驶，显然是一个商队在迎风斗雪，相继而行。人力推车种类也不少，如《独醒杂志》卷9所记之江州车，一人抡两臂，"几能胜三人之力，登高度险，亦觉稳便，虽羊肠之路可行"。

船舶，据《梦粱录》的记载，浙西、江东等地内河航运中，有舫船、航船、飞篷船等，种类繁多。专门装载米谷的铁头舟，可载五六百石。海船容量很大，大者载货五千料，载人五六百；中等船一千至两千料，可载人二三百；小船可载百余人。《宣和奉使高丽图经·客舟》所载，前往高丽的商船，长十余丈，阔二丈五尺，可载两千斛，坚实平

[①] 张锦鹏：《南宋交通史》，上海古籍出版社2008年版。
[②] 转引自程民生：《略述宋代陆路交通——纪念先师90诞辰》，载《陈乐素教授（九十）诞辰纪念文集》，广东人民出版社1992年版。

稳，可破浪而行。19 世纪 70 年代出土的泉州宋船，残长达 24.2 米，宽 9.15 米。航海家们航海技术高超，据《文昌杂录》载，他们不仅能够观日测星，娴熟地运用指南针，而且有独特的方法测海水深度，观察海面水色，以确定行舟事宜。2009 年开放参观的广东出水文物"南海一号"更为宏大，长 30.4 米，宽 9.8 米，高 4 米左右，船体为双甲板结构，甲板部分是由杉木或者马尾松建造的，目前船体木质保存完好。①

水陆交通线上，不仅有随时可供雇用负担贩运的城乡廉价劳动力，而且有专门从事运输业的车家船户。江浙一带铁头舟上，一家老小"悉居船中，往来兴贩"。长江上的大木筏更为奇特，据陆游《入蜀记》载，筏广十余丈，长五十余丈，"上有三四十家，妻子、鸡犬、臼碓皆具，中为阡陌相往来"，甚至"大者于筏上铺土作蔬圃，或作酒肆。"福建、广东的沿海州军，还有另编入籍的专门的"船户"，显然都是以海为生、以运输为业的。

物流的仓储环节，唐宋邸店，多集存储与售卖于一身，既供商旅住宿，也有相应的存货、保管设施，专门化的仓储设施也已出现。在运河真、扬、楚、泗一带，有不少堆垛场，专供官运与商运物资长期存货。多为官营，亦有民营，寄存商货者交纳垛地官钱或垛地户钱。在东南地区，塌坊存在于商业城镇周围。杭州的塌坊尤盛，耐得翁《都城纪胜》和《梦粱录》的记载：

> 城中北关水门内，有水数十里，曰白洋湖。其富家于水次起迭塌坊个数所，每所为屋千余间，小者亦数百间，以寄藏都城店铺及客旅物货。四维皆水，亦可防避风烛，又免盗贼，甚为都城富室之便。

---

① 黄纯艳：《造船业视域下的宋代社会》，上海人民出版社 2017 年版。

这些仓储设施规模之大，令人惊讶，而且管理有方，防护有术。《梦粱录》还说："盖置塌坊家，月月取索假赁者，管巡廊钱会，顾养人力，遇夜巡警，不致疏虞。"这种大规模的仓储，大概只有杭州一地，不过，具体而微者，各地亦可见到。湖州乌青镇的铺户，其存货塌坊就集中于数里之外的琏市，朝夕旋取以归。

二、商道城镇：长江与运河沿线

荆州位于江汉平原西部边缘，是汉唐时期长安贯通南海主干线上的一个重要城市，也是长江过峡入川的要塞，又是与荆湘联系的枢纽。宋代荆州仍是江汉地区最重要的政治经济中心。王安石有诗述云："游人出三峡，楚地尽平川。北客随南贾，吴樯间蜀船。"沙市，为入峡咽喉，商船入川，都必须在此换乘入峡峒船，这里也因此成为长江中上游航运的中转站。仁宗时，政府在沙市建造布库，装贮川路布帛，以便转运入汴。熙宁十年（1077年）沙市商税额9800多贯，高于府城江陵的8400余贯。南宋陆游《荆州歌》称"沙头巷陌三千家"，"峡人住多楚人少"。其《入蜀记》还记载，"沙市堤岸上尽皆蜀人，不然，则与蜀人为婚者"。距此三四里的新河口，是蜀商专用修船处。四川与长江中下游联系的加强，是荆沙繁荣的刺激因素。

自唐后期开始，江汉中部的鄂州崛起，11世纪后，鄂州渐有取代江陵之势。鄂州成为荆湖南北两路的最大米市，官府在此设有大型籴场。常德府，澧、潭、衡州商人兴贩粮食前往鄂州官场，常有万石。一旦对这些地区不稔，或者因水枯港汊绝流而舟楫不通，则鄂州米市便会陷入萧条。鄂州俨然成为荆湖南北路及淮南西路、京西南路部分州县的中心城市。王炎《双溪文集》卷16所谓"鄂渚最为要地，盖南则潭、衡、永、邵，西则鼎、澧、江陵、安、复、襄阳，数路客旅兴贩，无不辐辏鄂渚"。后世汉口之盛，在宋代鄂州可隐然见其渊源。陆游《入蜀记》述鄂州市况之盛云，出汉阳门江滨城上，居民市肆，数里不绝，其间复有巷陌往来，憧憧如织。盖四方商贾所集，而蜀人为多。贾船客舫，不可胜计，衔尾者数里，自京口以西皆不及。"市邑雄富，列肆繁错，城外南市亦数里，虽钱塘、建康不能过，隐然一大都会。"

南市，从草市发展起来，其市场之盛超过城内，范成大《吴船录》说："南市在城外，沿江数万家，廛闸甚盛，列肆如栉，酒垆、楼栏尤壮丽，外郡未见其比。盖川、广、荆、襄、淮、浙贸迁之会，货物之至者无不售，且不问多少，一日可尽，其盛壮如此。"

鄂州城迅速崛起的根本原因在于，其地理位置的优越性，因长江流域市场交往的扩大而得到充分发挥。由于地处四川、西北、东南、北方几大区域之中点，鄂州成为全国性的一个重要转运中心，市场辐射力强劲，流通渠道畅达。因此商品交易数量巨大，而且交易迅速。

运河沿线的商道城镇以淮南较为突出。淮南，《宋史·地理志》概述道："土壤膏沃，有茶、盐、丝、帛之利。善商贾，廛里饶富，多高赀之家。扬、寿皆为巨镇，而真州当运路之要，符离、谯、亳、临淮、朐山皆便水运。"南北交通的命脉运河，纵贯其境，以为重地。如果以运河经济区名之，那么运河正是带动淮南市场的一条舞动的彩带。这里又是淮盐总汇，遂崛起了以真、扬、楚、泗为代表的商业城市群。俱称繁盛，而以真州为首。真州在唐代为白沙镇，北宋升为州治，它位于长江之滨，与运河相通，江淮之要会，岁以千万计的江湖米由此漕运，转输京师，号为"万商之渊"。真州在元代商税额超过了1万锭，在各大中在城商税额排位中，仅次于大都和杭州，居第三位。扬州亦为南北之要冲，元代"达官显人往来无虚日，富商大贾居积货财之渊薮"[①]。

----

① 《说学斋集》卷上，《扬州正胜寺记》。

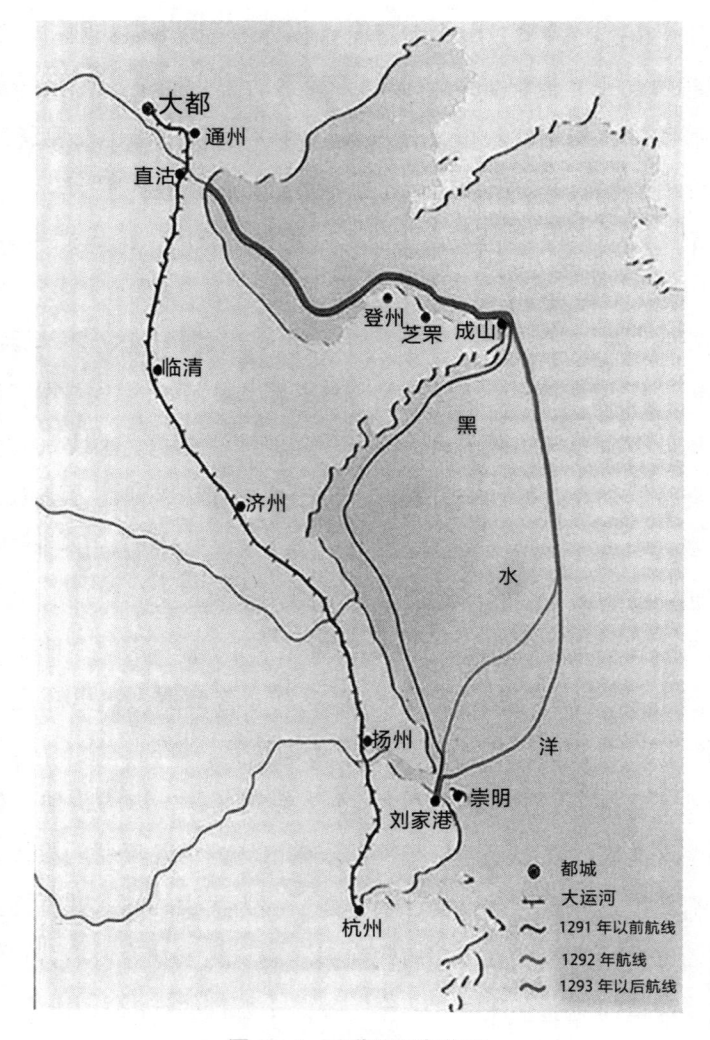

图 11-1　元代运河与海运

第二节　商品粮市场：从丰歉调剂到流向稳定的大宗商品

自战国秦汉以来，虽然粮食作为商品早已进入市场，但商品粮的远距离贸易滞后。到了宋代，这种状况在南方发生了明显的改变。北方气候与地理环境，允许长时期的粮食储存，口粮有利的时间调剂条件，削弱了空间调剂，从而削弱了粮食地区流通的发展。如京西北路，《清尊录》说金州民间有积粟足支30年之久者，这在南方匪夷所思。

一、北宋时的南粮北运

五代时，商人组织的南粮北运已形成一定规模。《玉壶清话》有谓"淮浙巨商，贸粮贾斛，万货临汴"。北宋统一后，主要由官府组织漕运，通过运河将浙西、江东、江西、淮南、荆湖南北等六路的粮食运抵汴京并供给北方其他地区。漕运粮常年在600万石以上。漕运虽然是官府主持，但并不意味着与市场脱节。一方面，相当一部分漕粮来自官立市场的收购；另一方面，漕粮运输除了官舟自运外，也雇募商船进行，而且商运自有其优势，官运粮纲有"蠲重载留滞之弊"，又难免官吏中饱私囊的侵吞行为，商运的效率则较高。朱熹曾比较南宋的官运与商运，说"诸道粮纲岁凡百数，用官舟者多负，而雇商船者不亏。盖商人自爱其舟，故不为奸"①。

漕运仍不能满足北方需求，必须辅以民间市场流通的渠道，所谓"通江淮八路商贾大舶，以供京师之饶"。商人贩运粮食北上，利润丰厚，以至官府为之眼红。为了保障京师的粮食来源，北宋政府必须保护粮商的利益。

二、太湖平原的米谷输出

太湖平原是两宋最大的商品粮基地，宋代号称"国之仓庾"，有"苏湖熟，天下足"之美称。元代，长洲县的税粮数为30余万石，这一

---

① 朱熹：《朱文公文集》卷93，《左司张公墓志铭》。

数字超过了云南、陕西、四川、辽阳等行省全境的税粮数。商品粮大规模输出，"湖、苏、秀三州号为产米去处，丰年大抵舟车四出"[①]。浙西商品粮主要供给杭州和浙东各州府，亦周济歉收年份的淮南及福建。太湖平原商品粮供给杭州，形成了一个有效的流通网络。一旦运河水浅，运输不继，杭州便会陷入困境。

浙东各州，山多田少，人众地寡，沿海则卤田不宜粮，加之商品经济从业者较多，因此即使丰年也不足自给。在史籍中，几乎每谈到诸州缺粮，同时都必言及输入浙西米斛，各州几无例外。沿海的越州、明州、台州、温州，都通过海运从浙西输入商品粮。

淮南荒歉年景，也仰给浙西粮食，史籍多言两浙，实际来自浙西。这种粮食流通，导致浙西粮价常因淮南灾荒而上涨。而一旦浙西同时受灾，则淮南无从补给。南宋时，淮南经济因战争频仍而严重衰退，粮食对浙西的仰赖更强，甚至不足以完成课额，只得由官府至浙西大量收购。如《许国公奏议》卷4载，淮西某郡为完成收籴额，在平江府（苏州）籴买达40 000石，嘉兴府15 000石，镇江府5 000石，此外又挪用公钱收籴10 000石，数额可观。

明清时期长三角地区商品性农作物的扩大与城镇的兴起，使宋代的浙西地域在明清不仅不再成为全国最大的商品粮输出地，反而从长江中上游输入米谷，从华北和东北输入豆类，一变而为全国最大的商品粮消费市场。

三、长江中游地区的粮食输出

江南东路与西路，荆湖南路与北路，即长江中游地区，商品粮主要产地为湖南湘江中下游流域的潭州、衡州，湖北的鄂州等地，江西的洪

---

① 王炎：《双溪文集》卷11，《上赵丞相书》。

州、吉州，江东的饶州等地。

江西、湖南为淮盐销售区，米商往往以盐作为回货运载而归，稻米素来"将载下江取厚息"。湖南"民计每岁种食之外，余米尽以贸易。大商则聚小商之所有，小舟亦附大舰同营，展转贩粜，以规厚利。父子相袭，习以为俗"①。因此湘中一带号称"舳舻相衔，竭九郡之产而北"。这些地区粮食在北宋时主要通过运河漕运至北方，南宋则主要供给军事重地建康府及江东路其他缺粮州府，部分还扩及临安府、淮南。南宋政府在江西之洪州、吉州，湖南之潭州、衡州，以及湖北的鄂州米市，大量收籴运送中都，加上江西、湖南诸寄积米，常达200万石。

建康，南宋为别都，"天下劲兵良马在焉，岁之入无虑数十万斛"。城内外官民"日食所须，仰给商贩，米舟一日不至，米价即倍腾涌"，万一上江岁歉，便狼狈日甚。②江东路其他各州亦缺粮。徽州，山多田少，《新安志》卷1说"民以茗漆竹木行江西，仰其米自给"。

至明清，长江中游各地商品粮输出规模更大，每年源源运销长三角和其他市场，成为全国最主要的商品粮基地，"湖广熟，天下足"取代了"苏湖熟，天下足"。

四、两广米谷的输出

两广地旷人稀，粮价低贱，常年输出大批商品粮。《岭外代答》卷4载，广西粮食"田家自给之外，余悉粜去"。由广东商人运至广州，"富商以下价籴之，而舳舻衔尾，运之番禺以罔厚利"。这些广东商人多舟载食盐等商品沿珠江逆流而上入广西，再运米东流，因为"广西米价常低小，东路盐船别无回货，其所得米如泥沙"③。双重利润促使广西

---

① 叶适：《水心文集》卷1，《上宁宗皇帝札子》。
② 景定《建康志》卷23。
③ 《历代名臣奏议》卷246。

米汇聚广州。珠江三角洲及潮州、惠州等地，也有商品粮输出。

两广米多运销福建。福建地狭人稠，经济作物种植较多，即使丰年也不能自给。沿海各州，"福、兴、漳、泉四州，全仰广米，以给衣食"①。内地山区各州，商品粮需求平常年景甚少，但遇荒歉也需输入，多在沿海各州收籴，沿闽江等河道运入。

到了明清，珠江三角洲商品性农作物增加，不再成为主要商品粮输出地，但广西商品粮仍大量输出珠江三角洲及外地。

宋代往来各地的茶商贩运活动的活跃，即使在政府榷茶的情况下，也是如此。江西浮梁之民"富则为商，巧则为工。……士与工商，皆出四方以就利，……其货之大者，摘叶为茗，伐楮为纸，坏土为器，自行就荆湖吴越间，为国家利。其余纺织布帛，负贩往来，盖其小者耳"②。浮梁商人贸易的主要商品中便有茶叶一项。而徽州祁门的情况大体类此："祁门水入于鄱，民以茗、漆、纸、木行江西，仰其米自给。"③南宋复州地区"富商岁首以醝茗贷民，秋取民米，大艑捆载而去"④。在非产茶区，茶商将外地的茶叶输入后通过农村集市将茶叶销售给周围居民，因此草市镇等农村集市又是茶叶商品的最终销售点。在草市稀疏的地方，居民的茶叶消费就十分不便。熙宁十年（1077年）四月，宋政府因戎、泸州沿边地区的蕃汉人户离州县距离较远，购买食用盐、茶叶、农具困难而下诏鼓励在当地兴置草市："人户愿于本地分兴置草市，招集人户坐作业者，并先于本州县投状保明，申转运司差官相度经久可行以闻，方许兴置，依例出纳酒税课利。"⑤

---

① 真德秀：《真文忠公文集》卷15。
② 乾隆《浮梁县志》卷一，引宋王肩吾《昌江风土记》语。
③ （宋）赵不悔、罗愿：《淳熙新安志》卷1《风谷》，宋元方志丛刊。
④ （宋）楼钥：《攻愧集》卷104《知复州张公墓志铭》，台湾影印文渊阁《四库全书》本。
⑤ （宋）李焘：《长编》卷281熙宁十年四月，中华书局点校本。

第十一章　宋代大宗商品的远距离贸易

第三节　各类纺织品

宋代的商品种类与地区多样性极为丰富，程民生《宋代物价研究》作了详尽的描绘，本节仅对大宗商品的产地与流通略加介绍。

一、丝织品

河北东、西路与京东东、西路，自先秦以来就是桑蚕丝织业的主要地区。宋代，这四路遍布桑柘，几乎所有的州府都有绢帛生产，故《鸡肋编》有"河朔、山东养蚕之利，逾于稼穑"之说。尤以河北东路和京东西路的中南部突出，为北方桑蚕丝织业的生产重心所在。产品种类很多，如绢、罗、绸、绫等，其著名者为定州刻丝、单州薄缣。主要在北方各地流通，就连契丹、女真人迫使宋朝纳绢时也只要河北绢，① 亦有运销南方者。元代，马可·波罗所见，陕西西安，"田野桑树遍布"，太原"种桑养蚕，产丝甚多"，而晋陕在明清时绝少蚕桑。

蜀川，《宋史·地理志五》说"土植宜柘，茧丝织文纤丽者穷于天下"，章如愚称，"机巧之利，古称青齐，今称巴蜀"。② 蜀锦质量尤称上乘，"擅名天下"。据林文勋统计，宋代四川丝织品出产州达31个，比唐代的22州大有增加。③ 成都、彭、汉一带，"平原沃壤，桑麻满野"。梓州，机织户数千家。四川丝织品经水陆两路运销全国，吕大防《锦宫楼记》载，"负于陆则经青泥、大散、羊肠九折之坂；航于川则冒瞿塘、滟滪沉舟不测之险。日输月积，以衣被天下。"蜀锦贩运两广，并由钦州输出交州（今越南），《岭外代答》卷5称："富商自蜀贩锦至钦，自

---

① 邢铁：《宋代河北、京东地区的桑蚕丝织业》，载《纪念李埏教授从事学术活动五十周年史学论文集》，云南大学出版社1992年版。
② 章如愚：《山堂群书考索·续集》卷46。
③ 林文勋：《宋代四川商品经济研究》，云南大学出版社1994年版，第41页。

钦贩香至蜀,岁一往返,每博易运数千缗。"

两浙路是宋代最大的丝织品产地,在北宋各路丝织品岁赋收入中,锦、罗、绫、绢、绸等织品的数额,两浙一路为190万匹,这一数字与京东东西路与河北东西路四路的总和不相上下,丝绵数额也以209万两遥遥领先于其他同级行政区。丝织品上供数,两浙一路独占全国的35.4%,超过了河北东西路和京东东西路之总和,到南宋时竟占全国的48.2%。[1]

杭州,官营丝织业发达,民营亦不逊色。元徐一夔居于杭州相安里,那里不少富人组织手工作坊,"居工以织",其《织工对》所记,织工们受值雇用,以日之所入养家糊口,而技艺出众者,"求倍值者而为之佣",而各坊主亦高价竞相雇请,"得一工胜十工,倍其值不吝也"。

越州,丝织品数量大,南宋时绍兴府绢帛岁赋额占整个浙东路的一半,产品质量也居上乘。婺州是著名的"婺罗"之故乡,下属各县,如金华、义乌、东阳,都盛产各类精美的丝织品。

湖州,以绢名闻四方。这里桑蚕丝织业相当普遍,专业户以绢易米,较之衣耕生产更容易维持生计,有的规模还不小。嘉泰《吴兴志》卷17载,"本郡山乡以蚕桑为生计,富室育蚕数百箔,兼工机织"。杭州部分地区与此类似。这一带的丝织品,除了正常的市场流通外,苏州、秀州农户夏税物帛,也取给于此,由商人、揽人收购后交纳官府。湖丝输出颇盛。温州是两浙另一个丝织业产地,其会将湖丝加工成高质量的克丝,精巧绝伦,价格昂贵。

江南西路与东路,也是重要的纺织品产区,其中以抚州纱最为著名。临川、上饶一带的醒骨纱,《清异录》卷3称"夏月衣之,轻凉适体"。而抚州莲花纱,则畅销汴京,《萍洲可谈》卷2称"都人以为暑

---

[1] 张学舒:《两宋民间丝织业的发展》,载《中国史研究》1983年第1期。

衣，甚珍重"。以抚州为中心的纱纺织业，商品生产已形成一定规模，商品销售也自成网络。《夷坚支志》癸集卷 5 载，抚州巨商陈泰，"每岁辄出捐本钱，贷崇仁、乐安、金溪诸绩户，达于告之属邑，各有驵主其事"。这里商品生产已有商人资本的渗入，而营销网络跨州连郡，足见产量之大。其中一个重要原因就是拥有广阔的销售市场，北入京西，远达汴京，东至杭州，西及巴蜀。

二、麻布

在元明以后棉布成为中国主要织物之前，麻布是百姓主要的衣物面料，有着广阔的市场。福建是宋代最大的麻布商品基地，产品为两浙、江西等地民众所衣用，并远销淮南以远。在江西路，官府向民间征敛的布匹，实际上大量收购于福建的福、泉、漳州及兴化军等地。

广西，处处皆产麻，麻布织造者众，五代时产量较大，供过于求，但因市场发育程度低，以至销路不畅。宋政府置官场收购，为交广苎麻打开销路。

蜀川产布州军，据林文勋统计达 25 个，比唐代的 11 州郡增加了一倍多，品种有交梭布、高杼布等十余种。由商人贩运、官府和买或调拨的四川布匹大量运往陕西。

南方多为苎麻、葛麻，北方则以大麻为主，河东为盛，北宋中期河东输入朝廷的麻布达 15 万多匹，居全国第一位。[①]

三、棉花与棉布

棉布北宋时在福建、广东率先行世。南宋时期已逾岭峤而向江南西路、两浙路、江南东路逐步推广和扩展，到元代初年成为这些地区的一

---

① 韩茂莉：《宋代农业地理》，山西古籍出版社 1993 年版，第 260 页。

项重要物产。马可·波罗说，福州"纺棉作线，染后织为布"，运销南方各地。

元代，棉花种植与棉布的功效逐渐得到认识，王祯《农书·木棉序》谓"不麻而布，不茧而絮"。较之蚕桑丝织，棉布茸密轻暖，可抵缯帛，又"无采养之劳，有必收之效"，南北各地都适用。于是政府开始推广植棉，并向民间征收木棉布。江淮川蜀从棉花棉布中普遍获其利，棉布之名开始出现，并商贩北方，"服被渐广"。松江府开始崭露头角。陶宗仪《辍耕录》记元初这里棉花棉布生产时说："松江府东去五十里许曰乌泥泾，其地土田硗瘠，民食不给，因谋树棉，世以资生业"，黄道婆从海南崖州来，借鉴改进，发明了捍弹纺织之具，"至于错纱配色、综线挈花，各有其法。以故织成被褥带帨，其上折枝团凤棋局字样，粲然若写"。仰食者千余家，从而使乌泥泾为中心的松江府迅速崛起，成为我国棉布生产基地。

第四节　其他大宗商品

一、茶叶

茶叶的消费之风渐广，市场日益扩大，李觏《富国策第十》说，"君子小人靡不嗜也，富贵贫贱靡不用也"。唐时政府茶税年收入在40万贯左右，而宋景德元年茶课年收入就高达569万贯，是唐代的14倍多。宋代产茶州郡达70多个，遍布南方各地。以四川为多，据林文勋的统计，蜀川产茶州郡，多达25个，以成都府路为盛。产量常年在3000万斤上下，成都府一路独占其半。"邛、蜀、彭、汉、绵、雅、洋等州、兴元府三泉县人户，多以种茶为生，有如五谷。"（当然，不可能像五谷一样全部自食，而是主要供出售。）茶叶专业化生产已具规模，茶园户多者，岁出三五万斤，以输往陕西最多。

鄱阳湖流域，据加藤繁考证，宋代茶产量已居全国第一。洞庭湖流域，唐代不见产茶记录，五代时，湖南的马楚政权，实行茶叶自由通商，官收其税，每年征收巨额茶税，为国用之重要来源。宋代湖南茶叶集中于潭州，次为岳州。荆湖南北、江西等路，茶叶，"皆系巨商兴贩"[1]，运销北方。

福建茶叶，每年产额约98万斤，官府买茶额35万斤，[2]余在民间流通。有官私之焙1336处，以质量取胜，声誉远播，所谓"出于闽中者，尤天下所嗜"[3]。

二、陶瓷

晚唐至两宋是我国陶瓷史上百花争艳的时代，名窑遍布全国，品种多样，各有市场。这和明清时期景德镇瓷窑一枝独秀的局面迥异。宋金时期，北方各类瓷器大部分可归属于定窑、磁州窑、钧窑、耀州窑四大窑系。南方更多，两浙、江东、江西、福建、广东及广西都有大量分布。

景德镇自汉代生产陶器，唐初已能烧造瓷器，时为昌南镇。唐武德年间，镇民陶玉者，载瓷入关中，称为假玉器，且贡于朝，于是昌南镇瓷名天下。宋代景德镇青白瓷以日用器皿为主，饮食用具有碟、盘、碗，酒具有注子、注碗、杯、托子，卫生用具、照明用具、香薰化妆用品等也不少。市场的扩大，推动了商品生产，吸引着周围各县农民弃业冶陶，以致"临川、建阳、南丰他产有所夺"[4]。元人蒋祈《陶记略》说，景德镇有窑300余座，"窑火既歇，商贾取售。而上者择焉，谓之拣窑。

---

[1] 《宋会要·食货》31之29。
[2] 转引自《福建经济发展简史》，厦门大学出版社1989年版，第248页。
[3] 黄裳：《演山集》卷46。
[4] 蓝浦：《景德镇陶录》卷5；卷7。

交易之际,牙侩主之。……运器入河,肩夫执券"。其销售地域非常广阔,并根据各地不同的风俗习尚制造相应的产品。浙之东西,器尚黑黄,荆湖川广器尚青白。至明清时期,景德镇瓷器在全国市场的地位更为突出。

南方陶窑,著名者还有处州龙泉的哥窑、弟窑,所产青瓷行销国内外。福建建窑、德化窑,广东潮州窑等,产品亦大量输往海外。2008年出水的"南海一号"宋代沉船所载主要是瓷器,有白瓷、青瓷、青白瓷、黑瓷、铅绿釉陶和酱黑釉陶等,器类以各种型式的碗、盘、罐、盒、瓶、壶为主。这批陶瓷器分别来自宋代南方地区著名窑系——景德镇青白瓷系、龙泉青瓷系,以及福建地区与外销瓷密切相关的诸多窑口。经专家鉴定这些瓷器基本上属于南宋时期,这些瓷器在烧制好后随即作为商品被运送到船上。

北方名窑中,河南曲河镇,是宋代登封三大镇之一,附近绅庙有碑记云:"宋时窑场环设,商贾云集,号邑巨镇。金元两代亦归淹没。"[①]陕西耀州,现存宋元丰七年所立《德应侯碑》载,"居人以陶器为利,赖之谋生",为衣食之源。耀州瓷耐久,市场广阔。黄堡镇,是耀州瓷产地,号称"十里窑场"。徐州萧县北白土镇,有"三十余窑,陶匠数百人"。河北定窑则始于唐而终于元。

三、蔗糖、果品、花卉

甘蔗与蔗糖产区在南方各路都有分布,而以四川、福建、两浙为盛。太湖平原有"甘蔗盛于吴中"之说,四川以遂宁霜糖质量冠于全国,福建则在南宋得到突出发展。福建的蔗糖商品生产颇盛,在建宁郡,山多田少,而民间多费良田以植蔗。福州、兴化军也是如此。其产品外销

---

① 转引自《中国陶瓷》,上海古籍出版社1994年版,第390页。

江南及北方市场数量大,仅仙游县,"岁入淮浙者,不知其几千万石"①。《螺江风物志》描述其盛况:"万瓮竹络,于以奠之,千艘挂楫,顺风扬帆,不数日而达于江、浙、淮、湖都会之中。"

柑橘,广布于南方各路,以两浙的太湖洞庭山、温州、江西吉州等处最有名。元代王祯《农书》谓"江浙之间,种之甚广,利亦殊博"。韩彦直《橘录》说,温州四县俱种柑橘,"橘出温郡最多种"。柑橘及其加工品,市场遍及江浙,"岁当重阳,色未黄,有采之者,名曰摘青,舟载之江浙间。青柑固人所乐得,然采之不待其熟,巧为商者间或然耳"。在太湖洞庭山东西两岛上,《归田录》载:"地方共几百里,多种柑橘、桑麻,糊口之物,尽仰商贩。"甚至橘皮也加工远销,陈舜俞《山中咏橘》诗有云:"争晒已残皮,趁市商船急。"

江西金橘,唐代就是当地美食,张九龄曾赋诗歌咏之,其《感遇》诗云:"江南有丹橘,经冬犹绿林。岂伊地气暖,自有岁寒心。可以荐嘉宾,奈何阻重深。"可知销售不广,宋初仍是如此,后来逐渐价重京师。其金柑,"商贩小株,才高二三尺许,一舟可载千百株"。②吉州橘,《归田录》卷2所记,人们已掌握了储存方法,与豆合藏,"可经时不变"。其他地区种植亦多,在江东南康军,苏轼《留题显圣寺》诗描写道:"幽人自种千头橘,远客来寻百合花。"在岭南,《鸡肋编》载,"广南可耕之地少,民多种柑橘以图利……惟树多蚁,则虫不能生。故园户之家,买蚁于人"。

荔枝,专业产地主要在福建、岭南和四川。据蔡襄《荔枝谱》载,福建荔枝最为著名,市场最为广大,"名彻上京,外被夷狄,重于当世"。沿海州军各有特色,"福州最多,而兴化军最为奇特,泉、漳亦

---

① 方大琮:《铁庵方公文集》卷21,《项乡守博文》。
② 张世南:《游宦纪闻》卷2。

时有名"。专业生产形成规模,"一家之有,至于万株"。其市场广布南北各地,并延及塞外和海外,"水浮陆转,以入京师,外至北戎、西夏,其东南舟行新罗、日本、琉球、大食之属,莫不爱好,重利以酬之。故商人贩益广,而乡人种益多。一岁之出,不知其几千亿"。岭南的荔枝分布很广,四川也不少,唐代杨贵妃吃的荔枝就来自四川。戎州(南宋叙州,今宜宾),"多以荔枝为业,园植万株,树收一百五十斛"。[①] 王氏和廖氏,世代以种植荔枝为业,富甲一方。

洛阳牡丹,始见于唐代,但闻名天下则是宋代的事。宋代洛阳大兴栽种牡丹营利之风,品种达90多种,其中"姚黄一接头,直钱五千。秋时立契买之,至春见花,乃归其直"。主要出售于城市。[②]

四川天彭引种洛阳牡丹,胡元质《牡丹记》说开始于后蜀之宫廷,后蜀亡于宋,花散落民间,谋利之民精心养植,"每本或获万钱"。陆游《天彭牡丹谱》载,北宋末年又从洛阳引植,"花户始盛,皆以接花为业。大家好事者,皆竭其力以养花……花户连畛相望,莫得其姓氏也"。有种植千本者。其价不菲,"双头红出时,一本花取直至三十千。祷云初出,亦直七八千"。由于市场需求的呼唤,"花户岁益培接,新特接出,将不特此而已"。著名的扬州芍药,宋代进入极盛。种花之家,园舍相望,多者至数万根。而"四方之人,尽皆赍携金帛,市种以归者多矣"[③]。

四、竹木

大规模的城市建设与水利事业,使竹木耗用日多,许多地区资源已趋匮乏,正如沈括《梦溪笔谈》卷24所说:"今齐鲁间松林尽矣,渐至

---

① 《蜀中广记》卷62,《方物记》。
② 欧阳修:《居士外集》卷22。
③ 吴曾:《能改斋漫录》卷15。

太行、京西、江南，松山大半皆童矣。"由此，竹木的远距离运销不断增多。

秦陇山区是北方最大的竹木产地，供给京师等地广大市场。京师官私建筑所用竹木，多来自陕西。如宋仁宗时，陕西供给京师等地的木料，每年 79 万余条，竹 150 万余竿。①

江东、两浙山区，则是南方最大的竹木商品供给地，杭州、太湖平原都仰给于此。江东之宣州、歙州木材东入二浙，源源不断，途经严州，过税成为严州的一大收入来源，楼锡为政，三个月即得杉木税钱 10 万缗，因此严州人说，"吾州无利孔，微歙杉，不为州矣"②。歙杉外运之多，可见一斑。歙杉除东运二浙外，也销往江西。歙州还出现木材的商品化种植，木材商人时称木客，其势力很大，他们竟然能说服地方官吏，废罢五堰拦水坝，以利其木材运输畅通无阻。③

湖南山区、江西南部山区的商品竹木，顺江而下至淮南、建康府。湖南木材多运销淮南的真州、扬州等地，郑獬自湖南罢官后，买巨杉数千枚，下淮扬，获息十倍。江西南部木材的流向与此类似，吉州永新、龙泉等地供官府造船的枋木，就由商人兴贩。信州是鄱阳湖流域东部的木材产地，供应平原地区。在饶州，信杉是仅次于香木的良材。

五、铁器

北方的铁冶中心集中于京东东路的兖州、徐州，河北东路的磁州、邢州等地，多为官营。南方，四川邛州的铁冶业自秦汉以来持续发展，其他几大新兴铁器铸造中心，民营色彩较强，常为人忽视。

淮南东路的舒州，宿松县汪革烧炭冶铁，势大财雄，公然聚众与官

---

① 《包拯集》卷 7，《请权罢陕西州军科率》。
② 楼钥:《攻媿集》卷 85。
③ 《苏东坡全集·奏议集》卷 9，录进单锷《吴中水利书》。

府对抗，足见其规模庞大。望江县有富翁以铁冶起家，以钱三万购买炭窑以缓燃料之急，亦可见其规模不小。

福建路兴化军、福州一带铁冶日盛。莆田县"海滨有铁沙场，舟载陆运，凡数十里，依山为炉，昼夜火不绝"①。宋孝宗淳熙《三山志》卷41载，永福、永德铁器，则通过泉、福等地"转海兴贩"，占领了两浙市场。元代江浙行省之庆元路，至正《四明新志》卷5说"生铁出闽广，船贩常至，冶而器用"。

六、纸张与书籍

北方以桑皮为原料造纸，以汴京为中心。江浙一带纸张以嫩竹、藤、麦茎为原料，产地以江东之徽州、两浙之嵊县最为著名。杭州"以造纸为业，老幼勤作，昼夜不休"②。徽州竹纸，"麦光、白滑、冰翼、凝霜"，龙须纸为其代表。嵊县以剡溪藤制成剡纸，余杭的由拳纸、温州的蠲纸，产量较大，运销范围广。如徽纸运销另一造纸中心蜀川，元人费著《笺纸谱》说，"客贩至成都，每番视川笺价几三倍"。成都以造纸为业者"数十百家"，造纸多以麻为原料，如著名的薛涛彩笺。虽然路途遥远，川笺仍远销全国各地，其价贵重。

11世纪中叶毕昇发明了胶泥活字印刷，元代王祯发明了木刻活字，书籍印装业有了飞跃性的发展。宋元印书中心，北方宋为汴京，元为大都，南方更为发展，杭州、成都、福建等地各有所长。叶梦得《石林燕语》卷8比较了各地异同优劣："今天下印书，以杭州为最，蜀本次之，福建最下。京师比岁印板，殆不减杭州，但纸不佳。蜀与福建多以柔木刻之，取其易成而速售，故不能工。福建本几遍天下，正以其易成故也。"福建民间书籍印刷与销售很突出，虽然质量不属上佳，但市场广

---

① 弘治《兴化府志》卷12，引绍熙志。
② 乾隆《杭州府志》卷80，引元代史实。

阔。福建长汀四堡，民间"皆以书籍为业，家有藏版，岁一刷印，贩行远近"①。由于雕刻印刷的扩大，一些朝政大事的印刷品也流入民间，引起朝廷的重视。在两浙一带，这类书籍甚至大量流向高丽等地。

此外，砚以广东端州为最，歙砚则是后起之秀。墨则以徽墨为珍品，川墨亦为东南士大夫所尚。

七、奢侈品

香料具有上好的药用价值，珠玉金银据传也有保健作用，更重要的是，奢侈品价格昂贵，它们是身份与地位的体现和象征。唯其如此，它们在大城市和上层社会具有可观的市场。陆游《老学庵笔记》卷1描述，京师贵族，"车驰过，香烟如云，数里不绝，尘土皆香"。香料如白笃耨，曾慥《高斋漫录》载每两值钱20万；珠玉价格数十倍上涨，而富贵阶层为之一掷千金。由于价格高昂，数量亦庞大，因而奢侈品在宋代商品价格总额的构成中仍居显著位置。

各种奢侈品主要来源于海外诸蕃，即东南亚、南亚乃至以远各国，珠玉在岭南有采制，但宋初加以禁止，使其数量受到很大限制。海外贸易的输入品，大多为香料等奢侈品。奢侈品主要由广州、泉州等港口运销至各大城市。五代时岭南的南汉王即借此立国，并能穷奢极侈。泉州多取海道至两浙、京东等港口，或穿越武夷山，在南平分道，西行至洪州，北行入浙东。广州则由传统的大庾岭商道转赣江，北宋时入淮南上汴京，南宋时入信江折而向东，经衢州至临安。此外，亦由钦州逆西江通黔、蜀。这几条香料运输道是宋代最重要的水陆联运路线，可以说是由历代以来的香料贸易所开拓的，从经济史的角度而言，这应该是香料贸易最大的贡献所在。

---

① 杨澜：《临汀汇考》卷4。

第十二章

货币流通与商人资本

第一节 钱楮并用的时代

10—14世纪是中国货币史上一大飞跃的时期,不仅出现了世界上最早的纸币,而且进入了钱楮并用的时代。同时,贵金属白银也开始成为货币流通舞台的主角之一。

一、币制的复杂性与割据性

五代两宋金元五百年间,既是中国货币史上的巨大飞跃阶段,又是币制最为复杂多样的时期,或者毋宁说,是在复杂多变的状态中实现了货币流通的大发展。币制的复杂性在币材与交易形式的多样化方面得到了充分的体现。承唐代遗风,加之市场发展严重的地区不平衡,物物交易与绢帛等实物货币仍时可见之,尤其是乡村交易,所在多有。事实上,这种现象,终传统社会之世,都没有止绝。铜钱是流通最广的法币,在部分地区,则有另一种贱金属货币——铁钱取代或部分取代铜钱的地位。同时,铸币符号——纸币超前产生,与铜钱并行不悖。而贵金属货币金银登上历史舞台,行用渐广,金国与元朝还出现了贵金属铸币。币材纷出，币制如此多样复杂，不唯在中国历史上，在世界货币史上可能都是少有的。

货币流通的割据性使本来复杂的币制更趋多样。五代十国时期，中原的梁、唐、晋、汉、周五个王朝，以及与之并存的十个割据政权，如湖南的楚、岭南的南汉、江南的南唐、四川的前后蜀，都曾各自铸造铜钱，币制纷繁错乱。同时由于全国范围内铜钱的普遍缺乏，各国竞相封锁，阻止铜钱出境，并各自铸造铁钱或铅锡钱，进一步加剧了货币流通的割据性。

宋朝削平诸侯，但与政治统一大异其趣，货币流通从未出现天下一统的局面。宋初各地"仍用铁钱"，政治经济稳定后，铸币权收归中央，但币制割据依然。全国四路专行铁钱，两路铜铁钱并行，其他十三路行使铜钱。

纸币产生后，其行用仍然呈现割据局面。交子最初局限于四川，后来逐渐扩及陕西、河东。钱引取代交子后，也没有通行全国，闽、浙、湖广广大区域内不行钱引。南宋楮币也是区域性的，会子、淮交、湖会，各有流通地域。金国的交钞，以一级行政区路为单位，各自印行流通，并多局限于黄河以北。

如果说五代十国是由于政治的分裂造成了货币流通的割据，那么，宋金货币流通强烈的地域性，固然也与分裂的状况相关，但根本的原因则是铜钱的严重不足，以及市场发展的不平衡性与地区封闭性。

二、钱荒的长期困扰

中晚唐以来的钱荒延至宋金始终是困扰市场的一大突出经济现象。钱荒就是通货紧缩，即货币流通量不足。宋金各地都存在，尤以江淮最为突出。

人口的增加，市场的扩大，商品价格总额大幅度增长，市场对流通

275

手段量的需求随之上升,而铜钱的供给与流通滞后,遂致钱荒。熙宁变法之后,赋役制度的变更进一步扩大了市场商品供给与需求,加剧了铜钱的短缺。苏轼兄弟对此异口同声,苏辙说,熙宁以前,两税以谷帛折纳,流入官方的钱币,不过都在于茶、盐、酒税罢了。然而,就在这个时候,东南的各个郡县特别苦于缺钱……自从熙宁以后,民间就花钱来免除徭役,又经常抑制钱币的流通,官府贮藏的钱币都因腐朽而不可辨识,民间的官钱却搜索殆尽。苏轼也同时惊呼,浙江一直以来号称有钱荒,现在更是如此。①

或问,北宋仁宗时年铸币量100余万贯,神宗熙宁末年铸币量达300余万贯,元丰三年(1080年)更逾500万贯,远远超过唐代铸币额,如此巨额的铜钱还不能满足货币需求量吗?商品价格总额的增长速度超过了如此高的铸币增加速度吗?姑且不论二者的增长速度是否一致,必须注意,铸钱额并不代表流通手段量。马歇尔在《货币、信用与商业》第一编第一章中指出,恰恰在最需要货币来执行其职能的时候,它的实际数量反而有减少的危险。对流通手段量迫切需求的宋代,这种潜在的危险变成了现实,并且日趋严重。虽然宋廷大幅度增加铜钱铸造额,但是进入市场中介流通的货币量并没有同步增长。一方面,铜钱绝对数量的增加受到诸多因素的阻遏,大量铜钱退出了流通领域;另一方面,货币流通的滞缓,使得铜钱的相对数量的增加也大打折扣。

铜钱退出流通的渠道主要是外泄和私销。铜钱,或者作为货币价值形态,或者作为美学价值形态,大量倾销到了周围的"蛮夷之邦"。当时宋朝举朝上下对此事的议论不绝于耳,禁止铜钱出塞、出海的诏令日益严厉,但始终难以遏制铜钱外泄之势,现今东亚、东南亚远至东非各国都有不少宋钱出土。私销则是由于民间铜料市场供不应求,币材价格

---

① 分见苏辙:《栾城集》卷38;苏轼:《苏东坡全集·奏议集》卷6。

高于币面价格竟达5倍,《宋史·食货志》说,销熔十两得到纯铜一两,用来制造工具,获利五倍。如此高额利润,导致私销屡禁不绝。

货币流通速度在前资本主义社会一般都比较缓慢,宋金则因官私积藏不发而更为严重。中唐以来,钱癖之风已盛,这是简单商品经济下落后观念所致,币材价格与币面价格之差额进一步扩大,私蓄之风更烈,强横狡猾而不守法纪、侵占别人财产的人家,囤积财物,谋求好处。多的积蓄缗钱到三五十万甚至更多,少的也在三五万,使得钱币凝滞而不得流通。① 考古发现也表明,宋钱窖藏数量极为惊人,动辄数十万。宋廷各级官府也积存着巨额货币没有及时投放到市场,往往官府存量最多之际就是钱荒最烈之时。元祐元年(1086年),户部尚书李常建说,"我"看到现在常平、坊场等地,免除徭役积剩钱共五千余万贯,分散在天下州县,钱币放朽了都不使用,利不到物。② 5000多万贯,相当于北宋政府铸钱高峰期时约10年的总铸币量,钱荒之积重难返,此足以为证。金国铸币量极为有限,而官府积钱不亚于宋。连金世宗也发觉了财政体制对货币流通的阻碍,却无可奈何。货币流通的滞缓,实际上就是市场流通手段量的相对减少,沈括对此已有清醒的认识,他在《梦溪笔谈》中说,如果法币让钱自然流通而不加抑制,那么钱就不可胜计……让钱流转于天下,怎么还会担心钱不够多呢?

楮币行世后,应该对通货紧缩有缓和作用,不过,铜钱不足的现象仍没有消失。如果说北宋的钱荒与通货紧缩如影相随,那么,南宋的钱荒则与通货膨胀交相促发。前者出现钱重物轻现象,后者则是钱物皆重。《宋史·食货志》说,钱币贵重,物价就应该降低,然而现在商品和钱币的价值都很高,这就是如今钱荒的源头。

---

① 宋祁:《景文集》卷28,《乞损豪强优力农札子》。
② 《长编》卷384,元祐元年(1086年)八月丁亥。

兴扰之源，来自楮币。

南宋时，单是东南会子的年发行量就十倍甚至百倍于北宋铜钱年铸造额，货币流通量的不足已不复存在，为什么人们仍然感觉到钱荒呢？更为重要的是，为什么铜钱的不足会成为货币流通领域的一大症结，长期困扰着市场，并造成流通混乱及种种经济问题呢？如果会价稳定，人们都乐于使用，并且与铜钱无二，那么铜钱的不足就会为会子的顺畅流转所弥补，不致成为货币流通的一大症结而存在。事实则不然，会子仅仅具备有限法偿力，在市场行为人看来，它始终不如硬通货保值，不用说民间，即便是会子的发行者，都以钱为重。而且官府为了搜括铜钱，规定以"钱会中半"等比例强制性地交纳赋税，这又降低了会子的法偿力。《金史·食货志》载，金国也强制性地规定使用交钞，金章宗承安三年，在部分地区诏令一贯以上都用银钞、宝货，不允许用钱，一贯以下听凭人民的方便。会子的局限性还在于，其货币职能形态不完整。它虽然有效地充当了价值尺度和流通手段，但支付手段的职能有限，官府所规定的完纳赋税就只能有一半由会子支付。至于贮藏手段，会子则全然不具，且不说会价的贬值，只论界满回收以低价兑换新会一条，自然就使任何人也不会把它当作财富贮藏起来。

这种状态随着会子的泛滥与贬值而日益严重，法偿能力日趋下降，货币职能形态日趋残缺，使会子进而成为信用不佳的劣币。此时格雷欣法则便产生作用，作为劣币的会子驱逐良币铜钱。叶适揭示这一现象道，现在所说的钱，反听令于纸，纸币越来越流行，铜钱越来越少……大的市场，四面八方的人汇集，都不使用铜币，而是用纸币互相交换。[①] 铜钱则不然，作为主币它具有无限法偿特征，作为硬通货它具有完整的货币职能形态，会子贬值它愈益坚挺，保值性愈强。可以说，正是会子

---

① 叶适：《水心先生文集·别集》卷2，财计中。

的局限与贬值加强了铜钱的货币地位。诚如戴埴《鼠璞》所云，纸币太多而且容易得到，还是铜币更贵重。杨冠卿也说，纸币是虚妄的，它的弊端就不要说了；铜币是实在的，收藏起来也没有什么坏处……我为什么用我的真实的铜币换他们假的纸币呢？由此形成了对立的两极：一极是官私市场对铜钱的大量需求，另一极则是会子将铜钱驱逐出市场，钱荒复燃势所难免。由此可见，物重因于楮，钱重亦因于楮，会子的不完善性及其转化为劣币，正是南宋钱荒的根源。由于会子的驱动，大量的铜钱在流通领域之外沉淀下来。《宋史·食货志》一针见血地指出，纸币方便流转，所以铜币因为潜藏而荒废。叶适《财计》一文也说，制造纸币的弊端是，把天下的铜币，在内堆积在仓库，在外藏在富有的人家。多的有数百亿，而少的也不下数万缗。①

南宋钱荒随着会子的日渐贬值而日益严重，会子越来越贬值，铜币的价值越来越高；会子越来越泛滥，铜币越来越匮乏。其程度较之北宋有过之而无不及，因为，导致钱荒的原因中，会子的驱动为南宋所独有，而北宋时存在的因素此时则更严重。铜钱退出流通的重要渠道——外泄，随着海外贸易的日益广泛和深入。相反，遏制钱荒的一大因素——作为货币发行者的政府所发挥的制约与调节作用减弱不少。

北宋政府通过增加铸钱额或多或少削弱了钱荒的危害，同时也减缓了物轻钱重与通货紧缩的趋势。南宋复杂得多，由于钱荒与通货膨胀交相并发，顾此则失彼，宋廷陷入难以自拔的两难处境：如果要减轻钱荒，则必须增加铸钱或造楮，而这样又会进一步加剧通货膨胀。正如戴埴《鼠璞》所云，更多的铜币和纸币，货物的价格就会上涨；相反，如果要抑止通货膨胀，则必须减少铸钱和造楮，而这样难免会加剧钱荒。面对两难困境，宋廷无所适从，迫于财政压力，它作出的选择是置二者

---

① 李心传：《建炎以来系年要录》卷182，绍兴二十九年（1159年）六月丙申。

于不顾。一方面，大量增印楮币，这不仅会继续加剧通货膨胀，而且会子的贬值又刺激了铜钱退出流通，从而加剧钱荒；另一方面，宋廷对铸钱日益忽视，或者说是无力重视——既然造楮简便而省事，钱监也随之管理松懈，日益荒废。钱监的荒废不仅使铸钱能力下降，而且使铸钱成本上升，在这种状况下增加铸钱是绝对不可能的。这样一来，号称治国之本的铸钱大事在南宋陷入恶性循环：重于造楮，必然轻于铸钱；轻于铸钱，又使成本上升，难于铸钱。既然如此，唯有进一步增加造楮。这种状况将钱荒与通货膨胀也一并拖入恶性循环的泥淖之中。

钱荒的日益加剧，导致私铸之风盛行。因此出现了"市井所用多私铸小钱"，伪钱、轻薄钱泛滥成灾。官府也设法增加新的流通手段，沈括曾建议将盐钞、金银等作为货币来使用。宋金时期纸币的迅速发展，金银转化为货币，与钱荒的作用有很大关联。

元代铜钱退居辅币位置，元钞面额虽为铜钱文贯，但实际只与银或金相权。至元十七年（1280年），废宋金铜钱，公私出纳贸易概以宝钞为准。

三、两宋金元纸币的产生与发展

1. 北宋纸币的诞生

唐代的商人发明了飞钱，信用货币在市场发展的进程中诞生。北宋进一步形成一种制度，出现了便钱务的专门机构。《文献通考·钱币考》载，宋太祖时，取唐代飞钱故事，允许民众带钱进入京城，方便各州进行兑换。令商人在开封入钱左藏库，交纳2%的手续费，领取特定的券证，至各州即可以券取钱。自开宝三年（970年）设便钱务，至道末年，商人便钱达170余万贯，天禧末年增至280余万贯。这一史实足证便钱这一信用手段便利了商人的市场活动。

与便钱相类者还有"交引"，这是围绕入中法或茶、盐等专卖产品而进行的。据《文献通考·征榷考》《宋史·食货志》等记载，商人在京师入纳铜钱或金帛，领取交引，即可在江淮六务十三场等地支领茶叶，转贩各地买卖。另外一种途径是，商人向沿边入中军用粮草，持券至京师，经交引铺为之保任（后来则直接至中央榷货务），支领现钱。交引已经在京师等市场作为证券买卖流通，形成证券市场。开封的交引铺和各地茶商，就有从事交引买卖而获厚利者。

以开封为中心的便钱、交引等信用货币，是以中央政治权力为信用的，而四川则出现以大商人资本为信用的交子。四川行用铁钱，体重价贱，货币流通的矛盾较其他地区更为尖锐。因此交子在民间自发产生，王小波、李顺起义后四川市场已出现交子，只是比较混乱，民间的钱币越来越少，私下用交子来交易。欺诈蒙骗的事情层出不穷，诉讼越来越多。李埏据此确认四川交子出现于10世纪后期，[①]至为精当。初期交子与交引无异，和飞钱一脉相承。楮币一开始使用的时候，并不是严格意义上的纸币，只是可以避免运输上的困难罢了。[②]它仍是一种信用票据，尚未形成统一形制，手续费较开封便钱多1%。正如元人费著《楮币谱》所记，蜀地的百姓觉得钱币过于笨重，不方便运输，开始把纸片做成凭券。里里外外都做上印记，隐藏题号，红黑相间，可以暗中检验真伪，写上面额，来方便交易，叫作交子。每次出纳的时候，一贯钱要扣除三十文作手续费。

1004年前后，交子的发行权由官府授权富民16户主持，以缓解民间交子的混乱与奸弊等诸多问题。16富户连保作交子，定期聚会商量，于每年丝蚕米麦将熟之际，印造一两番交子。形制规范统一，这些货币用同色纸印造，印文使用屋木人物，商家签字。交子信用提高，使用推

---

① 李埏、林文勋：《宋金楮币史编年》，云南民族出版社1996年版。本段纸币之述，多有参考。
② 徐鹿卿：《清正存稿》卷1。

广,不论远近都可适用,动辄就达到数百万,街市交易都会使用。整顿后的交子,完成了由信用货币向纸币过渡的决定性的一步。但它仍然是信用货币,写上面额,不限制多少,[1] 说明交子面额还没有统一印制。

由于16富户兴衰不定,交子弊端丛出。1023年,宋廷置益州交子务,次年正式发行官营交子。官营交子,规范严格,分届发行,每届行用期为两年,准备金为铁钱36万缗。票面额1贯至10贯不等。至此,交子作为铁钱的符号和代表,成为完全意义上的纸币。

大观元年(1107年),改四川交子为"钱引",改称钱引,旨在突出其钱币凭证的意义,在整顿的基础上提高其信用。在此前后,交子流通地域已从四川扩及陕西,进而至淮南、河东和北方诸路。不过这种扩张与宋徽宗聚敛无度紧密相关,旋踵楮币贬值泛滥,直至宋廷南渡。

2. 南宋会子的行用

北宋楮币没有在长江中下游地区流通,但随着交换自身的矛盾显现尤其是远距离贸易的发展,在邻区楮币的刺激下,其流通亦在指顾之间。南宋初期,临安等地民间会子已应运而生。临安出现了由豪右主持的"便钱会子",极类似于四川的初期交子,或称"寄附会子"。[2] 徽州亦有民间会子到处兑换使用。[3]

绍兴六年(1136年),宋廷在临安成立交子务,仿照四川的制度印制交子,和现钱一起流通,称为"和籴本钱交子",始用于两浙、江东、江西官府和籴米谷。[4] 后来,宋廷吸取民间私用会子的经验教训,察访民间用会子代替铜钱,印造了官方的会子,设置相关的官吏,这种措施

---

[1] 李攸:《宋朝事实》卷15,《财用》。
[2] 李心传:《建炎以来朝野杂记》甲集卷15。
[3] 洪适:《盘洲集拾遗》,《户部乞免发见钱札子》。
[4] 李心传:《建炎以来系年要录》卷101,绍兴六年(1136年)癸未。

的采纳地越来越广泛。①这种官方会子试行于临安城内外,与铜钱并行。绍兴三十二年,置行在会子务,印造会子颁行东南诸路。乾道五年,会子开始立"界"发行,三年一界,每界行用六年,两界沓行。绍熙元年第七、第八两界会子相继展延三年,此后每界行用期为九年。

会子发行初期,宋廷以南渡前楮币泛滥造成恶性通货膨胀的历史教训为鉴,注意控制会子发行,保持会价稳定,孝宗皇帝自称为此十年夜不安寝。在他统治的二十多年间,每界会子发行量稳定在1000余万贯,会价常在每贯700文左右,信用良好,流通状况颇佳。商贾尤称其便,商人到处做生意,都争着使用会子。一是为了免除商业税,二是为了节省搬运的费用,三是为了不用像粮食和布帛一样亏本出售。这样看来,会子可以说是流通很广泛。②会子作为"轻赍"的种种便利,以及面额多样可供多种用途,使其流通之普遍大有凌驾硬通货之势,《文献通考·钱币考》说,会子,不论是官府还是民间的买卖支给,都没有不适用的。而且面额从一贯到二百贯,显然可以代替现金。用一尺长的纸片代替数千的铜钱,轻便而面额大,即使远行千里,数万的缗钱,凭借一个人的力气,也能如期抵达。

此时会子发行量没有超过流通领域的货币需求量,甚至民间有人抱怨发行数量太少。直到绍熙初年,一直是会子流通胜于现钱。

南宋东南会子及其会价变动具有以下特征:

其一,会子是以铜钱为本位币的辅币,本位币具有无限法偿特征,而辅币则为有限法偿。会子的有限法偿更甚,因为它基本上是不可兑换的,并且行用六年(后来为九年)之后即收回废止。

其二,有限法偿特性与定期收回的规定,使每界会子的会价都形成

---

① 卫泾:《后乐集》卷15。
② 《中兴两朝圣政》卷54,又载《鹤林集》卷15。

了由高而低的变动规律，愈临近收废期限，其价愈低。同时，由于两界沓行，形成了新旧会价各异且并存的局面，新一界会子的行世对旧一界会子的会价会造成较大冲击，使其骤然下跌。

其三，同一时期，各地会价不一，距发行处行在会子务愈远，信用愈低，楮价愈贱，使用亦愈稀少。袁说友所观察的局面是，一千官方会子，在临安相当于七百二三十文现钱；其周围的湖州、秀州及越州、婺州等地，只得六百七八十，远至衢州、信州、江东、福建，则止得六百以下，越远就越轻，越轻就越不使用。[①]

会子的这些特性充分反映了它作为初期纸币的不完善性与不稳定性，也注定了它必然走向衰落的命运。孝宗之后，会子的黄金时代结束。光宗继位发行当界会子即超过3000万贯大关，自此一发不可收拾，据《鼠璞》载，开禧年间的第十一界会子3600多万，第十二界4700多万，第十三界5500多万，市面流通三界总额高达14000多万，如此巨额的纸币涌入市场，必然导致"其价浸损"。货币流通规律表明，当商品价格总额与货币流通速度不变时，币值与货币数量成反比例变动。会子发行量不断增加，会价遂如江河而下，逐年下跌。拙著《宋代东南市场研究》第四章曾列表统计，每界会子的价格，1173年为800文，1185年为750文，1195年为620文，1210年为300—400文，1233年跌至200文，会价下跌之势与会子的行用相始终，直至彻底丧失信用，会子取消。

3. 金国的交钞与元朝的宝钞

金国交钞，始发行于贞元二年（1154年），以铜钱为本位，大、小钞面额各为五等，自100文至10贯，与辽宋旧钱并行。交钞最初仅行用于经济发达又临近南宋的黄河以南地区，后来因币值稳定，信用甚

---

① 《历代名臣奏议》卷272。

佳，行用地域越过黄河而北。

金国的交钞，从制度创新方面而言，在中国纸币史上具有重要地位。据乔幼梅的研究，[①]交钞最初在河南一路发行流通，逐渐演变为中央与地方联合发行，称为合同交钞，三方联合则称为三合同交钞，这在金国较为流行，流通地区最广者至为五合同交钞。持钞者可在参加合同的所在地区流通或互换钱钞。各种合同交钞都可以到京师使用和兑换，各路之间也可以通过合同互相沟通，于是组成了一个以京师为中心向各路辐射的交钞流通体系，呈现出全国流通的趋势，这是同时期南宋的淮交、湖会等地域性纸币无法比拟的。承安二年（1197年）还发行了小钞，规定可以在其他路通行，其成为由中央统一印行流通于金国全境的纸币，与合同交钞相比又有了明显进步。交钞开始时以七年为一界，纳旧易新，大定廿九年（1189年），取消界期，不限制流通和使用的年月。从有界期发展到无界期，标志着纸币作为金属货币的符号又有了重大进展。

元统一全国之前，在北方沿用金国的地区性交钞，1260年以丝为本，发行"中统元宝交钞"，三个月后，发行"中统元宝钞"，以银为本，间亦用金，面额以铜钱文贯为识。中统元宝钞发行之初，有十足的金银作为储备，发行数量严格控制，钞本不准亏欠和挪用，并准许民间以纸币兑换金银。由户部尚书专司钞法，下设宝钞总库、印造宝库和烧钞东西二库。因此中统元宝钞币值相当稳定，信誉昭著，具有作为支付手段与金银同样的价值，公私出纳，皆以之为准，终元之世在全国通行，并流布海外，今朝鲜半岛、越南、泰国等地中统元宝钞亦作为现金使用，与当地货币形成一定的比值。有的国家还仿效自印、发行纸币，

---

① 漆侠、乔幼梅：《辽夏金经济史》，河北大学出版社1994年版，第357—368页。

如波斯、印度、高丽、日本都一度发行纸币。①

中统元宝钞是中国楮币史上最稳定、最完善的纸币，是宋金以来楮币长期演进的结果。不过这主要表现于行用之初的20余年间，此后逐渐贬值，甚至成为不可兑现的废币，伪钞亦日益风行。后来元朝又发行"至元宝钞""至大银钞"等，但好景不再，到元末，每天印刷制造的竟数不过来，恶性通货膨胀伴随至元朝的灭亡。

四、金银使用的扩大

贵金属货币在中国市场上步履蹒跚，顾炎武《日知录·银》说，唐宋之前，上下通行的货物，都是用钱来交易的，不曾有用银子的。此时的金银具有货币效用，而尚不具备货币职能。北宋前期仍是如此，所谓百货聚集，一定要以一种东西为主。金玉是重宝，流通起来很不方便；粟帛有大用，容易发潮破损。权衡轻重，有利于交易的，也就只有钱币了吧！②抽绎此语，可见金银的价值贮藏职能之重，是影响它与钱帛的竞争力、发展其流通手段职能的原因之一。沈括《梦溪笔谈》也指出，当时通贵于天下者，金银只作为器具却不作为货币。随着市场关系的发展，金银的货币效用愈来愈强化，并逐渐向货币形态转化。据马力研究，宋代白银已有限地具备了价值尺度和流通手段职能。在价值尺度方面，银的作用在于银作为货币，在与其他商品的交换中起折算作用，并在货币化过程中增添了汇价的性质；在流通手段方面，作为货币，虽然人们常常把银作为盘缠携带，作为钱物赠送、支付，但是通常不用银在市场上直接购买零售的商品，而是先在金银铺兑换成钱以后再使用。金银铺因而被赋予了最初民间货币兑换机构的性质。③

---

① 李幹：《元代社会经济史稿》，湖北人民出版社1985年版，第404—411页。
② 王禹偁：《小畜集》卷17，《江州广宁监记》。
③ 马力：《论宋代白银货币问题》，载《宋辽金元史论丛》第1辑，中华书局1985年版。

货币币材的选择，除了受自然地理因素影响外，主要与交换水平相关。铜钱之所以能够主导货币流通领域，正是因为它的"细小单位特征"与城乡小生产者的细碎交换水乳交融。贵金属单位价值大，它要成为货币，就必须具有一定的交换基础。宋代远距离贸易扩大，交换水平提高，从而为金银向货币形态的转化提供了市场基础。

远距离贸易往往是批量交换，如果装运大数额铜钱重载远行，跨江过海，翻山越岭，那么不仅运输成本增加，风险亦随之增加。金银与铜钱恰好相反，李觏《富国策第八》谓"其价重大，不适小用"，却以赍轻价高便利大规模的长途贩运。北宋东南商贾北上汴京兴贩茶叶、钞盐者众，由于钱物重大，畏涉江湖，艰于搬运，因此常常从所在州县"赍带金银，前来都下"。四川与江南不仅相隔遥远，而且分属铜钱区和铁钱区，铜铁钱比价变动不居，不利交换，行用金帛者更多，故李心传说，"吴蜀钱币不相通，舍银帛无以致远"①。长途贩运商多以金银携行，《夷坚志》中有不少事例。

如湖州人陈小八，从事缣帛的远距离贸易，他前往湖南邵阳买著名的"隔织"，动身之前即买金银携行。来自海外的黎生，其"道费"有银44两，金5两，金钗一双。加藤繁对唐宋金银使用进行对比后指出，宋代，至少银已经不像唐代只限于上流阶级，而为社会的全体所行用。银表示物价亦始见于此时代的文献中。李槐的考察亦表明，南宋官俸的非实物部分，初期以缗钱为主，以后白银份额渐增，到后期已是只提白银，不提及缗钱。②

在白银货币化的过程中，如果参照飞钱、便钱、交子的兴起，我们就会发现一个令人困惑的历史现象。唐代印制飞钱，宋代印制便钱、交

---

① 李心传：《建炎以来朝野杂记》卷16。
② 李槐：《宋金时期白银的生产与使用》，载《宋代经济史研究》，云南大学出版社1994年版。

子,直至纸币出现,都是因为贱金属货币铜钱、铁钱在交换发展中的矛盾。但在它们出现之前,金银一直存在于市场,并不时发挥其天然的货币效用,但为什么人们不径直使用金银来解决贱金属所造成的交换矛盾,而处心积虑地发明了飞钱、便钱、交子等一系列信用货币和纸币来缓解矛盾呢?这仅仅是市场发展水平较低的原因吗?按照其他国家货币演进模式,纸币都是在贵金属普遍使用之后才出现的,而中国却恰恰相反,是政府重视信用货币和纸币所致吗?但政府的重视所产生的作用,是在民间出现飞钱、便钱、交子之后才能发挥,这只能是促进纸币推广的一个原因。这的确是一个令人回味和深思的现象。

值得注意的是,贵金属在成长过程中,受到了与之大体同时发展的楮币的冲击。金银与楮币同属轻赉,都适宜于远距离贸易。

楮币信用降低,金银的流转就会增多。南宋银价与会价的波动成反比例变化,足见白银已与楮币并行,而总的趋势是,会价日轻,银价日重。南宋后期楮币信用尽失,末年取消会子,金银的行用更趋频繁。

金国白银使用较南宋还要突出,常以银铤和碎银的形态出现于货币流通领域。官兵俸给与边戍军需等支拨,曾出现"银钱相兼"的情况。金国民间白银的使用更甚,宋金末年,白银俨然呈现主币气象。承安二年(1107年),金国铸造银币,曰"承安宝货",形制因袭银铤,尽管仅流通了三年,但作为我国货币史上最早的贵金属铸币,其意义不以其寿命之短而减弱。

元代铜钱退居辅币位置,纸币皆以白银作钞本,元代中统元宝钞"以银为母,以中统为子","以银为本,虚实相权",足见白银在元代正式成为本位币。明代,白银逐渐将纸钞排挤出货币流通领域,朱元璋欲行钞法,至禁止民间行使金银,最终失败。顾炎武在《日知录》中评论:"银日盛而钞日微,势不两行,灼然易见。"交换的发展,使白银的主币地位日益巩固。有人比较各种流通手段的优劣后说,凡是在贸易的时候，金子过于贵重，不方便小额用度，而且消耗得一天比一天多，产出的一天比一天少。粮食和钱币则不值钱，不方便大额用度，钱币容易作假和混杂，粮食无法长时间存放，钱钞太不结实，也还有潮湿霉烂的风险。因此还是黄金白银做货币比较长久。① 这段议论，与秦汉至唐宋人们关于流通手段的种种议论相对照，可以发现交换水平的提高是显而易见的。不过铜钱在小生产者之间交换中的作用始终是不可替代的，明人谢淛《五杂俎》谓"钱便于贫民"；清人巡视中城广东道试监察御史臣鞠珣谨《定鼓铸疏》谓，考虑到银子分量零碎、称量烦琐，用银子还是不如用钱币方便。因此，以银为主币、银钱并行的货币体系终明清之世而不易。

第二节 商人资本的运动

商人资本，按照马克思的定义，就是在流通领域内发生机能的资本。随着商品流通与货币流通的扩大，以及各地市场联系的加强，商人资本在宋元时期得到长足的发展，傅衣凌考察了两千多年传统经济的演进历程，发现宋代市场的进步"确曾把中国商业资本带到一个新的阶段"②。

一、启动资金的来源

商业机会的增多，商业利润的刺激，势必吸引各种社会资金进入流

---

① 《弇州史料后集》卷37，笔记上。原文为，"凡贸易，金太贵而不便小用，且耗日多而产日少；米与钱贱而不便大用，钱近实而易伪易杂，米不久；钞太虚，亦复有浥烂。是以白金之为币长也"。

② 傅衣凌:《明清商人及商业资本》，谷风出版社1986年版，第1页。

通领域。大量的贮藏货币，改变了以往通常的硬化形态，即钱癖引起的钱币窖藏，转化为商业资本寻求价值增值。所谓人们只要有了本钱，大多会囤积货物或者出去放贷，乘船到处做买卖，怎么会把钱放在家里闲置呢？① 货币持有者或者直接经商，或者委托代理商经营，纷纷将贮藏货币转化为资本。传统的商人资本来源扩大，同时，前代少见或没有的途径也新兴起来。

1. 举债经商

利润动机既驱动着资金缺乏者，又驱动着虽有资金而无力经商者，遂有资金通过借贷的形式转化为商业资本。

新淦富人皮氏，两个青年第一次向他借贷300缗，买货经商，半年而归，财利数倍。又半年后再向皮氏及其他富厚之家借贷，这次达2000缗。② 举债经商，对放债人和借债者的风险都很大，需要足够的商业利润驱动。

2. 官府出资招商

宋代的许多官运物资，借助于商人资本的力量或通过流通领域来实现其地区转移，同时出自特殊的需要，官府也拨划财本，招募私人贩运物资。乾道四年，温州、台州风水交灾，地方政府劝募上户，官府借给资本，到浙西诸州粮食丰收的地方，用船运输粮食。③ 朱熹在建宁府，也曾招募当地的豪强，给他们远行的钱和粮食，前往广东趁熟收籴米谷。④ 这样的史实不乏其例，官府出资招商，实质上是财政转化为商人资本。

---

① 徐梦莘：《三朝北盟会编》卷29，靖康六年（1131年）正月初八。
② 《湖海新闻夷坚续志》前集卷1。
③ 《宋会要·食货》58之6。
④ 《朱文公文集》卷25。

3. 集资经商

集资，即将闲散的社会资金汇总进入流通领域，这是拓展资本来源的重要途径，在缺乏资金市场与银行信贷的古代社会尤其如此。合伙，则可以分散单个商人的风险。集腋成裘，对于本小力微的广大小民，尤不啻为进入流通领域的有效途径。合伙集资经商，通常以地缘、血缘纽带来维系。

江西赣州、吉州农民，遇冬农闲即相约南下贩布买牛，百十人列队而行。临安有一伙茶商，三十人结伴而行。福建中下人户常与海商联合，这些海商，或是同乡，或享有名望，海上之民无不与之相熟，花钱搭乘他们的船，互相攀附，购买一些外国货回来。少的花费十贯，多的上百贯，经常能够买到数倍价值的货物。① 泉州晋江人林昭庆，曾和同乡的几个人，结伴经商，从海道北上山东贩运。② 这些是以地缘相集合者，以血缘关系联合者就更多了。福建汀州四堡地区从事印书业的族商，在明清时期非常兴旺，此地印书业兴起于宋代，族商当可直溯其源。

合伙集资的形式多种多样。有的一无所依，全凭经商的便利与利润的媒介相联合。张世显、何仲立、仲济等十几个商人，交流市场信息，得知福清东墙有人制船准备前往浙江，于是商议"共买布同发"，遂如期而行。③ 有的富人"合力同则"，集资经商或放高利贷，形成一种流传至今的规则。当时名曰关纽，具体规则如下。

找十个人成为一个团体，投入很多资本，从十万到五十万不等，约定以十年为期限。每年年末的时候，轮流出局。计算所获得的利润，往

---

① 包恢：《敝帚略稿》卷1，《秦铜钱申状》。
② 秦观：《淮海集》卷3，《庆禅师塔铭》。
③ 《夷坚志》戊集卷1。

往在一倍到五倍之间，而本钱也不会丢失。[1]

这种相互结合牟取暴利的方法，其出资、经营、分成的各个环节，都开始形成一套较为齐备的规范则例，加入者可以获得更大的商业利润。集资为本、轮流出局的联合方式，在20世纪的农村仍不少，尤其是广东、福建一带。华侨华人出国之后，也普遍采用"合会"融资的方式，在异国他乡经商谋生。

集资合伙经商的扩大，促使商人集团开始萌生。有学者考证，明清时期著名的商帮"徽商"，即起源于宋代。

二、商业利润的生成

在传统社会，不同种类的商品贸易中，生成商业利润的基本因素——买卖差价与市场需求及二者的形成条件，都各不相同，尤其是官府在不同商品贸易中的干预和作用不同，导致商人资本在不同的商品贸易中呈现出不同的特性和发展状貌。据此，并依照商品消费状况与流通状态，将商品贸易划分为三种类型，对处于其中的商人资本进行逐类考察。

1. 奢侈品与海外贸易中的商人资本

在传统社会，由于社会分工的落后，地域差异成为商人资本实现贱买贵卖的最初的也可以说是最主要的因素，不同国家不同民族的差异，造成了商品种类与价格的不同，甚至价格天壤之别。唯其如此，国际贸易，成为早期商人资本发展的重要途径。古代西欧如此，中世纪俄罗斯也不例外，在商人资本独立发展时期，资本增值的主要领域是对外贸易。这一结论虽然不能套用于中国传统社会，但毋庸置疑，宋元时期海外贸易的巨大发展，其中的商人资本令人侧目，并且集中了当时个别资

---

[1] 《宋会要·食货》70之6。

本之数额最巨者。海外贸易中，香料等奢侈品的进口，以其高需求、高价格带来巨额利润。商人，尤其是资本雄厚者，不畏"鲸波之险"，倾力而为，甚至世代乐此不疲。《夷坚志》中夷坚丁志载，温州巨商张愿，"世为海贾"；临安富人华彦太，航行到南海，经营海外的商品。达官贵人也不顾禁令，以巨资投入其中，他们以公侯之贵，派出船只，招募外国的商人，交换珍贵的货物，大笔耗费金钱。① 奢侈品海外贸易利润之高，为其他商品贸易中的商人资本所不可企及。泉州扬客，为海贾十年，致资 20 万，后来更增至 40 万；② 建康巨商杨二郎，航海十余年，累资千万。这些都反映了海外贸易中商人资本之雄厚。

2. 专卖品贸易中的商人资本

香料等奢侈品，在国内市场上也是官府专卖品，而宋朝专卖更主要的是盐、茶、酒等。两宋时期，官府直接经营，生产、运输、销售各环节的禁榷制仍然存在，但比重日渐下降。茶叶还实行过完全经商，即商人直接购买茶园户茶叶，自由贩卖，国家征算，但完全通商为期甚短。专卖制则贯穿于整个两宋时期，就其商品流通形式及商人营运方式而言，主要有三种。交引法：商人在边郡入中粮草，获取交引，至京师或指定地点凭交引支领茶、盐、香、矾等专卖物资，然后转运至规定地区贩卖。现钱法：商人在京师入纳现钱，获取各类交引或盐钞，再凭证至官场支领定额专卖品运销贩卖。贴射法：商人贴纳官买官卖应得净利息钱，在官茶场选购，转而贩卖，官府给券为验。贴射法仅限于茶叶，不过酒、盐等商品的买扑法亦与此相似。

通过商品专卖，官府与商人共同瓜分超额利润。官府的专卖收入，扣除生产成本或收购价格（超经济强制使之极为低廉）之后，贴射法中

---

① 《宋史》卷 388。
② 《夷坚志》中《夷坚丁志》卷 6，《泉州扬客》。

明显地表现为净利息钱；现钱法中表现为各类交引或盐钞的批发价格；交引法中，通过虚估、加饶等优惠措施，官府似乎让出了部分利润，但间接地转化为商人沿边入中的实物，而沿边入中的运输成本非常高昂。剩余部分为商人所得，约相当于商业利润。

官府的专卖收入是经济外的特权取得的超额利润，部分由官府直接剥削生产者、运输者及消费者而得，部分则通过商人资本的运动而来，是商业利润基于特权的转化形态，但两部分最终都必须通过商人资本的运动才得以转化为现实的——实物的或货币的——收入。商人所得的份额，则几乎完全是资本运动的纯粹的商业利润，和一般的商业利润没有两样。超额利润的实现，具体而言，"贱买"环节由官府通过经济外的强制手段（有时附以借贷官本的经济手段）剥削生产者来完成；"贵卖"环节由商人资本完成，一方面剥削雇佣劳动力，另一方面借助官府的价格规定剥削消费者——官定销售价远高于实际价格。走私者也得以高价贩卖禁榷品，虽然走私价格远低于官价，但其利润之高仍足以诱使走私者不惜以身试法。

官府与商人彼此依赖，相互补充，结成了长期的贸易伙伴。借助于商人资本，较之官府直接经营，专卖品的销售更为畅通。在许多情况下，官府无法有效地取代商人资本完成其经济职能，而商人，显然必须仰仗官府转让的特权。对此欧阳修的认识可谓深刻。他说，利润高的生意，官府难以独自经营，必须与商人们一同进行，然后才会让商品流通起来，不会滞销。他打了个比方说，若是想把所有的利润都归于官府，就会导致其有较大的亏损，十成的利益连三成都得不到，不如与商人一同经营，这样十成的利益常常能得到五成。[①] 共同瓜分利润的同时，官府与商人存在激烈的利益冲突。宋朝茶法、盐法的频繁变更，实际上就

---

① 《长编》卷129，康定元年（1040年）十二月二十日。

第十二章　货币流通与商人资本

是这一矛盾演化的具体表现。官府总是寄望于专卖法的改变以增加财政收入，但无论如何，它又必须使其政策保持在商人有利可图的范围内，才能吸引资本的投入。否则，资本一旦退出专卖品流通，官府就无法利用或只能有限利用商人资本，难以把超额利润变成现实的收入。商人也在这种政策变动中极力寻求有利的位置，甚至总结出一些经验。商人们每每觉得货币流通有所停滞，就把资金继续贮藏起来等待官府修改专卖法，这样的行为就叫"趁新钞"。①

专卖品贸易中的商人资本因官府严密的控制而形成不同于一般资本形态的特征。

其一，资本的不稳定性。专卖法经常因官府的财政状况及军事形势发生变化，商人利润也随之起伏不定。如果因边境爆发战争而急需粮草，官府就会抬高虚估或适当减少自己的利润份额，商人利润和投入专卖品贸易的资本就会相应增加。如果出现财政危机，官府就会以变更茶法、盐法为名扩大应占份额，商人利润减少，资本就会大量退出流通。政和年间这种局面达到登峰造极的地步，政府在茶引、盐钞上大做文章，屡次变更，推行对带法、循环法，巧立名目以笼络商人的钱财。在循环法下，盐钞一夜之间变成废纸，商人早上还是富商，傍晚就可能沦为流亡的乞丐，②商人资本因此受到重创。

其二，特权商人的资本膨胀。宋朝长期推行交引法与现钱法，商人入中实物或入纳现钱换取盐、茶等凭证时，需要由政府授予特权的交引铺户富豪作保。交引铺户会趁机敲诈中小商人。《文献通考·征榷考》载，在交引法中，许多入中粮草的行商与土人，获得茶交引后，他们既不知茶的利润厚薄，又急着卖钱，买到券后就转售给卖茶的商人或

---

① 《长编拾补》卷38，重和元年（1118年）闰九月丙子注。
② 《通考》卷16。翟汝文《忠惠集》所录《翟氏殿埋铭》记此事则云："富商巨贾朝为猗顿，夕为孥丐。"

京师的交引铺子，所得的利润很少。茶商与交引铺有的用券换茶，有的就将其储蓄起来以谋求更厚的利润，因此虚估出来的资本都进了富商的口袋。信息灵通、资本雄厚的大商人坐获交引，从而占有了交引内所包含的加饶与虚估之利，并获得了交引更换之时进行投机买卖的机会，即所谓的"收蓄贸易以获厚利"。如果说专卖品贸易中的个别资本并不突出，那么，其中特权商人的资本则惊人地膨胀，尤其是京师强横狡猾而不守法纪、侵占别人财产的人，囤积财物，谋求好处。多的积蓄缗钱到三五十万以上，少的也不少于三万。①

其三，专卖品贸易中的商人资本，从兑钞支物到贩卖的价格与地点，无不受到官府的约束，商人资本被有机地纳入国家财政经济的轨道，不能充分地以资本自身运行的规律自由发展，这在专卖制度遏制商人资本渗入生产领域的影响方面尤为突出。

3. 民生用品贸易中的商人资本

在海上经商的，不珍爱珠玉，却珍爱犀角和玳瑁；在陆上经商的，不珍爱盐和铁，却珍爱茶叶。拿着算筹，量着斗筲，顷刻就会有千金的收益。②这里的海商、陆商之分，实际上就是上述两类商人资本，因为商业利润极高，所谓顷刻就会有千金的收益，资本额雄厚，所以在商人资本中占有显著的位置。李新此语，结合时人的其他说法，可知上述两类之外的商品贸易中的商人资本，个别资本的利润率与资本额都要逊色。这些商品，我们称为民生用品，从消费的角度而言，它与奢侈品相对，是指大众日常消费的生产资料与生活资料；从其流通角度而言，与专卖品相对，在市场上基本自由流通。无疑，处于民生用品贸易中的商人资本，具有更为普遍性的经济意义和历史意义。凡此商品市场，如本

---

① 宋祁：《景文集》卷28，《乞损豪强优力农札子》。
② 李新：《跨鳌集》卷12，《上王提刑书》。

篇第十章所述，本时期已有了相当大的扩展。虽然个别资本的利润率与资本额仍不显著，但为数之众则远超前两类。

商业利润，主要出自买卖价格的差额。现实的买卖差价，在奢侈品贸易中主要由上层社会的高需求与商品的稀少及产地遥远之间的矛盾所致；在专卖品贸易中则几乎由官府以超经济强制低价收购、超价出售而形成。那么，民生用品贸易中的买卖差价是什么因素促成的呢？其途径多样，如来自商品的季节差价、地区差价、批零差价及市场波动带来的价格差等。

商品粮的季节差率，笔者曾计算过，在正常年景下达50%~60%；地区差价，淮南西路与浙西相比达500%，南宋福建与广东相比为100%，与广西相比更相差500%。[1] 扣除运输成本，这种差价便转化为现实的商人利润率。于是商人在市场价格的季节差与地区差上费尽心机，以图获取利润。积聚钱财当作本金，趁着谷物丰收的时候用低价购入；殷切等待着旧粮已经吃完，新粮尚未接上的时候，再以高价卖出，或者以作物少的时候上调价格，作物多的时候下调价格；以秤砣的轻重来操纵盈利。[2] 粮食市场中官立市场占有一席之地，这就是粮草的"和籴"与"入中"。商人们在低价时至各地大量收购粮食，价格高昂时才向官场输运。官府和籴夏秋粮草，商人于收获季节"添钱收卖，候过时，乘官中急市"，趁机向官场抛售。[3] 入中也是如此，每年间商客虽然有粮食，(但)不愿意直接向政府缴纳，要等到探访清楚年成是好是坏，还要窥朝廷定价份例的高低之后，通常等到三四月才会突然向政府缴纳。[4]

---

[1] 龙登高：《宋代粮价分析》，载《中国经济史研究》1993年第1期。
[2] 《欧阳修全集·居士外集》卷13，《湘潭县修药师院佛殿记》。
[3] 《宋会要·食货》39之10。
[4] 《欧阳修全集》卷17，《乞展延籴斛斗限》。

商品种类与流通地域的扩大，市场的复杂多样与风云变幻，为商人们施展商战之术提供了越来越广阔的舞台。他们根据市场信息与价格变化，随机应变，获取可观的商业利润。《夷坚志再补》所记，临安一位裴姓商客，面对市场的巨变，运筹果断，以敏锐和超前的意识抓住了商机。绍兴十年临安的一场大火，延烧城内外屋宇数万间，裴氏的质库及金珠肆亦在其中。裴氏处惊不乱，没有只顾眼前的损失与危险，而是着眼于灾后的市场机会。他立即派遣属下分往江下及徐村，自己出杭州北关，碰到竹木、砖瓦、芦苇、椽桷之类的，无论多少大小，全部出价购买。后来朝廷有政策，免收竹木材料的税。裴氏将这些材料在城中拆解筛选，要建房子的人全从他这儿买。裴氏获得了数倍的利益，超过了他由于失火而焚毁的财物。这位裴氏，真不愧为商场中一员骁勇善战的大将！

总体而言，虽然市场商品种类与数量逐渐增加，但民生用品市场的开拓仍然有限，可以容纳的商人资本数额仍不大。加之市场发育尚不充分，流通渠道还不完善，如本篇第八章所述，乡村基层市场之下，商人资本施展空间很小。因此，民生用品贸易个别资本的利润率与资本额仍普遍低于奢侈品、盐茶之利。《夷坚志》中所载此类商人资本不过数千缗。如江东歙县李生西留汉川县经营粮食买卖，渐成富室，"贸运积数千缗"；上饶王三客，买贱贸贵，微额的钱也要收起来，个人所积蓄的也有千缗之多。这大概可以代表民生用品贸易中商人资本的普遍水平。

三、市场营销的进步

商人资本的发展，促使商人内部出现分工，以完成日趋扩大和复杂的商品流通。宋代批发商、经纪商、零售商各司其职的格局已相当分明，

第十二章 货币流通与商人资本

市场营销手段的进步引人注目。笔者曾有专文论述宋代经纪人交易,[①]这里专述批发商交易的状貌,以观市场营销技术、销售渠道的发展。

批发交易是指商人之间供转卖或生产加工之用的大宗商品买卖方式,即收购并集中、储存商品,进行分类整理、编配加工和运输,再转售给分散的零售商。批发商的诸此职能,是市场发展到一定程度的产物,"因为它要以最大量的资本、最高级的技能和最广阔的市场为前提,而且它会引起最大的风险。"[②] 消费需求的有限性与地域性,商品生产水平的低下,限定了交易活动基本上以零售、小批量的形式进行。中国古代批发商出现于何时,已难以确定,但它如果只是一种偶发的现象而不足以构成必然的趋势,就会失去其存在的价值和研究的意义。随着市场关系的发展,商品的行销范围与流通规模愈益扩大,生产与消费在时间、空间、品种、数量等方面的矛盾,呼唤着商业内部形式的革命。批量交易的规模与交易成本成反比,规模越大,单位商品的交易成本越低,越可能直接运销远方市场,能够解决日益尖锐的产销矛盾。

宋代,大宗商品远距离运销扩大;商人资本的成长能经受供求与价格的波动,承担较大的风险,维持稳定的业务;商品营销渠道进步,赊欠买卖、契约买卖等交易方式逐渐走向有序化,一批活跃的经纪人能有效地协助完成商品集中与分销的批发职能。此外,交通运输和仓储设施等物流条件的改善,为商品运动和储存等批发职能的实现提供了保障。可见,到宋代,上述条件的具备足以推动批发商应运而生,历史文献记录的批发商的蛛丝马迹使我们能够勾勒出清晰的线索。

茶、盐两种大宗商品,产地分别集中于南方山区、东部沿海等地,而消费市场则遍布全国各地,消费量大,流通范围广,应该是最有可能

---

① 龙登高:《论宋代的牙客》,载《思想战线》1990 年第 5 期。
② 威廉·罗雪尔:《历史方法的国民经济学讲义大纲》,商务印书馆 1981 年版中译本。

产生批发业务的商品流通。尽管各环节都受到政府的管制，但仍然在超经济强制的缝隙中萌生了形式独特的批发业务。

茶叶贸易，在两宋的大部分时期，商人必须向沿边与京师入中粮草或入纳现钱金帛之后，才能获取政府发放的茶引，以此作为贸易许可证到六务十三场等地支领茶叶，然后转赴指定地区贩卖。茶引实际上类似有价证券，一方面，它已经包含着政府给予入中者的"虚估之利"；另一方面，作为贸易许可证，它还潜藏着贩茶将实现的超额利润。有的入中者并非商人，遂在求保时将茶引出售给交引铺，收蓄茶引的铺户，有的又把茶引转卖给茶商。①这样，京师铺户又附带经营茶引批发业务，交引铺在某种程度上成为茶引批发市场。宋代的茶引，又曾分为长引和短引。"政和茶法"规定，客商卖茶必须将茶引分为长短二引，各自指定县城售卖。长引允许售往其他街道，短引仅允许在本街道售卖。长引、短引每引钱分别为100贯、20贯，许贩茶额分别为120贯、25贯。② 长引为长距离贩运，运输耗费大，只有资本雄厚的大商人才有力量领取凭证进行营业。即使是短引，许多小商人也无力支领，加之官定茶价波动频繁，他们难以承受市场风险，③于是大商人开始从事茶引批发。政府规定，短引也允许大商户带头购买，再到产茶的街道分发，转卖给本街道的小

---

① 《文献通考·征榷考》载，入中者若非行商，已然不知道茶叶利润的多少，并且急于售出获利，因此拿到券就转而卖给茶商或都城的交引铺，获得的利润很少。茶商到了交引铺，要么凭券拿到茶叶，要么收钱交易以获得丰厚的利润，因此估算出利润都流入了富商巨贾的手中。《宋史·食货志》也说，其中运输边境粮食的人，凭交引到达都城，有人开铺子做生意，称作榷货务，引交引的人聚集来……如果不是行会商人，就开设铺摊自行售卖，转卖给茶商。
② 《宋会要·食货》30之40；30之2。
③ 嘉祐时，因为茶法改变，茶阶上涨，导致"小商不能多贩，又不暇远行，故近茶之处，顿食贵茶；远茶之方，向去更无茶食"。事见《欧阳修全集·奏议集》卷16，《论茶法奏状》。政和年间亦有臣僚云，短引"每道价钱二十贯，窃虑尚有本小商旅不能兴贩之人"。见《宋会要·食货》32之4。

客商，仍然给公共凭证。[①]可见，为了获取贸易许可证，商人必须长途奔波，小商无力为之，只能成为大商人茶引批发网络之下的零售商。

大商与小商的这种关系，在另一专卖品贸易的盐商中也存在。如果说茶叶批发业务寓于茶引批发之中，那么，食盐批发业务中则出现了直接的商品实物批发。在通商地分的京东路、河北路，除卖长引的大客商以外，不少孤贫无业的小民从事贩盐，贫穷的民众卖盐，不过能卖一两贯钱。针对这种状况，苏轼建议对300斤以内的贩盐小客权免收税，官府发放刊印空白名头的本册给长引大客，小客填写姓名后，从大客处分买食盐贩售。苏轼进一步分析道，在食盐销售上，小商与大商各具短长，本小力微者，经营数量在300斤以下，运销范围在100~150里（即三两程）以内，过此则无力支付运输成本之所耗。大商则没有此类顾虑，其所虑者，因为经营数量大，流通面广，销售时间较长，商品易于积滞，就会耽搁进一步的贩运，影响资本周转。而大商之所虑，恰恰又是小商之所长。一旦大小商人分工合作，扬其长，避其短，食盐销售状况就会大为改观。大商人以其巨额资本专事长途贩盐，将食盐分配给小商，则大商无所积滞，资金周转加快，而小商就近得盐，避免了难以胜任的长途贩运之苦，又能将食盐迅速销售出去并将销售网络扩展到僻远之域。这样，销售渠道畅通，销售地域延长，大小商人两得其利，乡村无不食盐，政府也因此增加税收。[②]苏轼的方案是否被采纳不得而知，但其中所反映的食盐批发贸易则应该是客观存在的。

酒和茶盐不同，不存在远距离运销，但在大城市，其销售量巨大，也出现了具有专卖品特色的批发贸易。在汴京，由都曲院造曲，由政府特许的酒户领曲酿酒发售。这些酒户即72家正店，负责开封府酒的

---

① 《宋会要.食货》32之2。
② 《苏东坡全集·奏议集》卷2，《论河北京东盗贼状》。

酿造、沽卖和批发，其下则有"不能遍数"的脚店分散经营。著名正店如白矾楼（后改为丰乐楼）酒店，其批发网络下的脚店达3 000户之多，每个月在本店拿酒出售。① 南宋临安，不唯脚店相承沿袭，还有兼卖酒食的"拍户"，零沽卖酒不卖食的"角球店"。虽然不见正店之名，却有十余家官库和子库，并设举行开煮仪式的地方，有十三库、十马、上马，每库有行首二人……② 估计它们类似汴京的正店，是官府经营或官府特许的酿酒之所，并兼营批发，不仅有华丽楼店吸引酒客，而且向脚店、拍户、角球店等进行批发。

茶、盐、酒等专卖商品中的批发商，多属于特权商人。其他商品贸易中，虽然超经济强制的色彩不浓，但因为批发业务规模庞大，批发商多与官府及官僚有着千丝万缕的联系，有的军政官吏直接成为批发商，京师的卸任官吏姜殿直便是其中之一。他曾是青州资政学士王安礼属下，后来王安礼违法——在任买丝，让从事纺织的手工业户纺织龙隔布等织物，令手下将匹帛运至京师张殿直，委托他销售。张殿直通过张牙人，将青州生花白隔织320匹，分销于京城孙师颜、郑孝孙、赵良佑三人铺内。③ 南宋镇江府驻军头目刘宝，商品收购西及荆湖，南达福建，络绎不绝，在江口镇置壕坊储存商品，在市中心开激赏库批发南货，"分布钱物"。刘宝不是称职的将军，却是出色的批发商。在东南各海港中，有的外国商人成了批发商。外国商人花重金囤积货物，然后向国内商人批发货物，索取几倍的利润，④ 中国商人成为其零售商。

宋代史籍所载，临安的批发商最为活跃。上述临安酒业中的批发商是其中之一，酒因官榷，没有设立相应的行会组织，城内其他名类繁多

---

① 孟元老：《东京梦华录》卷2；《宋会要·食货》20之7。
② 吴自牧：《梦粱录》卷16；卷2。
③ 《长编》卷449，元祐五年（1090年）十月戊戌。
④ 《历代名臣奏议》卷349。

的手工业与商业部门都设有"团行",名曰团、行、市、铺等,既是应付官府科差回买的行会组织,同时有些又是以行老为首的批发机构。批发商通过团行将同业零售商组织起来,形成一个个有机的批发销售网络。根据《梦粱录》所载,结合其他史实,肉铺、鲞铺、米市等贸易中的批发业清晰可见。

肉市在修义坊,每日宰猪不下数百头,集中宰杀,分铺货卖。临安城内杀猪,需要有一名资深屠夫来主持。每天五更时在作坊里宰杀,等到将猪的各部位分割好,各个屠夫就拿着分好的肉离开。①《西湖老人繁胜录》载,内有起店数家,与一般肉铺又有不同,还将皮骨等专门分类批发转售,每袋"起"价70,零售价90,批零差价为20。由于分类批发井井有条,因此凡遇婚庆华筵,如果要收购猪腰、猪肚等,很快就能买到,从来不会很麻烦。

鱼鲞等水产品来自温州、台州、明州等地,在城南浑水闸,有很多旅客,也有很多卖咸鱼的聚集在这里。城内外的咸鱼铺不下一两百家,都来这里卖货……还有走街串巷叫卖的商贩,这对住在小巷里的客人来说尤为方便。有一位陈翁,专门批发鳅鱼,凡是从余杭进货来的鳅鱼,都要经他的手商贩才敢出售。② 显然也是鳅鱼批发商。

食米,城内外消费每日不下一二千余石,多来自太湖平原等地,集中于湖州市米市桥、黑桥等米行,零售米铺则散布于城内外。批发商接收来自外地的米,然后将其分售给各个零售商铺:收购环节,有赁户执掌叉袋,由甲头管领的肩驼脚夫搬运;分销环节,有小牙子服务上门,运至各零售铺户。批发价格则由行头规定,分品种定价,并约定日期由零售铺户支付米钱。食米分类很细,有早米、晚米、黄米、陈米等十数

---

① 《夷坚志》中夷坚丁志卷9,《河东郑屠》。
② 《夷坚志》中夷坚甲志卷2,《货鳅陈翁》。

种，满足了零售商与消费者多品种、全规格、小批量、持续不断的商品供应要求。临安庞大的商品粮销售渠道可谓精致细密，米市的搬运工作掺杂在一起，也都没有差错，所以商铺不用费什么力气，米就能径直被运到店里。这种批发零售网络，吴自牧指出，与那些山村里的人贩卖货物大相径庭。

苏轼指陈大小商人的区别。日入千金的大商户，每天支出本来的钱财作为成本来赚取更多的利润。"而贩夫小民，终莫能与之竞者，非智不若，其财少也。是故贩夫小民，虽有桀黠之才、过人之智，而其势不得不折而入于千金之家。何则？所长者不可与较也。"① 罗大经也有类似的议论：富商巨贾如果厌恶零售小商贩瓜分他们的利益，因而坚持自己经营而不与他们合作，那么也就赚不到什么大钱了。② 欧阳修更为明确地指出批发商与零售商经营方式的相互关系：批发商之所以能囤积货物，难道是因为他们小气，亲自在下卖东西吗？一定是有小商贩过来分销。如果小商贩能赚很多钱，那么批发商是不会这么做的。正是因为小商贩的利润微薄，所以批发商不会嫉妒小商贩分走他们的一部分利润。虽然小商贩赚到的钱不多，但是他们分销货物能让货物流通的速度加快，批发商囤积的货物就会变少，会更常采取跟小商贩合作的形式销售。③ 欧阳修在此敏锐地揭示了批发商利润的来源。他们虽然将部分利润（即批零差价）让渡给了小商贩，但因为销售数量大，利润非但没有减少，反而更为可观。并且因为商品流通速度加快，而使资金周转加速，利润倍增。还有一点是欧阳修没有指出的，那就是规模效益的递增。大批量商品买进卖出，经营者增加了资金的投入和劳动的投入，流通总费用扩大，但单位商品的成本下降，而某些相对不变的投入提高了

---

① 《苏东坡全集·应诏集》卷5，《策断二十四》。
② 罗大经:《鹤林玉语》卷16。
③ 《长编》卷129，康定六年（1046年）十二月乙巳。

利用强度，使整体效益提高。

批发商与零售商，宋政府的征税方式也区别对待。《宋史·职官志》载，一般来说，对于商人的赋税，小商人要被征收出门税，大商人也要到专门的官署去缴纳。批发业与零售业紧密相连，大商人与小商人不可分离。如果失去批发网络之中的零售商，批发商就会孤掌难鸣，因此时人有云：如果立下法规禁止小商人，那么大商人也会困顿。[①]同样，宋廷在专卖品贸易中曾实行抑制豪商巨贾的政策，结果也使小商小贩随之不振。

商业内部出现的批发与零售分工，因减少交换次数而加快了商品流通的速度，因简化商品销售业务而加强了商人资本的周转。作为商品流通的蓄水池，批发业保证了商品供给在时空上的均衡性，缓解了季节性与地区性的供求矛盾，缩小了生产的专业性、单一性与消费综合性、多变性之间的矛盾。作为新兴销售渠道，批发商的成长产生了不可忽视的影响，表明了市场的长足进步。然而，市场的种种落后性使批发商在成长之初即举步维艰，甚至自身的形态受到扭曲。钱荒长期困扰着市场，赊欠买卖的流行与此紧密相关，本小力微的零售商常常只能赊购商品，批发商的资金周转因此受到阻滞。苏辙曾感慨，做生意的事情，实在是错综复杂，难以实操。当商人买入商品时，还没见到商品，就要先预定并支付。卖商品时，卖掉商品后一段时间，才能收回钱。[②]专卖品贸易，政府对贸易许可条件、运输环节、贩售地区等加以诸多严苛的限制，导致批发业只能曲折进行，甚至只能寄附于一纸交引之中。特权商人排斥民间批发商，干扰了市场的正常运作。以行老为代表的批发商具有较强的垄断性，他们操纵商品价格与流通规模，甚至欺行霸市……

---

① 《宋会要·职官》44 之 23。
② 苏辙:《栾城集》卷 35,《制置三司条例论事状》。

第三节　政府与商人

一、不与民争利：国营工商业活动逐渐减少

官府对农民的控制与对赋税的征敛等，都有一种市场手段化的趋向。这种趋向存在于各个方面，赈灾措施向市场化手段的转变就非常明显。宋朝各地救荒赈灾，不唯沿袭传统减免税额，施行赈贷，或以工代赈，而且利用市场网络，吸引商人贩运粮食以减缓饥荒。灾荒年景平抑市价，单纯的限价往往适得其反。文潞公在成都时，出官米"减价粜卖，仍不限其数，张榜通衢"，效果显著。熙宁中，两浙旱蝗，米价涌贵，"阅道独榜衢路，令有米者任其增价粜之，于是诸州米商辐凑诣越，米价更贱，民无饿死者"①。这也就是市价利润吸引粮商。范仲淹治杭州时，两浙饥荒，"命多出榜沿江，具述杭饥及米价所增之数"，于是商贾晨夜争进。②苏轼治杭州时也曾采用过这种方法。南宋时，朱熹在福建建宁府、浙东明州、江东南康军任上，几乎将此作为不可缺少的救荒手段，一遇灾荒，便立即"多印文榜"，前往商路要冲和丰熟多米区张贴告示。③

市易务是王安石变法期间设立的国营商业机构，最初是针对京师及城市兼并之家的垄断行为的。设立市易务，使"商旅物货滞于民而不售者，官为收买，随抵当物力多少，均分赊请，立限纳钱出息"，或由市易务折博收买，随时估价出卖。所谓"召人抵当，借钱出息，乘时贸易，以通货财"④。宋廷设置市易务的本意，旨在通过兴置市易，遇贱则买，遇贵则卖，促进流通，平抑市场价格波动。但即使是这种本

---

① 《宋朝事实类》卷23，文潞公；赵阅道。
② 《能改斋漫录》卷2，《增谷价》。
③ 《朱文公文集》卷25，卷11，卷21，卷31。
④ 《宋会要·食货》37之14；55之31。

意，实际上也是通过干预资本之集中，由官府取代所谓兼并之家，而这种取代，只会有过之而无不及。市易务"多取息以干赏，商旅所有者尽收，市肆所无者必索，率贱市鬻，广裒赢余，是挟官府为兼并也"①。这对京师兼并之家固然造成恶劣影响，但他们实际上充当了京师商品批发商的角色，承担资本的集中以及商品的集中与分散。苏辙认为商业要由商人来承担，"自今置市易，无物不买，无利不笼，命官遣人，贩卖南北……空取专利之名，实失商税之利"②。

市易这种官营商业活动，虽然也能满足官府的一时之需，但它始终不能克服致命的缺陷。

其一，官营要设置专门机构和官吏，实际上增加了成本，并使本来已成为痼疾的"冗官"加剧。

其二，官吏经营不善，而贪官污吏执掌市易务，致商旅不行，使收入减少。

其三，商税额受损。不仅间接使商税额减损，而且市易本身的收入在实际过程中也难以保证回收，"民间以物产抵当请贸钱米，久而不偿"，日久无法，不得不减放、蠲免③，因为市易往往都是大户，不像青苗多下户，可以强取。

其四，市易务本身是要赚钱的，因为王安石变法首要的诉求是要增加政府收入，解决财政危机。因而必然会干扰正常的市场秩序。市易务细大不捐，果品买卖也要卷入。连神宗也觉得太烦细，应罢之。曾布言："凡商旅所有，必卖于市易，或市肆所无，必买于市易。而本务率

---

① 《宋史·食货志下八》。《宋会要·食货》37 之 7、3、25 则云："……主者多收息以干赏，凡商旅所有，必卖于市易；或市肆所无，必买于市易。而本务率皆贱以买，贵以卖，广收赢余。"
② 《栾城集》第 775 页。
③ 《长编》卷 491，绍圣四年（1097 年）九月乙卯。

皆贱以买，贵以卖，广收赢余。"[1] 市易活动"使中下之民，如此失业"，大商人也不免其灾，"今大商富贾，昔日号为无比户者，皆为市易所契，十无一二矣"[2]。

政府取代职业商人经商营利存在的弊端和所带来的负面影响，不仅表现于市易，几乎在每一种国营商业活动中都不同程度地表现出来。

首先是官营运输业。官运粮纲，不仅有"辎重留滞之弊"，而且成本耗费大，又难免官吏中饱私囊的侵吞行为。朱熹比较官运与商运说："诸道粮纲岁凡百数，用官舟者多负，而雇商船者不亏。盖商人自爱其舟，故不为奸。"[3] 因此官物运输中常和雇商船与人力，而运河粮纲还允许私搭一定数量的商货。

均输也是如此。熙宁二年苏轼论，均输立法之初，徒言徙贵就贱，用近易远，然而广置官属，多出缗钱；设置官吏，薪酬成本高。因此官务价格必然高于市场价格。即使小有所获，实际上得不偿失。同时，不可能不与商贾争利。[4]

即使是良法，也会在官僚机构中扭曲变形，或受利益动机的驱使，久而久之失去其本来意义。如常平法，贱时贵买，贵时低价出售，旨在均平物价，后来变成了摊派。

军队与沿边官府进行的回易活动以朝廷专拨钱物等经商、放以营利。官府和军队依仗强势，对商人或人户抑买强卖，或违法买卖，对市场秩序的干扰颇大。军队回易免税，政府失去税收之利。回易无利，有的将本钱放贷给商人经商，坐收其息。

---

[1] 《宋史·食货志下八》。
[2] 《东坡文集·奏议集》卷11，《论积欠六事》。又见《宋会要·食货》37之18。
[3] 《朱文公文集》卷93，《左司张公墓志铭》。
[4] 《苏东坡全集·续集》卷11，《上神宗皇帝书》；《长编拾补》卷6，熙宁二年（1069年）十月二日；《宋史·食货志下八》。

当然，从历史的角度而言，官府从事商业活动，不能不说仍有某些意义。尤其是在市场发育还非常不完善的时代。官府现钱进入市场，转化为资本。如果排除其他因素，只是孤立地就资本论资本，那么，从逻辑上而言，大量官钱转化为资本，国库物资转化为商品，或能促进市场尤其是官立市场的扩大。

二、与商分利：专卖品贸易的市场取向

政府与商人资本结合，共同完成禁榷商品的运销，瓜分超额利润。这种传统的专卖贸易，宋代更为突出，也更为复杂。宋朝专卖的主要商品是盐、茶、酒等。榷酒以官监酒务占统治地位，从生产到销售全部由国家控制；买扑坊场，特许酒户经营，后二者不直接插手生产和流通领域，属于民酿民卖，政府以严密的管理制度保证酒利的征收。但在广大的乡村，允许酿酒自食。①

茶、盐则不同。两宋时期，官府直接经营，生产、运输、销售各环节的禁榷制仍然存在，但比重日渐下降。

这里暂且不论官府的营利目的及官营手段。由于商业资本的弱小，市场网络的不发达，民间商人对这些商品的营运受到限制，无论是从资本的承载能力、容量来看，还是从营销渠道等方面来看，民间商人的力量都有限，官府资本的投入，或为资本运动开创了条件，或为这些商品贸易开拓了更广阔的空间。舍贸易方式和市场性质不论，有一点是可以肯定的，那就是像茶叶这种商品，如果没有官府的参与，商品市场也许难以达到当时那种规模。

官商共利、分利，二者各得其所。官府依仗政权力量规定超额利润，依靠行政手段扩大市场规模，增加营销渠道，并直接或间接地增加

---

① 李华瑞：《宋代酒的生产和征榷》中篇，河北大学出版社1995年版。

资本投入量。同时，官府有效地将商业资本纳入其轨道之中，尤其是利用商人资本的效率、灵活性承担种种商业环节，排除官僚机构的低效率与腐败，从而获得高额利润。官府通过券的媒介控制商人与市场；也就是将超额利润赋予券的身上，政府通过发放控制券来控制商品与商人。

宋朝还直接设立了不少名目的官立市场，直接收购民间各类商品。机构膨胀、冗员增加，官府耗费的物资随之增加，而官营作坊及其产品在减少，通过赋役途径获取的实物也因赋役货币化而没有增多，这样，只得取给于市场。事实上，从市场上购买商品可能比官府自己制造来得更为方便快捷。于是，针对工商业行会的"当行""回买"，置场和买绢帛、和籴粮草，以及各种不时之需，便有了相应的官立市场出现。

政府、军队、官吏经商，本质上是权力转化为某种形态的资本，来填补商人资本不足的空隙，或与商人资本争夺利润。也可以说，通过权力催发商业资本：一方面增加了市场运行中的资本数量，增加了财政收入的渠道；另一方面造成了不公平竞争，破坏了市场秩序，抑制了商业资本与市场的发展。

第四篇 全国统一市场的形成（明清时期）

第十三章
明清市场主体与消费需求的变化

明中叶后市场与社会的发育,使民间经济的能量得以扩大,微观主体的功能得到强化,甚至形成了基层与政府之间的市场化连接纽带。中央集权与专制政府的严厉管控,主要针对官僚体系与地方政府,属于政治上的强力管控。对于县以下的基层社会,在经济上实行"自由主义",以自主、自立、自治的模式实现民间治理。明清市场主体进一步发育和多元化,使消费需求扩大、水平提升。

第一节 民间主体与基层秩序

一、制度化的基层自治体系

传统中国的基层秩序,以民间力量为主导,官方力量并没有直接参与其中,并大致形成了一套与之相应的制度体系。在基层行政层面,保长、乡约等虽然由政府任命,可称为准官吏,但不属于公务员系列,不领官俸。以村落为基础的"里"在完成其赋役征收功能的基础上也具有一定的村落自治功能。① 在实际运行中,保甲制度的运行是没有效率的,

---

① 鲁西奇:《中国古代乡里控制体系的基本结构》,载《南国学术》2018年第4期。

州县官也极少认真推行这一制度。① 萧公权认为,保甲制度至少在中国南部地区是失败的,其作用十分有限。② 受政府委托,保长完成赋役,乡约力行教化,但他们没有可支配的资源。在基层社会中,其地位低于获优免赋税的士绅,也受制于主导民间组织而控制公共资源的士绅。保甲、乡约没有报酬与经费,但基层事务开支不小,因此一些地方的民间组织从"大公产"中抽出一部分作为其公共事务的经费。③ 保甲等官方设计的制度在基层运转的无效率,往往是因为官方设计的初衷与民间自生自发秩序的冲突。乡村社会自有其运转的逻辑与制度基础,而统治者在设计保甲制度时,总是力图避免受到乡村内生力量左右。④

因此,在基层自治体系中,各类民间主体是主要的行动者,政府一般只是起到间接的作用,如图13-1所示。在这一体系中,士绅扮演了重要角色,在诸多方面起到了不可或缺的作用。⑤ 在大部分情况下,对地方基层秩序的构建与维护,是基层社会精英的自觉行动。⑥ 士绅通过科举考试获得功名,也同时被赋予了参与地方公共事务的身份和职责,亦能因此获得政府相应的表彰,享有一定的减免赋税的特权。科举制度因而与地方公共事务相连,激励士绅参与其中。道光年间湖南浏阳建设狮山书院时,政府就曾对捐款和"董事出力"的士绅给予增加记录、九

---

① 瞿同祖著,范忠信、何鹏、晏锋译:《清代地方政府》,法律出版社2011年版,第238—240页。
② Hsiao Kung-Chuan. *Rural China : Imperial Control in the Nineteenth Century*, University of Washington Press, 1960, pp.67-70.
③ 胡庆钧:《从保长到乡约》,载费孝通、吴晗:《皇权与绅权》,生活·读书·新知三联书店2013年版,第184页。
④ 王先明、常书红:《晚清保甲制的历史演变与乡村权力结构——国家与社会在乡村社会控制中的关系变化》,载《史学月刊》2000年第5期。
⑤ 周雪光:《黄仁宇悖论与帝国逻辑:以科举制为线索》,载《社会》2019年第2期。
⑥ 王日根:《明清民间社会的秩序》,岳麓书社2003年版,第19—30页。

品顶戴等不同程度的表彰。①

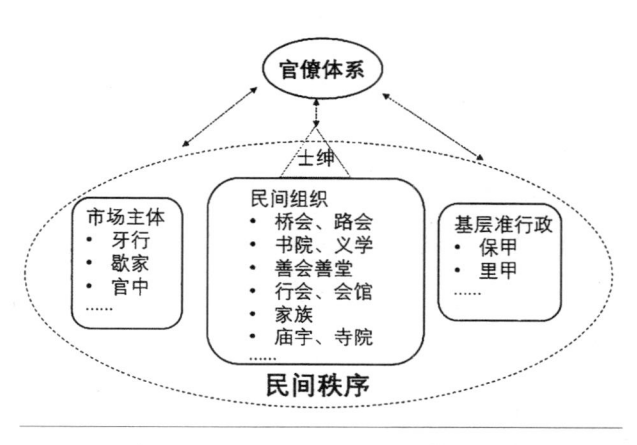

```
                    ┌─────────┐
                    │ 官僚体系 │
                    └─────────┘
                   ↗     ↑     ↖
              ╱         士绅        ╲
           ╱    ┌─────────────┐       ╲
        ┌──────┐│   民间组织   │┌──────────┐
        │市场主体││ • 桥会、路会 ││基层准行政 │
        │• 牙行 ││ • 书院、义学 ││ • 保甲    │
        │• 歇家 ││ • 善会善堂   ││ • 里甲    │
        │• 官中 ││ • 行会、会馆 ││ ……       │
        │……    ││ • 家族       │└──────────┘
        └──────┘│ • 庙宇、寺院 │
                │ ……          │
                └─────────────┘
                     民间秩序
```

图 13-1　民间主体与基层自治

二、民间主体与公共品供给

士绅提供公共品与公共服务，并非依赖其个体的力量，而是依靠制度化、组织化的民间组织的平台。公共品的提供，一般被认为是现代国家能力的核心所在。传统中国的基层公共品，并非由政府直接供给，而是主要依赖以士绅为核心的各种民间组织来完成。多样化的民间组织全方位提供各类公共品，在政府的支持与配合下自发运行，是基层治理的中坚力量。

公共设施建设方面，桥梁、义渡、茶亭、道路、水利工程等，通常由民间公益法人组织兴建与维护，供百姓免费使用。它们是拥有法人产权的财产，具有独立性，理事会形式的组织治理模式使得管理公开透

---

① 萧振声等：《浏东狮山书院志》卷6，成文出版社2014年影印本，第168—169页。

明，运行良好，长期延续。① 政府对于民间自发形成的公共秩序亦往往加以尊重，山西洪洞、赵城、霍州三县交界处 15 个村自发组成的"四社五村"用水体系，由明清延续至当代，四社轮流主办水利工程、财务与祭祀活动。② 救济与慈善的情况相类似，虽然政府有一些拨款，但往往由民间团体主持、参与。康熙二十年之前，征信录就已经被用于管理善会善堂的账目。③ 民间团体向社会公开财务，能够避免寻租行为。

主要由私塾、义学和书院构成的民间教育系统，也受到政府的鼓励与支持。④ 晚清千古奇丐武训，也能够利用地权市场、金融市场与法人产权制度来理财筹资，由理事会兴建和管理义学。⑤ 这一事例虽然极端，却具有普遍的制度基础。

宗教方面，历史上中国的宗教自由和多样化，与同时期欧洲的教派对立与纷争迥异。佛道寺庙与地方神祇遍布各地，不仅提供宗教与信仰服务，亦广泛提供各类公共品。寺庙以民间施舍置产，自魏晋以来就有放贷的传统⑥，为基层百姓提供金融服务，与原教旨的天主教、伊斯兰教禁止有息放贷大相径庭。以寺庙为中心开展的庙会，亦成为集会娱乐、商品交易的场所。⑦

---

① 龙登高、王正华、伊巍：《传统民间组织治理结构与法人产权制度——基于清代公共建设与管理的研究》，载《经济研究》2018 年第 10 期。
② 祁建民：《自治与他治：近代华北农村的社会和水利秩序》，商务印书馆 2020 年版，第 115—125 页。
③ ［日］夫马进著，伍跃、杨文信、张学锋译：《中国善会善堂史研究》，商务印书馆 2005 年版，第 712 页。
④ 陈月圆、龙登高：《清代书院的财产属性及其市场化经营》，载《浙江学刊》2020 年第 3 期。
⑤ 龙登高、王苗：《武训的理财兴学之道》，载《中国经济史研究》2018 年第 3 期。
⑥ 周建波、张博、周建涛：《中古时期寺院经济兴衰的经济学分析》，载《经济学（季刊）》2017 年第 3 期。
⑦ 赵世瑜：《狂欢与日常——明清以来的庙会与民间社会》，北京大学出版社 2017 年版，第 182 页。

其他民间主体也在社会各领域起到了相当重要的作用。行会、会馆、商会等在工商各业中形成的行业协会，制定行业规则，不仅处理行业内部的协调事务，还能够有效协调与政府和社会的各种关系。① 在金融领域，合会之类的民间金融组织由来已久。在体育、文娱方面也很多，如宋代杭州民间组织冲浪比赛，每年都有健儿伤亡，苏轼下令取消，但有令不行，因为民间有广泛的兴趣、资金支持与组织能力。②

家族、宗族可以视为以血缘为纽带的民间组织，不同程度地承担了礼仪、赋役、经营、救济互助等职责。③ 家族普遍拥有族田，开展家族与基层社会的公共事务。

民间组织所提供的公共品还包括对社会治安的维护，甚至在遇到匪乱的情况下，也是民间自救自卫。晚清团练就是如此，靠地方团练而兴的湘军还挽救了太平天国冲击下摇摇欲坠的大清王朝。光绪《嘉应州志·兵防》之《团练乡约章程》第一条："使乡自为守，民自为卫。且使乡相救援，民相卫护，然后可戢暴安良"，直接点明了民间自发组织维系治安的情况。类似地，准军事化的社学组织在晚清广州府各县普遍存在。④

综上所述，民间自组织体系是一种普遍、全方位的存在，而且源远流长。各层面、各领域的民间组织相辅相成，彼此配合，推动着基层的自我管理与自我运行。

---

① 彭泽益主编：《中国工商行会史料集》，中华书局1995年版，第107—111页。
② 龙登高：《南宋临安的娱乐市场》，载《历史研究》2002年第5期。
③ 科大卫：《皇帝与祖宗——华南的国家与宗族》，江苏人民出版社2009年版，第11页。
④ 杨念群：《基层教化的转型：乡约与晚清治道之变迁》，出自《杨念群自选集》，广西师范大学出版社2000年版，第300页。

三、官不下县：政府间接控制和管理基层社会

官不下县，是指正式行政机构与官僚体系设置到县级，对县以下实行间接管理，通过各种渠道与手段将国家权力延伸至基层社会。"官不下县"并非"皇权不下县"或"国权不下县"，尽管在明清时期，对于江南等地区发达的市镇，政府已增设了巡检司作为县以下的常设机构以维持水陆治安巡逻，也出现了同知、同判驻镇，或直接委派县丞、主簿管理。但这属于制度安排上的"权宜之计"，并没有在全国普遍铺开、纳入固定的官僚行政体系。[①]也就是说，政府权力对基层行使间接管理，不通过行政体系或官僚体系，而是通过各种民间中介主体来实现。

各类民间组织几乎都能得到政府的鼓励与支持。民间基础设施，政府虽然无力为之，但修桥补路被纳入官员考核的内容，县官无不大力支持，甚至亲自倡导和率先捐款。不少书院、救济、慈善等机构获得政府的资金补助，政府也可能拨入罚没的土地作为其资产。所谓的"官督民办"[②]，正是民间组织与政府合作的写照。

在民间组织之外，也有市场主体参与不同层面的公共管理。牙行、官中、歇家等为商品市场、地权市场提供中介服务的民间主体，通过交纳押金等方式获得政府授权，代理政府收取契税，并参与维护市场秩序，成为清代县衙与基层社会的一种市场化连接。歇家以市场为生，以其信息优势与活动优势，在政权与基层之间上传下达，并接受政府的委托，代理完成某些政府职能，包括包税商等代为完成部分税关赋役的征纳。[③]牙行、歇家非官非吏，杜赞奇谓之营利性经纪[④]，不需要政府编制

---

① 张海英：《"国权"："下县"与"不下县"之间——析明清政府对江南市镇的管理》，载《清华大学学报（哲学社会科学版）》2017年第1期。
② 杨国安：《救生船局与清代两湖水上救生事业》，载《武汉大学学报（人文科学版）》2006年第1期。
③ 胡铁球：《明清歇家研究》，上海古籍出版社2015年版，第2—5页。
④ 杜赞奇：《文化、权力与国家》，江苏人民出版社1996年版，第37页。

与薪资,避免了官僚队伍的膨胀。官府采取了一系列激励与约束机制,促使代理人或包税商与利益相关方有效维护基层市场秩序。官中、歇家、牙行等公共管理的民间主体,与士绅和民间组织一起,成为政府连接基层社会的桥梁与纽带,协助政府低成本地实现基层的有效治理。这种政府依托民间主体实现公共管理,进而维持大一统政权的模式,构成了传统中国基层治理体制的一大特色。

与基层自治的逻辑相似而表现更为突出的是,对边疆与少数民族地区等所谓的"化外之地",王朝先后实行羁縻制度、土司制度等。"因其故俗,治以宽大"①,尽量不干预其政体、宗教、法律与税收制度,在大一统的中央王朝框架之中保持高度自治,类似于本章开篇所说的自治政府,以较低的管制成本维持着统一国家的名分与秩序。

四、民间主体的私有产权:市场发展的制度基础

基层自治的前提是个体农户与民间组织的独立性。米塞斯曾强调,"私人拥有生产手段乃市场经济的基本制度",以私有产权为基础,土地或资本的所有者才能通过满足他人的需求获得财产收益②。在传统中国,农民独立性的基石是土地私有产权与个体家庭农庄自主经营,民间组织的独立性则来自"法人产权"及其自主发展。

在私有产权制度下,农民可以建立自己的农庄,拥有独立、排他的财产,才有安身立命之基。③明清个体农户能够在获得土地所有权、占有权或使用权的基础之上,自由配置各种生产要素,自主、独立经营其

---

① 王安石:《尚书祠部郎中集贤殿修撰萧君墓志铭》;见启功等主编:《唐宋八大家全集·王安石集》,国际文化出版公司1997年版,第998页。
② [奥地利]路德维希·冯·米塞斯著,余晖译:《人的行动:关于经济学的论文》(下),上海人民出版社2013年版,第701—702页。
③ 龙登高:《中国传统地权制度及其变迁》,中国社会科学出版社2018年版,第17—18页。

家庭农庄。① 劳动力逐渐获得基本的自由流动与选择权利，允许人口跨区域流动与跨社会阶层流动。民众通过创造和积累财富可以提升经济地位，通过科举制可以提高政治与社会地位。与之相对应，从战国至秦汉，平民百姓（庶人）开始突破等级制度而自由致富②，唐宋以来可称为"富民社会"③，至近代向市民社会演进。

土地私有与农庄独立经营为劳动力的自由选择奠定了基础。没有独立、排他的财产权就难以摆脱人身依附性与经济依赖性，如农民在魏晋南北朝或西欧中世纪时依附于庄园。中世纪西欧存在严格的等级制，农民依附于庄园，难以建立独立经营的个体农庄，这造成了前近代西欧无产者占总人口的比例大约是当时中国的3~5倍。西欧的无产者被迫成为工商业者，在庄园之外逐渐形成自治性城市，进而成为西欧变革的重要诱因。④

对组织与机构而言，拥有排他的法人产权，才有可能独立存在、自主发展。法人产权可以说是私有产权的衍生形态，反映了私有产权的发育程度。法人产权在公益机构、慈善机构、会馆等非营利性机构当中都有呈现，族田、庙田、学田也可归属法人产权。这些法人既是在政府档案中有登记的产权单位，同时也是交易单位，还是纳税单位。详见笔者的系列论文，此不赘述。

基于自发自主意愿的契约具有法律效力，"官有正典，民从私契"。宗族与不少民间组织所制定的规章制度具有一定程度的强制性，如民间为保护山林环境不被破坏的"禁约"和维护治安的"合约"。这些"约"

---

① 龙登高、彭波：《近世佃农经营性质与收益比较》，载《经济研究》2010年第1期。
② 李埏：《太史公论庶人之富》，载《思想战线》2002年第1期。
③ 林文勋：《中国古代"富民社会"的形成及其历史地位》，载《中国经济史研究》2006年第2期。
④ Kenneth Pomeranz, *Chinese Development in Long-Run Perspective*, Proceedings of the American Philosophical Society, Philadelphia, 2008.

实际上是民间社会自发形成的秩序，存在不同的类型与性质[①]，也得到了官方的认可与尊重，即使遇到皇帝的大赦也可行使"抵赦条款"。在清朝的民间词讼中，提交官府的诉讼只是民间同类纠纷中极小的一部分，甚至提交官府的词讼案件，最后也只有少部分由官府裁判，多数仍发回民间，根据民间习惯来解决。[②]

由于政府在非政治领域的放任，基层社会在很大程度上可以说是一个自组织体系。它主要不是靠外部指令来运行，而是按照相互默契的某种规则，各尽其责而又协调地自动地形成有序结构，并且这种自发力量表面上看起来很柔弱，长期而言却是坚韧顽强的。从历史长河来看，其规则是由无序走向有序，由低级有序走向高级有序。为使纠纷造成的损失最小化，各方不断磨合形成规则，无论是地权市场还是交易契约，都逐渐形成一些约定俗成的习俗与惯例。凡此都不是政府能够先天规定的，一般都是政府认可民间的惯例，进而从国家法律上进行认可和规定。如典权交易规则由宋至清的演进，最终形成了"胎借—租佃—押租—典—抵押—活卖—绝卖"层次分明且具有内在逻辑的地权交易体系，促进了土地流转与生产要素组合，提高了经济效率[③]。传统中国保持着尊重民间惯例、协调而非对抗的精神，直至近代才发生了较大变化。

尤其是在经济领域的意识形态方面，与民争利常受到指斥，而藏富于民则被视为祖宗之道。虽然政府专卖制度一直存在，但在宋以后多采取市场化取向，明清时期则全面式微。到鸦片战争前，政府专卖的商品只剩下盐和茶。[④]因此，民间与市场能够以自组织体系运行。在朴素的

[①] 寺田浩明：《明清时期法秩序中"约"的性质》，《权利与冤抑——寺田浩明中国法史论集》，清华大学出版社2012年版，第148页。
[②] 梁治平：《清代习惯法：社会与国家》，中国政法大学出版社1996年版，第172—173页。
[③] 龙登高、林展、彭波：《典与清代地权交易体系》，载《中国社会科学》2013年第5期。
[④] 林文勋、黄纯艳：《中国古代专卖制度与商品经济》，云南大学出版社2003年版，第373—374页。

经济自由主义取向之下，传统经济仍能不断成长，产生了不少技术创新、制度创新。如世界最早的纸币，起先是由商人在成都平原自发创制的，是一种民间创新，随后逐渐被官府接受并成为正式制度。这是一个庞大帝国的低成本的治国之道，也是王朝与大一统能够长期存续的保障。

第二节 消费需求的提升与观念变化

一、消费需求的扩大

第一，消费水平上升，休闲享受性需求增加，并通过专业化分工得到实现和拓展。

短缺经济下，或自给自足经济下，收获的季节性与消费的常年性之间的矛盾，以及不可预计的灾荒，随时可能会导致物资供给的中断，因此家庭经济体强调储藏，以备不虞。通过自我储备以时间调剂来应对供给与消费的断层。随着市场的发展，商品充足且价格稳定，居民能够随时获得可靠的物资供给，不需要自我储备，或者说稳定的市场供给替代了家庭储备。甚至出现了超前消费，这是基于生存能力与赚钱能力的信心，具有某种现代性。

商人带动了高消费与奢侈消费。过去高消费主要集中于达官贵人，但他们始终受到等级制度的约束，逾矩有度，更为重要的是，在礼制的规定下，他们的高消费难以大众化。商人则不同，他们迫切希望获得社会承认，他们没有功名，唯有通过财富来显示和炫耀；他们与士大夫唱和往来，都是在高消费和服务市场中进行的；他们在礼制之外推出了一些新的奢侈形式；因"礼不下庶人"，他们的消费方式受礼制约束较小，而容易向大众普及开来，从而形成社会化的消费方式，带动了高消费与娱乐市场。苏州"金、阊商贾云集,宴会无时,戏馆数十处,每日演戏"。杭州百姓"半多商贾,耳目侈声色之好,口腹恣刍豢之味,峻宇雕墙,履丝曳缟,冠婚丧祭,宴饮酬酢,无不踵事增华"①。

第二,更多的社会剩余可用于投资娱乐服务业,尤其是商人资本大量卷入其中,商业化经营与市场化运作推动了服务市场。

戏曲表演、迎神赛会等娱乐活动,商人不仅赞助与投资,而且以其灵活的商业触角来策划与经营。明末戏曲表演在清初时限于家班,清前期演变扩充为戏馆戏园,商人是这一转变的重要推动力量。迎神赛会,商人是积极策划者和支持者,并把它们转化为商业机会。程先甲《金陵赋》述南京正月灯会时云,徽州木商承办的灯会,"矜奇斗胜,每周游城市,观者盛称徽州灯"。庙会是轰动城乡、沟通八方的综合性集会,是行会与商家展示实力、赚取声望的好机会。因此他们不遗余力,力求使各自资助的庙会更为体面,借助神的风采来展示自身的实力。所谓迎神赛会,就暗含着行业竞赛的意味。

另外,劳动密集型服务业需要廉价劳动力来维持其低成本运转,农村与外地廉价劳动力源源涌入;城市谋生机会多,就业空间大,外地各种从业人员携技艺而至,他们都从事各种服务业,以劳动和技艺谋生。

资本和劳动汇集于服务业,在某种程度上也是因为投资领域有限,这主要体现在生产领域的投资空间有限。一方面是生产能力在技术约束下难以扩张,另一方面则是工业经营方式难以突破小生产。商业资本投入土地,"以末致财,用本守之"的古老信条也不再为商人恪守不渝。投入服务业,既能博取声名,又能获得实利,因此商人乐此不疲。

第三,其他有利因素亦促进娱乐服务市场的发展。

首先,外地文化、宗教信仰、娱乐形式随着商品与商人涌入江南,

---

① 顾公燮:《消夏闲记摘抄》卷上;《古今图书集成·职方典》卷946,《杭州府风俗考》。

多姿多彩的文艺与娱乐形式，促进了城镇文娱业的多元化。乾隆中后期，苏州集中了70多个戏班，外地剧种戏班约30个，地域广达10多个省。苏州"杂耍诸戏，来自四方，各献所长，以娱游客之目"[①]。

其次，宗教娱乐活动流行，与之相伴生的迎神赛会等娱乐活动盛行。外地商人与移民带来各地的地方神及其崇拜活动，使得迎神赛会更为丰富多彩。明清庙会，华北的商品贸易色彩强烈，江南则以游神赛会、狂欢娱乐为突出。源渊于宗教功能的庙会，在华北突出地派生出商品市场，在江南则衍生了娱乐市场。

最后，歌舞演艺水平提高，文娱活动丰富多样。这是在文娱形式多元化、竞争刺激创新、消费需求旺盛与投资增加的互动中实现的。

二、高消费与观念变化

隋唐长安、洛阳，专门的商品市场才两三个"市"，在一百多个坊、市中的比重极小，而南宋临安专门的娱乐服务市场数量就远超此数。可见宋代城市市场特别是娱乐市场的发展，是隋唐时期无法比拟的。应该指出，南宋临安娱乐市场是唐代以前中国城市中所未曾出现的现象，虽然处于发展初期，但在特殊的背景下达到了相当高的水平，也开启了此后城市文化娱乐市场的先河。南宋临安具有一定的特殊性，其娱乐市场仍处于自然发展的历史脉络之中，这种势头与方向在北宋已经显示出来，元代延续着南宋的趋势，明清杭州与苏州更臻于极盛。

消费水平与购买力水平相关，亦即与市场发育程度相关，奢侈性高消费方面，在明清服务市场的发育和争奢斗富的社会习俗的刺激下上升，其消费水平尤其是奢靡之风远高于其他朝代。明清时期奢靡观念发生了变化，江南更甚。黜奢崇俭，是历代消费思想的主题。明清时期市

[①] 顾禄《清嘉录》卷1。

场最发达的江南地区，则出现了这一主题的异端之论。

明人陆楫认为富人的奢侈可以为穷人谋生创造机会，他专门写了《论崇奢黜俭》这一惊世骇俗之作。他的观点是从苏杭之奢华与其他地区之俭朴的比较中产生的，苏杭之奢，其民最富，而外地之俭，并未见其繁华，可见俭朴未必能致富，奢侈未必导致衰败，相反会提供就业与致富机会。

盖俗奢而逐末者众也。只以苏杭之湖山言之，其居人按时而游，游必画舫肩舆，珍羞良酿，歌舞而行，可谓奢矣。而不知舆夫舟子，歌童舞伎仰湖山而恃饔者，不知其几。故曰，彼有所损，则此有所益。若使倾财而委之沟壑，则奢可禁。不知所谓奢者，不过富商大贾、豪家巨族自侈其宫室、车马、饮食、衣服之奉而已，彼以梁肉奢，则耕者、庖者分其利；彼以纨绮奢，则鬻者、织者分其利。

富人奢侈形成高消费需求，同时刺激了商品供给的扩大，刺激了商业与服务业人口的增多。陆楫还认为这是一种"均天下而富之"的途径，突破了传统所提倡的贫富相资的思路。明代能够出现这种极具"现代性"的观点，真是让人叹服！它只能产生于江南成熟的服务市场土壤之中。

清人法式善在《陶庐杂录》中也阐述了类似的观点："富商大贾，豪家巨室，自侈其宫室、车马、饮食、衣服之奉，正使以力食人者，得以分其利，得以均其不平，孟子所谓通功易事是也。上之人从而禁之，则富者益富，贫者益贫也。吴俗尚奢，而苏杭细民多易为生。"顾公燮的论述更为深刻，他在《消夏闲记摘抄》上篇中，对苏州的奢侈性消费及其在吸纳服务业从业者方面的作用的评价，达到了传统社会的最高认识水平，在今日看来仍然是非常符合市场运转实际的经济思想。他说：

在苏州,"洋货、皮货、绸缎、衣饰、金玉、珠宝、参药诸铺,戏园、游船、酒肆、茶店,如山如林,不知几千万人。有千万人之奢华,即有千万人之生理。若欲变千万人之奢华而返于淳,必将使千万之生理亦几于绝。此天地间损益流通,不可转移之局也"。

顾公燮关于消费促进市场发展的观点,与当代经济学理论如出一辙。如果联想到20世纪80年代的种种现实,我们不能不为他的深刻论述叹为观止。这种观点的出现,非有深厚的社会土壤不可。高消费与服务市场已经成为市场体系中有机的成分。

魏世效则对比奢与吝产生的不同社会影响,其《奢吝说》云:"今夫奢者割文绣以衣壁柱,琢珠玉而饰其用器,倡优饮酒,日费百万。然必有得之者,其财未始不流于民间也。今夫吝者,……惟以积财为务,有入而无出,甚则坎土穴墙以藏埋之。是故一人小积则受其贫者百家,一人大积则受其贫者万家。"奢者以其消费促进民间需求,吝者积财不发,而使市场需求萎缩。他指出奢者害身而利民,而吝者害财且害民,"吝者之积其财也,害在财。害在身者无损于天下之财;害在财,则财尽而民穷矣"。这里所谓的"积财",不正是传统所推崇的节俭与储蓄的美德善行与理财观念吗?魏世效所论,与崇俭黜奢的传统观念背道而驰,是对尚节俭与崇储蓄的道德观念的叛逆,也显示出人们应服务市场的理财观念的变化。

这些论述,反映了服务市场的发育及其对市场体系和经济发展的促进作用。政府官员中的有识之士,据此采取了相应的对策。早在北宋,范仲淹就不顾反对,实行纵游乐以赈灾。明清这类地方官不少,浙江"灯市绮靡,甲于天下,人情习为固然。当官者不闻禁止,且有悦其侈丽，以炫耳目之观，纵宴游之乐者"①。王士性旗帜鲜明地反对禁奢之论。"游观虽非朴俗，然西湖业已为游地，则细民所藉为利，日不止千金，有司时禁之，固以易俗，但渔者、舟者、戏者、市者、酤者咸失其本业，反不便于此辈也。"② 实际情况正是如此，如果无视服务市场的积极作用，逆势而上，就会受到市场的惩罚。陈宏谋、胡文伯在苏州禁香市、封戏馆，不料数万人失去生计，怨声载道。③ 深受高消费浸染的当地人则认识得很清楚，乾隆《吴县志》纂者针对"吴俗奢"所受指责，反驳道："吴民之奢亦穷民之所藉以生也。"吴民"挥金鱼以为宴乐游冶之费，而百工技能比可致其用，以取其财。即游民亦得沾其余润，以丐其生"。

通过刺激消费来扩大需求，与传统通过节俭与储蓄达到富裕迥然相异。通过富人奢侈消费而使穷人获得就业摆脱贫困，从而达到"均富"，与传统上富人接济穷人的"贫富相资"截然不同。通过高消费与娱乐活动刺激消费与提供就业机会，也就是通过刺激市场来形成"以工代赈"。这种新思路不仅超出了物资赈济，也超出了政府以行政手段通过公共活动向灾民提供工作机会。凡此，正是服务市场发育所带来的观念变更与对策变化。

---

① 张翰《松窗梦语》卷4，《百工记》。
② 王士性《广志绎》卷4，《江南诸省》。
③ 顾公燮《消夏闲记摘抄》卷上。

第十四章

地权交易与要素市场[①]

土地与其他生产要素一样，流转与组合取决于其交易手段与市场发育程度。明中叶以来，土地交易形式越来越呈多样化趋势，促进了土地与相关生产要素的流动。地权作为资源配置与经济运行的核心，促进了土地产出与经济效率的提高。使中国在有限的土地与生产力水平没有突出进步的情况下，能够养活当时人类 1/4 以上的人口。然而，明清地权市场及其在生产要素组合与资源配置中的作用未得到应有的认识。

第一节　土地产权与要素流转

一、土地产权形态

从战国秦汉以来，地权交易形式日渐增多，土地产权形态日渐丰富，唐宋典权，宋元永佃制，明清出现田面权、押租、活卖。其中典权从宋代到清代的演进与差异突出反映了地权交易规则从自生自发，到逐渐完善和规范的过程，社会认知与政府管理亦随之变化。

---

① 本章感谢伊巍博士的合作。

1. 土地的国有产权、法人产权、私有产权

这三种所有权形态并存于传统中国，其中土地私有产权形态较为成熟，基于传统中国土地产权的概念界定与系统性的理论构建，具有中国渊源的创新性。

国有土地产权在中国历朝历代都普遍存在，通常是不能交易的。只有当土地私有化时，才有可能进行交易，但此时其性质也转变成了私有或法人产权，这种情况在各个朝代都不罕见，且国有土地的比重呈递减的趋势。法人产权是私有产权的衍生拓展形态，反映了私有产权制度的发育程度。诸如家族、宗教寺庙、书院私塾、公益机构、慈善组织，以及各类工商、金融、文体及娱乐业的"会""社"等，通常都拥有自身的土地与财产，自成一个产权单位、交易单位与纳税单位，具有整体性、不可分割性和排他性等特征。[①] 在中国传统文献中通常称为"公产"，与政府所有的"官产"、私人所有的"私产"相对应。

如果说土地私有产权是农民独立经营的基石，那么法人产权则是民间组织独立发展的基础，二者共同构成传统社会私人领域与公共领域的有机体系。以各类民间组织为代表的非政府性、非营利性微观主体，普遍存在于基层社会与公共领域。它们拥有独立财产，特别是具有未来增值收益的田产与基金（会金），以供长期运营。这种独立的财产属于法人产权，具有排他性，具有整体性和不可分割性，并得到政府和法律的保障。法人产权不仅存在于桥会、义渡，也广泛存在于水利会（闸会）、工商业会馆、行会及秘密会社，更普遍存在于家族、寺庙、书院及慈善救济机构中，成为凡此民间组织独立和可持续发展的基石，可以不依赖于强权而长期存在与发展。

---

① 龙登高、王正华、伊巍：《传统民间组织治理结构与法人产权制度——基于清代公共建设与管理的研究》，载《经济研究》2018年第10期。

独立的法人产权，明确的章程与规则，有效的治理结构，公开透明的运作，社会与经济利益的激励，民众的监督与约束，凡此构成传统中国民间组织的制度安排。政府通过民间微观主体对基层社会实现间接管理，这些微观主体成为公共领域的主导力量，提供基层的公共产品与公共服务。①

2. 土地权利层次

从产权经济学的角度来看，土地产权可分为所有权、占有权、使用权等不同层次的权利。法学特别是大陆法系则以物权将土地权利分为所有权、他物权、用益物权、担保物权。简明起见，占有权可大体视同他物权，是根据所有者的意志与利益分离出来的所有权属之外的权利，通常是事实上的土地控制权，约定时限的全部土地权益。

第一，土地权利可以分层次、分时段地独立存在并进入市场进行交易，由此形成所有权、占有权、使用权等产权形态，及其相应的交易形式构成地权交易体系。占有权是一种可以独立于所有权之外的，可参与市场交易的财产权。②

第二，不同层面产权形态的实现形式，都可以通过投资与交易获取，形成了社会普遍认可的规则，并得到政府和法制的规范而具备法律效力。

第三，通过契约来表达的产权凭证与交易凭证，在民间源远流长，并得到历代政府或法律的认可与规范。

第四，在土地私有产权基础上，又衍生和发展出了法人产权。

传统中国缺乏产权意识与契约精神，这种感性认识成见的影响延续至今。其实，朴素的产权意识与制度植根于传统乡土，深入人心。无论是私有土地还是法人土地都以契约为产权凭证与交易凭证，不同层次的

---

① 龙登高、温方方：《传统地权交易形式辨析——以典为中心》，载《浙江学刊》2018年第4期。
② 龙登高、陈月圆、李一苇：《土地占有权及其实现》，载《经济学季刊》2022年第6期。

土地权利都可以通过投资工本获得（除继承等途径）；非土地所有者也可以通过投资控制土地收益增值进而获得相应的土地支配权，可与所有者分享地权，其典型形态就是田面权。它作为财产权与田底权并存，与普通佃权有质的区别。典权亦与田面权类似，都成为富有特色的土地产权形态。

3. 土地占有权

明清时期，中国普遍出现同一块田的地权析分出田面权与田底权的现象，南方尤为突出。田面权由佃权演变而来。佃权交易时，地主无权干涉。在佃权具有完整产权形态下，田主不能任意占有或改变佃权所有者，官府亦认可这种佃主权。田底权与田面权各自的买卖可以互不相干，田底权交易时，田面权可以维持不变，佃主不受所有者变更的影响。以资产性地权与经营性地权来分析一般情况下的田底权与田面权，二者都具有各自独立的产权属性，其收益权则有所不同，资产性地权获取投资带来的土地收益，经营性地权则更多地获取劳动收益。在佃权分解的情形下，分别称为地租与佃租，或分别称为正租与佃租，或业主租与佃主租。

地权的分离及其各自独立，使更多的农户能够进行地权交易，经营土地，拥有地产，进入地权市场的门坎降低。下层中农与贫农可以通过获取价格不高的田面权而拥有地权，远离这片土地的异地居民与城市居民则可以通过田底权来投资土地而无须直接经营。

表14-1所示的浙江临海县开石乡，占有权（田面权）主要由中农与贫农所有，分别占总数的42.83%、33.85%，合占76.68%。在绍兴鉴湖乡四个村，贫农占人口的36.68%，虽然其清业田和田底权的比例不高，但田面权所占比例达到32.32%。有意思的是，该乡的佃中农占总人口的24.18%，田面权与清业田所占比例都高于人口比例，分别达39.13%、27.96%；其所占田底权的比例事实上也接近人口比例，达

20.64%。资产性地权的占有者则主要由三部分组成：本乡地主、外地与城居地主、族田等。这大大减缓了土地占有的不均衡度，使土地产权与劳动力直接结合在一起。所有权与占有权的形成在相当程度上突破了地权流转的地域限制，扩展了地权流转的社会阶层范围。

表 14-1　浙江两个乡各阶层各类地权的分布(%)

成分	地主	富农	富裕中农	中农	佃中农	贫农	雇农	工人	其他	学田
浙江绍兴鉴湖乡四个村										
户数	0.82	2.58	5.43	5.71	24.18	36.68	4.48	8.56	11.55	0
清业田	4.69	12.49	19.48	10.77	27.96	12.93	0.48	1.03	1.57	8.59
田底权	17.48	29.9	15.61	3.17	20.64	4.77	0.14	3.78	0.78	3.73
田面权	0.68	2.72	10.08	6.68	39.13	32.32	1.20	1.65	2.14	3.40
浙江临海县开石乡										公田
正田	33.11	3.29	2.34			2.44	0.19		11.68	46.94
绍田	17.32	5.22	42.83			33.85	0.57		0.20	

资料来源：临海县开石乡农村调查，1952：《浙江省农村调查》，第155—156页。转引自胡华（2004）。原注：开石乡因去年征粮时，正绍田大多以按对半折合成清业田，故表中正田、绍田数相对较少。

由于田面权的广泛存在，农村居民在地权占有上的不均衡度得到相当大的减缓。表14-2计算了苏州与浙江一些地区的土地占有基尼系数，考虑田面权与否，基尼系数大不相同。如果不考虑田面权这一普遍现象，基尼系数就会被严重夸大，远远脱离实际状况。

表 14-2　田面权改变地权占有的基尼系数

	绍兴四村	金华雅宅	平湖第十三村	长洲二十图	长洲三十一图	长洲三图
未考虑田面权	0.437	0.636	0.920	0.784	0.582	0.830
考虑田面权	0.239	0.472	0.296	0.398	0.372	0.482

资料来源：丁骞（2008：41），长洲三图的数据出自赵冈（2006：59）．

明清以来,地权交易突破地域、宗族等特定纽带的限制(李文治,2007),从人格化交易走向非人格化交易,在形式、广度、深度上得到发展,地权市场承载的功能增强,为资源配置与生产要素组合开拓了新的空间。

二、多样化的地权交易体系

多样化的地权交易形式,在金融工具缺失的时代充当了资金融通工具的替代,农户赖以济危解困,延续家庭经济与再生产,为土地的流转,以及生产要素与资源围绕地权的组合与配置提供了条件。接下来我们以富有中国传统特色的典权为中心,明辨各种地权交易形式的特点,从土地权利的不同层次与跨期调剂的交易理论入手,揭示多层次的地权交易体系。

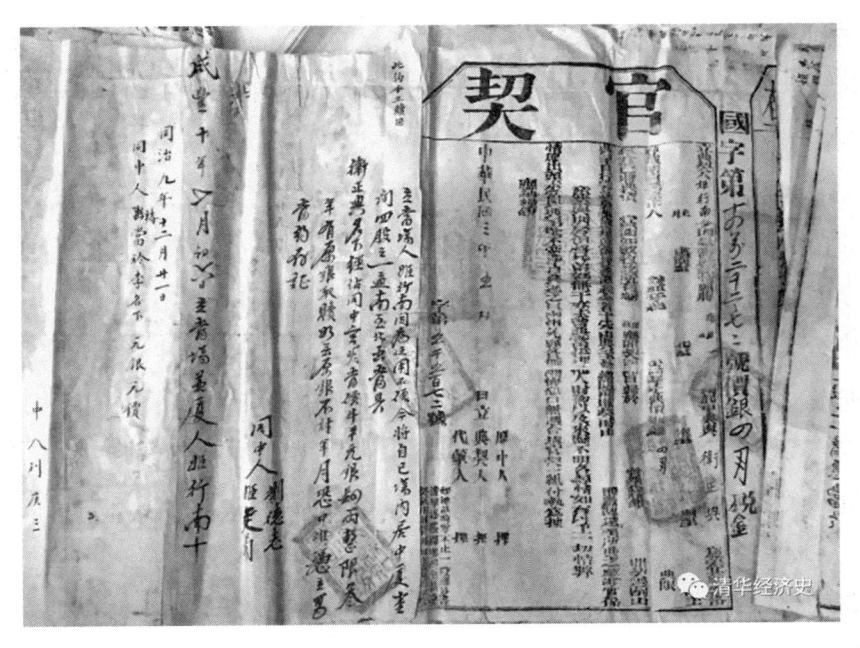

图 14-1 官契(清华大学图书馆藏)

1. 典与活卖

典，既不是所有权，又不是使用权的交易，而是占有权的交易。典权，就是典型的占有权，形成担保物权，是一种约定时限的财产权。典之所以能够形成担保物权，与短期性抵押贷款相比，风险低且能有效抑制地权的最终转移。

宋代的典，刚从卖中分离出来，还带有卖的许多痕迹，仍习惯"典卖"连用。办理田地税的交割手续，纳交易税，都与田地买卖没有差异，但通过"合同"形制的典契与保留田骨或田根，来便利回赎并与卖相区隔。至明清，典权日趋独立，不仅在田税与交易税等方面与田地买卖明显区分，而且新出现了活卖的交易形式，这使典的交易规则更为清晰且专门化，彻底切断了与卖的胎连，其不能满足的需求则由活卖来实现。这一历史演进的视角，可以澄清"典就是活卖"的错误认识。

田地买卖的交易形式在明清时期分为活卖与绝卖，或者说在典与卖之间出现了活卖。活卖是具有回赎优先权的所有权转让，活卖与典一样可以回赎。基于这一共同点，民间或统称为"活业"，因此不少学者认为，典就是活卖。从宋代的迹象看有些道理，因为典从卖中分离之初，交易规则还不完善。二者在宋代的确很相似，因为都要办理交割过户手续，只不过典保留了"田骨"这一所有权凭证。清代的典与卖在交易程序上的区别，已经非常明显。典不办理税赋与产权的交割过户，只有由典而卖时，才办理投税、过割、执业。也就是说，典不发生所有权交割，而活卖则发生。因为官府只负责办理产权交割，至于日后的回赎优先权，是交易双方的约定，官府不会也无法为之背书，法律亦无从规定。可见活卖只是一种民间的惯例。

更重要的是，典和活卖，交易双方的权利具有本质的不同。田地出典之后所有权人（即田主）还可出卖，即"典不拦卖"。但活卖之后，原田主与土地权利再无关联，当然不能再行出卖或抵押，也无以出典与出租，唯一保留的权利就是回赎优先权。将典与活卖混同，显然忽视了二者交易之后的不同的土地权利。

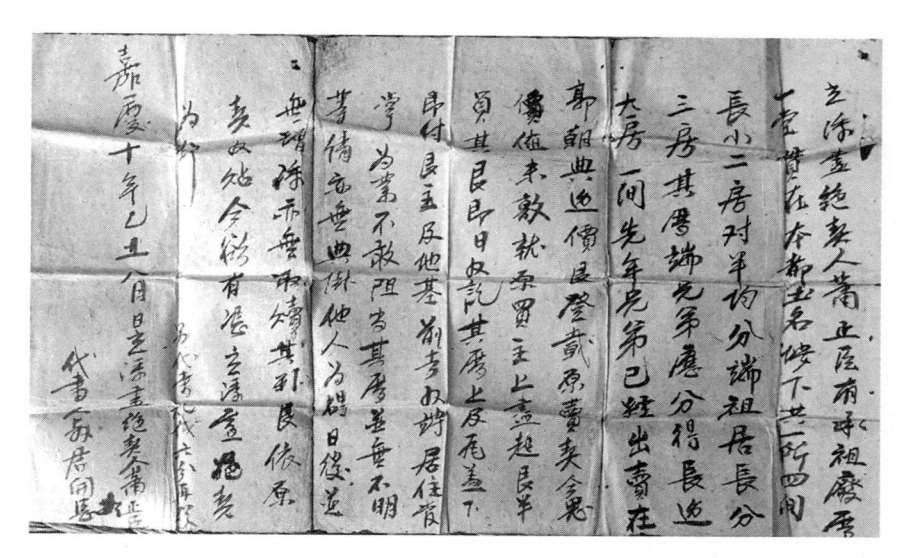

图 14-2 嘉庆十年（1805）立添尽绝卖契 福建（清华大学中国经济史研究中心李光明特藏）

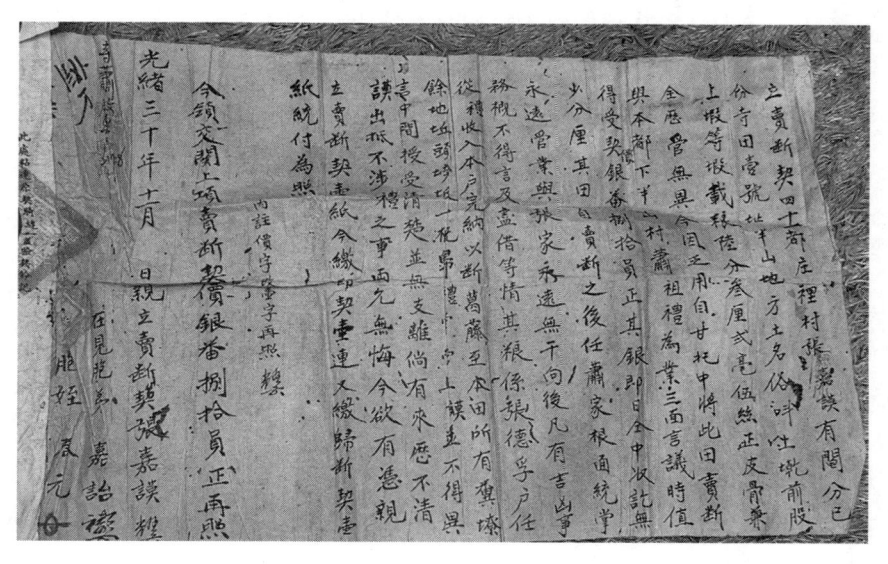

图 14-3 光绪三十年（1904 年）卖断契 福建（清华大学中国经济史研究中心李光明特藏）

典与活卖，均可回赎，但二者是截然不同的。在时间上，活卖是在所有权转移之后发生回赎；在回赎对象上，活卖是回赎产权证，典则是没有发生所有权转移的回赎。那么典回赎什么？典回赎的是占有权，而活卖回赎的是所有权。典之回赎，是当次交易的最后一个环节，回赎意味着该次交易的结束，尽管这次交易可能跨期几年乃至数十年，这是宋代制定典之合契同约文本格式的原因。而活卖与绝卖，则不需要日后能偶合的契约文本形式，因为产权证交割已经完成。活卖之回赎，只是一种优先权而已，属于另外一次相关性的交易。典之回赎，其前提是所有权没有转移，卖之回赎则是在所有权转移之后。

典与卖又是紧相关联的。典尽为卖，由典可转为卖，或者说卖地之前以典的方式进行交易，这也就是典卖相连的原因之一。

如果逾期无力回赎，通常自动延续，因为债权人控制着田业，或以找价的方式，增加典价，一而再，再而三，直至转为卖，变为所有权的转移。从这里可以看到，由于人们对土地所有权的高度重视，非到万不得已不会出卖田地，但可以通过"典"来实现融通需求，所以典又可以视为卖的缓冲，也可能是卖的过渡。

通常情况下，农户都是先典田，无力回赎时不得已再出卖，而此时可能是三十年之后的事情，相当于一两代人之后了。因此法律保护原业主的倾向是明显的，或者说，典交易就是保护原业主的一种制度安排。《大清律例》保护出典人的权益，规定即使典期已过，回赎仍应有效，活卖亦然。

由典而卖，再次显示了典与活卖的性质不同，而典的取向与特征就是最大限度地维护所有权稳定。承典人优先购买权，明白无误地显示典不是活卖，不是所有权的转移。

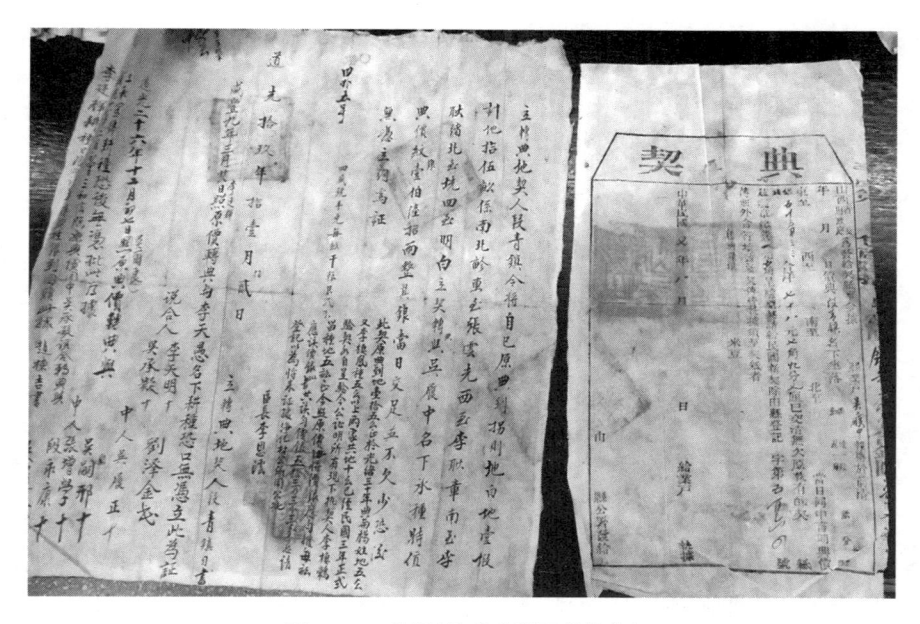

图 14-4　典契（清华大学图书馆藏）

典与活卖是两种具有鲜明中国传统特色的土地交易形式。典是占有权的交易，卖则是所有权的交易，这种根本的性质差别是明晰的，也是没有争议的。

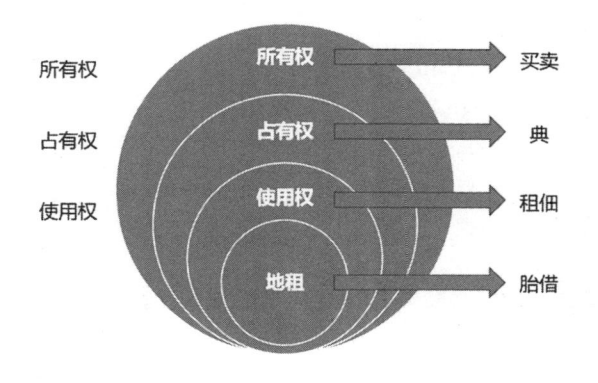

图 14-5　地权交易体系解析

2. 租佃与押租

典是约定期限的土地占有权交易，佃则是使用权的交易，押租可以看作租佃的一种特殊形式。由于押租金的变化，押租制可视为典与租佃之间的过渡形式。

租佃，历史悠久且最为普遍的地权交易形式。租佃的交易对象也非常明确，即合约期限内土地使用权或用益物权的转让。与之相比，典则是合约期限内用益物权与担保物权的转让。二者的共同点是都不发生所有权证交割。就交易权利的层次而言，形成一种递进关系："租佃（使用权）典（占有权）卖（所有权）。"

佃农对土地的控制权也越来越强，趋近于永佃制。在永佃制下，佃户对土地不仅有使用权，而且逐渐拥有事实上的占有权。佃权至明清时期，通过多种途径，从使用权扩展为占有权，这就是田面权。田面权主，不仅可以出租土地，而且可以抵押或典当土地。

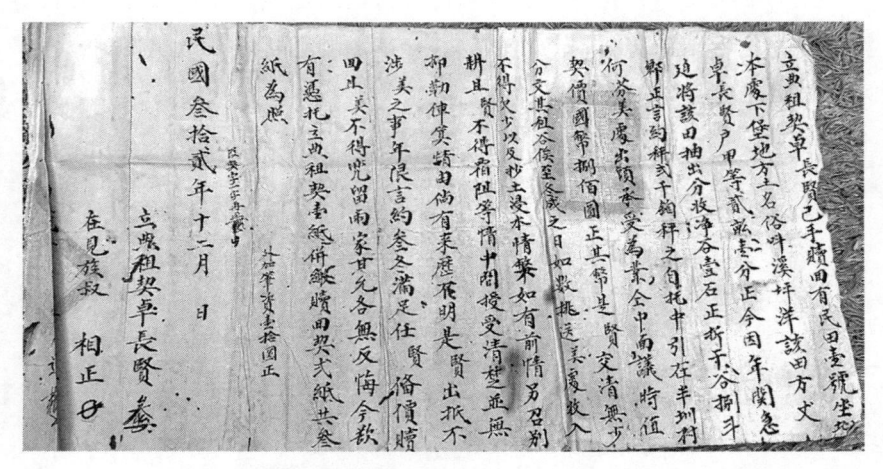

图 14-6　民国三十二年（1943 年）立典租契　福建（清华大学中国经济史研究中心李光明特藏）

在典与租佃之间的押租制，是明清时期普遍流行的交易形式。押租是一种地租保证金,从地权交易形式的角度来看,它与典的相同之处是,典主或佃主向田主付款或放贷,以交换某种土地权利,从而能够支配未来的土地使用、经营与收益。押租金越大,土地权益越多,越趋近于典。

购买土地权利时,资本越多,获得的土地权益越大。或者说,投资越多,未来土地收益或地租的贴现就越多,从而表现为不同的交易手段。在时间既定的条件下,依投资的多少,土地权利可强可弱,典的投放资金多,获得占有权;押租获得使用权。押租最大化之下,每年交纳的地租为零,就类似于典了。所不同的是,押租始终不具备担保物权功能。

在清代东北旗地有"大押小租",即押租数量最大化,地租数量最小化,一定程度上满足了典当需求,有效地规避了旗地禁典令。清末则以这种形式的押租规避新增的典税。成都平原还有"干押"的现象,又称"大押佃",即佃户一次缴若干银(或其他实物)于地主,地主以此生息作为地租收入,不再另外取地租,到佃户退田时将押金退还佃户。与典当类似,但干押始终不能形成担保物权功能。因为地主不愿出卖或出典祖宗之遗产,故行此制。

只有当土地所有者交还押金时,才能撤佃收回土地的占有权,这也就相当于回赎。可见,押租制与典有相通之处,在某种程度上也可视为对土地所有者的一种放贷,押租制的债权关系在此表现突出。

以上典、押租及一般租佃的比较,进一步清晰了典的交易对象是土地占有权,包括用益物权和担保物权,押租制交易的是强使用权。随着田面权的出现,承佃方逐渐获得了土地占有权。

3. 抵押

抵押与典有着类似的融资功能。所谓抵押(抵当),就是通过土地产权的担保来获取借贷,如不能偿还债务和利息,则以地权让渡来清偿。因此，政府、法律和社会伦理通常限制、不提倡抵当的交易方式。一是基于反对高利贷的道德伦理，二是抑制土地产权的被迫转移。宋朝称典为"正行交易"，谓之"正典"，指向政府交税并由政府备案的典和卖。抵当、抵押又称"倚当"，被视为"不正当"的交易。抵当属于高利贷款，利滚利，弱势农民容易失去所有权。对强势的买方来说，愿意采取抵当的交易方式，有时甚至以名义上的典来欺诈性地展开实质性的抵当交易。

典与抵押方式的选择取向，在清华馆藏的三则契约文书中有具体体现，可见土地所有者石甲寅利用土地进行融资的过程。宣统元年（1910年）九月，石甲寅因为做生意需要融资，以村西平地三亩为抵押向文海全借银10两，按照双方规定于第二年八月之前本利还清。至宣统二年四月份，大概是由于还债的压力，石甲寅又将村西平地五亩八分出典给石反儿，得典价20两银。至宣统二年十二月，又缺乏资金，石甲寅将村西平地五亩出典于李某，得典价18两整。

我们从中也可以发现典与抵的一些区别，以及不同偏好的市场行为主体的选择。抵押贷款通常时间不长，几个月到一年的时间。指地借贷的利息相对较低，此处为1分5厘，低于通常的2分及以上。但如果不是像石甲寅这样做生意，一般人届期难以还本付息，通常很难避免利滚利，以致最终地权交割的结果。风险高，信用不足，因此交易时效短，需要保人，承担连带责任。政府与社会也从道德上反对抵押贷款。

典田交易的时限可以较长，短则三五年，长则一二十年，甚至数十年。即使届期无力原价赎回，多可以自动延续。对于"出典自佃"类型，出典土地获得贷款的同时，还可以将土地租回来，虽然交纳地租，但能延续其家庭农庄经营，拥有农庄的剩余索取权与风险收益。即使从市场上获得了土地与资金，只要建立了家庭农庄，佃农也就获得了安身立命、无限发展的基础。对于放贷者而言，不需要自己经营土地而获得投资收益地租,而且在回赎前,拥有土地占有权,交易双方都可以实现风险最小化。

价格变动所带来的风险,典交易由债权人(承典人)承担,与出典人无关。就抵押而言,如果由于市场价格的变动,导致担保的债权变价后金额不足,那么债权人可向债务人请求清偿。典权通常是原价赎回,即使典期长达一二十年乃至三十多年,也是原价不变。如果土地价格上升,业主(即出典人)赎回后,再另行高价出典,可获升值收益;如典价不足,出典人可放弃回赎。债权人则只能自行承担价格变动带来的损失。如果地价下降,以至低于典价,债权人将受到损失——当然,地价下降的情况很少。典交易保障业主出典人而将风险归于债权人,成为当代学者诟病的一个理由。

在历史上,限制和反对抵当这一高利贷性质的交易手段,保护土地所有者,正是典交易盛行的制度取向基础。与历代政府的导向相反,当今有不少学者主张以抵押替代典,恰恰是没有把握典权的内涵和独特作用。如果当代概念或术语无法解释历史现象或制度,恰恰说明学术研究的不足和存在的创新空间的巨大。

总之,典与活卖、押租、抵押等地权交易方式有着显著的区别,同时也体现出内在的逻辑联系。简言之,活卖是具有回赎优先权的所有权转让,押租是使用权的交易,典既不是所有权也不是使用权的交易,而是占有权的交易。典能够形成担保物权,与短期性抵押贷款相比,风险低并可有效抑制地权的最终转移。以往存在歧义、纷争与认识误区,最主要的原因是缺乏理论解释框架。关于土地权利的不同层次与跨期调剂的交易理论,首先需要明辨各种地权交易形式的分析框架,其次是历史演进的视野,如从宋代到清代典权设定规则的变化与逐渐完善的过程。

以上辨析揭示了不同地权交易形式之间的相互关联与逻辑体系。该体系满足了要素市场行为主体的多样化偏好与需求,降低了地权交易特别是产权转移的系统性风险。在此基础上发育的地权市场，有利于个体农户独立经营能力的增强，从而促进传统经济社会的稳定与发展。

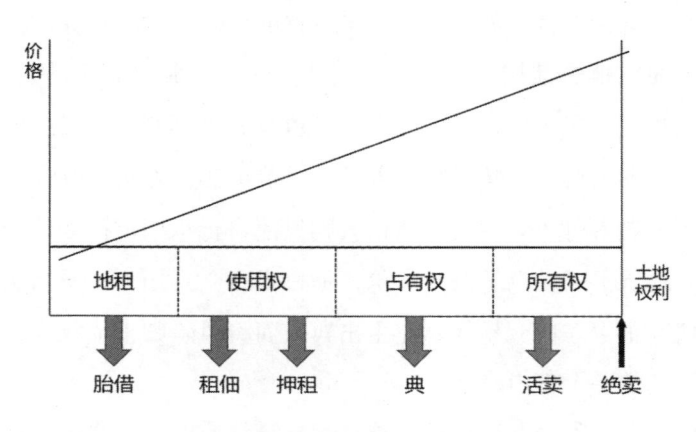

图 14-7 地权交易与价格

第二节 资本、劳动力、土地的动态组合

一、资本流向土地

清晰而稳定的产权，能吸引所有者不遗余力地投资其中。多层次的产权，则使各阶层的资本能够通过多样化的交易形式投向土地。

其一，稳定的占有权，使佃农与土地耕种者愿意对土地进行长期投资。在习惯法上，投入工本，就可获得佃权或田面权，能够遗传与继承，能够自由转让与买卖，而地主不加干预，亦不能随意撤佃，因此佃农愿意追加工本以提高地力，或致力于水利与基础设施，以增加未来土地的收益。如果不能拥有稳定的产权，佃农就不会对土地进行投资。

各地惯例，投资土地可以获得占有权。如租佃土地，开荒垦种，投入工本，佃农对佃权将获得产权支配力，并得到民间与法律的认可。

"江苏之江宁、无锡、常熟等县,俗称永佃田曰灰肥田,意即谓佃户曾加灰肥于田,使之价值增高,故此增出之价值权利,应属佃户。"

安徽绩溪谓之"草粪权利",其收益超过田底权所有者,因为增加草粪等肥料,使瘠地变为肥地。稳定的地权推动了佃农的投资意愿,试看福建侯官县举人林绪章祖置之业。

"因其田瘠薄,经各佃自捐工本,开垦筑坝成田,照额耕种纳租。"这意味着佃农所得份额增加,这种增加来自佃农的工本,佃农随之获得自由支配与转让的权利。

乾隆六年至十八年间,这些佃权就发生了几次转让交易,陈世卿先后顶耕原佃叶紫生、叶伯伶,潘育仁顶耕陈余博等。佃主们说:"因从前没有水坝,多致歉收。后来小的们出资雇工,修筑水坝,才有收割,照旧纳租。如各佃内有不能自种者,因有开筑工本,得价顶耕。仍向田主换批耕纳,从无拖欠。"(刑科题本:No.284)

这种因投资工本而获得的佃权增值,在民间受到理所当然的认可,官府也承认这种权利。佃权成为独立的产权,在更多的情形下,是通过押金的形式获得对所租佃土地的控制权,从而获得长期投资的驱动力。

其二,资产性地权的所有者,能够脱离土地控制与管理而获得地租,于是城市居民与工商业者投资于土地。城居地主(或称外籍业主、不在地主)定居于远离其土地的城市或外地,从事工商业。有的是从原乡村迁往城市,他们仍然是地主,常常将城镇工商业中获得的利润投资于土地。有的则是外乡或城市的资本所有者,到乡下购买农地,同样也是资本流向土地。

资产性地权则使土地交易能够脱离实体的约束,城市居民、外地居民能够参与土地的买卖与投资,大大延展了地权交易的空间范围与社会阶层。

二、劳动力与土地的动态结合

租佃制度是劳动力与土地结合的一种安排，但佃农不能主动支配土地的交易。当佃权独立并由佃主控制与支配时，就能利用多样化的交易形式通过佃权的流动进一步实现生产要素的组合。

劳动力多的家庭，可以佃种较多的土地；劳动力不足的家庭，则可以出让其田地的佃权，脱离土地耕种。这样，劳动力与土地两种生产要素就能够在动态中结合起来。江西铅山王子昂佃种蔡桂玉田租20石。乾隆三十四年，因其家庭人力不敷，遂将其中的5石5斗，转拨于王起先耕种，得顶首七折钱3千文。乾隆四十一年，王子昂的四个儿子长大了，要将田5石5斗备原价取回自己耕种（刑科题本：No.343）。有的家庭，劳动力生病或亡故，无力耕种土地，往往会把土地典给他人耕种，或者出卖田面权。

资产性地权与经营性地权之间的置换，为农户最大化利用家庭资源提供了多样化的选择。为扩大土地经营规模，有的农户出卖自己的小块土地，以所得来支付押租，获得更大面积的土地来经营。例如，湖南安仁县黄鸿淑的一块庄田，原佃户谭文华因儿子亡故，无力耕种。李元武得知，即卖掉自己的3亩下田，拿了5两5钱作进庄银（另送居间银5钱于侯荆山），打算佃种这块较大较好的田地。（刑科题本：No.179）

像这种情形为数不少，许多农民仅有一两亩狭小的土地，每年必须向政府缴纳几斗乃至几升的田税。为此通常要走几十里路到官府，还得忍受衙门的盘剥。他们可能宁愿选择占有佃权，而向地主交纳地租。拥有较大面积土地的地主，则可以批量向官府缴纳田税。

种田能手或种田大户，能够创造更高的土地产出，通过地权市场，有可能耕种更多的土地；财雄势大的地主，也能够拥有更多的土地。为了提高其土地价格，不少地主组织进行农田水利建设，产生规模效益。

资金、土地收益与劳动收益三方面，根据自己的需求进行选择，这样的事例不少。在需要资金时，农户出卖田底权还是田面权，将根据其家庭劳动力的多寡来进行选择。

当家庭劳动力充足时，农户取向劳动收益，他会保留其占有权（田面权），以凭借劳动力来获取收益，此时可以出卖资产性的田底权。相反，当家庭劳动力不足时，农户的取向优先于土地收益，他将保留资产性的田底权，而出卖经营性的田面权。

表 14-3 不同取向下劳动力与土地的结合

	劳动力充足	劳动力不足
资产性的田底权		选择土地收益
经营性的田面权	选择劳动收益	
清业田	自耕	租出

地权交易手段的多样化，使小农随时能够相继运用任何一种形式进行或大或小、或长或短的交易。加之产权分割并形成多层次的地权市场，使土地能够容纳多个独立的产权人，并便利于地权的市场交易。这样便降低了地权市场的进出门槛，使广大小农能够参与交易。地权成为被普遍接受和频繁使用的金融工具，满足了农户的融通需求，促进了生产要素组合。

三、土地要素市场化的历史影响

20世纪中国主流思潮是趋向排斥或缺乏市场思维的。无论是对土地私有产权的非议，对地权交易的担忧，还是自耕农最优论、租佃制不公平与低效率论、平均地权等为人们所信奉，其片面性都是缺乏市场思维所致的，都是建立在土地等生产要素不流动前提下的静态思维，是对市场配置资源的疑虑和否定。①

地主富农占有多少土地，是近代地权分配的重要指标，也是对土地产权制度与近代经济的一个基本判断，却缺乏令人信服的基础数据。土地改革进行了全国范围的翔实普查，虽然并未公布全国准确数据，但为统计工作奠定了基础。以土改普查数据为主要依据，考证了土改前夕农村前10%的富有阶层占有土地的比例，南方各省的准确数据为30%左右（±5%），而北方低于这一水平。如果考虑田面权、永佃权及公田等土地权利的占有状况，更低于这一数据所呈现的水平。② 也就是说，农村富有阶层占有30%左右的土地所有权，但其土地权利与收益则是与其他阶层所分享的。

地权集中的对冲因素，或地权分散的因素与机制，除了为人熟知的诸子均分制之外，还有其深刻的原因。其一，交易形式越多样化，越有可能降低系统性风险，如回赎机制保障弱势群体权益，延缓地权的转移交割，为农户渡过时艰、恢复和重建农庄独立经营提供了可能。其二，土地占有状况，不能仅看所有权，还要看占有权，广大中下层农民拥有田面权、典权，也是一种财产权。其三，族田、寺庙田、学田、会田、社田等法人产权土地，在一定程度上降低了私人土地占有的不平均性，如广东、福建的公田占比可达30%左右。这些制度安排使农户个体经营获得了持久的竞争力与生命力，一定程度上抑制了土地集中与兼并。

地权市场与个体家庭农庄相互关联，构成了中国传统经济两个根本性的特征与独特发展路径。二者相互促进，彼此强化，提高经济效率与土地产出，带动传统经济的稳定发展，也抑制了其向近现代经济形态转型与变革。这解释了中西经济形态演进的差异，也解释了中国传统经济

---

① 龙登高：《中国史观的20世纪偏误及其探源——基于清代经济史研究的考察》，载《清史研究》2020年第6期。

② 龙登高、何国卿：《土改前夕地权分配的检验与解释》，载《东南学术》2018年第4期。

未能源发性走向工业革命的基本原因。

自耕农、半自耕农、佃农,以其土地所有权、占有权、使用权建立个体家庭农庄,借助市场的要素与资源组合,完成生产与再生产。多层次的地权交易体系,使农户能够根据市场价格与风险偏好进行多样化选择,以满足自身需求,并有助于实现当期收益与远期收益之间的跨期调剂,从而促进土地流转与生产要素组合,提高经济效率。[①] 典、活卖、押租的回赎机制,有效维护了农户保障与恢复地权的意愿,压缩了绝卖和带有高利贷性质的抵押所容易导致的地权转移空间,在一定程度上抑制土地集中,保障了农户经营的稳定性。

个体家庭农庄借助地权市场,具有低门槛、可分割性、可复制性,遭遇天灾人祸后可以东山再起,新增人口从原有家庭或村庄中分溢出来,可以建立自己的独立农庄。唯其如此,传统社会实行诸子均分制而不是长子继承制,家庭、土地与个体农庄不断分割和再生;个体家庭农庄的自我再生性和活力,同时也抑制了规模经营与资本主义经营的成长,新的异质因素不能破茧而出,而原有的本质却被不断强化。

西欧前近代的变革主要来自庄园体制外的新生力量。由于个体农户独立经营的能力弱,农民对庄园的依赖性强。同时,庄园具有整体性和不可分割性,这与其产权属性相关,也与庄园农牧结合的经营方式相关。因此,庄园的新增人口分溢出去,或长子继承制下的其他后代,就可能难以实现自己的农业独立经营,必须在庄园之外生存和发展,这推动了新质素的成长,进而发生质变。

---

① 龙登高:《地权交易与生产要素组合,1650—1950》,载《经济研究》2009年第2期。龙登高:《地权市场与资源配置》,福建人民出版社2012年版。

第十五章

商人资本与商帮网络[①]

重农是农业时代的必然选择,但传统中国是否抑商呢?"重农抑商"一直备受诟病,并被视为阻碍中国资本主义因素成长的政策与制度。但据张亚光教授考证,"重农抑商"四字连用在典籍中是找不到的,"重本抑末"连用也很少,"抑商"单独出现的也很少,三四十余处而已。严格意义上的"本与末",在农业中存在,在工业中存在,在商业中也存在。可见,这一被根深蒂固地视为传统中国的弊端,也是20世纪学界所渲染层累放大的。有一些皇帝曾经打击商人,譬如汉武帝,但从逻辑上讲,工商业并没有不利于王朝,特别是宋代开始系统性征收商税之后,商税与土地税几乎同等重要,朝廷更不会抑商。曾误传商人子弟不得科举,事实上商人还争取到了可以异地科举的"商籍"。

第一节 商人从客贩到侨寓再到定居

从游走客贩,到侨寓经商,进而落籍定居,明清商人活动形态的变化耐人寻味。在明以前或许也能找到零星的事例,但无疑只是一种偶发

[①] 本章感谢伊巍博士的合作。

的现象,明清时期则已成为一种持续的较普遍的现象,市场的发展为这种变化提供了内在动因。商人的迁移与普通移民因生存条件(包括人多地少的压力、天灾人祸、政府强制等因素)而移徙迥然有别。这不仅是商人对安土重迁传统观念的突破,更是商人经营方式的变革,从中折射出了市场的变化发展。

一、游走四方往返贩运的商人

明中叶之后,市场发展进入高峰,商人活动趋于活跃,商业经营发生变化。道光《浒墅关志》卷1一首《商船》生动描述了客商活动,富有代表性:

"行人原爱住家乡,不为名催为利忙。价贱切勿去,勿去反恐无买处,价贵闻皆来,皆来转恐难卖回。价贵价贱不可必,孰善陶朱致富术。持筹握算竟登舟,别离父母妻孥出。风波险阻慎途程,水火盗贼时心惊。心惊倍欲途程速,朝朝暮暮催船行。暮行行至朝,朝行行至暮。行至不复行,羁旅年年住。"

不是为追求利润的话,谁会离开家乡啊?去还是不去呢?卖回的价格随时变动吗?这样到处跑,去了解市场价格,带着这些商品四处奔波不容易,很艰辛。随时可能遭遇水火之灾或盗贼劫匪,时刻提心吊胆,心惊肉跳。客商就是这样四处奔走,艰辛转徙谋利。

商人多游走四方或往返贩运,来去不定,被称为客商,像宋代永嘉商人何子平一样,"苦志经度,尽知四方物色良窳、多寡,与其价上下……"或如信州上饶人王三客,荷担推车,每年一两次往返于庐寿等地。① 在物流条件落后的时代与地区，客商在旅途中须自备"资粮"，沿路借宿民居，甚至风餐露宿，连投宿旅馆的条件都得不到保证，侨居固定经商者极少。

穷则变，变则通。地瘠民贫的晋商就是不甘心屈服于自然灾害和地理环境的恶劣，走出大山，走出雁门关，求生存、谋发展、闯天下。他们渡过黄河，跨过长城关隘杀虎口、得胜口、张家口，晋中祁（县）、太（谷）、平（遥）、忻州河（曲）、保（德）、偏（关），雁北代州、宁武、天镇一带，都曾有数以万计大规模的走西口、闯（河）套外的谋生创业活动。

明清时期的商品市场仍变动不居，市场价格起伏无常。在空间上，各地市场的不确定性，使商人尤其是居于主体的中小商人不得不随时改变经商地点。在时间上，生产与消费的季节性使商人一年中只能在一段时间内经营某类商品，其他时间须转徙另谋经营。如棉花于秋收获，因此在棉花产地，"每秋棉花成市，远商皆至"。商人多游走不定，贩贸四方，很难在固定的产地与消费市场上追求常年性的利润。而无论职业商人还是农民与地主等兼业商人，都着眼于追求短期效应，遇到风险，就转移经营地域和领域，乃至迅速退出市场，或者将资本投资于土地。这种情况愈古愈然，明清时期仍然普遍存在。

二、从游贩到侨寓定居

随着长途贩运贸易的逐渐频密，商人家居时间越来越短，在外游贩的时间越来越长。宁波商人"四出营生，商旅遍于天下，如杭、绍、苏州、汉口、牛庄、胶州、闽粤，贸易甚多。或岁一归，或数岁一归"。

---

① 《浮止集》卷7，《何子平墓志铭》；洪迈：《夷坚志》中夷坚甲志乙集卷1，《翟八姐》。

苏州商人"挟资出商楚卫齐鲁，靡远不到，有数年不归者"①。歙县《泽富王氏宗谱》卷四载，歙人王友森，宣德成化间，挟赀贸迁于江海，"家居日少，在客日多。病卒于姑苏旅邸"。徽州还形成了不成文的乡俗，外出经商者数年后携资方归。

一些寓居客商开始在异地赁房居住，时间日长，成为侨寓。如曲沃商人"每挟资走四方，所至流寓其间"②。《张氏统宗世谱》卷九载，弘治时，祁门张君"托迹于贾，游临清，逾淮扬，历金焦，过彭蠡，寓居江西乐平之众步镇"。

商人在异地侨寓，进而定居。徽商事例为人熟知。康熙《徽州府志·风俗》云："徽之富商，尽家于仪扬、苏松、淮安、芜湖、杭州诸郡，以及江西之南昌，湖广之汉口，远如北京，亦复挈其家属而去。甚且舆其祖父骸骨葬于他乡，不稍顾惜。"③廖庭奎《海阳记录》卷下云："休宁巨族大姓，今多挈家存匿各省，如上元、淮安、维扬、松江、浙江杭州、绍兴、江西饶州、浒湾等处。"

随着商客旅居异乡，部分商人开始在侨居地购买田宅。"越境买产图利者"屡禁不止。明前期歙县许竹逸，"挟资经吴越金陵十余年，资益大起，广营宅，置田园，以贻后裔"。流寓江北清河的苏州、徽州商人，"招贩鱼盐，获利甚厚。多置田宅，以长子孙"。明后期湖广承天府，"地多异省之民，而江右为最。商游工作者，赁田以耕，僦屋以居，岁久渐为土著"④。一些商人将家人一齐迁来侨居地，或在当地建立侧室，或娶妻置产，逐渐世代定居下来。陕西商人至苏州，"往来于斯者，

---

① 分见光绪《慈溪县志》卷55，《风俗》；同治《苏州府志》卷3，《风俗》。
② 光绪续修《曲沃县志》卷19，《风俗》。
③ 康熙《徽州府志》卷2，《风俗》。
④ 分见新安歙北《许氏东支世谱》卷8；康熙《清河县志》卷1；万历《承天府志》卷6，《风俗》。

或数年，或数十年，甚至成家室，长子孙，往往而有"①。明代江西清江，"俗多商贾，会弃妻子徒步数千里。甚有家于外者，粤、关、滇、黔，无所不至焉"②。

至此，商人完成了异地定居。在明清许多城镇中，侨居商人随处可见，有的地区还非常突出。在杭州，歙县江村人聚居的里弄，被称为"小江村"。康熙《苏州府志·风俗》说，苏州"市廛间，商贾填溢，四方之人，等于土著"。政府还采取了一些专门针对在外商人的管理措施。在淮安，县令"将淮城北寄居贸易人户及山西与徽州寄寓之人，编为附安仁一图"③。设置专门行政机构管理商业移民。在外经商者，明清政府还专定商籍，使其就地应试科举。

商人侨居是市场驱动的结果。在乡土意识浓烈的传统中国，商人由祖籍地转入侨居地，这是一个重大的转折。

衣锦还乡是商人的梦想，落叶归根是其人生选择，尤其是长期奔波之后，年老体衰，商人选择回乡居家静养，终老天年。描写扬州的晋商和徽商之《望江南百调》曰："扬州好，侨寓半官场，购买园亭宾亦主，经营盐典仕而商，富贵不归乡。"④

由于种种原因，很多商人流寓异乡，无法返乡，正如"江西一省，客粤谋生者，人数殷繁。其间腰缠万贯，衣锦荣归者固不乏人；而身滞一隅，萍梗老死者"，大有人在。"无论秦蜀齐楚闽粤，视若比邻，浮海居夷，流落忘归者，十常四五。故其父子兄弟夫妇自少至白首，不相

---

① 乾隆二十七年《陕西会馆碑记》，载《明清苏州工商业碑刻集》，江苏人民出版社 1981 年版，第 331 页。
② 崇祯《清江县志》卷 1，《风俗》。
③ 陈葵生《茶余客话》卷 22，《京田时田》。
④ 陈垣和：《扬州丛刻》。转引自王振忠：《明清淮安河下徽州盐商研究》，载《江淮论坛》1994 年第 5 期。

面者恒散而不聚，无怨语也"①。有的遭遇动乱而滞留异乡；有的则因所获甚微，或因生意不遂人愿而滞留；更有无数人在经商时遭遇变故而客死他乡。

在市场环境条件较好的地区，消费水平高，社会发展程度高，也是吸引商人侨居的原因。不过，这是利益驱动的。利润的强有力吸引，特别是寻求利润的经常化，是商人侨居的终极原因。只要有足够的利润趋动，即使是僻远地区，也有客商愿意"安歇"。除了江南这种市场发育良好的地区外，在商人资本稀薄之地，也是商人侨居谋利之所。以西南边疆地区为例，明代经济开始起步，对劳动力和商人资本的需求量大，外省商业移民源源涌入。一些经济发达的县镇或交通枢纽，也有外地商人建立了常设商号。苏州洞庭商人在湖南巴陵设庄收布，在湖南本地销售，如屠氏在鹿角市临湖租赁了不少房子，世代在那里经营布匹买卖。在盛泽镇，不少外来客商站住了脚，由行商转化为坐贾，自己开设绸行，经营贩卖业务。

很多客商在城镇建行设庄，就地收购，转贩各地，有的客商则投资商品生产。久之，地域商人设立会馆。

三、侨居商人的本土融合与发展

1. 侨居商人与本地社会的冲突与利益关联

侨居商人阶层与当地社会存在矛盾，时常发生冲突。排外心理在各地都程度不等地存在，而当这些外来人口是富商时，这种社会冲突更为突出，因为商人与民众的矛盾、侨民与土著的矛盾重合。外地商人以财而雄，土著人心怀嫉妒，不时会发泄出来。杭州是徽商的主要侨居地之

---

① 《明清佛山碑刻文献经济资料》，广东人民出版社1987年版，第154页；万历《南昌府志》卷3，《风俗》。

一，财雄势众，与当地人时生冲突。徽商对当地人心存芥蒂和不满，比如，杭州候潮门外木业公所系徽商创自乾隆年间，他们在江岸购置沙地，共计3690余亩，作为木排安放之处，"是时沙地浙人有起而争者，以此构讼"。《徽商公所征信录·序》载此事，唯恐"无沙地，排无以安"。松江府上海县等地的徽商也不少，成化末年，《云间杂识》发出"松民之财皆被徽商搬去"的无奈叹息。

外来商人在经济上凌驾于当地人之上，引人注目，而他们为当地市场的繁荣所做的贡献则很容易为人忽视。为了避免树大招风，一些商人只得藏富不露。《佛山义仓总录》谓，"本镇五方杂处，所有顺德等处富户来此开设货店，自己携带小眷数口，闭门过活，向不与本镇绅士往来，俱畏人知其为富"。而更多的商人则起而寻求自我防卫，尤其是运用财力的优势疏通官府来保护自身。在常熟，"附居徽籍商民"多经营典当业，时常受到当地人的干扰，只得疏通地方官出面发出告示，告诉百姓，"城乡典户，不下数十余家，俱系小本经营"，不得无理滋生骚扰。[①] 苏州有座安徽码头，在北濠城根，常受到当地人侵扰。徽商请官府发布告示：该码头"系安徽往来船只停泊码头，界内所设义渡船及另建凉亭、茶亭、晒场等处，均属善举，毋许地匪棍徒作践滋扰"[②]。官府的告示是外来商人的护身符，因此他们常把这些普通的告示镌刻于碑石，随时用来作为挡箭牌，以化解当地民众的怨恨，消弭所受侵扰。现今各地存留的工商业碑刻，类皆如此。

遇到当地民众的滋扰，外来商人尚可明哲保身或寻求官府保护。一旦遇到地方官僚的盘剥压榨，他们就唯有忍气吞声，甚至另谋出路。一

[①] 《常熟县永禁扰累典铺碑》，载《明清苏州工商业碑刻集》，江苏人民出版社1981年版，第186—187页。

[②] 光绪二年《苏州府禁止地匪棍徒向安徽码头及凉亭晒场作践滋扰碑》，载《江苏省明清以来碑刻资料选辑》，三联书店1959年版，第251—252页。

般而言,外来商人对当地官僚,自然不忘时加滋润,经常打点,以换取立足经商的条件,但冲突总是不时袭扰他们。

不过,外来商人在一个地区长期开展商业活动,与该地区的土著形成了利益捆绑关系。商人需要土著的商品去赚取利润,而土著也必须依靠商人的销售来实现其商品的价值,没有商人的销售,他们的产品不可能流向遥远的市场。在江南有"无徽不成镇"之谚,棉业重镇南翔镇,"往多徽商侨寓,百货填集,甲于诸镇"。营商环境变差,徽商徙避,南翔镇也趋于衰落。①苏州盛泽镇,据《盛湖志·风俗》,当地人已意识到:"镇之丰歉,固视乎田之荒熟,尤视乎商客之盛衰。"因此,外来侨居商人与当地社会多能在矛盾冲突之中达致平衡,在利益驱动下,商人仍选择侨居。

商人们力求融入当地社会,时常通过善行义举来融洽这种关系。徽商汪尚广,客居杭州时,"开商籍,浚运河,立义仓,修道路"②。"侨居金陵"的金嘉灏,在一次水淹南京城的洪灾中,买小舟数十只,载粥救灾;金荣生在一次洪灾中,赍五百金于下关,立局救生。同时,商人在当地展开的业务,也形成了许多合作伙伴,或通过土客联姻等渠道,在当地建构其社会关系网。在杭州,"新安武林一水相原者,壤封错锈,风俗便安。或托业蓰政,与姻娅于兹邦,其子弟所籍,虽曰旅途,犹之乎土著也"③。在侨居地做善事,行义举,修桥补路,这种事例不胜枚举,他们已把侨居地视为其根基了。

商人特别注重对子弟后代的培养,设法使他们融入当地社会,进入官僚阶层。明朝士人必须如籍应试,经商人的努力,政府专为河东两淮

---

① 《嘉定县志》卷1。
② 民国《歙县志》卷9,《人物·义行》。
③ 安徽博物馆藏,康熙《紫阳崇文会录》首卷《书院通考》。转引自汪庆元:《徽商与两浙崇文书院》,载《江淮论坛》1988年第3期。

盐商子弟设"盐籍",后来在其他地区亦专设"商籍",允许寄居的富商子弟就地应试。徽商还在寄籍地建立书院,如规模最大、历时最长的杭州崇文书院,培植子弟直接在客籍地应试入仕,提高自身的社会地位,壮大他们在当地社会的竞争势力。

清代状元中,徽州籍高达24人!按旧制,应试士子只能在本乡报考,不得冒籍。从明代起,商人可以在侨寓地区应试,即所谓的"商籍"制度。歙人许承尧《歙事闲潭》统计,歙县有清一朝进士296人,其中异地寄籍174人。

2. 侨居商人的本土化发展

商人迁徙、移民从商,较之在原籍往往要承受更大的生存压力,这种压力转化为动力,推动他们不断进取。同时,移民脱离或部分脱离了原有的社会土壤与关系圈后,容易摆脱传统的束缚,具有开拓性和冒险精神。商业移民在这方面更为突出。寄身于较发育的市场环境之中或有利的谋利条件之下,他们便如鱼得水,可以得到较快的发展。

商人侨居后,在有利的市场环境下获得较大的生存空间,商人资本得到了发展。明代宁波人孙春阳在苏州开了家"天下闻名"的南货铺,该店规模大,其经营之善更是冠于全城,分为"南北货、海货、腌腊、酱货、蜜饯、蜡烛等六房,其制如州县署。售者由柜上给钱取一票,自往各房发货。而管总者掌其纲,一日一小结,一年一大结"。自明万历至清同治400年长盛不衰,成为苏州有名的前明旧业。①

苏州的市场环境,确使外来商人趋之若鹜,各显神通,苏州成为"五方杂处之地"。如福建商人自海陆源源至,雍正年间,"惟阊门南濠一带客商辐辏,大半福建人民,几及万有余人。"②

---

① (清)钱泳:《履园丛话·杂记下》;又见同治《苏州府志》卷149,《杂记六》。
② 《宫中档雍正朝奏折》第一辑,台北故宫博物馆1977年版,第163页。

南京的外来商人也迅速成长，如婺源《三田李氏统宗谱》载，明代歙县李大鸿，原贾龙都，后过江宁，为其优越的市场环境而感慨："江宁为南都重镇，四方会集，贾而不就都会以馨其怀，何徒局促尺寸为哉？"于是"罢龙都，而贾江宁。公居中调业，而转贾者，人赀皆得。计所就业，未逾十年，而遂足当上贾矣"。不久他又在苏州开辟了另一个根据地，"姑孰距江宁不三舍而遥，亦永籍为公家之关中也"，亦视为家族的经商基地。

值得注意的是，一些外地商人从事牙商活动。牙人早已有之，宋代为数不少，明清更为活跃。如在杭州，"商等远来投寓客店，势必寻觅牙人，面同机户讲就价值，开定货色，将银交托牙人，转付机户买丝，照定织交，此古来通例"。据张忠民所辑，苏州九县，乾隆年间领贴牙商多达 4508 户，平均每县达 500 户，在枫桥米市，米业牙商多达 200 余家，丝绸重镇盛泽，丝绸牙行约千百余家。在太仓州，乾隆六年实有牙商 1963 户。

牙商一般为殷实土著充任，这既是由其居间贸易的性质所决定的，又是由官府明确规定了的。因为牙商的一个必备条件就是要对产地市场了如指掌，对供货商、产地行情等都非常熟悉。外来落籍商人从事此业，足见其商业关系网已在当地市场建立。王廷元对徽州牙商的分析印证了这一现象。如徽人王子承入蜀经商，充当牙人，管理市场，评定物价，主持交易；预付贷款，代客售货等活动。歙人程善敏贾于清江，主持交易文约之事，权衡市镇上货物之精粗美恶，订立公平合理的价格；调解纷争，说合交易。制订章程约束众商，维持交易秩序。外来落籍商人从事牙商经营为数不少。苏州的徽州木商与木牙，范金民（1989）据碑刻资料统计，康熙元年有木商 9 人，木牙 9 人；二十二年木商 38 人，木牙 11 人；二十七年木商 132 人，木牙 9 人。乾隆三年木商 94 人，木牙 5 人。

与此相关，牙商职能发生了变化。据张忠民（1996）考察，随着交易的扩大，较大城镇的部分牙商开始向大批发商嬗变。如江南地区的布行、丝行商人，自己出资设庄收货，并根据市场及客商所需进行加工处理，向贩运商人出售。嘉庆时《濮川所闻记》明确指出了这种变化，濮绸"昔时京省客帮到镇买货，绸行系代客买卖"。嘉庆以后，"机户卖绸，直接售于绸庄，并无接手，亦无出庄"。与过去相比，"今之绸庄，坐庄收货，而售于他省，性质不同也"。褚华《木棉谱》则指出上海县外地棉布商人设庄收购，直接导致了牙商向批发商的转化。在江南，这类布行、丝行、绸庄，大部分为徽晋等外地商人开设。苏松一带，"其开张字号行铺者，率皆四方旅寓之人"。[①] 这样看来，牙商向批发商的转化，与外地商人落籍经商紧密相连。

19世纪中期以来上海商人群体的成长，主要是由侨居的外地商人所推动的。上海开埠初期，宁波商人、广东商人、洞庭商人、湖州商人、徽州商人等，大量定居上海，构成了当地商人阶层的主要力量。特别是宁波买办和香山买办，如宁波慈溪董氏、镇海方氏、严信厚、朱葆三、叶澄衷……广东香山徐润，1852年，15岁去上海，由学徒至买办经营钱庄、房地产、茶叶、生丝、棉布和其他产品等各种店铺。"业丝茶二十年，中外人士交相推重。"外来商人群聚这个新兴近代城市，在与西方殖民商人的接触过程中，开始由传统型商人向近代商人转化。

宁波商人、广东商人、湖州商人等在上海充当通事和买办，外地商人形成新的商业资本，组建经营进口商品的字号，如棉布字号、五金字号；经营出口商品的行栈，如丝行、茶栈，他们与内地的转运商、集散商、收购商、零售商等建立了新的商业体系。所谓上海商人，实际上是以江浙商人为主导，其中又以宁波商人为突出。

---

① 《郑开阳杂著》卷11，《苏松浮赋》。

第二节　地域商人群体与商人组织

一、商帮

明清时商人侨寓开始增多，逐渐形成商帮，建立会馆。

商帮，是一种习称，"客商之携货远行者，咸以同乡或同业之关系，结成团体，俗称客帮"。商帮，不是联系密切的商人集团，不是利益集团，更不是如现代的企业集团，而是一种基于地缘与血缘关系的松散结合的商人群体。帮内成员互相援引、提携，提供信息。商人会馆的宗旨多为"有利则均沾，有害则共御"。这与近现代东南亚的华侨华人地域群体非常相似。"帮"的内涵与外延，没有严格的限定，是模糊的习称。不过作为一种历史习称，在此仍加援引。

商帮是指地域商人群体，如晋商、徽商、陕西商帮（秦商）、鲁商、闽南商人、福州商人、莆田商人、潮汕商帮、广府、客家、江右商帮、洞庭商帮、龙游商帮、宁波商帮（宁绍商帮）等众多地域商帮。外地商帮向江南汇集追逐利润与高回报的过程，实际上就是江南市场商人资本聚集的过程。明清商业繁荣和市场发展所衍生出的商帮的兴起，其中最具代表性和成就较高的就是晋商和徽商。

落籍定居，商人经营网络随之变化，商业组织得到发展。侨居异地之后，商人把侨居地与祖籍地的业务有机联系起来，建立联号，如湖州南浔丝商侨居上海，经营生丝出口贸易，在通商口岸建立丝栈、丝号，与南浔产区的丝行相联，构成有机的营销网络。

当商人在侨居地的业务扩大后，往往需要招徕亲友或接收同乡前来协助合作。随着业务的扩展，有些同乡亲友又在其他地区侨居下来，从而使商业关系网不断扩大。如宁波镇海方氏家族，方仁熙于道光十年在上海设立履和钱庄，后扩大为南北两家，其族弟方性斋先后于多处开设了 17 家钱庄，另一族弟方仰乔，在上海和宁波各有 8 家钱庄。方氏以上海为基地，业务广布于江南、宁波，并延及湖北、天津等地，经营领域也扩大到了银楼、绸缎、药材、南货、渔业等行业。[1] 镇海叶澄衷，同治元年在上海开设了第一家五金商号——顺记五金洋杂货店，进口五金杂货和日用洋货，业务以上海和江浙为主，扩及长江与北方沿海各城市。后来他的顺记商号发展至38家五金店号，形成了广布的商业网。[2]

商人会馆在各地普遍建立，这是一种以同乡团体形式出现的独特的商业组织。外来商人在旅居地的人数增加、业务扩大，工商业会馆是旅居异地的同乡商人组建的民间机构，旨在敦睦乡谊，联络商务。有的会馆，直接起源于同乡商人接济在外困顿者乃至安置客死他乡者。在常熟，康熙年间徽商设立了"新安义冢"，为同乡客死者而设。雍正乾隆年间在义冢之外又设立了待葬所，到清中期，义冢旁的普度庵成为"新安公所"。逾20个省份的商人在江南各地设立了会馆（不包括公所），其中外省以安徽最多，达48个，福建以21个居次，以下为广东11个，江西9个，山东8个，山西7个，湖南6个。

二、商人会馆

商人会馆的设立，是地域性商人群体活动走向稳定的产物。某一城市或某一行业中从业人户因籍贯不同而形成一定力量的时候，多按地域结成不同的帮口。在外旅居的同乡人结成会馆，凭借地缘纽带联络商务，互助合作。

《上海县续志·建置下·会馆公所》述会馆组建的原因称："贸易于斯，侨居于斯，或联同业之情，或叙同乡之谊。"在常熟，《宁绍会馆始

---

[1] 中国人民银行上海市分行编：《上海钱庄史料》，上海人民出版社1960年版，第730—743页。
[2] 浙江省政协文史资料委员会编：《宁波帮企业家的崛起》，浙江人民出版社1989年版，第72—76页。

末记》载，宁绍"两郡人士之经营斯土，或因而辗转流寓者"，为克服"散漫无团结"，义修瘗所，设宁绍会馆。

在上海，《浙绍公所碑序》云："自乾隆初年，绍郡绅商在上海地方贸易，立有铺户，计在长久。犹虑樯帆来往，无总会之局"，遂建立公所，可见上海浙绍公所是绍兴旅沪商人的"总会之局"。

会馆对于地域性商人群体的成长，尤其是商帮在异地的发展，起到了积极的作用。比如，杭州丝商在苏州建有钱江会馆，"商贾捐资，建设会馆，所以便往返而通贸易，或存于斯，或客栖于斯，诚为集商经营交易时不可缺之所"。1765年买下雄壮坚实的建筑物，使本籍商人"得以捆载而来，僦赁无所费，不畏寇盗，亦不患燥湿"[①]。

"凡商贸繁华处必有晋商，有晋商居处，必有会馆。"晋商会馆将身在外地的晋商凝聚在一起，从而实现了晋商货通天下、汇通天下，同时也将晋商精神乃至山西文化传遍四海，将晋商踏遍天下的足迹保存至今。晋商于明中叶后走向高峰，孟伟估计，目前可知可考全国各地大体总数在1180余处。在北京含郊区县就有129处，河南省130余处，在陕西有110余处，在安徽有90余处。从山西至苏州，每隔60里有一晋商会馆。山西道商路上每隔一段距离就有山西会馆，目前有线索可考的大体有获鹿东会馆、获鹿西会馆、正定会馆、新乐（今承安铺）会馆、明月店会馆、保定会馆、定兴会馆、良乡会馆和长辛店会馆等。

山西商人行商北京，掌握着北京地区的银行号、钱庄、颜料、烟、煤、粮等行业。京华之地，乡党遍布，由商人出资兴建了众多的山西会馆，如河东会馆、浮山会馆、平定会馆、潞郡会馆、襄陵会馆、临汾东馆、临汾西馆、曲沃会馆、三晋西馆、泽州郡馆、三忠祠、盂县会馆、

[①] 乾隆四十一年十月《吴县永禁官吏占用钱江会馆碑》；乾隆三十年《吴阊钱江会馆碑记》，均见《明清苏州工商业碑刻集》。

平遥会馆、临襄会馆、通县晋翼会馆、平阳府太平会馆、晋翼会馆、平阳会馆等，不胜枚举。

乾隆年间，陕西商人在苏州建立了全秦会馆和陕西会馆。山西商人建立的翼城会馆和全晋会馆，勒于碑石的商人多达130余号。同治九年（1870年），山陕商人又与河南商人一起在南濠设北货码头，参与的山西商号达26家，陕西商号达15家。在苏州经营钱业的秦晋商人不少，乾隆四十二年，山西定阳公利钱行和联义会众商共达130余家。在盛泽镇，有山西会馆、华阳会馆。

三、同业公所

在同乡会馆的基础上，或在会馆之外，同业公所发展起来。这是商业组织的一大进步。

第一，同乡同业的格局是公所出现的路径。在苏州，不少会馆公所，是由地域性商帮所创的同业组织，如粗纸箬叶业的浙南公所，杭州绸商的钱江会馆，常州府属猪商的毗陵会馆，理发业的江镇公所，南京皮业商人的元宁公所，书坊业的崇德书院，吴兴会馆递变为湖绉公所，武林会馆递变为杭线公所，经营煤炭的宁绍商人于清末建立坤震公所，等等，反映了地域商帮本土化的一种趋势。王卫平认为，公所之源，直溯唐宋的"行"，是以土著工商业者为主的同行业组织。

第二，同业公所是地域会馆的功能专门化，集中于某一行业。在工商业较为发达的苏州和上海，行业性会馆公所大大超过了地域性会馆公所，其比例分别为154∶73，92∶62。宁波商人在上海人数众多，嘉庆二年建立了四明公所，后来各行业的宁波商人多设有同业公所，而以四明公所为总会。例如，嘉庆二十四年（1819年），宁波北号船商创建了浙宁会馆；道光年间，宁绍水木雕锯石匠创建了水木业公所。同治年间，四明木业长兴会，光绪年间，四明肉业诚仁堂、四明竹业同新会、四明内河小轮业永安会先后创设，此外还有水产业的同善会、海味业的崇德会、酱酒业的济安会、药材业的喻义堂、南货业的永兴会、银楼业的同义会、马车漆业帮的同议胜会等。这些同业公所，在某种程度上可以说就是四明公所的分支机构，宁波商人在上海的商业组织日趋细密，无怪乎他们能够称雄上海滩。

第三，同乡会馆侧重于地缘关系，而同业公所侧重于行业关系。虽然公所仍多为同乡商人，但毕竟以行业为纽带，就有可能打破地缘纽带，事实上也的确如此，这为现代商会的发展开辟了道路。在会馆和公所的基础上尤其是同业公所的传统，现代商会在清末民初政府的倡导下迅速纷纷成立。

第三节　各地域商人群体与会馆一览

一、徽商及其会馆

徽商来自徽州，包括歙、休宁、婺源、祁门、黟、绩溪六县，即古代的新安郡。徽商在宋代开始活跃，全盛期则在明代后期到清代初期。齐梁时，休宁人曹老常往来于江湖间，从事贾贩。徽州除竹、木、瓷土和生漆等土产的运销外，商品茶和歙砚、徽墨、澄心堂纸、汪伯立笔等文房四宝产品的问世，推动了徽商发展。明清两朝，江苏沿运区域属徽商重点经营范围。他们不但集聚于苏州、扬州、淮安等大城市，一般的市镇、乡村也都遍布其足迹，他们异常活跃。在经营方式上，既有坐贾，通过开设店铺出售货物，获取利益，又有转运南北商货的行商。

徽州地处新安江上游，东邻杭州府。徽州特产主要是木材、漆器和文房四宝之纸墨笔砚。这些商品自宋代以来就向外地输出，获取粮食，这种贸易可能是徽商发轫的原动力，傅衣凌推测徽帮起源于宋代。但还不足产生使徽商成为全国最大商帮的动力。明清时期江南市场繁荣，徽商参与其盛，终于卓立于全国商帮之林。

徽商号称"其货无所不在，其地无所不至，其时无所不鹜，其算无所不精，其利无所不专，其权无所不握"①。尽管如此，徽商的主要职能仍在于沟通江南与外地的商品往来。尽管徽商巨额的个别资本集中于淮扬，但这个地域商人群体的主要活动场所则在江南。最大商帮紧邻经济最发达的江南，其活动以江南为中心，呈放射状向全国及海外辐射。输出江南主要的商品棉布和丝绸，输入所缺之稻米与木材，并从事典当业。

徽州布商在苏南势力雄壮。在苏州，徽州布商见于碑刻者，康熙九年字号有21家，三十二年76家，四十年69家，五十四年72家，五十九年43家，乾隆四年（1739年）45家，光绪三十三年（1907年）44家。《三异笔谈》卷3载，汪姓徽州布商于康熙时在苏州开设益美字号，他让缝工们宣传其产品，声誉鹊起，一年售布达百万匹。自此200年长盛不衰，滇南漠北都把益美色布视为名牌布。《钱门塘乡志》载，该镇的丁娘子布，"纱细工良，明时有徽商僦居里中收买出贩，自是外冈各镇多仿之，遂俱称钱门塘布。"徽商的经营打开了钱门塘布的销售市场，市场的刺激又带动了周围各镇布业的生产。

徽州木商在宋代就已活跃于江南，明清木商以南京、杭州为中心。除徽木外，淳、遂、衢、处之木亦由徽商经营。徽商还深入江西、湖广、贵州和四川，将木材沿长江运往南京的上新河。徽州木商在苏州盛时多达132家，木商在齐门西汇建立了大兴会馆。徽州茶商在江南地区的兴盛约在乾隆时期，嘉庆以后，适应上海对外贸易的需要，经上海转口贸

---

① 万历《歙志》卷10，《货殖》。

易。乌青镇的茶叶店几乎都是徽商开设的。①

江南典业几乎为徽商所垄断。南京、上海、常熟、嘉兴、秀水、平湖等处全被操于徽人之手，清代歙人许氏在苏浙各地开设典铺余处，各类营业人员总计不下2000。《二刻拍案惊奇》中苏州的当铺直称为"徽州当"。常熟县徽典数量多，顺治时有典铺数十家，康熙二十年至少有37家。浙江平湖县有徽典数十家。在常熟，"附居徽籍商民"，"城乡典户，不下数十余家，俱系小本经营"。明代南京的典当业500家当铺，主要就是徽商徽州铺本大，取利一分、二分、三分。福建铺本小，取利三分、四分。

在江南大镇，徽商也非常显赫。盛泽镇徽宁会馆，道光十二年碑上，七邑董事共55人，徽商就有董事45名，该镇徽商数量应数倍此数。嘉庆以前，徽商在吴江县盛泽镇就建义冢，嘉庆十四年徽商与邻邑旌德县商人共建徽宁会馆，两府七县商人55人捐款，有房产、田产、义冢，还有供装货物用的驳岸。旌德县，在镇上也有会馆。乌程县南浔镇、德清县新市镇有新安会馆，长兴县四安镇有新安公所，归安县双林镇有新安义园，长洲县黄棣镇有徽商施旅亭堂。双林镇，嘉道年间有泾县会馆。乾隆时，吴、汪、程、俞等十六家徽商置新安义园。

徽商足迹遍布江南各地，不少地名竟因此而约定俗成。在杭州，钱塘江畔徽商弃舟登岸处，被称为"徽州塘"；芜湖，堆放木材之处谓之"徽临滩"，盖在芜业木者以徽州、临清人居多。苏州有安徽码头，在北濠城根，为安徽往来船只停泊码头，界内所设义渡船及另建凉亭、茶亭、晒场等处。歙县江村人在杭州聚居的里弄，竟被称为"小江村"。风水极佳的南北二山，万历以后，徽人在此占山图葬者愈多，喧宾夺主。徽商还创建了崇文书院，让徽州商籍子弟直接在客籍地应试，自万

---

① 民国《乌青镇志》卷21。

历至光绪三百年长盛不衰。

二、福建、广东商人及其会馆

福建商人活跃于沿海各地与东亚、东南亚地区，妈祖信仰随之普遍化。明王世懋《闽部疏》："福之丝绸，漳之纱绢，泉之蓝、福延之铁、福漳之橘、福兴之荔枝，泉漳之糖，顺昌之纸，无日不走分水岭及浦城小关，下吴越如流水。"从外地输入粮食、棉布等商品。

江南的花衣与生丝等则运销福建，在福建自制棉布和绸缎。湖州双林镇名产包头绸，"销福建及温台等处，沿海舟人用于裹头，盛时销至十余万匹"。湖丝是漳泉绸缎的原料来源，在主要集散中心双林镇与南浔镇，"闽广大贾投行收买"。①南浔镇有福建商人设立的闽公所。江南的棉花与棉布在福建大有市场，一些名品在福建声誉卓著，形成专由福建商人销售的品牌，产地则专门针对福建市场而生产。太仓州棉花质量高，经刘河港输出便利，闽商聚于棉花集散地鹤王市，这里的棉花在福建甚有名，"闽广人贩归其乡，必题鹤王市棉花。每秋航海来市，毋虑数十万金"。在苏州昭文县支塘镇，"居民善织作，闽贾至江南贩布，以赤纱所出为第一，远近牙行竞于布钤'赤纱'字样"，专门针对福建市场而织作。太仓州沙头镇的沙头布亦为闽商所好，"闽人到镇收买，寒暑无间"，以至居间贸易的牙行从中获利，"牙行获利者恒累资数万"。②

苏州的闽商人多势众。雍正初年，"阊门南濠一带，客商辐辏，大半福建人民，几及万有余人"③。福建八府，在苏州皆设有会馆。万历年间，福州商人首创三山会馆，康熙年间漳州会馆、邵武会馆、汀州会馆，

---

① 民国《双林镇志》卷17,《商业》；同治《双林志增纂》卷9,《物产》。
② 道光《增修鹤市志略》卷下,《物产》；光绪《四镇略迹·双凤乡·土产》；乾隆《沙头里志》卷2,《物产》。
③ 雍正朱批谕旨，雍正元年四月五日胡凤（羽军）奏。

兴化府的兴安会馆，泉州府的温陵会馆，雍正年间，延平、建宁两府商人建立延建会馆。道光年间，经营南货业的福州商人有洋帮32号、干果帮14号、青果帮16号、紫竹帮3号，经营丝业的有29号。

在上海，乾隆二十二年（1757年）设立泉漳会馆，两郡众商号船户、洋船户参与其中。建汀会馆，嘉庆初置田创义冢，道光五年建宁、汀州两帮商号于纸、棕各业抽厘建会馆。三山公所，由同治初闽帮运果橘商集资典房创建。1832年一个英国船员在吴淞口观察了7天，发现福建来的船每天达三四十艘。

嘉兴府港口乍浦镇，是福建商人进出江南的中转地。江南木材因城镇建设与造船业的发展而需求量巨大，福建是江南木材的重要来源地，在乍浦，木材绝大部分来自福建，有松、杉、楠等良木及木炭。福建的靛青、糖、龙眼、荔枝等果品及笋干等特产，亦由乍浦镇源源输入。福建商人则运回江南棉花、棉布、生丝等商品。苏州是全国最大的米市，福建是缺粮大省，福建商人在枫桥市收购米粮，经乍浦海运南下。由于成交量大，江南粮商对福建商人特别优厚，专门包装包运至乍浦，移交给福建商人。乍浦一镇就有三个福建会馆，"乍浦贾航糜至，三山、鄞江、莆田并设会馆，宾至如归"[①]。福州商人的三山会馆，康熙四十五年建；兴化商人的莆阳会馆，乾隆十三年建，等等。

广东商人群体，以方言群分为广府商帮、客家商帮、潮州商帮、海南商帮。广东之"香、糖、果箱、铁器、藤腊、香椒、苏木、蒲葵诸货，北走豫章、吴浙"，而广东商人则从外地输入粮食、纺织品等。

在苏州，广东商人于万历年间就创建了岭南会馆，雍正七年捐款的商人达225人。天启五年，东莞商人建东官会馆，康熙十六年建宝安会

---

① 乾隆《乍浦志》卷1，《城市》。

馆，粤商还专门建有海珠山馆，为贮货上下河岸之用。嘉应会馆，嘉庆十四年建。镇江有两广会馆。嘉兴府港口乍浦是闽广商人的中转站，广东的糖、果品等由此输入。在乍浦输入的糖中，"广东糖约居三之二"，广东"糖商皆潮州人，终年坐庄"。①

在上海有潮州会馆。乾隆二十四年（1759年）建潮惠公所，道光十九年（1839年）潮阳、惠来两县糖烟洋药各商，自潮州会馆中析出。揭普丰会馆，道光初自潮州会馆中析出。广肇公所，同治十一年（1872年）建立。近代，一批广东商人成为上海买办。如广东人徐润，1852年14岁去上海，由学徒至买办，经营钱庄、房地产、茶叶、生丝、棉布和其他产品等各种店铺，1883年已成为上海极为富有的商人。

三、洞庭商帮与同乡会馆

素有"钻天洞庭"之称的洞庭商帮，是太湖中洞庭东、西两山商人组成的著名地域商人群体，范金民对此考索甚工。宋代时，洞庭山柑橘有名，而必须从太湖平原运入粮食，这种商品往来当是催发商人成长的原初动力。明清时仍是如此，橘柚材苇和渔业资源等，"山泽之利弥不可胜用，遂以赡四方。通百物，成一圜府"②，但需要的粮食则必须从遥远的长江中上游输入。因此商人活动地域扩大，势力增强。他们以苏州为据点（近代则以上海为据点），足迹遍及全国各地，尤其是沟通江南与华北、长江中游的联系，承担江南的输出输入贸易。

江南与长江中上游地区的贸易，主要是输入最大宗输入品米谷，输出江南本地生产的最大宗手工业品丝绸与棉布。这种商品对流运动有利于商人资本的成长。西山商人活跃于这一地域，《林屋民风》谓，洞庭

---

① 道光《乍浦备志》卷6，《关梁》。
② 康熙《席氏家谱·载记五》。

商人,"商贩谋生不远千里,荆湘之地竟为吾乡之都会,而川蜀两广之间,往来亦不乏人"。西山沈氏、秦氏、郑氏、邓氏、徐氏、孙氏及东山徐氏,自明清世代都在荆楚湖湘贸迁有无,而获厚利。故《林屋民风》云:"洞庭俗以商贾为生,土狭民稠,民生十七八即出贾。楚之长沙、汉口,四方百货之凑,大都会也,地势饶食,饭稻羹鱼,苏数郡米不给,则资以食;无绫罗绸缎文采布帛之属,山之人以此相贸易,襁至而辐辏。与时逐,往来车毂无算。……故枫桥米艘日以百数,皆洞庭人也。"皆洞庭人自然不无夸张,但枫桥米市成为江南和全国最大的米粮集散市场,离不开洞庭商人的活动。康熙年间,洞庭商人在枫桥建立会馆,严密监测米价的升降,洞庭米船直接赴会馆销售,摆脱了米行牙人的控制。

在湖南最大米谷转输中心之一的长沙,西山商人于明嘉万年间成立了金庭会馆。在楚湘的区域中心城市汉口,更大规模的金庭会馆也于清雍正年间设立。江南绸缎布匹,则经由这些中心城市向城乡分销。湖南湘潭、益阳等城市,西山商人都活跃其中。不仅如此,由于洞庭商人善于布匹经营,湖南本地的棉布销售也由他们垄断。巴陵是湖南著名的商品布产地,洞庭商人设庄收布,一年中巴布价值可达20万两。如屠氏在鹿角市临湖租赁了不少房子,在那里经营布匹已好几代。当巴陵布受到洋布的排挤后,洞庭商人也因此受到很大的冲击。

华北是明代江南棉布的主要市场之一,苏松棉布沿运河源源北上,供应齐鲁、京师、塞北,清代并及于东北。临清是最重要的转运中心,东山商人活跃于运河沿线。东山王氏、翁氏、叶氏在临清相继称雄,葛氏、叶氏则在徐淮经营。明代华北棉花南运,江南棉布北上。翁氏以此经营,势力雄壮,他们在临清广设店铺,远及湖北、闽粤,信誉卓著,至翁笠时,号称"非翁少山之布勿衣勿被",其舟车往来南北,海内指称"翁百万"。范金民据家谱材料分析,东山商人在鸦片战争前的主要活动区域是华北大地,而最重要的根据地就是盛极一时的临清,并且东山布商与临清的成长大体同步。

19世纪中期以后,上海迅速取代了苏州的地位,洞庭商人的据点也由苏州迁至上海。尤其是太平天国运动期间,江南富商纷纷携巨资避居沪上,洞庭商人亦群趋而至。《上海洞庭东山会馆记》称:"初我山人素善贾,精华萃江皖淮徐间。清咸丰朝,发匪蹂躏东南,商业荡然,微贵贱者,群趋沪江。……同治朝,官军克复苏松,败贼分窜东山,山人避地来沪者众。"此时,洞庭商人迅速适应了江南与全国经济地理格局的变化,特别是运河商路与临清凋敝,东山商人被迫改变经营方向和地域。在新的经营领域开展活动,如充任买办,投资钱庄,兴办丝棉实业等。如东山席氏家族祖孙十数人,较早在外商银行与洋行中充当买办,达64年之久。严氏在上海开设了6所钱庄,在苏州、常熟、吴县木渎等地亦开设。万氏几代人则在上海开设了近10所钱庄。范金民估计,洞庭商人在近代上海前后至少设立或投资了85所钱庄。东山商人在上海开设了东山会馆。当全国各地传统商帮纷纷衰落时,只有洞庭商帮与宁绍商人敢于创新,继续发展。

四、宁波商帮及其近代变迁

宁波,北宋称明州,南宋至元朝称庆元,当时是仅次于泉州、广州的对外贸易港口,中国与高丽、日本的海上贸易都由驻此港的市舶司主控。宁波海商历来活跃。明代厉行海禁,海商转入武装走私。一些海商资本则向内地转移,明末清初宁波商帮崛起。

宁绍商人在苏州,经营丝绸业者创设了宁绍会馆,煤炭业由宁绍商人垄断,建立了坤震公所。同治九年(1870年),山阴县在苏开张棉布染坊者建立了浙绍公所。乾隆三十六年(1771年),宁绍商人在常熟设立了会馆。江南市镇的宁绍会馆也不少,盛泽镇有宁绍会馆;王店镇于道光三年（1823年）建了绍兴会馆；德清新市，绍兴人建了古越会馆，宁波人建了四明公所；湖州南浔镇，嘉庆年间设立了宁绍会馆。

  清代宁波海商是一支重要力量，是上海沙船商人中的一个地域帮派。沿海贸易中，北帮商人行驶北洋航线，称北船；南帮商人行驶南洋航线，称南船。北船常运蜀楚、山东、南直的棉花、牛骨、桃枣诸果、杭纱等货。南船常运糖、靛、板果、胡椒、海蜇、杉木、尺板。[①] 北号商船往返于宁波、上海、天津之间，在北方各港口装载东北的大豆、豆饼、豆油，华北的果品、花生、花生油、粉条等南下，北上时从宁波装载浙东的茶叶、绍兴酒、明矾等，从上海装土布、丝绸、瓷器及各种日用品。如董耿轩、董友梅开设大生沙船号，往来于南北洋。镇海李氏，李也亨于道光初年到上海，初在沙船做工，不久就拥有了十余艘沙船，并拥有黄浦江边的久大码头。[②] 不少宁波巨商都从沙船业发迹，积累资本，投资于钱庄等行业。1895年，宁波绅商还创办了华商轮船航运企业——"外海商轮局"和"永安商轮局"，至20世纪，宁波商人在轮船航运业长期称雄于世。"浙江海船水手均安本分，非同游手。每船约二十人，各有专司，规矩整肃。盖其生长海滨，航海经营，习以为常，亦犹乡人之务农，山人之业樵焉。又皆船户选用可信之人，有家有室，来历分明。假使伤损一船，商货物价值五六千金，船金亦值五六千金。无不协力同心，互相保重。"[③]

  上海崛起后，成为宁绍商人活动的重要舞台，自称"沪地为宁商辏集之区"。清中期上海迅速发展，提供了商业机会。据家谱所载材料，镇海方氏，嘉庆年间互相援引，相继来到上海创业，初时开设糖行，经营南北货，商号增加。宁绍商帮在上海钱庄业中独执牛耳。嘉庆十四年

[①] 民国《镇海县志》卷6，《关税》。
[②] 《上海钱庄史料》，第730—735页。
[③] 《皇朝经世文编》卷48，《户政》，谢占壬《海运提要序》。

（1809年）成立的上海钱业总公所，64家钱庄中多半是宁绍商人的汇划钱庄。杭州，光绪年间宁波帮钱庄就有近20家。慈溪董氏，在上海、宁波、杭州、汉口各地都开设有数家钱庄。镇海叶澄衷家族，开设了"庆"字号与"大"字号钱庄各数家，还与另一钱庄主许春荣联姻，合资开设了4个"大"字号钱庄，各有资本2万两。①善于随时势变易的宁波商人，在19世纪末又积极转入银行业，我国第一家银行中国通商银行，就是由宁波商人控制实权的，严信厚、朱葆三、叶澄衷等巨商都是总行总董。至20世纪前期，宁波银行家在上海居于银行业首位。宁波钱庄业主为首于1809年在上海创设了钱业总公所，主导上海的钱业市场。金银珠宝的银楼业，宁波人在上海有35家。光绪年间杭州的宁波帮钱庄有近20家。

宁波商人在上海，率先开展了新兴的商业领域，充当买办、洋行代理，经营进出口贸易。镇海方润斋于上海开埠不久就开设了专营进出口贸易的商号方振记，在产地收购湖州丝和绍兴茶，打包出口，换取英商洋布。19世纪50年代上海的清洋布店，多数是由宁波商人投资经营的，如石塘翁氏和许春荣（湖州人）的大丰，慈溪增泰来的增泰、镇海李菜山的协泰，王和厚的时丰等。大丰包销英商泰来洋行进口的洋布，因客帮采购数量大，后专营原件批发。②《甬光初集》载，宁波出产的金丝草帽在上海出口，此类商号就有13家。

宁波商人将传统的苏广杂货铺改为洋广杂货店，经营进口日用杂货，如煤油、火柴、肥皂等。"五金大王"叶澄衷于同治元年（1862年）开设了华商第一家五金商号——顺记王金洋杂货店，进口五金杂货和洋油、洋烛、洋线团等日用洋货，尤其是铁器，销往农村制造农具。他

---

① 中国人民银行上海市分行编：《上海钱庄史料》，上海人民出版社1960年版，第730—743页。
② 《上海市棉布商业》，中华书局1979年版，第10页。

还包销美商的美孚油，不仅在上海和江南销售，而且扩及长江与北方沿海各城市。后来他的顺记商号发展至 38 家五金店号，形成了商业网。1890 年，叶澄衷还自创了燮昌火柴厂。[①]

上海四明公所，建于嘉庆二年（1797 年），后来各行业的宁波商人都设有会馆，而以四明公所为首。"甬人之旅沪者最众，各业各帮大率有会，而皆总于公所云。"[②]嘉庆二十四年（1819 年），宁波北号商人又创建了浙宁会馆。道光年间，宁绍水木雕锯石匠创建了水木业公所。各帮各业的宁波商人创建的会馆，可以说是四明公所的集体成员。四明头摆渡码头百官船户创建的兰盆会，同治五年（1866 年）四明木业的长兴会，光绪五年（1879 年）四明肉业的诚仁堂，光绪十六年（1890 年）四明竹业的同新会，光绪十八年（1892 年）四明内河小轮业的永安会；此外，还有水产业的同善会、海味业的崇德会、酱酒业的济安会、药材业的喻义堂、南货业的永兴会、银楼业的同义会、马车漆业帮的同议胜会等。

表 15-1 江南会馆公所数量

地区	苏州	上海	南京	杭州	湖州	嘉兴	常州	镇江
会馆公所总数（个）	227(260)	124	54	43	43	30	16	15
地域性	73	62	39	24	27	13	4	14
行业性	154	62	15	19	16	17	12	1

注：据范金民（1998：283）统计，苏州会馆公所总数达 260 个，系采用王卫平（1999）的统计，其中会馆 61 个，公所 199 个。

[①] 浙江省政协文史资料委员会编：《宁波帮企业家的崛起》，浙江人民出版社 1989 年版，第 72—76 页。

[②] 《上海县续志》卷 3，《建置下·会馆公所》。

第四节　商业信用与制度创新：以晋商为重点

一、晋商风云

晋商崛起于明初，发展于明中后期，兴盛于清代。洪武三年（1370年），明政府实施"开中法"，晋商利用山西靠近北部九大边镇中的宣府、大同、延绥、太原四镇的有利地理位置，主动参与交纳粮食换取盐引贸易的行列，迅速崛起于国内商界。明中叶，随着商品货币经济的发展，尤其是白银的广泛流通使用，晋商走出山西娘子关，将商业市场由黄河流域的北部边镇拓展到了长江流域和珠江三角洲。经过百年经营，晋商主导了明代中国北部边镇的粮食、铁器、贩盐、丝绸、棉布市场和清代全国的茶叶、当铺、账局、茶庄、票号、物流等市场。

入清以后，晋商得到长足发展。晋商开拓了万里国际茶道，在乾隆年间开创了中国粮食期货贸易的先河，道光三年首创票号，实现了商业资本向金融资本的飞跃，并进入鼎盛时期。晋商在商贸业（商号、店铺、作坊）、物流业（船帮、驼帮、车帮、货栈）、金融服务业（票号、钱庄、账局、印局、会馆、旅店、饭铺、镖局）等诸多行业创造了空前辉煌。

明清晋商不仅"走口外"，占领了中国各大商业贸易城镇市场、主要交通要道，而且走出了国门，远涉印度、俄罗斯、朝鲜、日本以及东南亚等国家和地区。通过长途贩茶、运铜、售皮毛等，相继开辟了连接欧亚的万里国际茶叶之路、大小西路（陕—甘—宁—青—新疆—中亚一带）、海上商路（苏、浙、闽、粤—日本、琉球）、张库大道（张家口—库伦）、晋蒙粮油古道（临县碛口—内蒙古包头）。

祁县乔家堡自幼父母双亡、被寄养于东观镇舅家的乔贵发，只身闯荡包克图，以拉骆驼、供草料、卖豆芽、磨豆腐起家，"滚雪球"式地发展起"复"字联号"复盛公"油坊、"复盛西"粮店、菜园、杂货十几座店坊，创造了"先有复盛公，后有包头城"的奇迹。晋商是以实体店铺起家的，但敢于大胆创新尝试。乔贵发创办的"买树梢"①，是世界上最早的粮食期货雏形，比 1848 年美国芝加哥农产品期货交易还早了约 50 年，开创了中国粮食期货贸易的先河。清代晋中商人在寿阳县粮食市场进一步发展了粮食期货贸易。三代帝王师祁寯藻在《马首农言·农谚》中将其概括为："买者不必出钱，卖者不必有米，谓之空敛。因现在之米价，定将来之贵贱，任意增长。此所谓买空卖空。"高春平评论到此实际上类似于粮食期货交易。

渠家也是祁县商人中的杰出代表。渠家大院，是罕见的五进式穿堂院，也是山西唯一拥有戏台的民居，彰显了渠家的豪气与富贵。巅峰之时，渠家不仅拥有遍及全国各大城市的商号几百家，还开设了汇源涌、三晋源等票号。美轮美奂、宏伟庄重、典雅考究的渠家大院，占祁县城一多半，号称"渠半城"。

以太谷为中心的曹家，建立起一个庞大的商业帝国。曹家善于管理和投资，知人善任，出手果断，敢闯敢拼，家族生意拓展到了全国甚至国外，被誉为"晋商首富"。曹家还在太谷修建了曹家大院，又名三多堂，寓意是多子、多福、多寿。

山西晋中地区著名的儒商之家榆次常家，十分崇儒，致力于将子孙培养为儒商一体的优秀人才，常家子孙先后有几百人通过捐买或科举获得官衔。常氏子孙常万达，眼光独到、勇于创新，造就了家族的兴旺发达。

介休侯家，人称"侯百万"。侯兴域善于经营和投资，为侯家成为著名的晋商立下了汗马功劳。侯兴域的儿子侯庆来很有谋略和远见，把侯家各地商号统一改为带"蔚"字的蔚字号。后顺应形势变化，又改商

---

① 高春平：《论明清时期晋中的中小商人》，载《晋阳学刊》2005 年第 2 期，第 29—32 页。

号为票号。侯家票号一度与著名的"日升昌"平分秋色。

明代曲沃人李明性青年时常感慨:"夫为弟子壮不能勤力,将坐而食父兄乎?"于是"挟资贾秦陇间"①。李明性敢于冒险犯难,择一贾业勤勉经营。由于注重分析市场变化,经过几年的商业经营,成为西北有名的富商。

蒲州人席铭曾言:"丈夫苟不能立功名于世,抑岂为汗粒之偶,不能树基业于家哉。"②他历吴越、游楚魏、泛江湖,通过贸易起家,资产巨万,而蒲称大家,必曰南席。

明清时期,晋商雄踞中华大地,扬名欧亚大陆,书写了一段浓墨重彩的历史。

二、仁义忠信与关公崇拜

晋商足迹遍布全国各商埠、集镇,凡建晋商会馆必在馆内建关帝庙。随着晋商会馆的发展,关帝庙亦逐渐分布全国各地,甚至走出国门到俄罗斯,后来又到日本长崎,诸多会馆一般都供奉关帝庙。

关帝庙里一尊关公圣像,就是千万民众的道德楷模和精神寄托;一座关帝圣殿,就是一个感天动地的忠义教案,是忠义、仁勇、诚信的象征。随着晋商与华商的迁移,关公信任走向世界。美国纽约、旧金山,日本神户、横滨、长崎、函馆等地,新加坡、马来西亚、泰国、越南、缅甸、印度尼西亚、澳大利亚等国,都建有富丽堂皇的关帝庙。

关羽以"忠义仁勇诚信"著称于世,成为华夏千古传颂的英雄,历代有16个帝王为关羽御旨加封,民间尊奉为"关公""武圣""财神爷"。千百年来,中华民族逐步形成了"文拜孔子,武拜关公"的传统

---

① 张正明、张舒:《晋商经营智慧》,山西经济出版社2015年版,第35页。
② 寺田隆信著,张正明、道丰、孙耀等译:《山西商人研究》,山西人民出版社1986年版,第272页。

文化格局。关公庙又称"关帝庙",另有大王庙、财神庙等别称。

关公义薄云天,千里走单骑,华容道义释曹操。关公崇拜,被尊为武圣,是神勇的化身,亦是忠义的象征。武圣关公是平民出身,从草根而起的圣人,历代不衰。清朝雍正皇帝敕命天下直、省、郡、邑皆得设立武庙,雕像崇祀,春秋二祭之外,逢关公圣诞,再行特祭。祭品要用太牢。为按规定举行祭祀,各府州县都大建关帝庙。如福建海澄县的石码镇,就建有8座关帝庙,常年香火不绝。商店、餐馆里,各式关公像前总是香火缭绕。

商人讲求诚信,关公财神寄托着人们的渴望,反映了社会的需求,在商人的眼里关公是财神的化身,是商人的保护神。商人拜关公表达了"以义致利"和讲求诚信的商业伦理追求与需求。

晋商的诚信精神,是晋商文化的灵魂和基石。诚信是晋商发家致富的内生道德根源,晋商以诚实守信的经营理念、精细管理的规章制度和经世济民的创业精神,谱写了中国商业史五百年的辉煌,传承弘扬了中华优秀传统文化,并为商业发展留下了一笔宝贵丰厚的商业文化遗产。[1]

三、晋商金融网络与跨国网络

明清晋商崛起和发展走的是开放之路,靠的是汇通天下、货通天下、足迹遍天下的开拓进取精神。明清以后,以晋商为代表创立了印局、钱庄、账局、票号等各类金融机构;针对城镇不同层次工商业从业者的不同需求设计并逐步完善了典当、印局、账局、钱庄、票号的金融机构和产品,制定了满足各层次市场需求的制度安排。[2]票号汇通天下,构成了四通八达的金融汇兑网。

---

[1] 高春平:《论大力传承弘扬晋商开放精神》,载《经济问题》2022年第6期,第9—17页。
[2] 周建波:《明清晋商多层次金融建设》。

晋商网络中的跨国网络，跟东印度公司是同时期的，东印度公司是以政权为依托的。祁县的合盛元票号，在朝鲜的新义州、南奎山、仁川，日本的下关、神户、东京、大阪、横滨设庄，合盛元以其较大的经济效益和社会效益，成为当时票号的佼佼者。1901年成立的永泰裕票号，率先在印度的加尔各答设庄。1906年成立的平遥宝丰隆票号也在加尔各答和拉萨等地设了庄，促进了西藏地区与印度的贸易。

明初茶叶贸易是晋商主要经营的商品，清代晋商茶叶贸易有了更大发展。"万里茶道"发端于明后期，兴盛于清中期，以晋商为主，贯通俄国、欧洲和中亚各国，途经235个城镇，总长1.3万余公里，是继汉唐宋元丝绸之路与茶马古道之后的又一条连接欧亚大陆，在中外经贸文化交流史上发挥过重要商业动脉作用的陆上国际廊道。万里茶道，是晋商经营商品贸易走出来的陆上商贸之路，其中中俄边境的恰克图，清中晚期，贸易最鼎盛，晋商有大小字号200多家，其中茶叶为主要商品，整条街上茶庄最多。

自从康熙二十八年（1689年）中俄《尼布楚条约》启动中俄互市茶，恰克图便由俄国边境的小村成为亚洲腹地的一座国际商埠。1692年俄国第一支商队进北京，随着雍正六年（1728年）中俄《恰克图条约》的签订，恰克图成为中俄贸易唯一的陆上码头，成为中俄两国互通有无、商贸往来的重要枢纽，造就了以晋帮商人为主，以京津帮为辅，总人数近百万的旅蒙商贸集团，带动了乌里雅苏台、科布多、库伦、归化、多伦诺尔的开发，以及内地杀虎口、张家口、天津、汉口，俄国莫斯科、圣彼得堡和西伯利亚地区伊尔库斯克、上乌金斯克、下乌金斯克等一批远东城市的发展。[1]

恰克图边贸在清代乾隆中期进入鼎盛时期，每年都有成千数万担的

---

[1] 高春平：《国外珍藏晋商资料选编》，商务印书馆2013年版，第18页。

茶叶、瓷器、大黄、丝绸、锦缎、铁器、棉布、烟酒、糖碱和其他日用百货从中国内地源源不断地输向恰克图、伊尔库斯克、莫斯科等城市以及欧洲各地，同时从俄商手中换回各种皮革、畜毛、羔皮、呢绒、棉线、麝香、鹿角等。俄国商人在晋商面前甘拜下风。他们发现，晋商的商人商号之间形成组织，并且这个组织是得到皇帝许可的，或者说是政府许可的，并规定成交价格。比如，卖茶叶，商人们就都按同样的价格卖，当然有不同的茶叶等级因素影响价格。晋商组织行业协会，在市场公平交易、规范商人行为、防止不正当竞争、处理商务纠纷等方面进行统一监督和协调。恰克图贸易"大都是在商号里按事先商定的价格，并由商界选出的四名监督人出面成交的。监督人是由商界选出的极受尊敬、最有信用的人充当，任期一年。他们对商品预先分等、定价，经全体商人大会通过决议后，就对交易情况进行监督。如果有人以次充好，就要受到相应处罚：头一两次罚款，第三次就要被取消在恰克图经商的权利"。

18世纪30年代至20世纪20年代，晋商在恰克图维持了近200年的贸易垄断地位。清中晚期恰克图贸易鼎盛时，山西票号达570多家，不仅遍布全国，而且开到了俄国的恰克图、圣彼得堡、莫斯科，日本的神户、大阪，朝鲜的仁川以及欧洲大陆。

四、经营管理创新：人力股激励机制

晋商的企业管理模式体现出了开放的特质，票号是典型的所有权与经营权分离的经营模式，实行产权清晰、经理负责制等现代企业管理方式。

"利由本生，财由人出"。清代晋商早已出现顶身股（人力股），或者说是以其人力资本折价股权，就是在企业的股份构成中，除出资人的银股外，还有掌柜阶层和资深职员持有的人身股。顶身股实际上并不出一文资金，而是凭其经营管理与服务入股，也称为身股、劳力股。

掌柜即经理人，通常有大掌柜、二掌柜，获得相应的股份。资深伙计，通过业绩获得晋升，也可能分享股权。东家在山西，掌柜则分散于大江南北甚至韩国、日本、俄国乃至印度。他们多为同乡，但往往并非家族成员。在信息传递与交通运输不发达的时代，对掌柜经理人的激励与约束，关键在于利益共同体下分享股权收益。当今华为也有类似员工股权激励制度。对员工的奖金，以股权的形式折算，特别是华为早期艰困时期，是一种不得已而为之却行之有效的激励方式。

银股是事实上的资本股份，顶身股则纯粹是收益股份。顶身股以一俸相当于银股的一股，一般大掌柜顶一俸，二掌柜以下到资深职员，根据工作年限和表现分别顶九厘以下的不同等次。起初银股大于身股。逐渐地银股没什么变动，顶身股却越增越多，以至出现了顶身股数额大大高于银股的情况。以大德通票号为例，1889年银股有20股，身股仅有9.7股，分别由23名从业人员持有；到了1908年，银股没有任何增减，依旧为20股，而身股却上升到了23.95股，持股人员达57名。

顶身股的激励机制在于经理人与股东的利益一致。它有利于调动管理层与员工的积极性，降低监督成本，保证资金安全与商号发展。这样一来，企业经营业绩就和员工个人利益挂钩，企业效益好，水涨船高。伙计等人3个账期（大约需要10年），工作勤勤恳恳，没有出现重大过失，经掌柜向东家推荐，在各股东认可下开始顶股，从一二厘顶起，慢慢逐步增加。每次增加的股份记入"万金账"，予以确认。能顶到七八厘就可能被提拔为三掌柜、二掌柜，就有了大出息。如果顶上股份后发生了重大过失，可酌情扣除股份，直至开除出号。

为了提升人力资本，晋商重视职业教育。清代在包头城，也有山西商人自办的子弟学校。旅蒙商大盛魁商号，在蒙古的科布多设有本企业的训练机构，从晋中招收十五六岁的男青年，骑骆驼经过归化、库伦到科布多接受蒙古语、俄语、哈萨克语、维吾尔语及商业常识的训练，一般为半年，然后被分配到各分号，跟随老职工学习业务。这种重视提高职工业务素质的办法，就是现在来看，也是很有远见卓识的。职业经理人市场缺乏，因此要自我培养。张五常的父亲就是学徒出身。

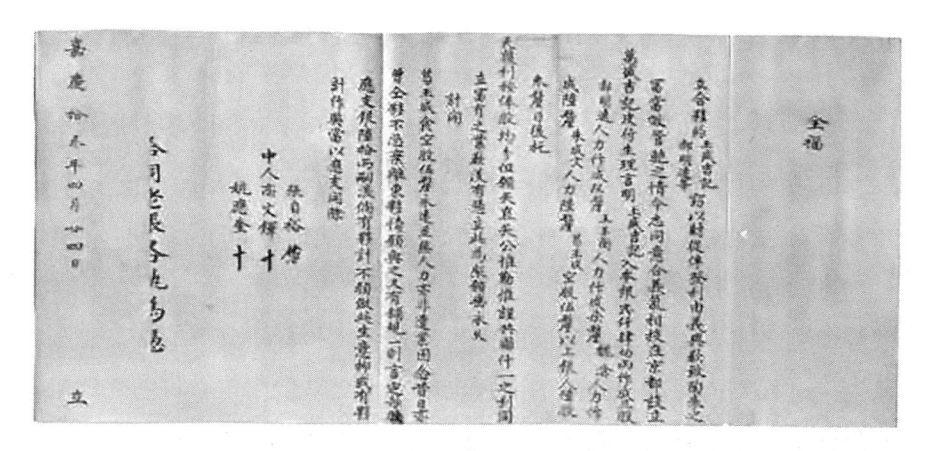

图15-1 《嘉庆十三年四月二十四日玉盛吉记、郝明远等合伙设立万盛吉记皮行合约》

员工去世后，家属还可以继续领取3个账期的红利，叫作故身股（遗业股）。这一规定充分体现了企业对员工的人文关怀，充满了人情味，所以晋商字号的员工都十分珍惜顶身股的机会，都会尽心竭力地工作，以报答企业的知遇之恩。其实顶身股本身就是未来收益，使经理人与企业的取向一致，也使企业利润转化为资本投入。

晋商在诚信经营的实践基础上，认识到明晰企业产权非常重要，经过反复长期实践，大胆实行两权分离、股权激励、劳资共创，东家和掌柜有机合作，有钱的出钱，有力的出力，有经验的出经验，没钱缺经验的年轻人可以顶身股，对业绩突出、贡献巨大的员工，去世后给予故身股，这一系列有效经营管理的规章制度和办法，克服了激励不相容难题。

第十六章
劳动力市场、企业与市场网络[①]

市场的功能不仅能有效地配置资源，还能寻求有效率的专业化水平和分工水平，发现有效率的制度安排，促进企业组织的改善。

劳动力市场替代商品市场，即企业组织替代市场，是制度经济学的核心命题之一。随着市场规模的扩大，专业化和劳动分工的程度越高，从生产过程到消费过程交换的次数也越多，交易费用也必将随之增加。而经济组织的变迁旨在降低这些交易费用，提高经济效益。对此，科斯（Ronald H. Coase）在其成名作《企业的性质》中，将企业解释为一种替代市场的资源配置手段或经济制度，企业也是一个交易的场所，于不同分工层次和生产环节在企业内部完成本应发生在市场中的交易。在企业内部，资源配置不再受市场约束，而是靠权威和指令来支配。当后者所需的交易成本低于前者时，企业制度相比于市场就更具经济效率。因而，在其他条件不变的情况下，市场中的交易成本越高，通过企业来组织资源的比较利益就越大；同时企业也有动力不断优化组织和治理制度，以降低内部交易成本，从而获得更大的效率优势。

科斯命题得到不少学者的阐发和深化。基于交易成本，诺斯和张五常等人认为，企业在产品市场上减少了一系列交易，同时往往在要素市

[①] 本章感谢李一苇博士的校正。

场上增加了另外一些交易。企业替代市场,从根本上来说就是劳动市场替代商品市场。因此劳动力市场的交易费用是企业经济效率和组织效率的一项关键性因素。① 另一些学者着重对管理体系的特征进行了分析。钱德勒、德姆塞茨将企业管理体系和管理成本视为企业存在的关键,当管理体系配置资源的成本低于市场交易时,企业组织就获得了发展的有利条件。②

除了通过替代市场降低交易费用外,企业组织扩大的另一优势是单位商品的生产费用下降,效益增加,即规模经济。产品批量生产越多,单位产品所耗费的生产资料越少,成本下降。同时,团组生产的生产率也能够带来经济效益的增加。

同时,我们也须清醒地认识到,企业组织的优势是有代价的,也就是组织变迁过程中将形成新的交易费用,可称之为组织的内生费用。如果这种新的交易费用抵销了它所降低的原交易费用和生产费用,特别是所预期的或能带来的收益与效率不足以补偿这些新增交易费用,那么企业组织的优势就得不到发挥了。这些新的交易费用主要包括组织中规则的遵从、考核与执行,团组生产中需要监督来减少逃避与欺骗行为。基于朴素的经济常识和生活经验我们知道,专业化和分工程度越高,从最初生产到最终消费者的整个生产环节也就越多,所需的考核费用也就越多。由此推论,企业组织精细化程度越高,内生费用也相应地越高。③此外,厂房、设备等也将带来相应的费用。通过市场与通过企业组织,各自的交易费用与比较优势,将决定制度选择。

---

① 诺斯:《经济史中的结构与变迁》,上海三联书店1994年版;张五常:《企业的契约性质》,载《企业制度与市场组织》,上海三联书店1996年版。
② 钱德勒:《看得见的手》,商务印书馆1987年版;德姆塞茨:《企业理论再认识》,载《所有权,控制与企业》,经济科学出版社1999年版。
③ 严谨的论述,可参见诺斯:《经济史中的结构与变迁》,上海三联书店1994年版。

考之中国传统社会，商品市场已发展到相当程度，然而企业组织却并未随之发生较大改变。哪些环节存在障碍？为什么发达的中国传统市场不能催生出近代企业组织？这是一个国内外学界广为关注的重大课题，以往不少研究成果牵涉与此相关的各种问题。本章试图从传统经济与社会结构中探索市场网络与企业组织之间的制度选择及其深层原因与演进源流，以明清纺织业为切入点，比较市场网络与企业组织面临的交易成本，在广阔的历史背景下对这种制度选择进行分析。

第一节　商人资本向生产领域渗透与包买商经营模式

从历史实证看，企业组织的形成主要有三种途径：其一是由商人资本在向生产领域逐渐渗透的过程中形成的；其二是商人、农场主或庄园主、地主等直接投资工业，从而形成纵向一体化的组织；其三是小生产者成功地扩大规模，雇佣工资劳动者，自己专事劳动的控制管理与产品销售。第三种情形本章暂不讨论。就第二种情形而言，在中国，宋元以来地主承担的生产组织功能越来越弱化，租佃制下个体小农独立经营则越来越成熟，明清时的押租制、永佃制强化了这些趋势。经营地主虽然存在，但始终是次要的形态。地主兼商人直接建立的企业组织同样影响有限，明清时主要在采矿业、伐木业、池盐海盐业、航运业、农产品加工业等领域中出现。[①]

我们重点讨论第一种情形，即商人资本向生产领域逐渐渗透进而形成企业组织。随着市场的扩大，商品的制造与消费在空间上和时间上的矛盾加剧，商品销售所需的时间和流通费用都逐渐增多，这就意味着交

---

① 吴承明、许涤新主编：《中国资本主义发展史》（第一卷），人民出版社1985年版。

易费用的提高。联结产地与市场、联结生产者与消费者的距离增加,链条拉长,环节增加,商人资本在其中的作用增强,也逐渐向生产领域渗透。

在市场预期收益的驱动下,商人向小生产者预付生产成本,进而为了保证商品质量与数量,向生产者提供原料,委托加工,包买产品。商人通过原料与成品两个环节,进行产品质量监督,也参与必要的加工、包装等环节。实际上开始涉入生产管理,进而提供生产设备,往往是生产者为偿还债务等原因而将设备抵押给商人,或者是商人提供更具效能的设备——设备越复杂或越昂贵,商人资本的控制就越快和越完全。此时商业资本几乎支配了生产领域,但工业制造仍处于分散状态。至此大体相当于分料到户制(放料制)或"散工制"(Putting-out System),都是依托商品市场而非劳动力市场建立相应的组织体系。此时商人资本也已兼有产业资本的要素。最后,当制造者被集中到商人开设的厂房之中时,手工工场随之形成;当设备由机器构成时,手工工场就成了现代工厂。这是源于历史实证的逻辑抽象。从分料到户制向企业组织的变迁,诺斯在其著作《经济史中的结构与变迁》中将之理解为自然演化的过程。分料到户制实际上是一种"原始企业"。

对于商人而言,参与或渗入生产环节只是经营方式的一种。他们只关注买卖差价,为了增加差价,他们可以利用个体工匠面临的资金不足与产销脱节的难题来控制原料,继而控制设备,乃至工业厂房。如果不需要控制原料、设备、厂房,就可以节省费用并获得更大的收益。或许这种控制同时会带来成本与风险,他们就不会这样做。实际上,无论是散工制下的市场网络联结还是企业组织,都是一种产业组织形式,是基于交易费用与效率比较之下的制度选择。

中国商人向生产领域的渗透,同样遵循上述逻辑,却很难看到一个完整的历史进程。宋代出现了商人预付资本包买产品的现象,商人"其买也先期而予钱"的支付定金行为开始出现,即商人以向生产者借款的方式预付定金。江西抚州经营绢纱的巨商陈泰,就通过向各州县分散的小手工业者发放贷款、收购其产品的方式,使远离淮南、汴京、杭州、四川等主要市场的小生产者依赖于他。久而久之,再通过代理商形成一套贷款收购网络,资本得以渗入生产。明清时期随着包含生产原料和辅助材料在内的生产资料市场的专门化发展,商人包买主以商品形式向生产者提供原料并收购产品的现象逐渐增多,并多见于商品经济发达的地区和行业。以棉纺织业为例,棉布的收购、加工、质检各环节,由布商委托各种中介人和中介组织来完成,如漂布、染布、踹布、看布、行布等。商人建立的布号,通过"包头"(坊主)控制着众多的小型染坊和踹坊的生产,经营着市场广阔的棉布营销。布号进行严格的质量控制,形成了自己的品牌,如益美号在200年间畅销不衰,独立小生产者按照布号制定的产品质量标准进行生产,可以说是被置入一个大商业组织影响之下的生产单位。[①]

其中,棉布的踹布加工环节,形成了基于市场网络联结的经营模式,如图16-1所示。苏州布商踹布加工不是自己直接经营,而是发放布匹,委托包头的踹坊进行。包头(坊长)租赁房屋,置备生产设备,同时管理外来踹工,踹匠的工资由布商字号交踹坊包头支付给踹匠。踹坊主具有双重身份。

对布商而言,他是包头——获得委托加工费用,由布商按件支付工价(如每匹1分1厘3毫),这是包头通过自身的资本投入(垫支设备、场地及银米柴钱)所获得的报酬。布商字号与包头之间有稳定的合作关系,但完全是自由选择放布或揽接。这与布商和其他各流通环节的"看

---

① 李伯重:《江南早期工业化》,社会科学文献出版社2000年版。

布、行布"等中介的关系是一致的，是一种基于市场的委托代理关系。

对踹工而言，他是坊长——监督管理者，转付布商支付给踹工的工钱。踹匠每人每月付给包头银3钱6分，这是坊长所获得的管理费。

布商、包头（坊主）与工匠之间的关系，很接近常见于现代企业中的投资人、职业经理人与雇佣劳动力之间的经济关系。踹布坊的企业性质也由此得以展现，这意味着商人资本对生产环节的全面掌控。在江南丝织业中，清代中期被称作账房的包买商在大中城市达到全盛，支配了当地的丝织业生产。有的账房自设机督织，形成手工工场。而在采矿业、冶炼业等资本密集型产业中，这种现象更为普遍。

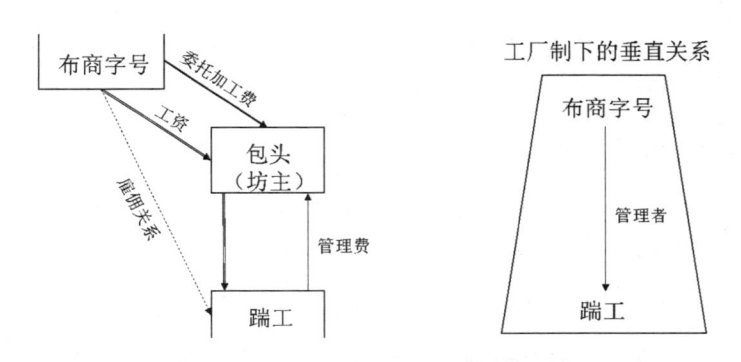

图 16-1　市场网络联结的棉布加工业模式

第二节　劳动力市场：管理成本、生产费用与企业规模

企业组织变迁过程中内生交易费用的产生，主要源于三个方面。一是劳动市场替代商品市场过程中交易费用的变化，也就是企业科层组织的管理成本与市场交易费用之比较；二是生产资料的集聚尤其是设备、厂房等固定资产的生产费用与效率之比；三是分工与专业化的实现，通

过市场与通过企业组织的区别。

既然企业组织的形成过程就是劳动市场替代商品市场的过程，那么企业组织与劳动市场的发育程度等自然紧密相关。这一过程中所产生的内生交易费用主要是，劳动力的获取与配置，劳动力的技能训练，劳动力的管理，如组织内规则的遵从、考核、执行与监督等，当然还有劳动力的工资。如果要素市场发育不完善，那么以要素市场替代产品市场的企业预期就会低，而劳动力的管理成本则较高，企业组织的交易费用就会高。早期劳动力市场，还与经济组织中劳动者的状况、雇佣劳动力的来源等相关。

明清时期的主体劳动者，即自耕农、半自耕农，与同时期西欧的主体劳动者相比，具有更有效的产权制度支撑。一方面，传统中国的个体小农经营，不仅具有独立性，而且当其再生产过程中断后，比较容易恢复，或者可以易地重建。因此，劳动力与农业的脐带难以割断，在工商业中被雇佣的劳动力始终与土地或农业有所关联。另一方面，个体小农家庭通常都被卷入工商业，或作为副业以补农耕之不足，或成为工商业专业户独立经营。

进入企业的工人大体有三种类型。第一种拥有土地或农业作为基本的生存保障，进入企业就像当作副业一样寻求更多的收入，他们会根据收入的多少与农活的季节随时退出企业。第二种是从事手工业时因缺乏生产商品的物质资料，而把劳动力卖给企业主，他们希望而且有可能接受企业主的生产资料，以独立生产的方式为企业主工作。这就是散工制下的工匠，有点类似租佃制的个体小农。第三种是工人的劳动力如果不出卖给企业主，就得不到利用，就会无以维生。明清中国的劳动力市场中，尤其是熟练工匠，基本上属于前两种，第三种即一无所有的自由劳动力，占比很低。这些劳动力，或者拥有土地作为最低生活的保障，或者具有独立经营的强烈意愿与市场机会。企业主雇佣工人并进行管理，

第十六章 劳动力市场、企业与市场网络

对工人的行为进行约束性的考核与监督，将需要付出较高的成本。再回到前述的苏州棉布踹染业，布商踹布加工并不是自己直接经营，而是将踹匠工资交由包头发放，并由包头管理踹工，包头从中获得管理费。重要的原因在于外来劳工难以约束，滋生事端、罢工歇业常见于记载。客商基本上是外来的徽商，难以管束众多的踹工，而"有身家"的苏州当地人则便于管理。① 此类包头，在20世纪前期上海的中外纺织企业中普遍存在，但他们已是工厂制下负责招收、组织和监督织工的企业管理者。

雇佣劳动力的报酬是企业管理成本的重要内容，企业主是否能以很低的工资获得廉价劳动力呢？在个体家庭中，劳动的边际收益递减，即使递减至极低的水平，劳动者仍愿意追加劳动，几乎可以不计成本。但对企业主而言则不同，一方面，企业主必须按劳动时间平均支付报酬，工人多工作一小时，企业主就得支付一小时的工资，企业主很难增加工资。因此企业主不可能低成本地获得家庭作坊中廉价的近乎无限供给的劳动。另一方面，任何企业主都希望雇佣熟练工人，熟练工人进入企业，劳动力的价值只能按简单劳动来支付报酬，因而所获工资将被大大低估。马克思指出，在工场手工业中，由于职能的简化，工人的技能等学习费用比独立手工业者要低，劳动力的价值就降低了。因此熟练工人被雇佣到工场里，不可能得到期望的或应得的工资，因为企业主只是利用其单一技能，他在其他方面的技能、知识、特长就都没有用武之地了。劳动力的价值被降低，工资必然也不高。因此熟练工匠不如在自己的家庭作坊中工作，劳动力价值会得到充分的释放，总体收益通常也会高一些。李伯重对江南的考察说明了这一点，江南劳动力素质较高，能够独

---

① 丘澎生：《商人如何改造生产组织？清代前期苏州棉丝工业的放料制生产》，"江南城市工业与大众文化研讨会"论文，2001年；范金民：《清代江南棉布字号探析》，载《历史研究》2002年第1期。

389

立经营小作坊，而不必依赖更大的组织直接管理生产活动。①

可见，作为要素市场的劳动市场发育滞缓，使企业组织通过劳动市场替代商品市场过程中产生的交易费用提高，是否足以抵销规模经营所带来的收益，留待后文分析。接下来我们再来看一看企业组织的生产费用。

资本的集中、生产的集中，随着生产设备的复杂程度的提高而加强，个体小手工业者只能适应简单工具，复杂的、大型的或昂贵的工具必然促进资本对生产资料控制的深入，对生产过程控制的强化。英国工业革命的发生过程就是充分的证明。无论是在西欧还是在中国，重工业、采矿业等更多是由商人直接投资与管理，而轻工业中常见的则是个体工匠的小作坊。明清时中国还可以找到其他实例佐证。在需要大型设备的领域，如苏州的踹布业，在特殊形态下形成了集体劳动。而棉纺织业中商人资本投资设备出租的"放机"现象，到20世纪有了机器织纱后才出现。生产资料的大型化有助于商人资本直接投入生产，扩大企业组织，但这种现象在明清中国尤为罕见，关键的原因就是置备大型设备与厂房的费用太高。

关于这一点，李伯重对江南企业组织的考察富有说服力。企业规模的扩大，首先决定于生产设备规模。江南的水力、畜力资源贫乏，畜力成本很高。如在榨油业中，油碾越大，油坊的规模也越大，经济效益也越佳，但因饲养牛用作畜力的成本太高，油坊的规模受到限制。其次，劳动场所是扩大企业规模的另一关键。江南砖瓦石料、木材紧缺，大型房屋的造价十分昂贵，企业规模扩大受到严重阻碍，水力、煤、林木等能源，铁等金属材料的先天制约，导致机械使用与规模扩大的瓶颈。而技术层面，由于种种原因，明清中国的纺织业从生产到市场都已形成成

---

① 李伯重：《江南早期工业化：1550—1850年》，社会科学文献出版社2000年版。

熟的体系，不能通过技术革新来自行完成自己的变革。技术创新的迟滞、生产工具的轻巧简单，使个体小生产的手工业如鱼得水，却使资本控制生产资料的进程停滞，企业组织因小规模的设备、厂房等方面的限制而未能扩大。

第三节　分工与专业化的实现：通过市场网络还是企业组织

布商、包头（坊主）、踹匠之间的关系与工厂制下的科层组织迥异。那么为什么要依托这种复杂的关系建立经营网络，而不建立科层组织直接经营呢？本节就来试着回答这一问题。

在前文中已经论述过，分工与专业化通过市场来实现，也可转而通过组织来安排。在利润与收益既定的条件下，制度选择视各自的交易费用而定。分工与专业化的不同实现途径，与分工的类别与特征相关。马克思将分工划为三种：一般分工、特殊分工、个别分工。个别分工就是组织，特别是工场内部的分工，前两种分工都属于社会分工。社会分工与工场内部的分工，不仅有程度上的差别，而且有本质的不同，见表16-1。

表 16-1　社会分工与工场分工的区别

社会分工	工场分工
每个环节的产出都作为商品的中间产品	局部工人不生产商品
以不同劳动部门间的买卖为媒介	以不同的劳动力出卖给同一个资本家，且资本家将之作为一个结合劳动力使用为媒介
以生产资料分散在许多互不依赖的商品生产者中间为前提	以生产资料积聚在一个资本家手中为前提
独立商品生产者产生竞争，以市场规则为权威	资本家对工人具有绝对权威

社会分工的实现通过商品市场，组织内分工的实现则通过要素市场，在不同的市场体系之下，各自的交易费用不同。中国传统市场自宋以来形成了等级体系，这是基于个体小生产者市场主体行为特征的市场结构，也与行政等级体系相辅相成。细密的网络，将分散的细小的个体小生产者卷入市场体系之中，并通过有效的价格传递，组织各地的商品集中与分销。这种市场体系中的商品，由于小农与小生产者的低生产成本，以及市场体系本身有效地传递价格信号、运输成本的低廉，商品总的成本较低。

　　在明清时期，我们确实可以清楚地看到，在市场发达的地区和行业中，分工与专业化更多地通过商品市场来实现，也就是社会分工较发达，甚至一些可以在企业组织内完成的分工也由更具效率的社会分工在市场体系中完成。从关于资本主义萌芽的研究成果中我们看到，在市场欠发达、劳动分工较少的行业与地区，如远离商品市场的采矿业、伐木业、池盐海盐业、航运业等，以及农产品加工业，出现较多的商人雇主制，即商人雇工生产的企业组织。相反，在劳动分工较细致的工业中，往往通过商品市场来建立工业运转体系，如丝织业与陶瓷业，最为典型的就是江南丝织业中的包买商。

　　清代江南丝织业已经形成一个复杂的组织体系，账房把丝织的每一个工序都组织起来，支配着机户，也支配着染坊、掉经娘、络纬工、牵经接头工等，形成一个庞大的工业体系。① 这是通过发料收货这一基本形式实现的，每一个环节都通过商品市场联系起来，这个组织体系主要依托发达的市场关系。散工制的组织形式，通过长期稳定的契约关系在一定程度上降低了交易成本，成功地实现了成本外部化和收益内部化。如果要以企业组织来替代这些市场关系，就必然要以要素市场替代商品

---

① 吴承明：《中国资本主义与国内市场》，中国社会科学出版社1985年版。

市场，那么其交易费用之大可以想见。

　　景德镇和广东石湾的陶瓷业中的许多工种，都专业化为独立的行、店，窑户中的一行只生产一类产品。陶瓷业因过分专业化，窑、作、行、店林立，互为分工协作关系，其工场手工业的规模反而十分可怜。

　　亚当·斯密在其代表作《国富论》中，以一根针的生产，详细地讨论了分工与市场带来的经济效率。马克思将工场手工业的基本形式区分为结合的工场与有机的工场，制针这样的产品要顺序地经过一系列的阶段的行业，采用有机的工厂的形式，将分散的手工业结合起来，能够缩短产品的各个特殊生产阶段之间的空间联系，减少阶段转移过程中的成本。但遗憾的是，明清手工业的经营模式中，制瓷业等适合形成有机的工场的行业，都并未按照降低成本的逻辑形成有机的工厂，反而分成专业化很强的各种工序与行店，仍以散工制主导，或者由商品市场关系主导。由于商品市场的发达，与前述劳动力市场的滞后，明清商人从市场中购买中间产品与制成品，较之购买生产要素，能够更充分地利用和实现分工与专业化及其具有的优势，要素市场替代商品市场的企业组织也就相应的发展滞缓了。

　　以上所论，在清代苏州等地的踹布作坊形态中得到了充分的体现。踹坊需要使用大型的工具设备，因而形成了二三十人规模的集体劳动。但这种企业组织比较特殊。踹坊由包头投资固定资产开设，踹匠也由包头管理，但踹匠工资却由商人（布号）计件支付，包头每人每月抽取固定数额的分成。包头相当于布号代理，但同时踹坊具有一定的独立性，二者之间也存在矛盾，时有诉讼。为什么布号商人不直接经营踹坊生产？主要是为了减少组织和管理工人生产的成本，这一点本章第二节已有论述。为什么包头踹坊不完全独立地经营，建立纵向一体化的组织？如果坊主自己收购布匹，加工后自己发售，那么其经营成本将很高，而且难以抵御市场风险。但徽商已经建立连接江南内外的营销网络，因此布商、坊主、踹匠三者之间，主要通过市场关系建立了这种独特的棉布加工与销售体系。布商与坊主之间的委托代理关系实际上也通过商品买卖来维系，布商与踹匠之间的雇佣关系因包头的中介而转变成通过市场的某种委托关系，坊主与踹匠之间只存在组织与管理关系，雇佣色彩较弱。通过这种复杂的关系，尤其是通过发达的市场，替代了劳动组织，劳动组织的高成本，则由商人与作坊主分担。这种产业经营组织体系，形成并建基于长期且稳定的契约关系之上。长期且稳定的契约关系能有效地降低交易成本，也表明这种组织体系的成熟性与合理性。

同样，在丝织业中，明后期已经出现了工场手工业的雏形。但到市场更为成熟的清中叶，手工工场反而基本消失，被较完备的包买商形式所代替。在商品经济最发达的江南地区，工业企业形式一直以独立经营的小手工作坊为主，它是江南企业发展的最佳组织形式，规模较大的作坊或手工工场，不仅数量不多，还有减少的趋势，[①] 这种趋势还延续到了近代。例如，19世纪中后期杭州的蒋廷桂，由于经营有方，绸机增至10台，雇了学徒帮工。但他不再增添机户，而是充当包买商向小机户放料收货。到光绪初年，他的蒋广昌绸庄支配的织机已达300台。后来他从日本购置铁制绸机，建立织绸工厂，同时仍充当包买商。这个故事耐人寻味。蒋氏作坊的规模达到10台织机后，并没有继续扩大规模，而是充当包买商，这显然是因为包买商能带来更多的利润，高于机户规模经济的效益。作坊的规模经济直到先进机器的引入才得到发挥，即便此时企业组织的利润还不足以排斥包买商体系下的个体机户经营。

农业企业的特征与工业企业组织类似，命运也相似，与工业、农业组织形成对照，商业企业组织的发展则引人注目。尤其如晋商、徽商建立了全国范围的庞大组织网络，在许多行业中，商业企业将各种手工作

---

① 李伯重：《江南的早期工业化：1550—1650年》，社会科学文献出版社2000年版。

坊联结成有机的体系。这正是因为市场体系与分工特征适合商业企业组织的发展。例如，对商业企业而言，影响最大的是商品市场而不是劳动市场；产品质量考核只需把握成品环节而无须进入生产过程；社会分工与分散化生产给它提供了更多的商业机会与更大的舞台；它对大型厂房与设备的要求较少，仓储或库房可以通过加快流通速度来缓解；并且可以通过扩大营销，在庞大的市场中充分实现规模经济。

企业是否替代市场，是各自的交易费用与效率比较之下的制度选择。明清商品市场体系发达，劳动市场替代商品市场存在一些制度性障碍，企业组织的内生交易费用较高。分工与专业化的实现，通过市场网络联结比通过企业组织安排要更具效率。生产工具与设备改良的高成本，也阻碍了资本对生产过程的直接控制与管理。

如果说企业组织的发展存在各种制度性障碍，那么，个体手工业独立经营则在明清市场体系中如鱼得水，富有生命力。家庭企业中，劳动不存在考核费用，要素市场的滞后不会对它产生影响；轻巧简单的设备，个体家庭得心应手，并且以熟练的技术、不计成本的劳动耗费提高效率；细密的市场网络，使家庭工业能够依托社会分工与专业化而获益，并弥补家庭内分工与专业化的缺陷。凡此都与科层企业组织的命运形成了对照。种种迹象表明，与扩大的企业组织形式相比，个体家庭经营在中国传统市场体系中具有很强的生命力与制度合理性。

包买商、散工制所反映的产业经营组织形式，不是棉布、丝织业独有的现象，其他行业与部门中也不乏其例。它以江南为典型，其他区域也广泛存在；它以明清时期为突出，但溯其源可直追宋元，顺其流在近代仍具有强烈的趋势性表现。

第十七章
明清全国市场的形成①

中国传统市场自宋代以来开始了一个新的发展历程,即由分散趋向整合,由封闭趋向开放,由割据趋向统一。本章选择较为突出和相互关联的几方面内容,试图展示宋以来尤其是明清时期中国传统市场的整合轨迹和全国性市场的形成,进而以明清全国市场的中心和中国传统市场发育程度最高的区域——江南市场为代表,介绍其发展水平和在全国统一市场中的地位。

全国性经济地理布局自宋以来发生了很大的变动,明清时期的作物专业产区重组与优化过程,显示出了市场导向下资源配置的作用。经济中心地等级体系,自宋代历明清逐渐与行政治所等级分离,各大自然地域的区域市场相继形成,并配合全国市场的发展不断调整与重组。以长江和大运河为主的航运网络的消长变动,亦深刻地反映了传统市场整合的轨迹。本章所述的这几个方面远不是中国传统市场整合的全部内容,然而它们仍清晰地显示出了16—19世纪的发展历程。在这种整合过程中,尽管市场机制没有成为全国经济运行的轴心,但传统社会下全国性统一市场已趋形成。

---

① 本章感谢李一苇博士的合作。

第十七章 明清全国市场的形成

第一节 市场资源配置与全国性经济地理布局的重组

市场化的资源配置，就是原有的物质资源与生产要素，通过市场信号（主要指价格）变动的引导，在不同地域或不同部门之间流动，从而形成了新的部门组合方式与地理布局。有的资源与要素，在某地区也许近乎无用，为人所弃，可是转移到另一个地区则可能成为至宝，能够得到充分开发与利用，创造新的价值，增加社会生产总量。合理、有效的资源配置必须以市场发展为前提，这在中国传统时代经历了漫长的历史阶段。明清时期经济地理布局的变动，在很大程度上得益于分工深化和市场发展，本质上就是市场化资源配置的结果。

唐代以前，全国农作物与手工业分布呈现强烈的自然均衡状态，各地的作物构成都具有较强的自给自足特征，远距离的物资交流很大一部分通过政府调拨手段来实现。商品流通在品种上多局限于名特产品，在时间上局限于丰歉调剂，在空间上地域延展度不大，尤其是大宗商品的远距离贸易稀疏。"百里不贩樵，千里不贩籴"，《史记·货殖列传》所载的这一民谚，直到唐代仍为商人恪守不渝。究其根本，这是因为运输成本的巨大耗费会抵销商品地区差价所带来的商业利润。

宋代多种商品的远距离贸易有了长足发展，几个地区之间的商品粮流通突破了丰歉调剂的模式就是其显著的表征。最大的商品粮基地太湖平原的米谷供给杭州、浙东乃至福建，长江中游各地的商品粮顺江而下行销江淮，两广米谷供给福建及浙东；北宋时南方米谷通过官府及私商运至汴京。同时，与全国市场相配合的专业化商品生产在局部地区崭露头角。以纺织品为例，河北东路、京东西路一带的蚕丝，成都平原的蜀锦，两浙路的湖州、杭州、越州、婺州的绢与罗，江西抚州的纱，福建、蜀川等地的麻布，都开始跨区域流通。此外，洞庭山等地的柑橘、福建的荔枝、四川遂宁的糖霜、江州的鱼苗等各地的特产，都形成了专门化的商品生产，远销四方。但总体而言，市场作用下的资源配置及其对全国范围内经济地理布局的影响相当微弱。

大宗商品贸易范围和区域分工在明清继续扩大和深化，在作物引种推广、产区重组优化的过程中，各地农作物的商品生产、手工业品的加工制作，经过优胜劣汰的市场竞争的作用，自然均衡分布的状况被打破，全国范围内的区域性商品基地出现。这种变化以蚕桑丝织业、陶瓷业、稻米业等较为突出。

蚕桑丝织业是我国的传统产业，唐宋以前全国各地都普遍存在，明清则发生了深刻变化。历史最为悠久、产品质量上乘的华北蚕丝区已基本上退出商品生产领域，陕西、山西绝少存在，河北、河南及山东仅稀落残存于少数地区，如山东部分州县的山蚕。另一大传统产区——川西平原，在清代也有相当程度的衰落。而江南蚕丝业则一枝独秀，并集中于湖州、嘉兴及杭州府的狭小地域内。湖丝以其优良质地广布全国市场，鲜有竞争对手。珠江三角洲是明中叶以后新兴的蚕桑区，但其质量远逊于湖丝，即使在当地也不敌湖丝。丝绸织作，也是江南技压群芳，产品覆盖全国，其生产集中于苏州、杭州、江宁三大城市和湖州、嘉兴等府的城镇。而在江南区域内部，丝织业也出现了精细的地域分工，并逐渐专业化。

陶瓷方面，唐末至两宋金元时全国各地名窑遍布，百花齐放，从元代开始至明清，景德镇逐渐垄断了全国市场。除了江苏宜兴紫砂、广东石湾瓷器等少数窑场，其他纷纷凋零，尤其是北方的窑址，退化为低级陶窑，其产品仅在当地小范围内流通。

以稻谷为代表的粮食作物，虽然各大区域都有生产，但有的已不成为主业，同时几大商品粮基地形成。长江中上游的四川、湖南、江西及安徽大部分地区，珠江中上游的广西，华北的河南、山东等地，都成为重要的商品粮基地，河套、台湾、东北等新兴的商品粮基地崛起。与此同时，江南太湖平原，由宋代的最大商品粮基地变为明清全国最大的商品粮市场，珠江三角洲亦由商品粮的输出地转变为输入地。

其他作物与产品也大多经历了类似的产地集中与布局优化的过程。棉花种植集中于江南、华北、湖北三大产地，明代华北棉花南运至江南地区，清代江南棉花部分海运至福建等地，湖北棉花西入四川。棉布织作也以江南最盛，其市场在明代时广布南北各地，清代有所缩小，但高质量棉布仍畅销全国。清代华北棉布在当地及西北占据优势，并辐及东北市场；湖北、四川棉布则占领西南市场。苎麻与麻布产地局限于南方的江西、湖南、广西及闽粤部分州县，市场化不显著。此外，蔗糖以台湾、广东、四川及福建为集中产区；果品基地以闽粤的亚热带水果和华北的温带水果为主，它们的市场除本区域外，均以江南地区最大；铁器以广东佛山、山西泽潞的产品市场最广，二者分别占领了南方和北方销地市场；造纸以赣闽浙皖山区为最大基地，产品运销四方。

经济地理布局的变动在很大程度上是市场资源配置的结果。在有限的土地上，如果以原有自然状态下的低效率生产，那么社会总产量无疑不能养活日益增多的人口，因此必须借助市场手段进行全国范围内的资源配置。根据各地的自然条件，优先发展能够充分利用地力与自然资源的农作物与手工业，实现区域专业分工，从而使各自的生产效率提高，社会总产量相应增加。例如，湖南土地宜水稻种植，劳动生产率大大高于江南，生产成本较低；而江南种棉植桑，则能获得较之水稻生产更好的经济效益。这样就形成了湖南水稻种植区、江南桑棉种植区的地域分工，而这种分工促进了各地劳动生产率与经济效益的共同提高。

市场对资源的配置产生导向作用，价格机制开始有效地调节全国商品的地区平衡，这在商品粮市场中较为明显。乾隆曾说，"浙西一带地方所产之米，不足供本地食米之半，全藉江西、湖广客贩米船，由苏州一路接济。向来米船到浙，行户接贮栈房，陆续发粜，乡市藉以转输。

即客贩偶稀，而栈贮乘时出售，有恃无恐。以是非遇甚歉之岁，米价不致腾涌。向来情形如此"①。从这段话可以看出，来自长江中游地区的粮食，经由苏州运至浙西沿途，无论是在城市还是在乡村，都形成了一个有机的销售网络，完成向最终消费者分散的功能。米谷贩运常年稳定，货源充足，因此行户能够"有恃无恐"，除非发生严重的粮食歉收问题，否则价格不会产生大的变动。康熙五十五年，苏州织造李煦的一篇奏折也反映道："苏州八月初旬，湖广、江西客米未到，米价一时偶贵，后即陆续运至，价值复平。"②苏州米价深受长江中游米谷输入的影响，而米谷运输较稳定，米价的大起大落通常只是偶发的现象。不仅销地市场如此，产区亦然。嘉庆《善化县志》说，"湖南米谷最多。然不以一岁之丰歉为贵贱，而以邻省之搬运为低昂"。这就是说，湖南产地的米价，决定性的因素主要不是自然丰歉原因，而是市场状况。

经济地理布局的优化，又促进了全国范围内的商品流通和资源配置。如嘉靖《高唐州志》载，河北高唐州（今山东聊城市高唐县）有"水陆之便，故缯绮自苏杭应天至，铅铁自山陕至，竹木自湖广至，瓷漆诸器自饶、徽至，……"也典型地反映了全国市场对各地方市场的影响。又如山西解州运城唯产食盐，乾隆《运城盐志·风俗》载，随着食盐贩运，"商贾聚处，百货骈集，珍馈罗列，几于无物不有，是合五方物产，即为运城物产"。商品在全国范围内的周流，以苏杭一带城镇的棉布、丝绸及日用杂货等各种手工业制品较为显著，可谓无远弗届。在明清各地方志中，苏杭杂货的记载俯拾皆是，山东、四川、江西、广东，远至塞北，亦不例外。唯其如此，苏杭各类手工业产品的生产才具备有利的市场刺激。张瀚《松窗梦语》卷4云："吴制服而华，以为非

---

① 《清高宗实录》卷304，乾隆十三年（1748年）五月乙酉。
② 《李煦奏折》，康熙五十五年（1716年）九月十六日"苏州米价并进晴雨折"。

是弗文也；吴制器而美，以为非是弗珍也。四方重吴服，而吴益工于服；四方贵吴器，而吴益工于器"。就是说，因为江南地区生产的服饰华丽，器物精美，在各地都十分受欢迎，而这又使得江南的手工业生产者更加善于制造华服美器。显然，市场是江南商品生产持续发展和进步的动力，推而广之也是全国经济地理布局的诱因。商品粮产地、经济作物种植区、经济作物加工区、手工业品产区之间的商品对流，互为产品市场，彼此依赖，相互促进。

当然，贯穿中国传统社会的问题之一，就是市场机制在社会经济中作用的局限性仍然是显而易见的，在此基础上的资源配置也没有成为全国经济地理布局的主导因素。明清时期的传统市场，在市场完备性方面的表现需要更多维度的考量。就交易商品的完备性而言，本节的论述表明，城乡居民生产生活各个方面都不同程度地卷入商品交易。而就作为制度的市场而言，传统市场的状态与经济学模型中讨论的完备的理想状态仍有相当大的距离。但在降低交易成本方面，传统市场也通过产权制度、赋税制度、市场管理、商业组织等来自官方和民间的共同约束，形成了与之相适应的制度体系，地权市场就是其中一方面。牙纪等市场中介，在城乡市场中充当组织者，担负着定制行市、组织交易的职能。其在各自市场上拥有一定的市场势力，民间创设市场之间对商品、商人乃至消费者的竞争，在一定程度上遏制了这样的市场势力，形成了"市场的市场"。例如，河南辉县百泉于明初形成的四月初八集会，成为太行山药材集散市场。但由于本地房东地主等求索太过，引起客商怨言，嘉庆七年商人将集会迁至新乡，经官绅调节，立定规约后方陆续将客商请回。[①] 地区之间、市集之间的此类竞争，促使各地改善营商环境，降低

---

① 丞庠：《四月会调查》，李文海主编《民国时期社会调查丛编（二编）·乡村经济卷》，福建教育出版社2009年版。

交易成本。信息成本是交易成本的另一重要来源，现代经济学认为，知识或信息因具有复制成本低、可共享性高的特点，对信息市场的效率造成重要影响，因而需要知识产权制度体系予以规范。以清代图书业重镇福建四堡为例，在当地，书版成为与田产地位相当的财产和生产要素，外地书商购买书版以在他埠印书售卖的情形也很普遍，当地书商可借宗族规条等维护其版权。① 以书版为载体的知识、信息市场形成规模，从而为其他市场提供支持。市场的市场，信息的市场，都反映了传统市场在市场制度建设方面的发展和成就。尽管仍面临局部交易中的外部性问题，但制度建设推动传统市场趋于成熟。②

第二节　区域市场网络与经济中心地变迁

　　城乡经济往来并不一定要通过市场纽带维系，也可以通过政府赋税与地主地租的形式直接将产品运抵城市，唐以前供给城市的农产品中有相当数量就不是经由市场营销渠道而来的。在城乡对立现象的普遍存在下，一些治所城市也曾获得较大发展，乡村集市也能自然萌发，但城乡市场没有形成结构性的网络体系。中晚唐至宋代，这种状况发生了变化，城乡经济交流逐步通过市场渠道得以维系，形成了府州—县镇—乡村集市的市场网络，地理范围往往以一个州府行政区或其部分地区为主体，也可以包括邻近州府的辖区，有的则由两三个州府组成。其中以府、州、军等治所城市为区域经济中心，县镇成为沟通城乡市场的中介，

---

① 吴世灯:《清代四堡刻书业调查报告》，载《出版史研究（第二辑）》，中国书籍出版社1994年版。
② 关于传统市场资源配置效率的详细论述，参见彭凯翔:《从交易到市场——传统中国民间经济脉络试探》第十章，浙江大学出版社2015年版。

第十七章　明清全国市场的形成

一批市镇在商道要冲、城市附郭及周围、农副产品集中产地及少数商品生产专业区崛起。一些较大的镇上升为与县治同级的经济中心地，并对县城形成挑战之势，其中不少在规模与市场功能上超过了县城，个别县城进而超过了州府城市。乡村集市作为底层网络，多由集市、村市、墟市等构成，是农户产品直接交换的场所。

宋代的市场网络中，各级中心地多与行政治所吻合。这是因为，政治因素对市场的影响，在传统社会愈往前期愈强烈，同时经济的封闭性与地方性也很严重，宋代开始出现松动，但仍范围有限。这种突破至明清加强，中心地等级与行政治所等级分离。

明清城乡市场网络体系，核心和中间环节的辐射范围都有所扩展，可分为流通枢纽城市、中等商业城镇、农村集市三个层级。其中，流通枢纽城市主要指作为全国性或大区域流通枢纽的城市，其贸易范围一般覆盖数省或十数省，多为中央级的税关所在地；中等商业城镇主要指作为地区性商业中心在商品流通中发挥承上启下作用的城镇，其贸易范围覆盖1~2个府、10个县左右或者更大些；农村集市作为基层市场遍布全国，正是由于农村集市网的形成，才使得城乡市场联结成为一个整体。[①]

明清时期作为中间环节的市镇发展更为迅速，尤其是在经济作物和工矿业的刺激下，宋代还很稀疏的专业市镇日趋普遍和壮大，商道市镇也在各地商品周流扩大的过程中强化和膨胀。新兴市镇的突出发展使之在市场规模与功能上出现等级分化，不再只是与县治同级的中心地，超过县城、超过州府治所的市镇比比皆是。还有十多个巨镇，甚至超越省府治所或与之并驾齐驱，成长为省级乃至更大范围的经济中心地。清

---

① 许檀：《明清时期城乡市场网络体系的形成及意义》，载《中国社会科学》2000年第3期；李伯重、邓亦兵：《中国市场通史·第2卷·明至清中叶》，东方出版中心2021年版。

人述岭南、华中、中原等地巨镇在商品流通中的作用，乾隆《祥符县志》卷6有一段话非常典型："食货富于南而输于北，由佛山镇到汉口镇，则不止广东一路矣。由汉口镇到朱仙镇，又不止湖广一路矣。"同时，专业市镇出现，其生产或交易的商品逐渐专业化，市场参与者——商人和农户——也逐渐专业化，特定经营某一类或某几类产品。专业市镇可分为手工业生产专业市镇和商品流通专业市镇，顾名思义，就是该镇分别以生产或销售某种大宗商品著称。专业市镇的出现，是商品经济发展到一定阶段的产物，它表明某地区的市镇经济迈进了规模经济的门槛，其市场化程度较高。

区域市场是一个自然地域内中心地体系发育和市场联系加强的产物。在唐以前，还很难清晰地描绘出自成一体的区域市场网络。宋代的发达地区，由一定数量的州府市场网络整合而成的区域市场已形成。以成都为中心、以川西平原为区域核心带的蜀川区域市场，北宋时以汴京为中心的华北区域市场，南宋时以杭州为中心的两浙区域市场，都已形成了这种自成一体的内部有机联系的网络格局。作为区域市场的最高中心地，它必须是一个综合性大城市。它不仅是一个商品集散中心，还应该是初级产品加工中心；它不仅对本区域内部具有强大的吸纳力，而且具有足够的辐射力，将本区域产品运向外地和远方市场。在价格机制上，其价格波动足以牵动区域内各地的价格变化，成为全区域价格机制作用的核心。如广州，"会城为一省根本之地，省会之价既平，而各属亦不至于昂贵也。"① 如汉口，晏斯盛《请设商社疏》载，这里的米价波动，"尤通省市价之所视为消长，而人心之所因为动静者。"仅从这一点而言，广州和汉口足以带动岭南和湖广区域粮食市场的整合。

明清时期全国主要农业经济区大多形成了有机的区域市场，并出现

---

① 《宫中档雍正朝奏折》第19册，雍正十年广东按察使黄文炜奏。

第十七章　明清全国市场的形成

耐人寻味的现象，各区域市场和省级市场的最高中心地，往往不是省会，或不为省会独任之。例如，岭南区域市场，由广州和佛山共同组成最高中心地，组织广东及广西的商品流通，并担负该区域与省外、国外的交往。在广西，商业中心功能由梧州府城及隔江不远的戎墟实现。湖广区域市场，汉口二镇的中心地位自明晚期后远驾于两省会之上。在湖南，清中叶以前湘潭是最大的米市和商业中心。在江西，省内外的物资周流以樟树、吴城为枢纽，超过省会南昌。

华北和江南，因为政治沿革的原因，表面上有些特殊，实质上和全国的普遍情形相似。北京作为皇城，是华北平原的最高中心地。而作为清代直隶治所的保定府，其市场中心功能远次于后来居上的天津。山东，商业中心城市为临清，而省会济南在省内外商品流通中的作用，湮然无闻，不仅远逊于临清、济宁，在某种程度上甚至不如该府邹平县下的周村一店。在河南，开封和朱仙镇是最高中心地，清前期则几乎由朱仙镇独任其职。江南最高中心地在苏州，它可以称为江苏的第二省会，但在区域市场的中心地等级中高于南京和浙江省会杭州。

此外，山西的区域核心带在南部的潞安、泽州及绛州一带，与省会太原相距尚远。以福建为主体的东南沿海区域，由于自然地理的影响，自流入海的各条江河，以入海口的城镇为中心，分别自成一个地方市场，与国内外的联系密切，而区域内尚未整合为一个有机的区域市场。云南、贵州等省至清代尚未形成区域市场。

由此看来，明清时期我国农业经济区内，真正一直由省会城市承当市场中心城市者，大概只有陕西的西安、浙江的杭州、四川的成都，而杭州是江南区域内位居苏州之下的次级中心地，四川的商业中心在19世纪后期也开始由成都向重庆转移了。

虽然至清中叶没有出现如近代上海一样的凌驾于各大城市之上的中心城市，但全国范围内仍然形成了几大超区域的中心城镇，如华北的北京、华东的苏州、华南的广州和佛山、华中的汉口,有效地发挥着全国市场中心的功能。全国性统一市场在经济中心地体系的建立与变动过程中,在各大区域市场的重组与整合之下已趋形成。

省级市场、区域市场格局的形成过程,同时又是它们调整与重组的整合过程,并由于各地市场的相应配合与促进,传统时代的全国性统一市场形成。这突出表现于湖北、四川、广西商业重心的转移,这种转移既是区域经济摆脱政治纽带趋向市场轴心的结果,也是配合全国市场整合进程的必然变化。

唐宋以前,湖北、四川的政治经济中心分别在荆襄、成都,这在很大程度上是它们与政治中心长安及洛阳联系更为便利的缘故,广西的政治经济中心在东北部的桂林,同样是因为北向与中原王朝联系的缘故。尽管川陕商道难于上青天,灵渠不过是规模不大的疏浚工程,显然它们无法承载沟通区域间市场联系所必需的大规模商品流通的容量——它们不可能成为全国市场联系的大规模通道,但足以胜任中央与地方政令的传输,并且是当时交通条件下与全国政治中心联系的便捷途径,因此区域政治经济中心亦随之分布。这种格局无疑更多的是政治因素作用的产物,而与市场因素不甚相关,甚至背道而驰。在市场发展的作用下,尤其是区域间市场联系的增强、全国性统一市场的整合等因素的作用下,明清时这种区域格局发生或完成了转移。

湖北的经济重心,自宋以来开始由荆襄一带向今武汉附近转移,至明中叶以后最高中心地稳定于汉口,并将湖南引入其市场吸纳与辐射范围,这在很大程度上是因为,湖南决定性的主要输出商品米谷、木材与铁等,以及重要输入品盐等,都必须以汉口为枢纽。广西则由于珠江航运的迅速发展与广州、佛山的中心功能和辐射功能的扩大,被整合入岭南区域市场之中,其经济中心亦随之由东北部的桂林转移到东南部的梧州及戎墟。元明时衰落不振的四川区域市场至清代经移民开发复苏,并在长江航运的带动下,商业中心自嘉道时期开始由成都转移至重庆。随着各地市场联系的加强,主要河道主干线承担的作用越来越大,区域经济格局的变动融入全国市场的整合过程之中。

此外,边疆民族地区的经济,虽然与内地仍存在相当差距,但明清时经济已大有起色,云南、西藏、新疆、蒙古地区,东北地区,以及东南的宝岛台湾与海南都得到程度不同的开发,这与内地市场的交往紧相关联。如在云南,外省资本远盛于本省资本;在新疆,清中叶后活跃着燕、晋、湘、鄂、豫、蜀、秦、陇八大商帮;在蒙古,内地移民的涌入使有的地区从游牧经济过渡为定居农业经济;河套一带与东北地区、台湾岛,更成为清代新兴的商品粮基地。《台湾县志·序》云,岛内"糖、麻、油、米之利,北至天津、山海关,南至宁波、上海,而内济福州、漳泉数郡"。正是这种日趋密切的商旅与货物往来,将各边疆民族市场纳入全国统一市场体系之中,不过它们大多还不是以统一市场内自成一体的区域市场的形态出现的。

第三节 传统市场整合与全国市场形成

一、全国市场形成的基础

明清全国市场的形成,就是国内主要区域市场通过跨地区贸易实现整合。明至清中叶,随着经济的发展和制度环境的改善,国内跨地区贸易条件得到改善,由此为区域市场整合乃至全国市场形成奠定了基础。

其一,制度改善主要源自国内外贸易政策的相对宽松,李伯重先生称之为"贸易的政治环境改善"[①]。当谈及近代中国缘何落后于西方这一

---

① 李伯重:《中国全国市场的形成:1500—1840年》,载《清华大学学报(哲学社会科学版)》1999年第4期。

沉重话题时，我们通常认为，重农抑商的经济政策和闭关锁国的贸易政策是重要的原因，但在明清的大部分时间内，国家对商业实行放任自由的政策，而非我们经常指责的"抑商"思想。吴承明先生在其经典著作《中国资本主义发展史》中指出，虽然明代徽商、晋商等商人资本的兴起，以及其不置田、不殖产的经营方式，引起了地主阶层对其追求金银钱以不断扩大商业资本的责难，但清代以来，商人资本的规模在数量级上急速增长，这方面的责难反而更少了，"崇本抑末"被康熙的"便民恤商"所代替。许多官僚也意识到商业在小农经济中的重要性，并主张削减商税以鼓励商业发展。例如，张居正作为明中后期改革的主持者，在《张太岳集》卷8中说，"商不得通有无以利农，则农病；农不得力本穑以资商，则商病。故商农之势，常若权衡。……余以为欲物力不屈，则莫若省征发，以厚农而资商；欲民用不困，则莫若轻关市，以厚商而利农"。也就是说，农业与商业具有极强的相互依赖性，过分强调一方都会导致另一方得不到充分发展，从而使农商利益都会受到损害。因而在政策制定中，维持双方的相对均衡才是合理的选择。张居正认为，如果期望国家的资源产品不匮乏，就需要减轻田税徭役，修养生息发展农业以为商业发展创造条件；如果期望人民生活富裕，就需要减轻商业和贸易领域的税负和关卡，便利商业以为农业发展提供更多资源。而在实际执行中，除了一些地方设置的关税外，明清（特别是清前中期）国家对国内贸易的干涉很少，体现在税收上。由于长期稳定的商税税率和从量计征的计税方法，清代的实际商业税负随着物价上升而呈下降趋势。[①]因而清代以来相对宽松的制度环境加速了18—19世纪的商业发展。同时明清以来政治上的长期统一和政治经济区域的整合，特别是清代，国家实现了对边疆地区的有效统治，全国范围内的贸易障碍绝大多数得以

---

① 邓亦兵:《清代前期关税制度研究》，北京燕山出版社1980年版。

消除，榷关的数量大幅下降。① 由此，商业发展和长途贸易得以在全国范围内展开。

其二，交通条件的改善客观上使得全国联系增强，跨区域的大宗商品贸易能够克服"百里不贩樵，千里不贩籴"所描述的运费约束。以长江及其支流和大运河组成的内河水网，与沿海航线构成了明清水路运输的主干网络，又以其相对于陆运，运量大、速度快、成本低、时效稳定的特点，大大方便了大宗商品的跨区域流动。至1840年全国内河航运里程达到了5万公里，沿海航运里程约为1万公里。同时期，中国水域中航行船只已逾20万艘，载量达400万~500万吨。明清长江航运的开发是全国性统一市场整合的重要表征，说明东西各区域间市场联系加强，而在此前这种联系相当有限，远逊于南北间的物资交流。南北向的交通运输历来是商品流通的主要流向，这是北方政治中心的地位对物资运输的影响所致。在传统市场整合的过程中，南北向交通的重要性逐渐减退。唐代繁荣的湘江水道，至宋渐衰；赣江水道，宋代盛极一时，到清中期后重要性相对下降；陆路的川陕商道，在宋代是四川区域市场鼎盛的生命线，也是陕西军事重地的军需供给线，南宋元以后一蹶不振。清中叶后千年辉煌的大运河也退出了历史舞台。

珠江流域类似于长江，明清时以米、盐为代表的原料与手工业品的对流运动，使西江运输趋于繁荣，广西商业重心东移至梧州及戎墟，佛山成长为岭南区域和全国性中心城镇，都是珠江流域商品运输扩大的直接表征。黄河、淮河、海河等各大河流都涌现出区域性或地方性中心城市与商品转运枢纽。淮河支流上的朱仙镇，黄河与运河相交处的淮安，海河各大支流相汇处的天津，以及卫河上的河南清化镇、河北小滩镇，

---

① 王国斌：《中国之政治经济区》，载《中国社会历史评论》第二辑，天津古籍出版社2000年版。

汾河上的山西绛州，等等，都是在各水系河道运输的带动下成长起来的。

明清时大运河仍充当南北大动脉。明代运河北上的商品，以棉布、绸缎为大宗，其次为茶叶、纸张、瓷器、铁器等。运河南下的商品以棉花为主，次为豆货、干鲜果品。清代，南货北上主要是绸、布、姜、茶、纸、糖及各项杂货；北货南下则以粮食为主，棉花、梨枣、烟叶、油麻等货亦为大宗。此外，长芦、两淮盐场经运河南下或转运的运输量，明代有一亿多斤，清代有二三亿斤。明代八大钞关除九江外，其余都位于运河上，即崇文门、河西务（清移天津）、临清、淮安、扬州、浒墅、北新关。运河七关在八大钞关商税总额中所占百分比，万历时为92.7%，天启时为88%。清代运河七关在全国关税总额中的百分比有所下降，康熙二十年为50.5%，雍正三年为40.9%，乾隆十八年为33.1%，嘉庆十七年为29.3%，道光二十一年为33.5%。① 明清时期运河沿线一系列城市的兴起，与南北物资交流紧密相关。临清可以说是大运河"创造"的商业城市的典型代表。元代新开运河使临清因获得了得天独厚的地理优势而崛起。杨效曾《临清小纪》描述道，临清每届漕运时期，帆樯林立，百货山集，当其盛时，绵亘数十里，市肆栉比。明清时临清一直是山东最大的商业城市，并曾为华北最大的纺织品贸易中心和粮食交易中心之一。天津也因运河的接引而由明代的一个普通军事卫所跃升为清代河北重要的中心地；江苏的淮安成为南北商品粮对流的中转地；扬州的繁荣，最主要的也是得益于其作为淮盐总汇和运河枢纽的地位；苏州更得益于运河之助，成为明清最大的全国性中心城市之一。

清中叶后，海运的重要性逐渐超过运河，这是中国传统市场新的生命力与牵引力之所在。运河的运输能力毕竟有限，随着南北商品运动的深化，它逐渐不堪负荷。如果把运河作为传统市场的某种象征，那么，

---

① 许檀：《明清运河的商品流通》，载《历史档案》1992年第1期。

它又是传统市场的局限性与滞后性的突出体现。海运取代运河,则为全国市场的发展开辟了新的道路。随着海运的日益扩大,天津进一步成为华北重要的对外联系港口,而上海的崛起更具有划时代的历史意义。在西方列强入侵并强迫通商以前,上海的发展势头实际上已显露无遗,它不仅早已超过松江府城,而且渐有取代苏州成为全国性中心城市之势。史称"自从康熙年间大开海道,始有商贾经过登州海面,直趋天津、奉天。万商辐辏之盛,亘古未有"①。到了近代,上海更成为中国最大的工商业中心之一。

而陆路运输也发展显著,19世纪初,业已有12条商业干道,连接所有的内地省份和大多数主要城市,也将边疆地区纳入辐射范围。

运输网络逐渐完善的同时,仓储、物流等商业环节的分工和独立发展,也可被视作贸易条件改善的重要环节。宋代城乡多有邸店,除为商旅提供住宿外,也有货物存储保管业务,杭州独有的大规模、专门化的仓储设施令人咋舌。至明代,更多的区域中心城市出现了专门的仓储业,如明初南京商旅辐辏,货物或止于舟,或贮于城外民居。官府"于三山门外濒水处,为屋数十间,名曰塌坊。商人至者,俾悉贮货其中,既纳税,从其自相贸易"②。清代这样的仓储设施在中小型转运城镇也普遍发展起来,湖北云梦县城棉布仓储的事例尤为典型。云梦是山陕商人贩运湖北棉布的中转站,道光《云梦县志·风俗》说,棉布北运必须在此重加包装捆载,才能"历远不变色,若不由云城改捆,一至河南渡黄河,布多霉暗"。因此西商在此租赁宽间屋宇,设立了十数处店号。四川江津县城也有这样的仓储设施,棉布由此分销云南、贵州、川西,商人在城北中渡建有专门堆布店。湖南各地商人,在汉口、湘潭等中心城

---

① 谢占壬:《古今海运异宜》,《皇朝经世文编》卷48。
② 《明太祖实录》卷211,洪武二十四年八月辛巳。

市设立本地货物专用码头,攸县商人在湘潭自建有码头,并时加修浚扩充,汉口有宝庆码头、萍醴码头。运输环节还出现了相关的包装服务业。景德镇瓷器出窑,都要分类拣选,分别包装运输,以保证长途贩运无损。[①]广东干鲜果品经梅岭北运,也已形成高水平的包装运输服务业。在佛山,有专门替外地客商沽货的行店,做到包收包结,其手续很完备,均立簿登记,一式两份,行店与客商各执一簿,加盖图记为凭。在苏州,枫桥市的米商,将闽广商人购买的米谷包运至海港乍浦。此类事例无须一一胪列,已足以反映运输业的进步,这正是降低运输成本、延展商品市场的前提。

此外,邮驿系统的完善以道路网络为基础,实现了信息传递效率的提高。同时私人经营的民信局也逐渐出现并兴盛,大大方便了商人的通信,降低了其信息成本。

其三,地区专业化分工与劳动分工的发展成为市场发展的驱动力。亚当·斯密在其著作《国富论》中提出,分工导致劳动生产率的提高,而劳动生产率的提高则是一国国民财富增长的主要因素,同时,分工发展程度受限于市场范围。基于这一经典理论,王国斌等学者将18世纪以深化分工和专业化而带来的较高生产率带动经济增长称为"斯密型增长",而在技术条件保持相对稳定的条件下,这种"斯密型增长"取决于市场规模及其扩大的情况。如前文所述,一方面,全国经济地理布局发生调整,与当今类似的东部—中部—西部、发达—发展—欠发达的经济带格局确立,中西部地区可向东部提供粮食、肥料、矿产、木材等原料,而东部可向中西部供给手工业产品,转移资金、技术、人力并提供

---

① 唐英《陶冶图》载:"其上色之圆器,与上色二色之琢器,俱用纸包装桶,有装桶匠,以专其事。至二色之圆器,每十件为一筒,用草包扎装桶,以便远载。其各省行用之粗瓷,则不用纸包装桶,止用菱草包扎,或三四十件为一仔或五六十件为一仔。菱草直缚于内,竹篾横缠于外。水陆搬移,便易结实。其匠众多,以菱草为名目。"

财政支持。二者之间在前工业时代形成了工业化发展中发达国家与发展中国家的关系，农作物和手工业生产的区域分工、手工业生产的不同环节在东部地区的进一步分工，促进了以江南地区为核心，以上述三个地带为腹地的统一市场。

其四，商人集团和商人资本的成长，地域性商人群体建立了几乎覆盖全国的商业网络。清代以来，商人的资本组织突破了传统的家族，实现了商业企业规模和业务的扩展。活跃的、规模庞大的商人群体和商业资本也为市场交易范围、规模和频率的扩大和提高作出了贡献。

其五，货币供给的增加加速了明清的市场繁荣。明代以来货币白银化取得重要进展，白银成为标准货币，铜钱作为次要货币，辅以票据，形成货币体系。事实上，白银作为交换媒介，宋代已在远距离贸易与大宗交易中替代因体重而不便携带与交换的铜钱，在交易中的使用频率逐渐提高，[①]元代成为与纸币并行的通货。元交钞的货币性能也健全起来，从钱楮并用——分裂割据的贱金属货币与尚不健全的纸币——走向银楮并行——统一的贵金属货币与健全的纸币，同时贱金属仍流通于世。三种货币并行毕竟混乱，明朝建立后不久钱楮取代纸币，走向银钱并用，自此一直延续到清末。白银成为货币，对于货物远距离贸易意义重大，不仅能够避免因大量携带铜钱带来的麻烦，也能够规避纸币发行中政府不当行为带来的通货膨胀风险。

明清货币供给的增加，一方面是白银供给的巨大增长。明清商品流通规模和地域扩大，促使白银的需求迅速增加。中国银矿贫乏，银荒成为困扰政府和市场的难题。根据吴承明的估算，中国白银年产量自明至清的增长十分有限，[②]货币供应的增长以外国白银输入为主，主要来自亚

---

① 王文成：《宋代白银货币化研究》，云南大学出版社 2001 年版。
② 吴承明：《中国的现代化：市场与社会》，生活·读书·新知三联书店 2001 年版。

洲的日本和美洲的秘鲁和墨西哥，18世纪还有华侨分别在今越南和缅甸边境开采的白银。西方殖民商人来到亚洲，卷入了此时华商主导的东亚贸易网络。他们需要中国价廉物美的丝绸、陶瓷、棉布、各种手工业品和后来的茶叶，但是西方缺乏具有竞争力的产品来与中国交易，于是他们将美洲白银航运到亚洲，通过马尼拉等东南亚贸易中心和澳门、广州等中国东南沿海港口，交换中国货物。初略估算，在1550—1830年，通过贸易顺差净流入中国的海外白银约为5.6亿两（约合2.1万吨），海外流入白银约占中国同期新增白银的90%，大致占同期全球白银总产量的15%。在海外白银的推动下，中国的白银存量从1550年的约1.5亿两提升到了1830年的7亿两左右，基本实现了货币和赋税的白银化，同时对中国经济与市场产生了全方位的影响。①

白银对全国统一市场的形成产生了关键作用。岸本美绪形象地将其喻为血液，而市场网络就是遍布周身的血管②，全国经济体就是一个生命体。虽然它的数量较之商品流通量很小，但举重若轻，至关重要。它随着血管流向各地城镇乃至神经末梢的乡村市场，市场有机体才能有效运转，才能富有生机。如果缺乏血液，血管和生命体就会枯萎。但这一点很少有人能意识到，当时的统治者更缺乏认识。人们总是认为，中国的对外贸易总额在GDP中的占比很小，因此是微不足道的，是可有可无的。于是中国政府把贸易看成对朝贡国与蛮荒的恩赐，一旦受到破坏或外部威胁，就下令"寸板不许下海"。因此，在禁海期间，银荒就会加剧，血液缺乏导致市场机体出现动荡，但这一关联未被发现过或被意识

---

① 张翼、蒋晓宇：《1550—1830年中国白银流入及其影响》，中国人民银行，工作论文，2021年。

② 2002年12月，在东京大学与岸本美绪先生的交流。

到。例如,"康熙萧条"① 就是因为市场缺银;尤其是当时最大的白银输入地日本于 1867 年禁止白银出口,使中国每年少了 50 余万两白银输入。

货币供给增加的另一方面来自金融和信用工具的创新。在 18 世纪后期和 19 世纪初期,中国出现了四种信用工具,即钱票(或银票)、庄票、会票和过账制度,或代替银(钱)直接流通,或可充当清偿工具,或通过双方在钱庄账户中相互划账以代替现金交易。可以看到,这些信用工具的便利程度已经与现代银行的汇兑和结算业务很相似了。此外,有学者指出,出现于 18 世纪的"虚银两"也是货币制度方面的一大进步。"虚银两"是银的价值符号,只规定这种银两的名称、重量、成色和当地的行用方法,却没有白银实物存在。它仅代表白银来发挥货币的职能作用,是政府和民间公认的能在市场上流通使用的标准银两,主要是作为记账单位和清算单位②。这已经极其接近当今普遍流通的纸币,一方面削弱了白银由于成色、称量等复杂专业问题带来的交易困难性,另一方面也使得货币供给对贵金属产量的依赖程度下降。

李伯重教授也指出,16—19 世纪中国的农村商业化与工业化发展,使得中国的经济并非我们传统印象中的家庭自给或地区自给模式,许多地区的农村出现了商业化与工业化的趋势,这是此时期中国经济发展最显著的特点之一。这种商业化与工业化,使得在 19 世纪初期,超过六分之一的中国人口必须通过市场来获得口粮,一半以上必须从市场上购买所需要的棉布。③ 大规模农村人口对市场依赖度的提高,为全国市场的形成奠定了基础。

---

① "康熙萧条"由岸本美绪(1984)提出,吴承明认为此论恰当并于《中国的现代化:市场与社会》一书中作了分析。
② 千家驹、郭彦刚:《中国货币演变史》,上海人民出版社 2014 年版。
③ 李伯重:《中国全国市场的形成,1500—1840 年》,载《清华大学学报(哲学社会科学版)》,1999 年第 4 期。

二、全国市场的形成

在上述几方面因素的作用之下,明清时期各地的商品、劳动、资金及信息在全国范围内流动的规模大幅增加。商品方面,跨地区贸易的长足发展,使商品种类和数量大幅增加,粮食、布匹等民生商品取代盐、铁等特殊商品,成为长途贸易的主体,市场上的工业品总值也超过了农产品。[①]

表 17-1 鸦片战争前主要商品市场估计

商品种类	商品量	商品值		商品量在总产量中的占比(%)
		银(万两)	占比(%)	
粮食	245.0 亿斤	16 333.3	42.14	10.5
棉花	255.5 万担	1 277.5	3.30	26.3
棉布	314 517.7 万匹	9 455.3	24.39	52.8
丝	7.1 万担	1 202.3	3.10	92.2
丝织品	4.9 万担	1 455.0	3.75	
茶	260.5 万担	3 186.1	8.22	
盐	32.2 亿斤	5 852.9	15.10	
合计		38 762.4		

资料来源:吴承明:《中国的现代化:市场与社会》,生活·读书·新知三联书店 2001 年版。

以商税间接观察市场规模与兴衰,是经济史研究中的常规方法。明中后期,钞关税收定额由隆庆年间的 29.4 万两,上涨为万历年间的 33.57 万两、天启年间的 44.22 万两,至崇祯年间涨至 78 万余两。[②]清代各关实征关税总额也由 1652 年(顺治九年)的 100 万两,增至 1849

---

① 吴承明:《中国资本主义与国内市场》,中国社会科学出版社 1985 年版。
② 李伯重、邓亦兵:《中国市场通史·第 2 卷·明至清中叶》,东方出版中心 2021 年版,第 380—381 页。

年（道光二十九年）的 470 万两。① 虽然有学者指出，以明清面向商业活动征收的流通税来还原市场流通总额难以实现，但从流通税的增长趋势来看，明清时期跨区域贸易的总体水平和市场规模的积极发展也是毋庸置疑的。

劳动力的流通表现为大规模国内移民和城镇化。前者是明清时期值得关注的历史现象之一；后者多见于东部发达地区，如江南市镇普遍吸纳外来劳工进入纺织行业。② 资金流动也可从前文所述的信用工具的创新中窥见一斑。18 世纪以来，账局、钱庄、票号等金融机构出现，晋商于 19 世纪通过在金融领域的成就独领风骚，建立了其全国性的金融网络。信息领域，一方面政府的奏报制度，特别是清代晴雨粮价奏折，使得价格信息在一定程度上更公开；另一方面商人群体从事各种商业情报收集工作，并通过同乡、宗族等在各地传播。

在商品、劳动力、资金和信息的流动方面，明清时期的发展显示，一个全国市场已经在中国形成。

三、市场价格整合——以粮食为例

施坚雅认为，中国跨区域贸易的空间结构是长江、大运河和东南沿海航运三条水运动脉所塑造的，它们使得长江下游、长江中游、华北、东南沿海和岭南这五大主要经济区域联系了起来。③ 清代以来，长江上游与中游航段的联系也日益密切，云贵地区和长江上游的粮食、矿产、木材等大量运往长江中下游；随着东北的开发，沿海航运也使之与江南

---

① 李伯重、邓亦兵：《中国市场通史·第 2 卷·明至清中叶》，东方出版中心 2021 年版，第 418 页。
② 李伯重：《江南早期工业化：1550—1850 年》，社会科学文献出版社 2000 年版。
③ G William Skinner. *Marketing Systems and Regional Economies: Their Structure and Development*, Paper presented for the Symposium on Social and Economic History in China from the Song Dynasty to 1900, Beijing, Oct. 26–Nov. 1, 1980.

发生日益密切的经济联系。①19世纪中期以前，全国主要的区域市场已经整合起来。

所谓区域市场的整合（Integration），可以将之理解为一种通过统计指标反映的区域市场一体化程度。某两地间同一商品的价格，在完全竞争状态下，如果价格变动的趋势和程度相同，我们就可以认为这两地出现了该商品的市场整合。得益于晴雨粮价奏折制度，长期、高频的县级粮食价格得到了系统的记录，学界关于市场整合的讨论集中于清代粮食市场。

王业键对鸦片战争前清代长江下游、长江中游、东南沿海、岭南及华北五个主要区域的米价变动作了分析，他指出，在上述主要经济区，粮食价格的变动具有极强的同步性和同向性，这表明全国大部分地区的粮食价格波动具有明显的一致性，不同地理区域间的粮食市场紧密联系，印证了全国性商品市场基本形成的论点。②彭凯翔绘制了18世纪中期（1746—1775年）全国各府粮价等价格线图，其原理与地理中的等高线图相似，等价格线越密集，表明该区域内同等距离内价格变化越大，市场整合程度越低。黄河流域及华北地区粮食等价格线明显比长江流域和珠江流域更密集，且以霍州、松潘、徽州为中心的地形崎岖、水运不便的山区，形成了价格高地。徽州因当地商品经济发达、商人群体庞大，因而价格爬升呈现缓坡；而松潘一方面受限于地形因素，另一方面受清廷征讨大小金川的战事影响，价格爬升坡陡而急。此外，顺天府的价格谷地，则受漕粮运输的行政手段影响，粮价被认为压低，呈现出

---

① 李伯重：《江南早期工业化：1550—1850年》，社会科学文献出版社2000年版，第330—334页、368页；许檀：《清代前中期东北的沿海贸易与营口的兴起》，载《福建师范大学学报》2004年第1期。
② 参见 Yehchien Wang. Secular Trends of Prices in the Yangtze Delta, 1638-1935, in Thomas G.Rawski and Lillian M.Li ed.*Chinese History in Economic Perspective*，University of California Press，1992.

第十七章　明清全国市场的形成

与周边不同的市场整合表现。①

我们很容易联想到有哪些因素会影响两个地区之间粮食的价格关系。其一，自然地理因素，一方面，通过交通条件影响粮食在两地之间流通的交易成本；另一方面，它和两地距离一起决定粮价是否同时受到来自气候的供给冲击和来自人口增长的需求冲击。其二，受气候条件影响的当年粮食产量。其三，粮食存量，即该地各级粮食仓储系统中可作为补充的粮食供给。

彭凯翔通过考察清代各府与苏州、广州、武昌、开封四座城市米价的相关性，对18世纪中期中心市场的范围做了考察，发现粮食市场的整合程度随距离而减弱。② 而 Shiue 的研究则显示，18世纪的中国，粮食市场中存在贸易和仓储相互替代的现象，即面临不确定的气候冲击，整合的粮食市场提供的解决方案是及时有效的跨地区调配，而粮食仓储提供的解决方案是跨期调配。显而易见，更靠近河流水运、更发达的地区，也更愿意采用跨地区调配的方式。③ 同样，作为应对季节性或时间性外部风险的手段，通过贸易实现的市场调节相比粮食仓储，从经济学的视角来看，无疑是更具效率和灵活性的方案。在航运条件便利或运输成本更低的县域，市场调节替代传统的跨期储蓄，表明在这些地区，粮食市场与周边地区，特别是气候上不受相同外部冲击的较远的地区，已经产生密切高效的联系，且地区之间粮食价格的信息能够有效流通，从事粮食贩运的商人群体也具有相当的规模。这也更印证了明清以来区域市场走向整合，全国性市场逐渐形成。一项较新的研究，利用1870—

---

① 彭凯翔：《从交易到市场——传统中国民间经济脉络试探》，浙江大学出版社2015年版，第133页。
② 彭凯翔：《从交易到市场——传统中国民间经济脉络试探》，浙江大学出版社2015年版。
③ Carol H. Shiue, *Transport Costs and the Geography of Arbitrage in Eighteenth-Century China*, The American Economic Review, 2002, Vol. 92, No. 5.

1904年九省的粮价和晚清电报连接的相关数据，发现在出现极端天气从而导致粮价波动时，通电报的州府的粮价对这种外部冲击的反应更轻；在没有气候冲击的情况下，当地的粮食价格也会受到该州府电报网络覆盖范围内其他地区粮价波动的影响。[①] 结合前引Shiue的研究，这一发现告诉我们，随着信息流通效率的提高，通过市场手段应对粮食生产中的气候冲击成为更经济的选择，这无疑为更广泛的市场整合和其他商品乃至劳动力、资本的跨地区流动提供了便利。

第四节　全国市场的中心——江南

江南在宋代即已率先形成完整的区域市场体系，明清更为成熟，成为中国传统市场发育程度最高的区域市场。由于蚕桑丝织业和棉业专业生产的发展，江南市场内部商品流通与中心地格局，明清较宋代有了很大的变化。又由于全国各地市场的配合，较之宋代，明清时的江南与外界市场的联系不唯在商品种类上，而且在程度上已发生了飞跃性的进步。

从产业空间布局来看，江南区域内形成了三大商品基地：粮食产区（北部）、棉布产区（以松江府、太仓州为中心）和丝绸产区（湖、嘉、杭、苏州府南部）；并且形成了商品粮、棉、丝及各种产品的对流。

在生产环节上，从原料到制成品之间的各个环节，都形成了相关的专门市场。如种桑、养蚕、缫丝、织绸各环节，都已形成了专业化生产。因此，种桑有桑秧市；种桑户和养蚕户之间有桑叶交易，形成了"叶

[①] Gao, Pei, and Yu-Hsiang Lei. 2021. Communication Infrastructure and Stabilizing Food Prices：Evidence from the Telegraph Network in China. *American Economic Journal：Applied Economics*, 13(3)：65–101.

市"，不过还是同一地域内的流通；而缫丝和织绸之间的生丝流通，则从以嘉湖二府为主的生丝中心，流向了苏州、杭州、南京等织造业中心。因此，范金民称这是江南区域内最为突出的生产原料的流通。棉纺织业中也形成了棉花、棉布、机具等各类专门市场。各个专门市场，像链条一样连接着各个生产环节，有效地组织着专业化的商品生产。第一，分工细密，必然促进生产技术的提高，从而提高劳动生产率；第二，产业配套与市场配套，资源配置与利用效率提高，形成了江南产业集聚下的强大竞争力，从而扩大了江南与外部包括海外的差距。

从商流环节看，土地所有者生产土地密集型的桑叶、棉花等生产原料，而劳动密集型的养蚕、缫丝、织绸或纺纱、织布等，则由专业化或兼业农户和城镇小手工业者负责。商人将分散的商品汇集至城镇，进而集中到苏州等大城市，并完成加工和制成品等环节，进行包装运输后大规模向外地市场输出。

从中心地层级来看，密布的专业化市镇，有效地组织着分散的小商品生产与流通。更高层级的城镇，如松江、杭州、南京等，组织着原料、生产资料和制成品的集散，而最高中心地苏州，则组织全区域的商品流通，并与全国市场相连接。嘉、湖以及杭州等地的成品丝绸，汇集到苏州；松江等地的棉布，主要也汇集到苏州，流向全国其他市场。

江南市场得到了全国市场的支撑与配合，这是更为重要的因素。商品粮和各种生产原料从外地流入江南，而江南的棉布、丝绸和各种制成品，拥有广大的全国市场。各地商人资本流入江南，满足了江南商品生产与流通所需要的资本，并使江南制品输出全国市场乃至海外市场。江南的资源配置，更主要的是通过与全国市场乃至海外市场的互动来实现的，从而使江南的分工与专业化商品生产，在更广大的范围内实现更有效的资源配置。江南制品因为广大的外部市场而获得了持续发展的广阔空间。

鸦片战争以后，外国资本主义经济因素侵入中国，江南首先受到冲击。不过，由于传统市场的发展已臻成熟，已经形成自我运转的有效机制，相互配套、彼此互动的产业群聚格局所形成的竞争力，使外部一般产品无法与之抗衡，因此对外部因素的侵入产生了顽强的抵抗力。这种抗拒在传统市场最为成熟的江南更为强大，并且能应外部冲击发生相应变化而不致引发强烈的动荡。抗拒外国资本主义商品的因素，不是通常所说的"农业与手工业的结合"[①]之表象，而是江南市场体系所形成的商品质量与价格的竞争优势。

19世纪初，西方殖民者对庞大的中国市场欣喜若狂，然而很快他们便感到难遂其愿。商品虽然具有一定的价格优势，但还不足以冲击传统市场。面对日渐扩大的贸易逆差，西方殖民者深感正常的国际贸易不仅不能占领中国市场，而且难以从中国获取他们梦寐以求的利润。于是他们以卑鄙肮脏的鸦片贸易来达到自己的目的。当正常贸易受滞，鸦片贸易受拒时，他们便唯有凭借武力来砸开中国市场的大门。市场的开放，为江南带来了前所未有的机遇与挑战。一方面是洋货如潮水般涌入，另一方面是江南制品面对着更广阔的国际市场。江南市场在风云激荡中发生渐变。

19世纪后半期江南在国际市场的冲击下所发生的变化，主要体现在棉花等原料出口增加，上海转运内地的原料、半成品出口增加，进口棉纱、日用杂货增加，显示出原料与制成品之间的商品对流，这正是传统时期江南与外地市场商品输出输入的模式。江南在强大的冲击下，半殖民地经济性质逐渐增强。由外部输入原料而输出制成品，开始转向输出原料而输入制成品。

---

① 东印度"农业与手工业的结合"抗拒了英国商品的输入，《马克思恩格斯论中国》，人民出版社1961年版。

国际市场的动向，对江南商品生产形成了导向作用。在外部刺激下，个体小农经营方式发生了一些变化，但远没有发生质变。对外贸易在抢夺江南商品市场的同时，也为江南经济增长提供了新的支撑点，在太平天国运动期间，虽经战争的破坏，但其后江南市场仍继续发展。虽然有一些市镇因传统贸易与商业的变化而衰落下去，但在经济结构变动的过程中，更多的市镇兴起。同治以后，市镇发展形成了新一轮高峰。江南市场的中心地格局，由传统的内陆型向近代的开放型转变。处于内陆的较高中心地的苏州的发展大体停滞，沿海港口城市上海迅速崛起，不仅取代苏州成为江南最高中心地，而且成为全国经济中心。至20世纪初期，以上海为中心，汉口、天津、广州三大港埠相配合，形成了国内商品市场网络。这个市场网络仍是在传统市场基础上演变而来的。

本章从全国性经济地理布局重组和区域分工、区域市场网络延伸和区域经济中心变迁以及区域市场整合三个层面，讨论了明清以来全国性市场形成的条件和表现。具体来说，全国经济地理格局的重组，粮食产区和丝绸产区的分异，加速了农产品商品化和区域内手工业生产的专业化分工。这本身就是市场化程度加深的具体表现，其继承和延续了宋代以来江南、四川、湖广等地区加速开发和城镇商业手工业发展的趋势。同时，市场在资源配置中的作用逐渐增强，更大范围的商品贩运和商人活动也成为进一步实现超越区域市场的更大范围内资源有效配置的基础性因素。而区域市场网络向城乡两个方向的进一步延伸和完善，加速了区域内资源配置的效率，经济中心—重要市镇—基层乡村市场的层级模式，吸引了农产品、手工业品以及商业信息、工农业生产技术和资本在区域内流动，从而一方面加速了各级市场的繁荣发展，另一方面培育了更多的专业化商人群体，为推动信息流通和经营手段创新发展提供了驱动力。这同样是区域市场进一步走向全国统一市场的现实基础。

区域分工的专业化加速了全国范围内的横向市场整合，而市场网络延伸则强化了全国范围内的纵向市场整合。因而随着明清以来制度环境的放宽和运输条件的改善，全国性统一市场的出现具备了条件。而全国范围内的市场整合，也进一步加强了区域专业化分工和商品、劳动力、技术、信息的流动，各区域市场也日益活跃，形成了以东部地区为中心，腹地辐射中西部的全国性市场。其中，江南作为东部地区发展程度最高的地区，其市场发展水平也令人瞩目。

此外，伴随白银货币化与海外白银流入，在相当长的一段时间内，国内市场具有稳定充足的货币供给，也以此为契机融入了国际市场。

2022年3月，中共中央、国务院提出了《关于加快建设全国统一大市场的意见》。该意见提出，"加快建立全国统一的市场制度规则，打破地方保护和市场分割……促进商品要素资源在更大范围内畅通流动，加快建设高效规范、公平竞争、充分开放的全国统一大市场"。改革开放以来，我国市场经济发育水平已经远超明清时期，制度化的市场体系和法规所建立的社会主义市场经济，在资源配置效率上远超传统社会。但我们仍在追求进一步的深化分工，发挥比较优势，提高资源配置效率，仍在追求更完善的产权制度、更公平的竞争环境、更合理的政府行为，以求全面深化改革开放，坚持创新驱动发展，推动高质量发展。明清时期统一的全国性市场的形成，对当时的经济水平和人口总量有积极作用，回顾历史经验，有助于实现全国乃至更大范围内更深化的市场整合，无疑也将为面临国内外双重挑战的宏观经济注入新的活力。

图书在版编目（CIP）数据

市场中国两千年 / 龙登高 著 . —北京：东方出版社，2023.7
ISBN 978-7-5207-3411-0

Ⅰ.①市… Ⅱ.①龙… Ⅲ.①市场经济—经济史—中国 Ⅳ.①F129

中国国家版本馆 CIP 数据核字（2023）第 064817 号

市场中国两千年

（SHICHANG ZHONGGUO LIANGQIANNIAN）

作　　者：	龙登高
责任编辑：	王学彦　申　浩
责任审校：	孟昭勤
出　　版：	东方出版社
发　　行：	人民东方出版传媒有限公司
地　　址：	北京市东城区朝阳门内大街 166 号
邮　　编：	100010
印　　刷：	北京联兴盛业印刷股份有限公司
版　　次：	2023 年 7 月第 1 版
印　　次：	2023 年 10 月第 2 次印刷
开　　本：	660 毫米 ×960 毫米　1/16
印　　张：	27.25
字　　数：	355 千字
书　　号：	ISBN 978-7-5207-3411-0
定　　价：	89.00 元

发行电话：（010）85924663　85924644　85924641

版权所有，违者必究

如有印装质量问题，我社负责调换，请拨打电话：（010）85924602　85924603